21世纪经济管理精品教材
金融学系列

Financial Derivatives

金融衍生工具

安毅◎编著

清华大学出版社
北京

图书在版编目(CIP)数据

金融衍生工具 / 安毅编著．—北京：清华大学出版社，2017（2021.7重印）
（21世纪经济管理精品教材．金融学系列）
ISBN 978-7-302-47993-2

Ⅰ．①金… Ⅱ．①安… Ⅲ．①金融衍生产品 Ⅳ．①F830.95

中国版本图书馆CIP数据核字(2017)第201067号

责任编辑：吴　雷
封面设计：李召霞
责任校对：王凤芝
责任印制：丛怀宇

出版发行：清华大学出版社
http://www.tup.com.cn，http://www.wqbook.com
地　　址：北京清华大学学研大厦A座　　**邮　　编**：100084
社 总 机：010-62770175　　**邮　　购**：010-62786544
投稿与读者服务：010-62776969，c-service@tup.tsinghua.edu.cn
质 量 反 馈：010-62772015，zhiliang@tup.tsinghua.edu.cn
印 装 者：三河市吉祥印务有限公司
经　　销：全国新华书店
开　　本：185mm×260mm　　**印　　张**：18.5　　**字　　数**：401千字
版　　次：2017年9月第1版　　**印　　次**：2021年7月第2次印刷
定　　价：45.00元

产品编号：076364-01

前言

自 20 世纪 70 年代开始，金融衍生工具始终面临广泛的争议甚至强烈的质疑，但又在争议和质疑中不断创新和深入发展。随着金融衍生工具被越来越多的机构所使用，以其为核心的风险管理市场开始与间接金融市场、直接金融市场三足鼎立，成为现代金融体系的重要组成部分。正是借助于金融衍生工具的卓越风险管理机制，以美国资本市场为典型代表的金融结构出现深刻变革和全面转型，金融市场的国际竞争力持续提升。虽然在 2008 年爆发的美国金融危机中，信用衍生工具和资产证券化产品由于缺乏足够的监管而产生负面作用，但是时至今日人们已经日渐认识到，金融衍生工具并非金融危机的罪魁祸首，其反而是风险管理、市场创新和金融深化必不可少的卓越工具。

我国金融衍生工具市场的发展也经历了争议和曲折。20 世纪 90 年代初期，外汇期货、股指期货和国债期货上市后，由于不具备市场化条件，引发了投机者的疯狂投机。随之而来的是社会各界对金融衍生工具的强烈批评和最为严厉的市场监管。很快，以金融资产为标的的金融衍生工具在我国资本市场消失。直到进入 21 世纪后，在我国金融体制改革持续深入和金融市场化发展加快的新背景下，国内金融机构对金融衍生工具的避险需求日益强烈，金融衍生工具市场才进入新的发展阶段。

不过，我国金融衍生工具市场的再次起步并非始于金融期货，而是转向了场外市场。国内最早的场外金融衍生工具是 2005 年产生的利率互换，后来我国又相继在银行间市场引入远期利率协议、国债远期、外汇远期、外汇期权、黄金远期、标准利率衍生品等。2016 年，银行间交易商协会修订发布了《银行间市场信用风险缓释工具试点业务规则》，同步推出 CRMA、CRMW、CDS、CLN 业务指引。对于这些品种而言，有的受到市场广泛关注，交易活跃；有的则因为市场机制不成熟，交易十分清淡。除了品种方面的变化，我国场外金融衍生工具的市场结构和交易平台也出现了创新。例如，2014 年我国开始推出 X-SWAP 平台，提供点击和匿名撮合两种成交方式，平台上可以交易标准化的债券远期；2015 年中国外汇交易中心又推出 C-SWAP 平台，系统采取撮合成交的方式，以满足会员对标准化掉期产品的需求。

到 2010 年，中国金融期货交易所摆脱了社会上对金融期货的争议和质疑，正式安排沪深 300 股指期货挂牌交易，其后又很快推出上证 50 股指期货、中证 500 股指期货、10 年期国债期货和 5 年期国债期货。2015 年，为完善资本市场的价格发现机制和风险管理体系，上海证券交易所推出了我国第一个真正意义上的场内期权品种——上证 50ETF 期权。这也使我国资本市场具有了第一组能够管理风险和推动价格形成的立体工具组合，即上证 50 股指期货、上证 50ETF 期权、上证 50ETF。从资本市场深化和金融改革的需要看，我国未来仍将推出更多的金融衍生工具，如个股期权、股指期权、外汇期货、期货期权等。总之，我国金融衍生工具市场将具有巨大的发展创新空间。

在国际竞争日益激烈、日趋成熟，国内金融市场快速创新、奋起直追的环境下，如何能让更多的交易者和学习者更好地了解金融衍生工具的运作原理、交易方法、结构创新、市场功能就成为摆在我们面前的重要议题。为此，进入 21 世纪后，国内引进了大量的关于金融衍生工具的著作和教材，一些机构和学者也主持撰写了一些书作，为普及金融衍生工具、风险管理和风险投资做了良好的准备。

在未来，中国金融衍生工具市场的发展将是一个不断探索实践、不断总结经验、不断优化提升、不断吸引新参与者的过程。与之相适应，金融衍生工具书作也应当顺应这种发展趋势，与时俱进。为此，中国农业大学中国期货与金融衍生品研究中心在前期推出系列丛书的基础上，又编写了这一本较为简易的金融衍生工具读物。

中国农业大学中国期货与金融衍生品研究中心（以下简称中心）由中国期货市场奠基人、期货理论家和实践家常清教授创办。本书秉承了中心长期坚持的求真务实、追踪前沿和学以致用的理念，对金融衍生工具市场的基础工具、定价方法、交易策略、市场发展进行结合性介绍。在全书写作过程中，力求深入浅出，尽可能地融入市场创新和发展的最新动向，减少与其他专著在理论和模型方面的重复，希望使读者能够对金融衍生工具市场有一个快速直接的了解。

全书共 12 章，每章均设置了若干思考题。第一章介绍金融衍生工具的基础结构和损益分析、定价原理和无风险利率选择，以及金融衍生工具市场的发展、功能和监管问题。第二章在阐述金融远期的通用定价原理基础上，分别介绍远期利率协议、外汇远期和掉期、综合远期外汇协议和黄金远期等工具的微观设计机制、市场运行方式。第三章介绍金融期货交易的特点、理论定价和市场价格形成机制。第四章分别介绍在股指期货、国债期货、外汇期货市场中常用的套利交易和套期保值策略。第五章介绍金融互换的结构设计、市场安排和定价与估值。第六章至第十一章介绍期权市场的运作机制、定价方法、交易策略和创新设计。第十二章介绍信用衍生工具的基本种类、结构设计和创新特点。

本书由中国农业大学中国期货与金融衍生品研究中心安毅统筹规划并撰写。在写作完成后，对每一章都安排了 3 名金融学博士和硕士研究生进行试读与纠错，以便做到简洁易懂和准确少误。这些做出重要贡献的校阅者分别是刘文超、刘晨、胡可为、张展轶、李闻、潘晓生、汪鹏霄、李根。

希望本书能够对金融衍生工具市场发展和知识传播发挥积极促进作用。

编者
2017 年 5 月

目　录

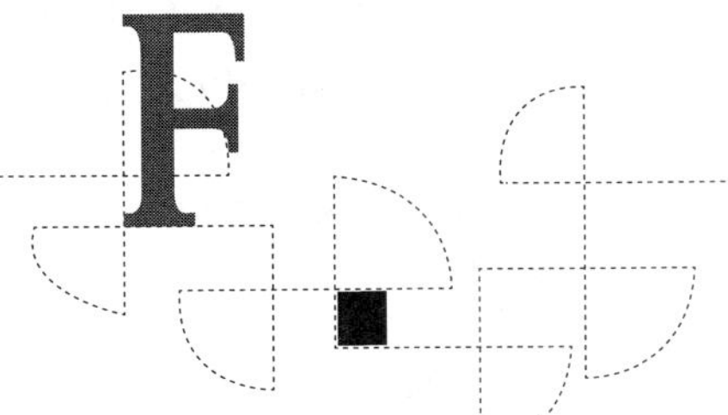

第一章 金融衍生工具原理与功能

金融衍生工具(financial derivative instruments),又称金融衍生品(financial derivatives)、衍生金融工具、衍生证券,是由金融标的资产(underlying assets)以远期合同形式衍生出来的金融工具。最基本的金融衍生工具包括金融远期、金融互换、金融期货和金融期权。20世纪70年代以来,金融衍生工具在金融领域的重要性日益提高,成为金融创新和风险管理的核心内容。不仅如此,随着市场规模的迅速扩大和功能的提升,金融衍生工具已经成为资本市场不可分割的组成部分,并成为现代市场经济核心竞争力的重要构成要素。

第一节 金融衍生工具的结构与损益

一、金融衍生工具的基本种类

1. 金融远期

远期合约(forward contract)是期货、互换的基础。对金融远期的一个基本理解是:买卖双方就某一未来要交收的金融资产在当前达成协议,在协议内会约定好交易资产的数量、价格、交收时间等内容。在金融远期合约中,交易的对象又称标的资产[①],可以包括国债、外汇、利率、股票等。

金融远期合约在签订后,交易双方会形成不同的损益曲线。假设合约到期时,标的资产的价格为S_T,协议约定的资产交收价格为X,则对于合约的多头(long position,即资产

---

① “标的资产”是金融衍生工具设计和交易中的一个重要术语。常常也称作标的物。本书中的“标的资产”多指金融衍生合约中交易的标的股票、债券、利率、外汇等。在此外的更大范围内,本书也将使用“标的物”这一术语。但是无论如何使用,这两个术语均是指衍生工具合约中的交易标的。

的买入者)来说,合约到期时的损益为 S_T-X。很明显,如果 $S_T>X$,多头盈利;如果 $S_T<X$,多头亏损。对于合约的空头(short position,即资产的卖出者)来说,合约的损益是 $X-S_T$。在到期时,如果 $S_T>X$,空头亏损;如果 $S_T<X$,则空头盈利(图 1-1)。

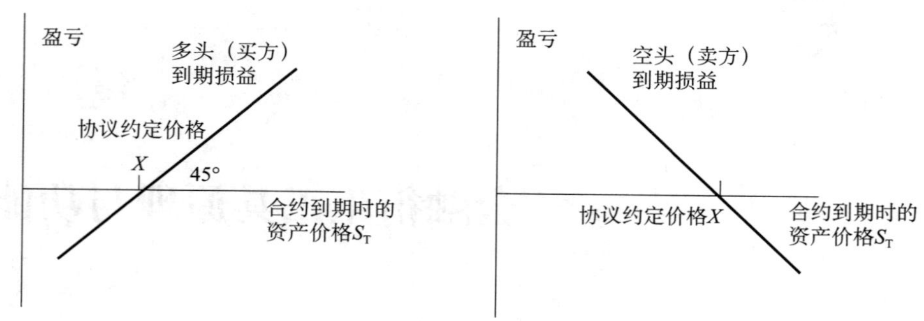

图 1-1 远期合约的损益曲线

2. 金融互换

金融互换(swaps)是交易双方依据合约预先约定的条件,在未来的某一确定时期内或时间上,相互交换一系列现金流的交易活动。例如,两家银行可以就一定的名义本金在未来 n 年内定期交换利率,银行 A 向银行 B 支付以上海同业拆放利率(Shibor)计算的利息,银行 B 向银行 A 支付以固定利率 4.0%计算的利息(图 1-2)。在这种固定对浮动的利率互换中,支付固定利率的一方通常被称为买入方,收入固定利率的一方则称为卖出方。

一种观点认为,金融互换的设计原理来自比较优势理论。但是,随着人们对互换认识和使用的日益深入,越来越多的学者发现金融机构使用互换的原因有很多。金融互换可以用来转换资产和负债的性态,也可以用于管理资产价格波动的风险。此外,一些国家央行之间开展的货币交换,和比较优势理论并没有明确的关系。

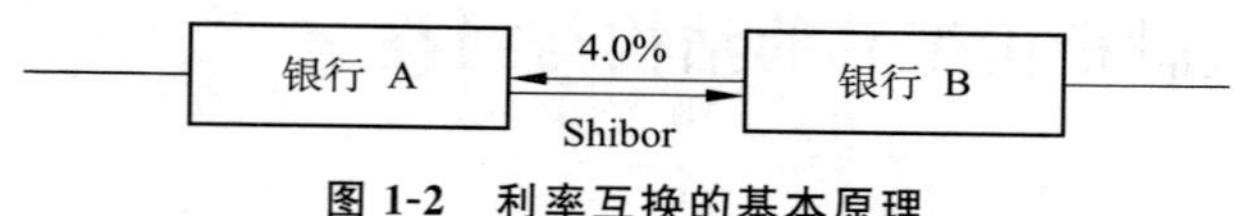

图 1-2 利率互换的基本原理

3. 金融期货

金融期货(futures)是在期货交易所交易的、由标准化合约标准化了的远期金融资产(如股票、股票指数、利率、债券、货币等)。每种金融期货均设计了标准化合约,合约中会详细指出合约规模的计算方式、最小变动价位、合约到期月份、合约的交易时间、最后交易日、交割方式、价格限制、保证金计算方法、交易代码等内容。例如,表 1-1 是中国金融期货交易所(以下简称中金所)沪深 300 股指期货合约。

期货中采用的保证金交易使期货交易具有了杠杆特点。例如,3 月交割的股指期货报价是 3 000 点,则一手合约的总价值是 3 000 点×300 元/点=900 000 元。要达成一手(即一张合约)交易,多空双方需要缴纳的保证金都是 900 000×8%=72 000 元。对于达成交易的双方来说,实际的盈亏要按照合约总价值的变动值来计算。如,若沪深 300 指数下跌 10%,则买方会亏损 900 000×10%=90 000 元;卖方则盈利 90 000 元。期货交易者的盈亏由中金所的结算机构进行结算，并在买卖双方之间进行盈亏划拨。在价格变化后，买卖双方的保证金要根据合约的最新价值重新计算和缴纳。期货交易的损益曲线和金融远期的损益曲线具有一致性，在损益曲线中盈亏平衡点是期货达成交易的价格（建仓价）。

表 1-1 中国金融期货交易所沪深 300 股指期货合约

合约标的	沪深 300 指数
合约乘数	每点 300 元
报价单位	指数点
最小变动价位	0.2 点
合约月份	当月、下月及随后两个季月
交易时间	9:30—11:30;13:00—15:00
每日价格最大波动限制	上一个交易日结算价的±10%
最低交易保证金	合约价值的 8%
最后交易日	合约到期月份的第三个周五，遇国家法定假日顺延
交割日期	同最后交易日
交割方式	现金交割
交易代码	IF
上市交易所	中国金融期货交易所

注：季月为 3、6、9、12 月。

资料来源：中国金融期货交易所网站

4. 金融期权

金融期权（options）是买方通过支付权利金（premium）来获得一种资产交易的选择权。在金融期权合约中，会赋予权利购买者在未来某个时期内或时点上，按照事先确定好的行权价格（又称执行价格、敲定价格，exercise price or strike piece），向权利的卖出者买进或卖出金融资产。如果期权购买者获得的是未来买入资产的权利，这种期权称为看涨期权（call options）。如果期权的购买者获得的是未来卖出资产的权利，则这种期权称为看跌期权（put options）。由于支付了权利金，期权的购买者具有行权的权利，也具有不行权的权利。对于期权的卖方来说，必须履行义务以满足期权买方的行权要求。

在期权合约中，行权时间是一个十分重要的设计要素。如果买方只有在期权到期时才能行权，这种期权称为欧式期权；如果买方可以在期权到期前自由选择时间进行行权，这种期权称为美式期权。欧式期权更容易分析，美式期权的一些性质可以由欧式期权的性质推导出来。美式期权比欧式期权更具有吸引力。通常，欧式期权在场外市场（OTC 市场）广泛存在，但是其在证券交易所或期货与期权交易所也有不少交易。上海证券交易所的上证 50ETF 期权就是欧式期权，国内设计研究的股指期权也是欧式期权。美式期权大多是在交易所交易的标准化期权。由于商品期货期权很方便行权转换为期货头寸，所以各期货交易所的商品期权基本都是美式期权。

我们现在需要了解看涨期权和看跌期权多空双方的损益曲线。下面以欧式期权为例进行分析。假设期权合约确定的行权价格为 X，期权到期时标的资产的市场价格为 S_T。

对于看涨期权的多头（权利的买入者）来说，如果在期权到期时 $S_T>X$，期权多头则有权按照 X 的价格买入市场上价格为 S_T 的资产，获得盈利是 S_T-X。很明显，如果 S_T 远大于 X，则多头获利丰厚。如果 $S_T<X$，多头会选择不行权。对于看涨期权的空头（权利卖出者）来说，损益正好相反[图 1-3(a)]。在这里需要注意的是，对于看涨期权来说，如果 $S_T>X$，该期权是实值（in-the-money）期权；如果 $S_T<X$，该期权则是虚值（out-of-the-money）期权；如果 $S_T=X$，该期权为平值（at-the-money）期权[①]。

对于看跌期权的多头来说，如果在期权到期时 $S_T<X$，则可以按照 X 将市场上价格为 S_T 的资产卖给期权的卖方。这时，如果市场价格很低，期权多头会有很高的收益；如果 $S_T>X$，期权多头则可以选择不行权。对于看跌期权的空头来说，损益情况则正好相反[图 1-3(b)]。对于看跌期权来说，如果 $S_T<X$，该期权是实值（in-the-money）期权；如果 $S_T>X$，该期权是虚值（out-of-the-money）期权；如果 $S_T=X$，该期权为平值（at-the-money）期权。

很明显，实值期权具有内在价值（intrinsic value），虚值期权和平值期权则不具有内在价值。

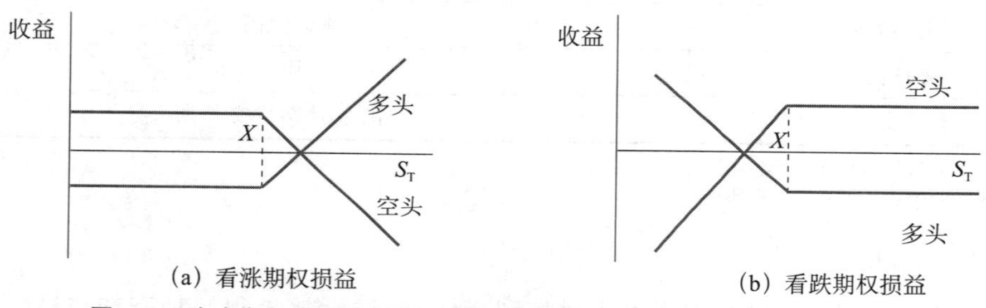

图 1-3 欧式期权在到期日标的资产价格为 S_T 时多空双方的损益曲线

二、金融衍生工具的特性

1. 契约性

无论是远期、期货、互换还是期权，这些衍生工具均依存于合同而存在，具有契约性。在衍生工具合同中，就标的资产的未来交收（交割）或现金流交换的价格与条件进行事先约定。对于国际上的场外交易衍生品来说，国际掉期与衍生工具协会主协议（ISDA 主协议）是金融衍生工具的合同性的具体体现。在我国，中国银行间市场金融衍生产品交易主协议（NAFMII 主协议）则对合同的制定发挥着引导作用。对于在交易所交易的金融衍生工具，标准化合约以及与之相配套的交易规则、结算规则、交割规则、风险管理办法等则是合同性的综合表现。

2. 远期性

金融衍生工具的远期性是指“当前签约、未来履约”的基本特性。远期性不代表其和

---

① 需要注意的是无论是实值状态、虚值状态和平值状态，都是从持有者角度考虑的。

标的资产的现货市场没有价格联系。在成熟的金融市场，套利交易活动可以将标的资产现在和将来的价格进行有效连接，实现资产价格体系的跨期均衡。

3. 分拆性

金融衍生工具可以将一个资产或资产组合的价格与资产本身分离。也就是说，衍生工具交易并不立即改变或者根本就不改变其所代表的基础资产的所有权。例如，如果不交割，期货交易者就不会就标的资产的所有权进行转让。再如，如果买方在合同期内不行权，期权卖方也无法就标的资产来要求对手方进行所有权的受让。

4. 组合性

金融衍生工具和标的资产可以形成交易组合，这种交易组合既包括了套利机制，也包括了风险管理机制(如果风险管理对象是现货资产，则可以进行套期保值交易)。在期权领域，交易组合的特征更为明显，交易者可以利用期权制定出不同损益形态的交易组合策略。交易组合特性可以为衍生工具定价提供可行的思路和方法(具体内容见相关各章节的定价理论)。

5. 融合性

金融衍生工具可以将不同形态的资本(如股权资本、债权资本、不同货币种类的资本、不同行业和不同公司的资本)融合成一个独立的资本形态。最典型的例子是指数衍生工具。

6. 衍生性

金融衍生工具具有可以再衍生的特性，能够成为新型衍生工具的标的资产。例如，期货交易的标的资产不再仅是简单的现货标的资产，还包括了利率互换等衍生工具；期权的标的资产不仅可以包括期货，还可以包括互换、期权。

7. 杠杆性

金融衍生工具通常需要按照标的资产的总价值缴纳一定数量的保证金或抵押品才能完成交易。例如，对于期货来说，保证金仅占合约总价值的若干百分点。这样，对于交易双方来说，只需要缴纳合约规定的保证金就可以达成价值高达数倍或数十倍的金融资产远期交易。当然，标的资产的微小不利变动也会导致保证金账户出现大幅亏损和追加风险，这体现了杠杆性所带来的高风险、高收益特征。

第二节 衍生工具的定价方法和利率选择

金融衍生工具需要合理地予以定价。对于金融远期来说，需要交易双方在一开始签订合约时就能确定一个公平的远期交易价格。对于期货合约来说，交易双方则需要知道合理的交易价格。对于利率互换来说，需要对某一个浮动的现金流进行合理的定价。对于期权来说，则需要计算出公平的期权权利金数值。无论哪一种金融衍生工具的定价都需要围绕一定的方法展开。对金融衍生工具而言，应采用相对定价法。在相对定价法中，无套利均衡分析方法和风险中性定价法发挥着核心作用。

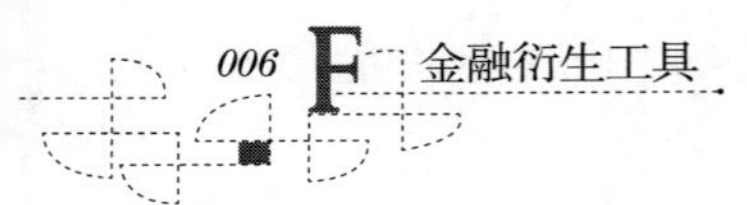

一、金融衍生工具定价的基本方法

1. 绝对定价法和相对定价法

绝对定价法是根据证券未来的现金流特征，运用一定的贴现率将其贴现，进而计算证券价格的方法。即金融资产的价格为

$$PV = \sum_{t=1}^{T} \frac{E^*(C_t)}{1 + r_{ft}} \tag{1.1}$$

其中，C_t为未来 t 时刻的现金流；r_{ft}为贴现率；T 为收到现金流的时刻；$E^*(C_t)$为 t 时刻的预期现金流。

绝对定价方法更适用于股票和债券。其最大的优点是直观、便于理解，缺点则是未来现金流和贴现率难确定，计算结果会有偏差。

相对定价法则是利用标的资产价格与衍生工具的紧密关系求出衍生工具的价格。这种定价法并不关心价格的内在形成机制，而是通过将两个金融工具中的一个价格假定为外生变量来进行定价，即

$$P_d = f(P_u) \tag{1.2}$$

其中，P_d为衍生工具价格；P_u为标的资产价格。

在相对定价法原理中，发挥关键性作用的是无套利均衡分析法和风险中性定价法。

2. 无套利均衡分析方法

无套利均衡分析方法的基本思想是，在可以买空卖空[①]、高度发达、信息流畅和充分有效的资本市场上，投资者具有理性和套利倾向，能充分利用市场上的套利机会，对某项金融资产的头寸进行估值和定价，并把这种资产头寸和资本市场上的其他头寸组合起来，构筑起一个在市场均衡时不能产生不承受风险的利润的组合头寸，由此测算出该头寸在市场均衡时的价值，亦即均衡价格。

例如，在市场处于不均衡状态时，如果 A 企业金融资产（假设是股票）的收益现值 PV_A 高于 B 企业金融资产（假设该企业发行股票和债券）的收益现值 PV_B，敏感的投资者就会迅速抓住这个机会，卖空 A 企业的股票，以一定比例买入一定数量的 B 企业股票和债券，套取其中的无风险利润 $PV_A - PV_B$。在这种套利力量的作用下，市场会在反复交易中被推向均衡。一旦市场恢复均衡，套利机会就会消失。因此，更准确地说，无套利均衡分析实际上是“无套利机会的均衡分析”，是对可以相互复制的证券进行相反头寸的对冲。

当然，套利行为还可以从相反方向进行操作，即如果金融资产头寸现在的市场价格相等，而未来收入的现金流存在差异，资本市场上的投资者就会立即做多现金流高的金融资产头寸，做空现金流低的资产头寸。这样投资者就会构筑起一个零投资组合，但是未来的现金流组合的净现值要大于零，即得到了一个无风险的收益。投资者的这种套利行为同

---

① 所谓买空和卖空是信用交易的两种形式。其中，买空是指投资者用借入的资金买入证券。卖空是指投资者自己没有证券而向他人借入证券后卖出。在发达国家的证券市场中信用交易是一个普遍现象，但对信用交易都有严格的法律规定并进行严密监管。

样会使金融资产的头寸定价趋于合理，把市场推向均衡。

无套利均衡分析，可以分为静态的无套利均衡分析和动态的无套利均衡分析两种类型。无论哪种分析，关键的是复制技术。下面简要介绍静态复制。

一开始构筑起复制证券的头寸，以后产生的现金流就能始终完全地实现对冲，即在市场出现任何状况时都能对冲，这就是静态的无套利均衡分析或静态复制。最常见的静态复制是通过上节讲述的看涨和看跌期权平值关系建立起来的。也就是说，一个欧式看涨期权可以由一个与看涨期权具有相同行权价格与到期日的看跌期权和一个股票的多头以及债权的空头形成的证券投资组合进行复制。如果构造不出一个精确的证券组合，也可以通过构造一个大致相同的证券组合来完成近似的定价，当然由此得出的衍生产品的价格也是近似的。

我们下面以可转换认股权证（可以将其视为购买股票的看涨期权）的定价为例说明静态复制技术。可转换认股权证可以被用于购买一股以行权价格 K 为支付价格的股票，也可以直接与 γ 股股票相交换（$0\leqslant\gamma\leqslant1$）。如果到期日股票的价格是 x，则认为这种认股权证的价值为其执行价值（$x-K$）和其转换价值（γx）中最大的一个，即为 $\max(x-K,\gamma x)$。如果股票不支付红利，则该种权益的收益可以通过以下证券组合被复制出来：γ 股股票；$(1-\gamma)$单位看涨期权[其行权价格为 $K/(1-\gamma)$]。即

$$\gamma x+(1-\gamma)\max\left(x-\frac{K}{1-\gamma},0\right)=\max(x-K,\gamma x) \tag{1.3}$$

由于到期日的支付水平相同，则该可转换权益的现值一定等于上述证券组合的现值。这样，只要我们知道看涨期权的定价，就可以对可转换权益定价。这种复制技术通常可以运用于其他金融衍生工具的定价。

但是，在通常情况下静态复制技术往往行不通，因此要对衍生工具进行准确定价必须运用动态复制技术。例如，对于与或有要求权有关的衍生品进行套利，就需要不断调整复制证券内部的组合头寸，只有如此才能与被复制证券的现金流进行对冲。动态无套利均衡分析针对的是更加复杂的问题，可以进一步有效地运用于对期权等与或有要求权有关的衍生品的定价研究。

3. 风险中性定价法

风险中性假设是期权定价的一项重要假设，在现代金融学中具有极为重要的地位。风险中性者对风险采取无所谓的态度，其对所有资产所要求的预期收益率都一样，而不管其风险如何，不要求风险补偿。因此，对所有的资产所要求的预期收益率也就和无风险资产的收益率相同。这就是说，风险中性的投资者投资于任何资产所要求的收益率就是无风险收益率。而且，所有资产现在的市场均衡价格都应等于其未来收益的预期值，加上考虑到货币的时间价值，就都是未来预期值用无风险利率折现后的现值。

风险中性假设和无套利均衡分析方法具有紧密的联系。当无风险套利机会出现时，所有的市场参与者都会进行套利活动，而不管其对风险的厌恶程度如何。这样，就可以得出一个合乎逻辑的推理结果：无套利均衡分析的过程和结果与市场参与者的风险偏好无关。

因为理性的参与者都被认为是厌恶风险的，要他们接受风险就一定要给予风险的补

偿。因此,在有风险资产的预期收益率里,都包含有风险的补偿在内。对风险厌恶的强烈程度越烈,要求的风险补偿就越大。如果对这一问题的分析过程与市场参与者的风险偏好无关,那么其结果也就无所谓风险补偿的问题。于是,我们就引出了风险中性假设。所谓风险中性假设是:

如果对一个问题的分析过程与投资者的风险偏好无关,则可以将问题放到一个假设的风险中性世界里进行分析,所得的结果在真实的世界里也应当成立。

风险中性假设可以大大简化问题的分析。这是因为在风险中性的世界里,对所有的资产(不管风险如何恶化)都要求相同的收益率(无风险收益率),而且所有资产的均衡定价都可以按照风险中性的概率测算出未来的预期值,再以无风险率折现得到。最后,将所有的结果放回真实的世界里,就会获得具有实际意义的结果。

二、金融衍生工具定价的利率选择

在对金融衍生工具进行定价时,需要用到无风险利率和连续复利。

1. 无风险利率

无风险利率与无风险资产有紧密的关系,代表着交易者融取低风险资金的成本,或者进行低风险投资所能获得的收益。一般来说,被广泛认可的无风险利率有银行间的同业拆放利率和国债收益率。在我国的利率体系中,无风险利率有 Shibor、FR007 和国债到期收益率等。这些利率可以在不同的期限范围内发挥基准利率的作用。

银行间同业拆放利率。在国际金融市场,被广泛使用的无风险利率是 Libor。Libor 是伦敦银行间市场同业拆放利率,包括 15 个期限品种及英镑等 10 种货币。Libor 的具体形成过程是:第一,由英国银行家协会(British Banker's Association,BBA)从 240 多家会员中选择 16～20 家银行。第二,这些银行各自估算,并报出在伦敦货币市场中能够获得的同业拆放利率。第三,去掉价格最高的 25%的银行报价和最低的 25%的银行报价,将剩余 50%的报价银行的报价平均,进而计算出某一货币某一时期内的一个平均利率。

上海银行间同业拆放利率(Shanghai interbank offered rate,Shibor)是由信用等级较高的银行组成的报价团自主报出的人民币同业拆出利率计算确定的算术平均利率,是单利、无担保、批发性利率。每个交易日根据各报价行的报价,剔除最高、最低各 4 家报价,对其余报价进行算术平均计算后,得出每一期限品种的 Shibor,并于 9:30 对外发布。Shibor 有多个期限的利率,包括隔夜、1 周、2 周、1 个月、3 个月、6 个月、9 个月及 1 年。Shibor 逐渐成为金融市场的基准利率,被金融机构采用。无论从期限看还是市场基础看,将 Shibor 作为衍生工具定价的依据具有可行性和合理性。

OIS 利率。2008 年金融危机后,Libor 报价由于出现操控,开始受到隔夜指数互换(OIS)利率的挑战。隔夜指数互换利率是一段时期内与隔夜利率的几何平均值进行互换的固定利率。OIS 利率常是央行货币政策的目标利率,由央行监测和调整。因此,越来越多的投资者认为较之于 Libor 利率,隔夜指数互换利率是对无风险利率更好的近似。一个新的发展是:在国际金融市场,有抵押的金融交易通常选 OIS 利率作为无风险利率,无抵押的金融交易则选 Libor 作为无风险利率。

国债到期收益率。国债具有良好的声誉。由于期限较短的国债到期后会存在再投资风险,可以把期限较长的国债看作无风险产品。一般而言,可以把 10 年期国债的到期收益率视为无风险利率。但是,由于我国国债品种过少、期限结构不合理等原因,国债收益率还不具有为衍生工具定价的最佳条件。另外,在国际资本市场上,国债利率由于较低,因而并不被广泛使用作为无风险利率。

银行间回购定盘利率。我国的银行间回购定盘利率是以银行间市场每天上午 9:00—11:00 间的隔夜回购(R001)利率、七天回购(R007)利率、14 天回购(R014)利率为基础编制而成的,每天上午 11:00 起对外发布。银行间回购利率虽然在市场中具有广阔的空间,对市场具有引领作用。但是,由于回购周期短,将回购定盘利率作为较长期限的融资利率可能要面临利率波动的风险。银行回购业务和银行回购利率在债券衍生工具的短期交易中可以发挥重要的作用。

2. 收益率曲线

收益率曲线通常和到期收益率有关。到期收益率(yield to maturity,YTM)实际上是使债券未来现金流的现值之和与当前市场价格相等的贴现率。这一关系可用以下公式表示出来:

$$\mathrm{PV} = \sum_{i=1}^{n} \frac{C_t}{(1+r)^t} + \frac{F}{(1+r)^n} \tag{1.4}$$

其中,PV 为债券的当前市场价值;C_t 为按票面利率支付的利息;t 为支付的时期;n 为现金流支付的总次数;F 为债券的面值;r 为到期收益率。

对于信用等级相同的债券而言,到期收益率会随到期日的不同而有所差异。二者的关系表现为收益率曲线(yield curve),或称利率期限结构。收益率曲线的基本类型有四个,即正向、反向、驼峰和水平(图 1-4)。收益率曲线的平行移动代表着不同期限利率的同幅度变化,如向上平移代表利率向下同幅度变化。收益率曲线的逆转则代表收益率曲线由正向转为反向。收益率陡峭化说明长短期利差扩大,平坦化则代表长短期利差缩小。收益率曲线不仅是分析利率走势和投资的重要依据,也为金融工具和衍生工具定价提供了利率选择。

3. 连续复利

在金融市场中,利率往往以年利率的形式表示。不同金融资产和负债的利率计量方式不尽相同,有的利率是一年复利一次,有的则是每年复利两次。复利的频率会对投资回报或融资成本产生不同的影响。

例如,年利率为 5%,一年复利 1 次,100 元在年终时就会是

$$100\times(1+0.05)=105\ \text{元}$$

如果年利率为 5%,一年复利 2 次,即每半年会有 2.5%的利息收入,利息滚动计息,则 100 元在 1 年后会变成

$$100\times(1+0.05/2)(1+0.05/2)=105.0625\ \text{元}$$

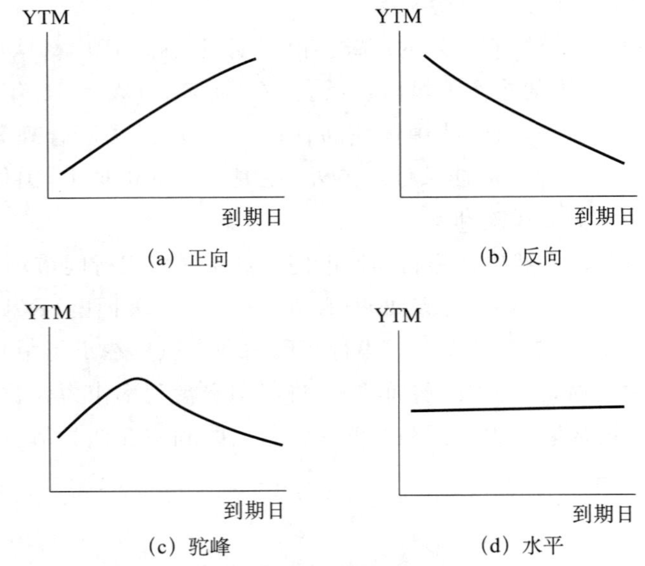

(a) 正向　(b) 反向　(c) 驼峰　(d) 水平

图 1-4　收益率曲线的基本类型

如果年利率为 5%，一年复利 4 次，100 元在 1 年后将是

$$100\times(1+0.05/4)(1+0.05/4)(1+0.05/4)(1+0.05/4)=105.0945\text{ 元}$$

如果年利率为 5%，1 年复利 12 次，则 100 元在 1 年后的终值是

$$100\times(1+0.05/12)^{12}=105.1162\text{ 元}$$

如果年率复利为 5%，1 年复利 365 次，则 100 元在一年后的终值是

$$100\times(1+0.05/365)^{365}=105.1267\text{ 元}$$

以上的分析是基于 1 年期的不同复利频率的终值计算方法。我们可以计算出年利率为 r，年复利 1 次，本金数量 A 在 n 年之后的终值为

$$A(1+r)^n$$

如果年利率为 r，1 年复利 m 次，则 n 年之后的终值是

$$A(1+r/m)^{mn}$$

如果给定的年利率为 r，复利频率 m 趋于无穷，则可以将这一利率称为连续复利。当 m 趋于无穷时，资金 A 的终值将变为

$$Ae^{rn}$$

其中，e=2.718 28，为自然对数的底数。

很明显，按照连续复利的思想，我们可以推导出未来的一笔现金 A 的现值应是

$$Ae^{-rn}$$

以上计算终值和现值的式子将在本书中广泛地予以应用，用以计算资金成本和金融衍生工具价格。

连续复利可以精确、连续地计算资金终值和现值，但是在现实中没有连续复利的报价数据。为了解决这一问题，可以用市场上已有的利率计算其所对应的连续复利。这里假设连续复利为 R_c，R_m 是与连续复利等价的复利频率，为每年 m 次的年利率，则可以得出

$$Ae^{R_c n} = A\left(1+\frac{R_m}{m}\right)^{mn} \tag{1.5}$$

将其变化形式后，可得

$$R_c = m\ln\left(1+\frac{R_m}{m}\right) \tag{1.6}$$

举个例子。假如年利率为6%，年复利2次，我们可以计算与这一利率等价的连续复利年利率为

$$2\ln\left(1+\frac{0.06}{2}\right)=0.0591$$

为了方便，本章后续内容在计算金融衍生工具的理论价值时将不再烦琐地对复利和连续复利进行转换计算。

第三节 衍生工具市场发展和功能发挥

金融衍生工具市场可以划分为交易所交易（exchange-traded，EXT）市场和场外（又称柜台交易 over-the-counter，OTC）市场。这两类市场相互独立、相互竞争，又互相依赖、紧密联系。金融衍生工具市场在客观上应当具有价格发现和套期保值功能，但是在另一方面也会和金融不稳定有某种内在联系。因此，发展金融衍生工具市场和发挥市场功能往往需要设计成熟可靠的市场机制，也需要搭建良好的监管架构，才能趋利避害。

一、交易所交易的金融衍生工具市场发展

标准化的金融期货和期权通常在交易所内进行。交易所是集中公开地进行期货、期权合约交易的场所。在金融衍生品交易所内，有两类交易机制。一类是指令驱动型交易机制；一类是报价驱动型机制。指令驱动型交易机制是买卖双方下达交易指令后通过竞价撮合机制形成价格的方式。在报价驱动的交易机制中，由做市商（market maker）报出买入和卖出价格，普通交易者看到报价后与做市商进行交易。从国际市场的现状来看，采用报价驱动的市场引入了竞价交易机制，采用指令驱动的交易所也在引入做市商制度以活跃交易、满足投资者的不同需求。在这种混合驱动机制中，做市商的双边报指令下达后，需要和其他投资者的指令一样按照竞价原则进行排序。做市商没有成交优先权，竞价是推动价格变化的决定性力量。

1. 金融期货市场

金融期货市场产生在1972年，远晚于商品期货市场。最早的金融期货是芝加哥商业交易所推出的外汇期货，其产生主要源于布雷顿森林体系瓦解后贸易商和金融机构对冲汇率风险的需要。在外汇期货推出的年代，西方发达国家也开始推动利率市场化改革。由于利率市场化，美国大量银行倒闭。出于规避利率风险的需要，芝加哥商业交易所率先推出利率期货，并引领了利率期货市场的快速发展，利率期货成为全球场内最重要的期货品种之一。如今经过多轮并购，芝加哥商业交易所（CME）集团已经成为国际上最发达的

金融衍生品交易所。现如今，金融期货已经成为期货市场的核心，交易量远远超过商品期货市场规模。长期以来，利率期货的交易量最大，进入 21 世纪后股权类期货的交易量上升迅速，在美国金融危机后货币类期货交易量上升则十分迅速(图 1-5)。

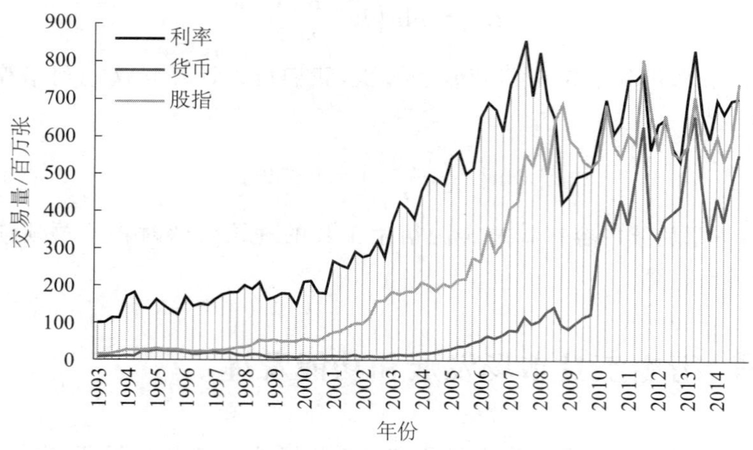

图 1-5　全球金融期货的构成与交易量变化

资料来源：国际清算银行(www.bis.org)

我国 20 世纪 90 年代的期货市场曾经发展出外汇期货、股指期货和国债期货。1995 年，由于我国标的债券市场规模狭小和期货市场不成熟，疯狂的投机导致了国债期货"327"事件的爆发。这一事件几乎引发宏观风险，因此各金融期货品种很快就由于条件不成熟而被整顿退市。直到 2010 年，沪深 300 股指期货在中国金融期货交易所上市交易，我国金融期货市场才开始重新起步并快速发展。中国金融期货交易所交易的主要期货品种是沪深 300 股指期货、上证 50 股指期货和中证 500 股指期货。在股指期货推出的过程中，中金所也推出了 10 年期国债期货和 5 年期国债期货。这些国债期货和早期国债期货不一样，交易对象均是标准债券(虚拟债券)。随着中国外汇管理体制改革和人民币国际化进程的深入推进，不同币种的货币期货将是金融期货市场创新和发展的方向。

2. 金融期权市场

金融期权也产生于 20 世纪 70 年代。最早的金融期权是 1973 年芝加哥期权交易所(CBOE)推出的以股票为交易标的的期权合约。当时，只有 16 只股票用于看涨期权交易。在 CBOE 的带动下，美国证券交易所、费城证券交易所、太平洋证券交易所等纷纷推出期权交易品种。在股票期权发展近 10 年之后，美国商品期货交易委员会(CFTC)于 1982 年批准期货期权试点。1983 年 1 月，芝加哥商业交易所提出了第一个标准普尔 500 指数期货合约的期权。1983 年 8 月，芝加哥期货交易所开始交易长期国库券期货期权。到 80 年代，场内期权从美国延伸到加拿大、巴西、阿根廷、法国、荷兰、英国、德国、瑞士、芬兰、日本、新加坡、澳大利亚、中国香港等地。如今几乎所有形式的金融资产和大宗商品都有期权交易形式。为了应对 OTC 期权市场的不断挑战，期货和期权交易所开始设计出具有灵活性的期权条款，提供一些非标准的期权交易，如灵活期权。期权市场和期货市场一样在风险管理与风险投资领域占据着十分重要的位置(图 1-6)。但是，金融期权市场中，市场份额最大的应是股权类的期权(图 1-7)。

我国期货交易所很早开始设计商品期权,证券交易所也加大了对股票期权的开发研究。上海证券交易所则是首家交易金融期权(上证 50ETF 期权)的交易所。和期货交易一样,期权交易者需要通过与经纪公司签订经纪合同,由经纪公司代理其在这些金融期权交易场所进行期权交易。

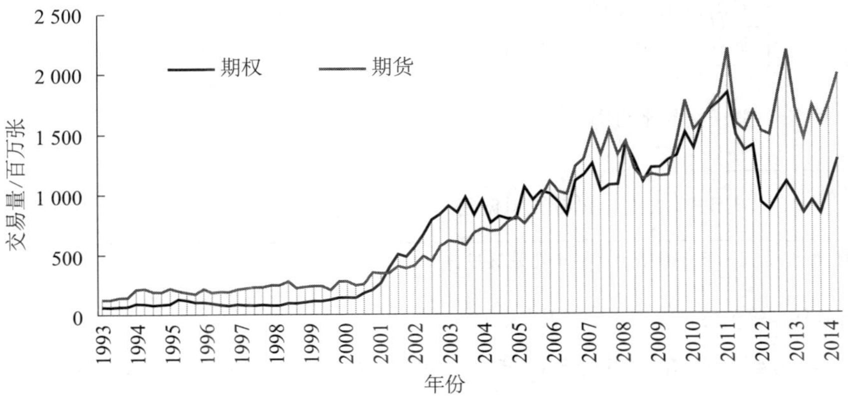

图 1-6 全球期货和期权交易量

资料来源:国际清算银行(www. bis. org)

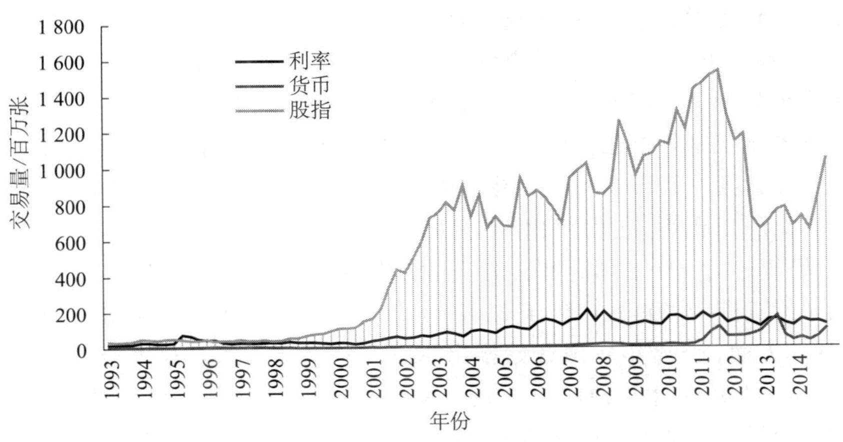

图 1-7 全球金融期权市场的构成和发展

资料来源:国际清算银行(www. bis. org)

二、场外交易的金融衍生工具市场发展

场外交易的金融衍生工具市场与场内的标准化交易形态存在诸多差别(表 1-2),其主要是由电话和计算机将金融机构、非金融机构联系起来的网络交易系统。场外衍生工具市场可以分为境内市场和境外市场。境外交易的市场又称离岸市场,是无国籍的、完全国

际化的金融市场。场外衍生工具市场还可以根据集中清算[①]与否划分为集中清算的场外衍生工具市场和非集中清算的场外衍生工具市场。这里按照金融衍生工具的基本种类，介绍金融远期、金融互换、金融期权的市场发展状况。

表 1-2　场内衍生工具市场(以期货为例)和场外衍生工具市场(以互换为例)的差异

	期　货	互　换
流动性	流动性是连续的、稳定的	流动性是断点的、不稳定的
市场结构	所有参与者—所有参与者	分层为“交易商—客户”“交易商—交易商”
执行方式	电子交易平台撮合	传统方式：电话、邮件、拍卖； 新型方式：电子平台进行一对多或多对多报价请求
产品创新和发展	封闭式，依赖于交易规则创制	开放式，交易商根据客户需求打造定制化条款。交易条款被广泛应用后，进入电子交易平台

资料来源：根据中国场外金融衍生产品市场发展报告(2015)整理

1. 金融远期市场

金融远期合约产生在20世纪80年代，晚于金融期货。最常见的金融远期有远期利率协议(FRA)、外汇远期协议与汇率协议、无本金交割远期外汇交易、国债远期交易、股票远期。在国际上，一些重要的金融远期(如远期利率协议)是银行在各自的交易室中进行的全球性的产品。银行交易室彼此由电话线、信息站和计算机网络联系在一起。如果一家机构希望交易一份远期利率协议，就会接触一家或数家在远期利率协议市场进行竞价的银行。在一些市场，也可以通过货币市场上的经纪商来获得最有利的利率，而不必在一开始就透露出自己的身份。需要注意的是，受到外汇管制的影响，1996年一些国家和地区出现了离岸的无本金交割外汇远期(NDF)交易。新加坡和中国香港人民币NDF市场是亚洲最主要的离岸远期交易市场。在交易活跃、规模巨大、不断发展的NDF市场上，不仅有人民币，还有韩元、新台币、印度卢比、印度尼西亚卢比和菲律宾比索等亚洲货币进行交易。NDF市场的行情反映了国际社会对于相关货币的汇率变化预期。

我国的金融远期市场正式产生于2007年，2014—2015年市场结构出现新的变化。首先，在债券远期方面，2014年我国开始推出X-SWAP平台(基于双边授信的撮合交易平台)，提供点击和匿名撮合两种成交方式。X-SWAP平台可以交易标准化的债券远期。2015年，X-SWAP平台推出自动搭桥功能，在双边授信资源稀缺的情况下，通过与桥机构的自动搭桥，解决其他市场成员因授信困难而无法成交的问题。其次，在外汇远期方面，2015年8月8日正式建立外汇远期市场，该市场采用有本金交割的远期结售汇制度。2015年中国外汇交易中心推出C-SWAP，系统采取撮合成交的方式，满足会员对标准化掉

① 清算这一术语在金融衍生工具市场经常被使用，但是很少被定义。因此，在概念上并不是很明确，有时清算和结算会被混在一起使用。在国外，衍生工具的清算活动由清算所(clearing house)进行。清算所往往作为金融衍生工具的中央对手方进行交易。也就是说，清算所在买卖双方完成交易的过程中实际是作为买方的卖方、卖方的买方来推动完成交易。清算所的作用是促成证券或衍生工具交易的生效、交割和结算。在我国，期货市场中没有独立的清算所，执行相关职能的是各交易所内设的结算部，这些结算部的职能与独立的清算所在本质上一致。上海清算所则为金融市场直接和间接的本外币交易及衍生产品交易提供登记、托管、清算、结算、交割、保证金管理、抵押品管理等服务。

期产品的需求。

2. 金融互换市场

真正的金融互换业务是产生于20世纪80年代初的货币互换和利率互换。世界上第一笔金融互换业务是世界银行与IBM公司于1981年8月所进行的货币互换。第一笔利率互换业务是德意志银行与其他3家银行于1982年8月所进行的。当时,德意志银行凭借其很高的资信等级,以比较优惠的固定利率发行了3亿美元的7年期欧洲债券,然后与其他3家资信等级较低的银行进行互换。通过互换,德意志银行以低于Libor的利率支付浮动利息,而其他3家银行则以相对优惠的固定利率支付固定利息。利率互换虽然在货币互换一年后才产生,但发展十分迅速,2016年前半年,全球互换业务的签约金额为360.273万亿美元,其中利率互换就占全部互换市场的89%(图1-8)。

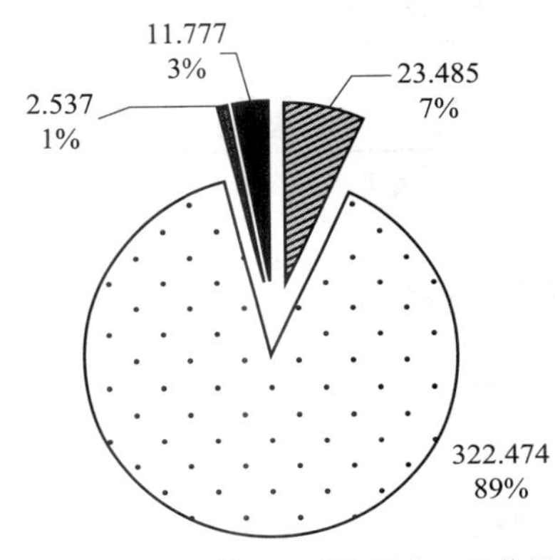

图1-8 2016年(上半年)全球互换市场的规模与结构(单位:万亿美元)

资料来源:国际清算银行

我国自2005年利率互换产生后,市场交易规模迅速扩张,在场外利率衍生工具市场占据主导地位(表1-3)。利率互换可以通过全国银行间同业中心进行。2014年11月,中国外汇交易中心开始提供变化利率互换产品交易,对交易要素进行标准化的设置。标准化的利率互换可在X-SWAP平台进行交易。

表1-3 我国的场外利率衍生工具市场规模

时间	利率互换		标准利率衍生品		标准债券远期	
	交易笔数(笔)	名义本金额(亿元)	交易笔数(笔)	名义本金额(亿元)	交易笔数(笔)	交易量(亿元)
2014年	43 019	40 347.2	212	413.5	—	—
2015年	64 557	82 304.1	994	5 014	59	17.2
2016年	87 849	99 184.2	8	8	8	1

资料来源:2015年、2016年货币政策报告,中国人民银行网站

3. 场外金融期权市场

场外的金融期权市场也由金融机构、大型交易商和基金管理人员通过电话进行交易。

场外市场上金融期权由于能够量身定做产品，具有很大的灵活性，所以20世纪80年代后场外期权发展也十分迅速。现在场外期权的总市场规模超过场内交易，达到大约80万亿美元（按照未偿付的名义本金计算）。OTC市场的金融机构越来越意识到期权市场的激烈竞争和普通期权利润空间的缩小，因此开发出更复杂的期权产品。期权结构越复杂，客户发现定价过高或定价陷阱的可能性越小，这时就越能保证期权开发者的利润空间。这类竞争不仅导致了期权创新的迅速发展和奇异期权的日益增多，同时也引发了大量的市场纠纷。

我国银行间市场的期权品种是外汇期权。国家外汇管理局批准自2011年4月1日起，银行间外汇市场推出人民币对外汇期权交易后市场规模迅速上升（表1-4），市场产品更加多样化，这为汇率风险管理提供了新的市场空间。

表1-4 我国银行间市场的外汇期权成交量 亿美元

时间	2012年	2013年	2014年	2015年
交易量	33.4	217.5	1 312.5	2 287.6

资料来源：根据中国场外金融衍生产品市场发展报告（2013年、2014年、2015年）整理

三、金融衍生工具市场的交易者

在正常的市场条件下，金融衍生工具市场的交易者可以分为以下三类。

1. 套期保值者

套期保值者（hedger）是指利用金融工具对冲或管理现货资产的交易者。很明显，不同的金融衍生工具对冲风险的运作机制不完全相同。如果担心金融资产价格下跌的不利影响，套期保值者可以卖出与风险资产相对应的、同等数量的、同一到期月份的金融期货以对冲现货风险。如果金融现货资产价格下跌，则金融期货价格也会下跌，套期保值者会低价平掉期货头寸，以期货盈利弥补现货资产的亏损。当然，如果担心金融资产价格下跌会产生不利影响，套期保值者也可以买入看跌期权来管理现货资产的风险。如果金融资产价格下跌，则通过行权将手中的金融资产按照行权价卖出。此外，套期保值者还可以选择更为丰富的期权策略管理现货资产风险。

2. 套利交易者

套利交易者（arbitrageur）是追踪金融衍生工具之间、金融衍生工具与标的金融资产之间价差异常变化，并建立相反头寸套取价差变化利润的交易者。套利交易者可以使不同金融资产的价格之间具有均衡关系，是市场流动性的重要提供者，也是价格发现的基础力量。

3. 投机者

投机者（speculator）是追求风险以获得高收益的交易者。投机者通常只在金融衍生工具市场拥有头寸，以便获得价差变化时的收益。在一些不成熟的狭小金融市场，投机者也会拥有现货头寸，以便控制市场行情，获得逼仓收益。投机者在金融衍生工具市场的作用同样重要，因为其既是风险的接受者，也是流动性的提供者。如果缺乏投机者，市场的流

动性会出现枯竭，套利交易者和套期保值者会由于缺乏交易对手而逐渐退出交易。

以上的金融衍生工具市场参与者分类是以交易目的为标准进行划分的。需要注意的是，从交易目的看，为市场提供流动性、赚取买卖报价价差的做市商并不能简单地纳入以上三类交易者中。另外，在金融动荡或危机时期，或在其他特殊背景和需要下，金融衍生工具市场还会有政府或准政府力量进行交易，其交易目的可能是调控和稳定市场，或为市场提供必要的流动性救助。

四、金融衍生工具市场的功能

金融衍生工具有两个基本的市场功能：风险对冲和价格发现。

1. 风险对冲功能

风险对冲功能在很多情况下也被称为套期保值，是金融衍生工具产生和存在的基础。金融衍生品的存在使投资者能够更便捷、更高效、以更低的成本交易风险，达到风险规避、风险分散的目的。例如，交易者可以利用远期、互换、期货和期权构筑起特性不同的风险对冲头寸，来规避标的资产的价格波动风险。金融远期和期货交易可以将标的资产的未来价格锁定在当前水平上。一些金融互换(如利率互换)也可以改变资产的不确定性现金流，如图1-2中的银行B可以通过利率互换将浮动利率负债转换为固定利率。期权则可以借助多样化的交易策略来管理标的资产的价格波动风险。在一定意义上，金融衍生工具可以使投资者免于在标的资产市场上进行大规模交易时所造成的市场冲击。

随着市场的深化和策略创新，金融衍生工具的风险管理有了更为深刻的发展——金融交易者可以通过衍生工具将市场风险剥离，使投资标的资产的特质、资产投资和配置能力得到精确的表达，提升竞争能力和投资效率。

2. 价格发现功能

价格发现功能大多与集中化的交易所交易有关，是在公开、公平、高效的市场条件下，由大量交易者在有组织的、规范化的金融衍生工具交易所集中交易产生价格的过程。价格发现功能两个方面。第一，在集中化交易中，投机者、套利者和套期保值者基于对市场的判断、对市场价差的判断开展不同形式的交易，会推动形成具有真实性、权威性、连续性和预期性的价格。第二，在标的资产和衍生工具、不同到期时间的衍生工具之间形成一个动态均衡的价格体系。需要指明的是，关于金融衍生工具所具有的价格发现功能存在不同的看法，很多业界和学界人士认为金融衍生工具发现的是未来价格，但也有学者研究认为金融衍生工具发现的是今天的价格，并非未来的价格。

随着市场结构的创新，场外金融衍生品市场借助于交易平台的开发、新产品的设计和信息，也具有一定的价格发现和指引作用。很多市场参与者也在不断搜集和判断场外衍生品的价格方向，并将其用于交易中。在拥有共同标的资产的金融衍生工具品种上，交易者对不同市场的信息采集和共同交易使整体的衍生品市场具有了新的价格发现机制。

价格发现另一个途径是场外金融衍生工具和场内金融衍生工具所形成的成熟的市场联系机制。各类交易者通过跨市场的交易和信息汲取，可以将场内交易市场和场外市场价格紧密联系在一起，形成均衡价格体系。

五、金融衍生工具市场的风险和监管

1. 场内市场的风险和监管

金融衍生工具市场所应具有的价格发现和套期保值功能并不能掩盖市场风险。通常,场内金融期货和期权市场由于设计了保证金和逐日盯市制度等一系列风险管理制度,使市场的整体信用风险几乎不会发生,也几乎难以引发宏观风险。当然,不成熟的场内市场则会引发问题。例如,1995 年我国的国债期货"327"事件几乎引发整个证券行业的宏观风险。在一些经济体出现问题时,场内金融衍生工具也会成为对冲基金投机攻击的有效工具。最为典型的案例是,1997—1998 年以索罗斯为首的对冲基金利用期货、期权、远期等金融衍生工具,立体攻击香港外汇市场和股票市场,引发市场剧烈动荡。

对于场内交易的衍生工具而言,监管架构和监管职能相对成熟。交易所通常是一线监管机构,行业协会则是自律机构,来自政府或准政府部门的监管机构(如美国商品交易委员会 CFTC、美国证券交易委员会 SEC)则负责期货和期权行业的全面监管。美国期货监管领域还有一个行业联盟 NFA,即全国期货业协会。该协会用于贯彻贯彻行业标准、法规和监管。

对于我国的期货和期权市场来说,监管力量和监管规则来自由中国证监会、证监会各地派出机构、中国期货业协会、期货交易所、中国期货市场监控中心共同组成的"三级监管""五位一体"的期货交易监管体系。我国针对场内金融衍生工具的监管具有一定的行政管制特征,这种行政管制特征有历史成因,改革起来并非易事。

2. 场外衍生工具市场的风险和监管

相比有组织的金融衍生市场,场外金融衍生工具更容易造成市场风险或金融不稳定。"三十国集团系统问题专门委员会"(Group of Thirty's Systemic Issues Subcommittee, 1993)将可能导致金融危机的金融衍生品系统性风险划分为八种:①金融衍生品导致风险暴露规模过大,同时金融衍生品极为复杂难解;②金融衍生品交易过于集中于极少数金融机构;③金融衍生品交易降低了金融市场的透明度,并使某些交易脱离监管;④对冲市场上的流动性不足;⑤结算风险;⑥信用风险;⑦更强的市场间联系;⑧法律风险。此外,场外衍生品的系统风险还应考虑到其对金融结构的改变。例如,在 2008 年美国爆发金融危机之前,缺乏有效监管的信用违约互换、资产证券化就已经深刻地改变了美国的金融结构和金融交易行为。如果没有场外衍生工具导致的金融结构复杂化,美国金融危机爆发得也不至于异常剧烈和规模巨大。

场外衍生工具所隐含的市场动荡和宏观风险为监管机构的监管方式改革提出了新的命题,美国金融危机后集中清算机制、统一的电子化交易平台和产品标准化开始成为市场发展过程中需要长期探讨的重要内容。2009 年后,各国开始按照 G20 峰会(2009 年)承诺,对场外金融衍生工具市场结构和监管方式进行深入改革。改革的主要内容有:推进场外金融衍生工具标准化交易、建立统一的电子交易工具、推动标准化交易在中央对手方进行集中清算、非集中清算时应提高资本金的要求、交易信息向交易信息库报告。这些改革有助于提高监管效率。对于非集中清算的场外金融工具的监管也在不断改革。国际证监会组织(IOSCO)发布了针对非中央清算场外衍生工具的风险缓释标准、保证金标准以及其他监管方法。

在衍生品监管改革中,美国的监管体系被各国所关注。20 世纪 70 年代后,美国金融市场逐步步入逐步解除监管的时期,利益集团的解除监管游说和衍生品监管者争夺激烈。2000 年美国的《商品期货现代化法案》最终禁止了对金融衍生品的监管,使互换和其他一些衍生工具最终被排除在 CFTC 之外,其结果是衍生品交易和金融创新出现大井喷,以及 2008 年金融危机大爆发。为此,2010 年美国颁布多德-弗兰克法案中开始明确不同监管机构的监管范围:CFTC 不仅监管场内衍生品,而且新加入了对大部分场外互换的监管;SEC(美国证券交易委员会)监管基于证券的场外互换;美国财政部则监管外汇远期和外汇交易互换。美国金融稳定监督委员会参与协调 CFTC 和 SEC 之间的争议。

相对于国外成熟且创新过度的金融市场而言,我国场外金融衍生工具市场发展处于起步阶段,创新深度不足,法律法规体系建设不完善,因此对发展和监管关系的动态塑造将是未来很长一段时期的主旋律。目前,由中国证监会、中国银监会、中国保监会负责对机构的审批和管理。中国人民银行则是管理资本金要求的最终机构。这些监管机构的监管职能体现在:与国际监管机构进行监管合作、创新和批准新型场外金融衍生工具、对场外金融衍生工具市场风险进行监控和惩处、加强集中清算和信息披露、完善衍生工具会计处理办法并规范财务报告信息。需要特别注意的是,无论如何改革监管体制,场外金融衍生工具市场的发展依然需要强调场外的特有属性和内在规律;在创新、发展和监管之间也会有一个长期的再平衡过程;考虑到多重监管问题,我国场外金融衍生工具市场监管需要进行良好的部门协调,并推动监管立法。

思考与习题

1. 最基础的金融衍生工具有哪些?衍生工具的标的资产能否是其他衍生工具?
2. 利率互换的基本设计机制是什么?利率互换的用途有哪些?
3. 如何理解金融衍生工具的特性?
4. 主要的无风险利率有哪些?各种利率作为无风险利率的优缺点是什么?
5. 什么是隔夜指数互换利率?查阅相关资料,了解隔夜指数互换利率的发展情况。
6. 什么是收益率曲线?收益率曲线的主要类型有哪些?查阅资料,进一步了解不同收益率曲线的含义。
7. 试比较绝对定价法和相对定价法的原理差异。
8. 何为风险中性假设?查阅相关资料进一步了解和学习。
9. 查阅资料深入理解无套利均衡分析方法。
10. 指令驱动型交易机制和报价驱动型交易机制的差异是什么?
11. 金融衍生工具市场的主要交易者有哪些?金融衍生工具市场应该具有何种功能?
12. 如何认识对金融衍生工具市场进行监管的必要性?
13. 查阅资料分析金融衍生工具市场发展的最新内容。

14. 总结场内衍生工具市场(以期货为例)和场外衍生工具市场(以互换为例)的差异。

15. 某月股指期货的报价是 3 200 点,要达成一手(一张合约)交易,多空双方需要缴纳的保证金是多少元?若沪深 300 指数下跌 5%,那么多空双方的盈亏各是多少?

16. 股票的市场价格为 42 元,执行价格为 40 元的欧式股票看跌期权价格为 3 元;执行价格为 50 元的欧式看跌期权为 15 元。设想股票价格可能出现的不同方向的变化,投资者该如何选择期权投资?在什么情况下会行权?画出执行价格为 40 元的看跌期权多空损益图。

17. 年利率为 6%,年复利 4 次,那么与这一利率等价的连续复利年利率应是多少?

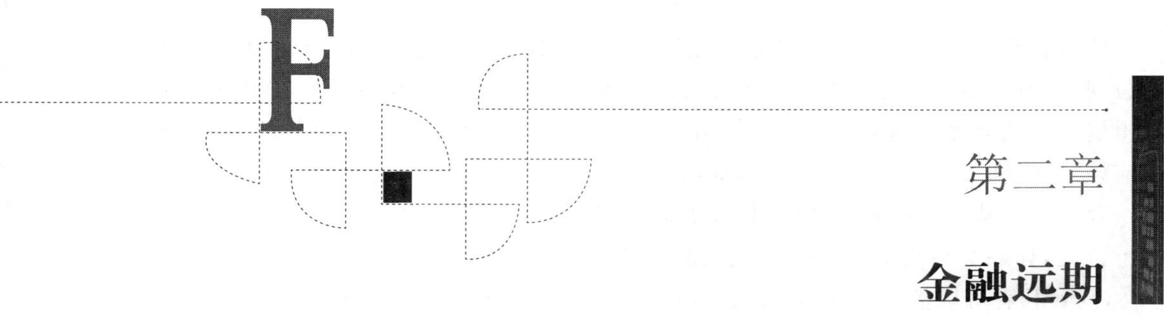

第二章 金融远期

第一节 金融远期定价

无套利均衡分析方法在金融远期定价中发挥主要作用。在对金融远期进行定价时，需要考虑不同金融资产的内在差异(如无收益资产、已知收益资产、外汇、黄金等的差异性)，也需要考虑远期工具的设计差异性(如远期利率协议、综合远期外汇协议等)。这一节主要介绍最基本的无收益资产(零息债券、不付股息股票)、已知收益资产(附息债券、有股息股票)、外汇、黄金远期定价方法。

一、无收益资产的远期价格确定

这里先考虑无收益资产的远期价格确定。无收益资产可以理解为无红利股票、零息债券等。为了给无收益资产进行定价，我们可以构筑两个可比较的组合:组合 A 是 1 单位资产的远期合约多头，1 单位资产的远期价格为 F;组合 B 是 1 单位标的资产多头组合。如果这两个组合的现值相等，则就可以用一个资产为另一个资产定价了。

组合 A:1 单位资产的远期合约多头(合约价值为 f)＋一笔数额为 Fe^{-rT} 的现金

组合 B:1 单位的标的资产(现价为 S)

在组合 A 中，由于合约双方确定的 1 单位资产的远期价格为 F，因此现在多头就需要拥有的资金量为 Fe^{-rT}。多头需要将 Fe^{-rT} 做无风险投资，这样期末就可以获得资金 F，通过履行合同进而获得 1 单位资产。

可以考虑，在远期合约到期时，两个组合的当前价值相等，即

$$f + Fe^{-rT} = S \tag{2.1}$$

通常，一个公平的远期价格 F 就是使远期价值 $f=0$ 的交割价格，因此，我们可以得到

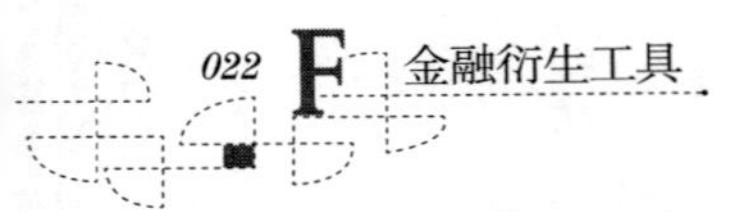

远期资产价格公式为

$$F = Se^{rT} \tag{2.2}$$

这符合常理。如果投资者在合约结束时需要持有1单位资产，可以选择现在就持有1单位现货资产，也可以选择持有1单位资产的远期多头（远期价格为F），在合约到期时再获得资产。从无套利均衡分析方法的角度看，两个组合在未来均是1单位的资产，其现值也应该一样，即$F=Se^{rT}$。

我们可以从套利的角度，再分析以上远期定价公式的合理性。

首先，如果交易对手报出的T期限的远期合约交割价格大于现货价格的终值，即$F>Se^{rT}$，则套利者可以借入资金S，买入1单位标的资产，同时建立一个远期价格为F的远期合约空头。等到合约到期时，套利者可以将手中的资产交付出去，获得收入为F。这时需要归还的资金为Se^{rT}。那么，最后的套利利润将是$F-Se^{rT}$。

其次，如果交易对手报出的T期限的远期合约交割价格小于现货价格的终值，即$F<Se^{rT}$，则可以签订远期协议以F买入远期资产，并以S卖空标的资产，卖空资产的收益做无风险投资。在远期合约到期时，无风险投资的收益是Se^{rT}。我们以其中一部分资金F交割买回卖空的资产。最后的套利收益会是$Se^{rT}-F$。

这样，在套利机制下，金融资产的远期公平价格在合约签订时一定应当为$F=Se^{rT}$。

二、黄金和白银的远期价格确定

持有黄金和白银并没有收益，但是会产生一定的储藏费用U。这样，进行远期定价所构筑的可比较组合就会发生一定的变化。

组合A：一份购买1单位黄金的远期合约多头（远期合约中确定的1单位黄金的远期价格为F）＋一笔数额为Fe^{-rT}的现金

组合B：1单位现货黄金（S）＋黄金储藏成本的现值U。

组合B中，购买1单位现货黄金的支出有两部分，一部分是S，另一部分则是储藏成本。

组合A和组合B在远期合约结束时均可以获得1单位黄金，未来现货市场价值相等。从无套利均衡分析方法的角度看，组合A和组合B的现值也相等，即$Fe^{-rT}=(S+U)$。则，1单位黄金的远期价格为

$$F = (S+U)e^{rT} \tag{2.3}$$

如果远期价格F和理论价格$(S+U)e^{rT}$不吻合，交易者会进行套利交易，即

当$F>(S+U)e^{rT}$时，套利者需要借入资金买入现货黄金储藏起来，同时卖出远期黄金。在远期合约到期时，将手中的现货黄金交割出去，连本带息归还购买现货黄金和储藏黄金所借入的资金，即$(S+U)e^{rT}$。所获得的利润是$F-(S+U)e^{rT}$。

当$F<(S+U)e^{rT}$时，套利者需要卖出手中的现货黄金，将所得资金做无风险投资，同时买入远期黄金。在远期合约到期时，用投资所得资金交割买入现货。在此过程中，需要注意卖出现货黄金后节约的储藏成本相当于增加了一份收入。因此，所获得套利利润是$(S+U)e^{rT}-F$。

在套利交易的驱使下，将使等式 $F=(S+U)e^{rT}$ 成立起来。

例 2-1 黄金远期价格的计算和套利

假如黄金现货的价格是 245 元/克，储藏费用比率为每年 0.1%(国际上的黄金储藏费用比率通常为黄金价值的 0.05%－0.1%)，储藏费用立即支付，6 个月的无风险利率为 3.5%(假定该利率为 6 个月期的 Shibor，这一利率是连续复利利率)。根据这些条件，可以计算 6 个月后到期的黄金远期价格，即

$$F=(S+U)e^{rT}=(245+245\times0.1\%\div2)e^{0.035\times6/12}=249.4499\text{ 元/克}$$

我们可以借此例子，对期现套利做具体化分析。

情形 1：如果市场上 6 个月后到期的黄金远期价格是 270 元/克。这时，套利者会设法套取远期和现货之间的价差利润。基本的手法如下：

第一步，借入资金，以 245 元/克的价格买入 1 000 克黄金并支付储藏费用，同时以 270 元/克的价格卖出 6 个月后到期的黄金远期。

在此过程中，需要借入的资金包含两个部分。一是借入 245 000 元用以买入黄金；二是借入 245 000×0.1%÷2＝122.5 元的资金用以支付储藏费用。这样一共需要借入 245 122.5 元。

第二步，在远期到期时将事先买入的黄金交割出去，这样可以获得收入 270 000 万元(为方便分析，这里没有考虑交易佣金、交割成本、保证金成本等内容)。套利者可以利用这笔收入偿还借入的资金。由于最初借入了 245 122.5 元，因此需要归还银行 245 122.5×$e^{0.035\times6/12}$＝249 449.895 1 元。这时，可以获得的套利利润是 270 000－249 449.895 1＝20 550.104 9元。

情形 2：如果市场上的 6 个月后到期的黄金远期价格是 240 元/克，套利者可以采用的套利方法如下：

第一步，以 245 元/克卖出 1 000 克黄金现货，将所获得的资金进行无风险利率投资；同时以 240 元/克买入 1 000 克的 6 个月后的到期黄金远期。

第二步，在远期到期时，交割买回黄金。

这笔套利的具体收益计算如下：

卖出 1 000 克黄金获得收入是 245 000 元，以无风险利率投资半年后的终值是 245 000×$e^{0.035\times6/12}$＝249 325.232 5 元。由于卖出黄金，套利者节省的储藏费用的终值是 122.5 $e^{0.035\times6/12}$＝124.662 6 元。这相当于套利者在半年后的收入是 249 449.895 1 元。套利者可以用这笔资金交割买回 1 000 克黄金，最后可获取的利润是 249 449.895 1－240 000＝9 449.895 1 元。

三、已知收益资产的远期价格确定

对于债券、股票、股指这些已知收益的金融资产的远期定价来说，也可以利用以上的基本原理进行定价。为此，我们可以构筑两个组合。

组合 A：1 单位资产的远期合约多头(远期价格为 F)＋一笔数额为 Fe^{-rT} 的现金

组合 B:1 单位资产(现价为 S)－远期合约对应的到期日前 1 单位资产所获收益的现值 I

在组合 B 中,增加了一项内容,即 1 单位资产未来所获得收益的现值 I。这个也很容易理解:因为如果是前述的无收益资产,构筑组合 B 所需要花费的资金是 S;而如果是有收益资产,相当于未来收益的贴现值可以减少现有的构筑成本,这样看来,组合 B 的当前价值是 $S-I$。

在组合 A 中,Fe^{-rT} 可以按照远期合约约定的价格 F 在期末买入 1 单位现货资产。

很明显,组合 A 和组合 B 的构筑从最终结果上看,均可以持有 1 单位的现货资产。这两个组合在未来均是 1 单位现货资产,市场价值在未来相当。从现值看,价值也应相等。也就是说,$Fe^{-rT}=S-I$。这样远期价格应为

$$F=(S-I)e^{rT} \tag{2.4}$$

需要注意的是,远期合约交易的标的资产如果是债券,则 S 代表发票价格(现金价格),而不是市场上的净价报价,作为交割价格的 F 也是发票价格。这里的发票价格是指买方购买债券实际要支付的价格,即发票价格＝净价报价＋应计利息。其中,应计利息是上一付息日至交割日之间的债券利息。例 2-2 是对国债远期定价和发票价格的一个介绍。

例 2-2 国债远期价格的计算

假如票面利率为 12%的国债净价报价为 110.50 元,上一付息日是 99 天之前,下一付息日是 83 天之后。假设收益率曲线平坦,连续复利利率是 5%,国债远期合约到期时间还有 0.5 年。我们可以据此计算国债远期价格。

首先,计算买入债券的应计利息和发票价格 S。上次债券发行方支付利息是在 99 天前,那么债券持有者现在卖出债券时应得到这 99 天的利息。这 99 天的利息和票面利息、天数有关,具体的计算应为 $\frac{99}{182}\times 6=3.2637$ 元。这样,发票价格＝110.50＋3.263 7＝113.763 7 元。

其次,债券在远期合约有效期内还会收到 1 次利息,每百元的利息收入是 6 元,6 元的现值是 $6\,e^{-rT}=6\,e^{-0.05\times\frac{84}{365}}=5.9314$ 元。

在此基础上,我们可以计算国债远期价格为

$$F=(S-I)e^{rT}=(113.7637-5.9314)e^{0.05\times 0.5}=110.5621 \text{ 元}$$

不过,需要注意的是,这里计算的国债远期价格是发票价格,而非远期净价报价。

四、外汇的远期价格确定

外汇远期的定价有其独特之处。我们需要先做几个定义:假定某一标的货币的即期汇率为 S,远期汇率为 F,合约时间为 T,该货币的无风险利率为 r_f,购买该标的货币的计价货币的无风险利率为 r。为了考察远期汇率水平,我们可以构筑如下两个组合。

组合 A:一份远期合约多头(购买 1 单位货币的汇率为 F)＋一笔数额为 Fe^{-rT} 的计价货币现金

组合 B:数量为 $e^{-r_f T}$(S 为即期汇率)的标的货币

组合 B 和以前的类似组合不同之处在于，数量上选取e^{-r_fT}。这主要是因为如果将其做无风险投资，在远期合约到期时，该笔标的货币的价值为 1。

在远期合同到期时，组合 A 可以以 F 获得 1 单位的标的货币。而组合 B 则可以以获得 1 单位的标的货币。这样基于无套利均衡分析方法，由于组合 A 和组合 B 在 T 时刻价值相等，均为 1 单位标的货币，那么其现值也会相等，即 $Fe^{-rT}=Se^{-r_fT}$。这样，远期汇率则为

$$F = Se^{(r-r_f)T} \tag{2.5}$$

例 2-3　外汇期货价格的计算

假设 3 个月期的美元无风险利率为 5%，3 个月期欧元的无风险利率 4.5%，欧元兑美元的即期汇率是 1.244 4，即 1 欧元＝1.244 4 美元，则 3 个月后到期的欧元期货价格应为

$$F = Se^{(r-r_f)T} = 1.2444e^{(0.05-0.045)3/12} = 1.2460 \text{ 美元}$$

以上不同标的资产远期合约的定价见表 2-1。

表 2-1　不同标的的资产远期合约的定价

远期合约	交割价格	备　注
无收益资产（零息债券、无红利股票）	$F=Se^{rT}$	
黄金远期	$F=(S+U)e^{rT}$ $=Se^{(r+u)T}$	U 为单位现货在到期时支付的仓储成本的现值，u 为黄金的储藏费用比率，即储藏费用占即期现货价格的比例
股票远期	$F=Se^{(r-q)T}$	q 为股票的股息率，S 为标的指数值
外汇远期	$F=Se^{(r-r_f)T}$	r_f 为外币（外汇交易标的货币）的利率，S 为直接标价法下的外币汇率
付息国债远期	$F=(S-I)e^{rT}$	S 为债券的发票价格，远期价格 F 也为发票价格

第二节　远期利率协议

一、远期利率协议的设计机制

1. 即期利率与远期利率

很明显，远期利率协议交易的远期利率，和即期利率并不相同。即期利率是指从现在到未来某一时段内的利率。在图 2-1 中，r_1 和 r_2 分别为从现在到 T_1 和 T_2 时刻的即期利率。远期利率则是从未来某一时点到更远时点期间的利率。在图 2-1，r_f 是指从 T_1 到 T_2 这一段时间的远期利率。

2. 远期利率协议的结构原理

所谓远期利率协议（forward rate agreements，FRA）是指交易双方确定的未来某一时期内远期利率的买卖协议。在远期利率协议中，事先规定了一个远期的协议利率，并约定

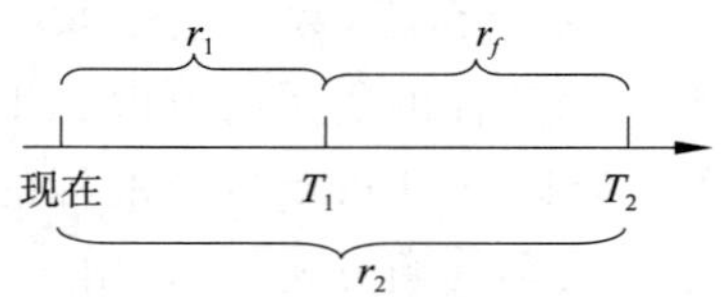

图 2-1 即期利率与远期利率

以某一市场利率作为参考利率，在协议规定的交割日，如果参考利率与协议利率不同，则必须一方向另一方支付一定的差额做补偿。补偿的方向根据买方和卖方、协议利率和参考利率的关系而定。

在习惯上，买方是指通过远期利率协议回避利率上升风险的交易者；卖方是指通过远期利率协议来回避利率下降风险的交易者。所以，远期利率协议的买方多是准备未来于某日期借入资金的经济主体，即未来的债务人。买方持有远期利率协议就是为了防止未来利率上升带来更多的利息负担。相反，远期利率协议的卖方，通常是准备在未来某日期贷出资金的经济主体，即未来的债权人。卖方之所以卖出远期利率协议，是为了现在就锁定将来贷出资金的利率，防止利率下降造成利息收入减少。

在远期利率签订后，交割时，如果参考利率高于协议利率，则卖方向买方支付参考利率与协议利率的利息差额；如果市场利率低于协议利率，买方向卖方支付协议利率与参考利率的差额。

3. 远期利率协议的术语

交易日，是指签订远期利率协议的日期。

即期日，是指交易日后的两天，即协议开始生效的日期。

交割日，也称起息日、结算日，是指交易双方结算其中一方向另一方所应支付利率的日期，即名义贷款或存款的开始日。

基准日，又称利率确定日，通常为交割日的前两个工作日。在这一天，交易双方将确定参考利率的大小。

到期日，是指协议中确定的名义贷款或存款的最后一天。

协议期限，是指在交割日与到期日之间的天数。

名义本金，是远期利率协议买卖双方确定支付差额的基础。之所以称为名义本金，是因为这个本金是观念上的本金，在实际交易中并不发生真正的资金转移。由于远期利率协议没有标准化的特征，因此名义本金往往由交易双方自由议定。在目前的国际金融市场上，一份远期利率协议的名义本金可能达到 5 000 万美元，甚至更高。

协议利率，是指交易双方商定的，合约期间的远期利率。应当说，协议利率实际上是一种固定利率。

参考利率，是一种市场利率，在远期利率协议签订时无法对其进行准确判断。参考利率多采用银行同业拆借利率的平均利率作为标准。在国际金融市场上，远期利率协议的参考利率主要是 Libor。在中国，远期利率协议的参考利率是经中国人民银行授权的全国银行间同业拆借中心等机构发布的银行间市场具有基准性质的市场利率或中国人民银行公布的基准利率，究竟选哪一种则由交易双方共同约定。

交割额，是在交割日那天，协议一方交给另一方的金额。交割额由协议利率与参考利率之差计算得出。

图 2-2 描绘了 FRA 中重要日期之间的清晰关系。

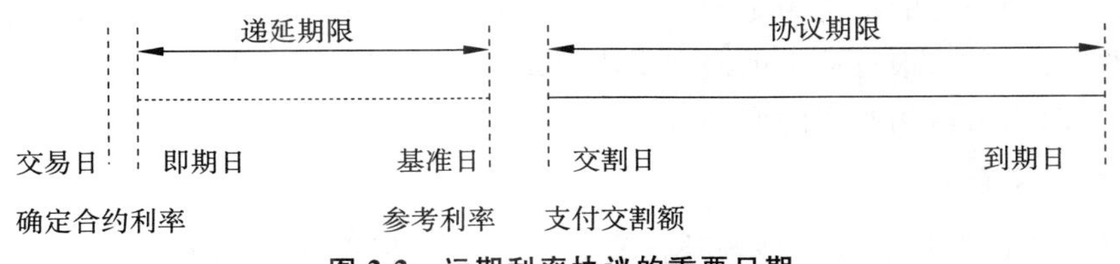

图 2-2 远期利率协议的重要日期

4. 交割额的计算方法

当远期利率协议到期时，如果参考利率与协议利率不一致（现实中往往确实如此），其中一方就必须向另一方支付其差额。在计算金额时，必须考虑货币的时间价值。也就是说，必须把未来将要支付的利率用参考利率折算为远期利率协议到期日的现值。具体的支付金额计算公式为

$$交割额 = \frac{(r - r_c) \cdot A \cdot \dfrac{\text{DAYS}}{\text{BASIS}}}{1 + r \cdot \dfrac{\text{DAYS}}{\text{BASIS}}} \tag{2.6}$$

其中，r 为参考利率；r_c 为协议利率；A 为名义本金；DAYS 为协议期限的天数；BASIS 为转换为年的天数（如在美国除长期国债外，1 年的天数计算惯例是 360 天，在英国货币市场的天数计算惯例是 365 天，我国货币市场和债券市场的天数计算惯例是 365 天）。

5. 远期利率协议的报价方式

在交易中，需要了解远期利率协议的报价。表 2-2 列出了 2009 年 4 月 10 日，中国工商银行在全国银行间同业拆借中心交易系统中的报价。在该报价中，3M×6M 一般称为 3 对 6，表示的是远期利率协议的期限。3M 是指买卖远期利率协议签约日到交割日的时间是 3 个月，6M 是指签约日到名义债务到期日的时间是 6 个月。

表 2-2 中还列出了 3M Shibor，这是指参考利率为 3 个月期的 Shibor。Bid 是指银行的

表 2-2 远期利率协议报价举例

		3M Shibor
Term	Bid	Ask
1M×4M	1.200 0	1.400 0
2M×5M	1.150 0	1.350 0
3M×6M	1.200 0	1.400 0
4M×7M	—	—
5M×8M	—	—
6M×9M	1.250 0	1.450 0
9M×12M	1.300 0	1.500 0

远期利率协议的买入价报价，例如 3×6 的买入价报价为 1.200 0，Ask 是指该银行远期利率协议的卖出价报价，例如 3×6 的卖出价报价是 1.400 0。如果一家公司或银行向该银行卖出 3×6 远期利率协议，那么价格应为 1.200 0 才能成交。如果想向该银行买入 3×6 远期利率协议，则该行的报价为 1.400 0。买入价和卖出价的差额是银行从事远期利率协议交易的收益。当然，银行从事远期利率协议是否有利可图，不仅要看买入价和卖出价的差额，还要看对未来市场利率的变动。

6. 远期利率协议的优缺点

远期利率协议实际上是一种场外交易合约。它与标准化的利率期货一样，都是为管理利率风险而创造出来的，用于管理短期利率风险。尽管利率期货由于标准化而具有简便有效的特点，但是国际金融市场上只有为数不多的可兑换货币具有相应的利率期货合约，因此很难满足市场的巨大需求。相比之下，远期利率协议则是一种十分有效并且被广泛使用的工具。其突出优点是：不需要缴纳保证金；合约金额和期限灵活，有助于提高风险管理效率；可适用于一切货币。当然，远期利率协议的最大缺点是交易一方可能违约，从而产生信用风险。

二、远期利率协议的定价方法与利率表现

1. 定价方法

给远期利率协议定价，最简洁易懂的就是利用无套利均衡分析方法。图 2-3 归纳了用几何符号表示的这一无风险套利过程。无论直接做长期投资还是分段做投资，两条途径的收益应该相等，这样就可以得出以下等式：

$$(1+r_s t_s)(1+r_f t_f)=(1+r_l t_l) \tag{2.7}$$

其中，r_s为到交割日的市场利率；r_l为到到期日的市场利率；r_f为协议利率，t_s为从即期到交割日的时间；t_l为从即期到到期日的时间；t_f为协议期间的长度。

所有的利率以小数的形式表示，所有的时间均折合成年来表示。将时间折合成天数，可以进一步得出 r_f的值：

$$r_f=\frac{r_l D_l-r_s D_s}{D_f\left(1+r_s\dfrac{D_s}{B}\right)} \tag{2.8}$$

其中，D_s为从即期到交割日的天数；D_l为从即期到到期日的天数；D_f为协议期限的天数；B为年转换成的天数。

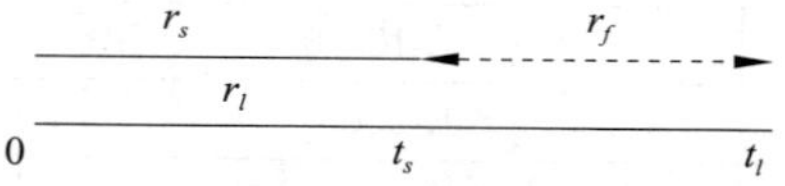

图 2-3 远期利率协议定价的简单模型

2. 远期利率协议的利率表现

在实践中，交易 FRA 的金融机构会非常重视远期利率对市场利率变化的敏感度。对

于敏感度的分析，我们可基于式(2.8)，分别对 r_s 和 r_l 求偏导数，则有

$$\frac{\partial r_f}{\partial r_s} \approx -\frac{D_S}{D_f} \tag{2.9}$$

$$\frac{\partial f}{\partial l} \approx \frac{D_l}{D_f} \tag{2.10}$$

$$\frac{\partial r_f}{\partial r_{\text{all}}} \approx -\frac{D_S}{D_f} + \frac{D_l}{D_f} = 1 \tag{2.11}$$

式(2.11)表明了远期利率协议的利率对利率水平的一般变化的敏感程度，式(2.11)在式(2.9)和式(2.10)之后，因为 $D_f = D_l - D_s$。

表 2-3 表明当出现下列三种情况时，每个远期利率协议会移动多少基点。

表 2-3 远期利率协议的表现方式

远期利率协议	r_s 上升 1 个基点	r_l 上升 1 个基点	r_s 和 r_l 都上升 1 个基点
3×6 远期利率协议	−1	2	1
6×9 远期利率协议	−2	3	1
9×12 远期利率协议	−3	4	4
6×12 远期利率协议	−1	2	1

例 2-4 市场利率水平变化对远期利率的影响

现在可以基于式(2.9)～式(2.11)讨论市场利率水平变化对远期利率的影响。

在图 2-4 中，显示出了一个 6×9 远期利率协议，如果 6 个月期的利率是 8%，9 个月的利率是 9%，那么 6×9 远期利率协议的利率大约是 11%。我们现在可以分析 6 个月利率上升 1 个百分点、9 个月利率上升 1 个百分点以及二者一起上升 1 个百分点后对远期利率的影响。

从无风险套利的原理可知，投资者不管采取分段投资还是长期投资，都要求具有相同的总收益。这样，在图 2-4(a)中，如果市场利率在第一个期限内上升，远期利率协议的利率就应该下降，下降多少取决于递延期限与协议期限的比例[如式(2.9)所示]。在这个例子中，6 个月的递延期限是协议期限(3 个月)的 2 倍。6 个月利率上升 1 个百分点，远期利率协议的利率就下降 2 个百分点左右。

同样，如果总期限的市场利率提高，现在远期利率协议的利率应该提高，提高的倍数取决于总期限与协议期限的比例[如式(2.10)所示]。对于一份 6×9 远期利率协议而言，我们希望在 9 个月利率提高 1 个百分点时，远期利率协议的利率提高 3 个百分点[图 2-4(b)]。

最后，常识告诉我们，远期利率协议的利率应该普遍随市场利率变化而变化。正如图 2-4(c)所示，一般利率水平上升 1 个百分点，我们希望远期利率协议的利率也上升 1 个百分点左右。而如果将上述两种情况合在一起，结果一样。在 6 个月、9 个月利率都上升 1 个百分点时，远期利率协议的利率将先下降 2 个百分点，然后立即提高 3 个百分点，净上升 1 个百分点。

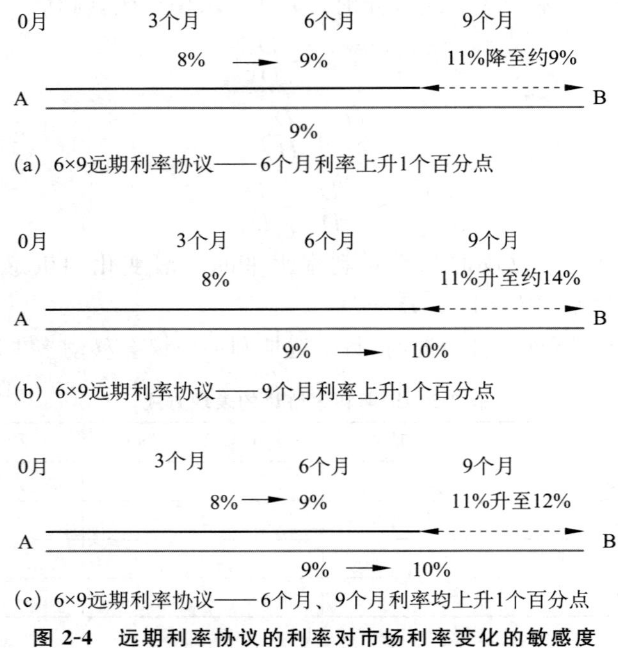

图 2-4 远期利率协议的利率对市场利率变化的敏感度

三、利用远期利率协议的进行风险管理、套利和投机

1. 利用远期利率协议对冲利率风险

如果银行或其他金融机构有浮动利率的借款，或者预期在未来短时期内将有借款，可以买入远期利率协议来对冲利率上升的风险。我们可以例子的形式进行了解。

例 2-5 利用远期利率协议对冲利率风险

某机构有一笔浮动利率借款，借款利率每6个月重新设定一次，下一个利率重设日在6个月后。该机构支付的利率为美元 Libor 加 50 个基点，从现在开始的6个月期限内，将支付6.25%的年利率。该机构不愿在任何6个月的期限内支付超过7%的借款成本，现在担心未来的几个月内利率有上升的风险，于是决定买入1份6×12远期利率协议来对冲风险。现在6×12远期利率协议卖出报价为6.47%。

为方便分析，这里做两个假设。假设Ⅰ:6个月后利率重设日的利率上升为7.25%。假设Ⅱ:远期利率协议的交割日与借款利率的重设日重合。

这样，6个月后，该机构6个月的借款成本为7.75%(7.25%+50个基点)。很明显超过了其愿意承受的7%以内成本范围。但是，该机构可以从出售远期利率协议的银行收到一笔补偿，该笔金额以远期利率协议的利率6.47%和参考利率7.25%的差价0.78%为计算基础。最后，有效借款成本是6.97%。

从以上例子可以发现，买入远期利率协议可以很好地对冲掉利率上升带来的风险，但是却不能得到利率出现意外下跌的任何好处。同理，如果银行或其他金融机构有浮动利率的投资，或预期在未来将进行短期投资，则可以通过卖出远期利率协议来对冲利率下降的风险。但是，却无法从利率的上升中获得好处。

此外，如果银行的短期贷款与借款不匹配，也可以运用远期利率协议对冲利率的不利变动引发的风险。例如，一家银行借入 6 000 万美元的 3 个月贷款，利率为 5.5%，并以 5.6%的利率贷出 1 个月，同时还希望在后面两个月重新贷出这笔贷款。这样就产生了从现在时刻到第一个月末这段时间利率下降的风险。当银行把 6 000 万美元加上 1 个月贷款累计的利息重新贷出时，就会面临这样的风险。银行至少需要足够的钱来支付 3 个月后的借款利息。

假设 1 个月的借款期限为 31 天，3 个月的借款期限为 91 天。那么：

3 个月贷款最后要支付的利息是 60 000 000×5.5%×91/360＝834 166.67 美元。

1 个月贷款将收到的利息为 60 000 000×5.6%×31/360＝289 333.33 美元。

银行需要更多的利息收入，即 554 166.67 美元(834 166.67－289 333.33)才有能力偿还 3 个月贷款的利息。

1 个月后，银行可以贷出的资金有 60 280 000 美元。第 1 个月和第 3 个月之间的最小利息率应为

$$R=(554\ 166.67/60\ 280\ 000)\times(360/61)=5.43\%$$

银行可以据此寻找卖出 1×3 远期利率协议的合适报价，本金为 60 280 000 美元。任何高于 5.43%的利率将完全锁定借贷款交易中的利润。

2. 利用远期利率协议进行套利

如果银行对远期利率协议的定价出现错误，其他机构就会买入或卖出这个远期利率协议获取套利利润。因为市场会做出迅速的调整来消除错误的定价，套利机会出现后将很快消失。

例 2-6 利用远期利率协议进行套利

假设现在欧元 3 个月的欧洲银行拆借利率为 4.25%，1×3 远期利率协议的买入报价是 4.32%，1 个月的同业拆借利率为 4.12%。这时，有的银行会发现，远期利率协议的定价偏高，就会迅速进行套利。具体的方法是：以 4.25%借款 3 个月，以 4.12%投资 1 个月，卖出 1×3 远期利率协议。通过这种套利方法可以获得净收益 0.001 027%(具体见表 2-4)。

表 2-4 远期利率协议的套利交易

市场情况
假设欧元 3 个月的欧洲银行同业拆借利率为 4.25%，1×3 远期利率协议的买入报价是 4.32%，1 个月的同业拆借利率为 4.12%。这时，有的银行会发现，远期利率协议的定价偏高，就会迅速进行套利
套利方式
以 4.25%的利率借款 3 个月 以 4.12%的利率贷出 1 个月 以 4.32%的协议利率卖出 1 份 1×3 的远期利率协议

续表

收益分析
借款成本为4.25%×91/360=1.074 306% 贷出资金收益为4.12%×30/360=0.343 333% 远期利率协议收益为4.32%×61/360=0.732 000% 净收益为0.732 000%+0.343 333%−1.074 306%=0.001 027%

3. 利用远期利率协议进行投机

从理论上看，远期利率协议可以被用于对未来短期利率走势的投机。某一机构如果要对非预期的利率上升进行投机，可以买入远期利率协议；要对非预期的利率下降进行投机，可以卖出远期利率协议。投机者不需要付出任何的交易成本，而且在交割日之前不需要支付或也不会收到任何现金。

一些国家和地区会对用于投机目的的远期利率协议进行交易。但是，当买卖远期利率协议用于对冲标的资产或投资风险暴露的交易理由因为某些原因不再存在时，这种交易就变成了投机。

很明显，从事远期利率协议交易的银行经常会面临利率波动的风险。为了抵御这种风险，银行可以通过在利率期货市场上购买或出售利率期货头寸对其进行对冲。

四、远期利率协议的安排和中止

1. 远期利率协议的安排

远期利率协议通常是由银行或大型的非银行机构使用。如果一家机构希望交易一份远期利率协议，就会接触一家或数家在远期利率协议市场进行竞价的银行。在一些金融市场，也可以通过货币市场上的经纪商来获得最有利的利率，而不必在一开始就透露出自己的身份。远期利率协议一般都是在电话中协商，但是具体的交易细节由书面确认，最后以正式合约的形式发布。

2007年我国开始推出利率远期交易。有关规定提出，市场参与者进行远期利率协议交易时，应订立书面交易合同。书面交易合同包括交易中心交易系统生成的成交单，或者合同书、信件和数据电文等。交易合同应至少包括交易双方名称、交易日、名义本金额、协议起止日、起息日、合约利率、参考利率、资金清算方式、争议解决方式等要素。

2. 远期利率协议的中止

当正式签订远期利率协议后，交易商会面临流动性差的问题。但是，这不代表交易商在交割日之前无法对其进行中止。中止的方式有两种：一种是与原先的交易对手进行协商，确定能否中止和具体的中止方式；另一种是与其他银行协商进行交易。

总之，反向中止意味着以相反的方向交易一份远期利率协议，即卖出远期利率协议来消除已购买的远期利率协议，或买入远期利率协议来消除已经卖出的远期利率协议。新的远期利率协议与原有的远期利率协议具有相同的计息期限，利率是市场上的即期利率。

例如，假定在6月1日，某机构买入3×6的远期利率协议，名义本金为2 000万英镑。

1个月后，该机构发现不再需要远期利率协议了，并决定通过反向交易中止协议。其可以采用的具体方法如下：

第一，与原先的远期利率协议的售出方协商，请其报出一个与3×6协议相同交割日的2×5的远期利率协议。结算两份远期利率协议的净支付额在两份协议利率差额的基础上进行，中止协议的支付额可以立即支付，而不必要等到2个月后这两份协议的交割日才进行。

第二，如果该机构不满意该银行提供的中止条款，也可以接触另一家银行，并卖出一份与原有3×6远期利率协议具有相同交割日和名义本金的2×5远期利率协议。两份远期利率协议都将在2个月后结算。

远期利率协议的中止锁定了机构必须支付或收取的净金额，消除了协议中止之日到交割日这段时间因利率不利变动带来的不良影响。

五、我国远期利率协议市场的发展

我国最早的远期利率协议产生自2006年，2007年远期利率协议市场正式建立起来。我国发展远期利率协议市场的主要原因是，要为利率市场化改革提供避险工具，也希望以其完善货币政策传导机制。从市场实践看，我国远期利率协议市场的交易十分清淡。该市场发展萎缩的主要原因是：企业需求不足；远期利率定价困难、报价偏离较大；远期利率协议期限较短、市场波动小；利率互换对远期利率协议存在替代作用。

为了进一步推动远期利率协议市场的发展，我国在2014年推出标准化的远期利率协议合约(表2-5)。标准化的远期利率协议在X-SWAP平台采用双边授信方式，通过匿名点击达成交易。对于标准化的远期利率协议可选择双边自行清算和中央对手方清算两种清算方式。合约交割日交易双方根据交易后处理服务平台生成的交割单进行现金交割。尽管如此，标准化的远期利率协议和利率期货在市场设计机制与结构上并不相同。例如，虽然X-SWAP创新引入了撮合交易机制，但是尚缺乏经纪机构和外部投机者。

表2-5 3个月标准Shibor 3M远期利率协议

合约品种	以Shibor 3M为标的的3个月标准远期利率协议：Shibor3M_3M
合约代码	SS3M_1412等
合约月份	8个最近的季月合约、季月合约后3年的12月合约及不在季月循环里的最近的2个日历月合约
交割日(D)	合约月份的第三个星期三，如果这一天不是营业日，则为经调整的下一营业日
最后交易日	交割日前一个营业日(D－1日) 最后交易日的交易结束时间与Shibor 3M的发布时间保持一致
新合约上市日	前一合约最后交易日的下一个营业日，即D日
报价方式	系统采用收益率的报价方式。 收益率：R；R为预期的最后交易日Shibor 3M的值，为年利率。
交易时间	周一至周五：北京时间9:00—12:00，13:30—16:30，节假日除外
单位报价量	5 000万

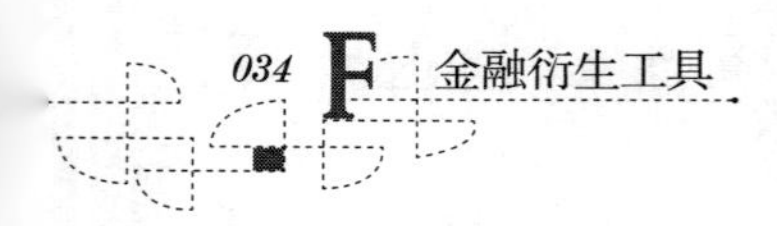

续表

单位变动点	0.005%(即0.5BP),对应于单位报价量的价值变动为50 000 000×0.005%×A/365,A为计息期实际天数。计息基准可调整,下同
交割方式	现金交割
每日结算利率	合约每日结算利率确定方法: (1) 取当日最后1小时成交的加权价格,该时段因系统故障等原因导致交易中断的,扣除中断时间后向前取满相应时段; (2) 若最后1小时成交笔数少于5笔,则取当日最后5笔交易的加权价格; (3) 若全天该合约成交笔数少于5笔,取最后一小时的(bid的平均+offer平均)×0.5; (4)若无报价或出现其他难以确定结算利率的情况,则可取前一日结算利率(如为合约上市首日,则取挂牌基准利率)。 挂牌基准利率为基于合约上市前一营业日交易中心利率互换收盘曲线推算出的新合约对应计息期的远期利率
到期结算利率	R为最后交易日的Shibor 3M值,对应计息期首日为交割日,尾日为与计息期首日相对应的3个月后的日历日,计息期尾日不按营业日准则调整,计息期算头不算尾
到期结算金额	(合约到期结算利率/100×合约面值×A/360−合约成交价/100×合约面值×A/365)/(1+Shibor 3M×A/360) 若结算金额大于零,则为卖方向买方支付;若结算金额小于零,则为买方向卖方支付

第三节 外汇远期和掉期

外汇远期交易是指外汇交易双方事先约定币种、金额、汇率、交割时间等交易条件,在成交后并不立即办理交割,到期才进行实际交割的外汇交易方式。根据有无本金交割,外汇远期交易包括有本金交割的外汇远期交易(deliverable forward,DF)、无本金交割的外汇远期交易(non-deliverable forward,NDF)。我国境内的外汇远期交易采用有本金交割的外汇远期交易形式,具体表现为远期结售汇制。另外,外汇掉期交易中也隐含了远期交易,是外汇市场被广为使用的金融工具。

一、远期汇率的定价与报价

1. 外汇远期交易和市场机制

我国开展了人民币远期外汇交易。业务内容包括:人民币远期结汇和人民币远期售汇。结汇是外汇收入者将外汇卖给外汇指定银行。售汇是外汇指定银行将外汇卖给外汇使用者。远期结售汇则是外汇指定银行与境内机构签订远期合同,约定将来办理结汇或售汇的外币币种、金额、汇率和日期,到期时按照合同约定办理结汇或售汇业务。也就是说,远期结售汇和其他远期一样,是约定汇率在前、外汇实际交收在后的业务。

尽管外汇远期交易的原理很明显,我们依然需要对现实的市场运行和交易机制进行细化了解。这里以远期买入外汇为例，金融中介机构在与对手方签约外汇远期合约后，会立即以同业拆借利率拆入一定数量的外汇，通过即期外汇市场将外汇换成本币，然后再将本币以市场利率拆出。到期时，金融中介机构将拆出的本币收回，与对手方履约，然后用从对手方收到的外汇来偿还外汇同业借款。

另外，在远期外汇市场，由于在将来才会有交收清算，因此作为中介的银行往往会要求顾客按照买卖总额缴纳一定比例的保证金。保证金会随着市场变化、根据客户类型而不同。除了保证金外，顾客还可以用其他形式的资产对远期交易进行担保。如对于个人来说，担保的形式包括有价证券、贵金属、账户余额、存款等；对公司客户来说，要向银行提供公司年度负债表和损益表，银行会为其核定一个外汇买卖授信额度。

2. 远期汇率报价和计算

与远期利率一样，远期汇率也是金融市场中重要的远期价格。在现实中，金融机构要为客户提供远期汇率报价。但是，这种报价可能面临较大的风险。从理论上看，为了能够确定合理的远期外汇价格，金融机构往往需要根据无风险套利原理，计算远期汇率。具体如下：

$$F = S \times \left[\frac{1 + \left(r_q \times \dfrac{\text{DAYS}}{\text{BASIS}_q} \right)}{1 + \left(r_b \times \dfrac{\text{DAYS}}{\text{BASIS}_b} \right)} \right] \tag{2.12}$$

其中，r_q 为计价货币利率；r_b 为标的货币利率；BASIS_q 为计价货币一年的天数；BASIS_b 为基础货币一年的天数。

在实践中，外汇市场的远期汇率并不以绝对数字即不以远期直接汇率报价，而是以即期对远期汇率之差来表示。即期对远期汇率之差又称为远期汇差(forward margin)。之所以这样报价是因为远期直接汇率对即期汇率的变动相当敏感，几乎是同幅变化。远期汇率的报出银行不得不随着即期汇率变动而调整报价。由于远期汇差几乎不受即期汇率的影响，相对稳定，所以银行只报出远期汇差，就可以省去不断调整远期汇率的烦琐工作。

远期汇差(W)的理论计算公式则为

$$W = F - S = S \times \left[\frac{1 + \left(r_q \times \dfrac{\text{DAYS}}{\text{BASIS}_q} \right)}{1 + \left(r_b \times \dfrac{\text{DAYS}}{\text{BASIS}_b} \right)} - 1 \right] \tag{2.13}$$

当然，在现实中银行报出的远期汇差也综合多种因素，并非和式(2.13)计算的结果一致。

表 2-6 是人民币外汇即期报价和外汇远/掉期报价数据。我们可以根据这些数据计算出远期全价(远期汇率)。中国外汇交易中心《产品指引(外汇市场)》中给出远期全价的计算公式为

远期全价＝即期汇率＋远期点

其中，即期汇率为远期交易成交时报价方报出的即期汇率；远期点为远期汇差，即远期汇率和即期汇率之间的差值。

如果发起方为卖方，则即期汇率和远期点均使用 bid 方报价[①]，如果发起方为买方，则即期汇率和远期点均使用 offer 方报价。例如，一笔美元兑人民币远期交易成交时，报价方报出的即期汇率为 6.798 9/6.799 9，远期点为 21.00/21.10bp。则，如果发起方为卖方，远期全价就为 6.798 9+21.00bp=6.801 0；如果发起方为买方，远期全价就为 6.799 9+21.10bp=6.802 01。

表 2-6　人民币外汇即期报价和外汇远/掉期报价(2016-11-10　22:00)

货币对	买/卖报价	货币对	1周	6个月	1年
USD/CNY	6.798 9/6.799 9	USD/CNY	21.0/21.10	320.0/325.0	490.0/495.0
EUR/CNY	7.408 7/7.410 6	EUR/CNY	35.59/40.38	943.21/1 003.12	1 781.68/1 848.01
100JPY/CNY	6.372 1/6.374 2	100JPY/CNY	37.30/32.82	838.14/838.14	1 593.03/1 594.59
HKD/CNY	0.876 62/0.876 77	HKD/CNY	2.75/3.48	51.12/54.78	73.23/78.20
GBP/CNY	8.458 5/8.460 5	GBP/CNY	29.01/34.48	723.50/736.80	1 254.70/130 2.65
AUD/CNY	5.190 5/5.192 5	AUD/CNY	−2.96/13.41	10.16/29.77	−76.11/−41.14

数据来源：中国货币网(http://www.chinamoney.com.cn/#)

3. 远期外汇交易的作用

远期外汇交易的作用依然和规避汇率波动风险、套利和投机有关。

对于进口企业来说，如果担心未来所需要的外币升值，则可以事先买入远期外汇。对于出口企业来说，如果担心未来将要收到的外币贬值，则可以事先卖出远期外汇。对于一些短期投资者来说，也会面临汇率波动对资本价值的冲击风险，因此可以根据汇率风险方向，进行远期外汇交易，规避汇率波动风险。

例 2-7　利用远期外汇交易规避汇率风险

假设一家进口企业，3 个月后将要进口商品，需要向境外公司支付 1 000 000 美元。这家公司担心 3 个月后美元出现升值，于是在远期外汇市场上决定实现买入 1 000 000 美元。现在市场报出货币对 USD/CNY 的即期汇率是 6.666 6/6.667 8，3 个月的远期点是 330/339。该企业签订的 3 个月的远期美元购买协议的汇率是 6.667 8+0.033 9=6.701 7。也就是说，3 个月后企业将支付 6 701 700 元购买 1 000 000 美元。如果 3 个月后，美元出现大规模升值，USD/CNY 的即期汇率是 7.476 6/7.477 7，则企业节省的资金是 7 477 700−6 701 700=776 000 元。

当然，投机者还可以直接利用远期汇率进行投机。例如，预计 3 个月后美元升值，投机者可以以 1∶6.600 0 的远期汇率买入 10 000 美元。在 3 个月后，通过远期外汇交易买入 10 000 美元。假如这时的美元汇率是 1∶7.000 0，投机者可以将手中的 10 000 美元卖出，获得 70 000 元人民币，通过投机可以获得 4 000 元人民币的收益。

另外，远期外汇市场的交易者种类中还包括银行。银行不仅是远期外汇交易的中介，

① bid 方报价指做市商或报价方为买入基准货币而报出的价格。offer 方报价是指做市商或报价方为卖出基准货币而报出的价格。

还是远期外汇买卖的主要参与者和市场领导者。

二、外汇掉期交易

掉期(swap)交易是外汇市场普遍存在的交易。我们通常可以将掉期交易定义为交易双方在交易日达成约定,在一前一后两个不同的交割日进行方向相反的两次货币交换的过程(图 2-5)。在第一次货币交换中,一方按照约定的汇率用基础货币(primary currency)交换次级货币(secondary currency);在第二次货币交换中,该方再按照另一约定的汇率,用次级货币交换回基础货币 A。可以看出,掉期交易在实质上是一笔即期外汇交易和一笔远期外汇交易的结合。在掉期交易中,有一系列设计要素,如交割日(又称起息日,value date)、掉期汇率等。

图 2-5 掉期交易示意

1. 交割日

每笔掉期交易包含一个近端期限和一个远端期限,分别用于确定近端交割日和远端交割日。这两个期限可以是标准期限(例如,1M、1Y),也可以是非标准期限。

近端交割日是第一次货币交割的日期,远端交割日则是第二次货币交割的日期。

按照交割日的不同,掉期交易分为即期对远期掉期交易(Spot-Forward)、远期对远期掉期交易(Forward-Forward)和隔夜掉期交易,其中隔夜掉期交易包括 O/N(overnight)、T/N(tom-next)和 S/N(spot-next)三种类型(表 2-7)。

表 2-7 我国掉期交易分类

期限	全称	近端起息日	远端起息日
O/N	over-night	T	$T+1$
T/N	tomorrow-next	$T+1$	$T+2$
S/N	spot-next	$T+2$	$T+3$
1W	spot-one week	$T+2$	即期起息日之后一周
1M	spot-one month	$T+2$	即期起息日之后一个月
1Y	spot-one year	$T+2$	即期起息日后一年

资料来源:中国外汇交易中心产品指引 2.0 版

2. 掉期汇率(swap rate)

掉期汇率包括近端汇率和远端汇率。

近端汇率(near-leg exchange rate)是交易双方约定的第一次交割货币所适用的汇率。

远端汇率(far-leg exchange rate)是交易双方约定的第二次交割货币所适用的汇率。

掉期点(swap point)是指用于确定远端汇率与近端汇率之差的基点数。掉期点可以为正,也可以为负。

掉期全价(swap all-in rate)指交易双方约定的在起息日用基准货币交换非基准货币的价格。包括近端掉期全价和远端掉期全价。掉期全价的计算公式为:掉期全价=即期汇率+相应期限掉期点。

如果发起方近端买入、远端卖出,则近端掉期全价=即期汇率 offer 边报价+近端掉期点 offer 边报价,远端掉期全价=即期汇率 offer 边报价+远端掉期点 bid 边报价;如果发起方近端卖出、远端买入,则近端掉期全价=即期汇率 bid 边报价+近端掉期点 bid 边报价,远端掉期全价=即期汇率 bid 边报价+远端掉期点 offer 边报价。

例 2-8 掉期原理示意

即期对远期掉期。2014 年 4 月 22 日,机构 A 通过外汇交易系统与机构 B 成交一笔 1Y 美元兑人民币掉期交易,约定机构 A 在近端卖出 USD10 000 000,远端买入 USD 10 000 000。机构 A 为发起方,成交时机构 B 报出的即期汇率为 6.160 0,1Y 的远期点为 49.00bp,即机构 A 会在 2014 年 4 月 24 日以 USD/CNY=6.160 000 的价格向机构 B 卖出 USD10 000 000,在 2015 年 4 月 24 日以 USD/CNY=6.164 900 的价格从机构 B 买入 USD10 000 000。

远期对远期掉期。一笔 1M×2M 的美元兑人民币掉期交易成交时,报价方报出的即期汇率为 6.133 0/6.133 3,近端掉期点为 45.01/50.23bp,远端掉期点为 60.15/65.00bp。则:

发起方近端买入、远端卖出,则近端掉期全价为 6.133 3+50.23bp=6.138 323,远端掉期全价为 6.133 3+60.15bp=6.139 315,掉期点为 60.15bp−50.23bp=9.92bp;

发起方近端卖出,远端买入,则近端掉期全价为 6.133 0+45.01bp=6.137 501,远端掉期全价为 6.133 0+65.00bp=6.139 500,掉期点为 65.00bp−45.01bp=19.99bp。

三、无本金交割外汇远期交易

1. 无本金交割外汇远期

无本金交割外汇远期(NDF)是交易双方基于对汇率的不同看法,签订不交割的远期外汇交易合约。合约中确定的内容:远期协议汇率、协议期限和名义金额。合约到期时只需将远期协议汇率与实际汇率的差额进行交割清算,与本金金额的实际收支毫无关联。人民币的无本金交割远期交易出现在离岸市场,其明显与在岸的人民币远期结售汇制度不同。

我们可以先从企业购买外汇的角度分析 NDF 的原理。假如企业未来 3 个月需要外汇,最担心的是用汇时,外汇币值上升。为了解决这一问题,企业可以购买一份与所需外汇数量相同的 NDF,协议汇率是 X(直接标价法)。

当 NDF 到期时,如果市场上的外汇汇率 R 上升,即 $R>X$,则银行向企业支付相应金额的美元,具体数量为

$$\text{外汇名义本金}\times\frac{R-X}{R}$$

如果 NDF 到期时,市场上外汇汇率 R 下降,即 $R<X$,则企业向银行支付相应金额的美元,具体数量为

$$外汇名义本金\times\frac{X-R}{R}$$

如果企业未来需要卖出外汇，担心外汇贬值，则可以在 NDF 市场向银行卖出 NDF。假设 NDF 汇率为 X，在 NDF 到期时市场汇率为 R。

很明显，如果 $R<X$，则银行向企业支付外汇汇率下跌后的外汇金额。具体数额按照 NDF 名义本金和汇差进行计算如下：

$$外汇名义本金\times\frac{X-R}{R}$$

而如果 $R<X$，则企业向银行支付外汇汇率上升后的汇差金额，具体数额按照 NDF 名义本金和汇差计算如下：

$$外汇名义本金\times\frac{R-X}{R}$$

我们可以将以上的原理总结于表 2-8 中。可见，如果企业没有实际的货币交收，不需要锁定汇率风险，则所从事的 NDF 交易属于投机交易；如果需要管理汇率风险，从事 NDF 交易则属于套期保值范畴，企业可以通过 NDF 的收益（亏损）弥补现货汇率的亏损（收益），将汇率锁定在期初的远期汇率水平上。

表 2-8 NDF 的基本原理

	企业远期购买外汇	企业远期出售外汇
$R>X$	银行向企业支付	企业向银行支付
$R<X$	企业向银行支付	银行向企业支付
汇差收益	$R-X$	$X-R$

2. 人民币外汇远期和无本金交割远期套利

第一种套利是 DF 结汇＋NDF 购汇。这种套利适用情形是：人民币升值预期，即 DF 汇价高于 NDF 汇价。通常可由出口企业或其他的未来可收入外汇的企业操作。假设具体的市场情形见表 2-9，一家出口企业 6 个月后将获得 1 000 万美元，可以做一笔套利操作。按照汇率 6.350 5 向银行卖出远期美元（本金 1 000 万美元），并以汇率 6.306 8 买入 NDF 远期美元（名义本金为 1 000 万美元）。假设 6 个月后人民币中间市场汇率为 R，则在 6 个月后，出口商在 DF 市场的汇差收益是 $6.3505-R$，在 NDF 市场上的汇差收益是 $R-6.3068$，通过套利所得的汇差收益是 $6.3505-R+(R-6.3068)=0.0437$。总的套利收益则是 $10\,000\,000\times0.0437=437\,000$ 元。

表 2-9 6 个月期外汇远期市场的交易报价（人民币存在升值预期）

DF（6 个月）	汇率	NDF（6 个月）	汇率
买入价	6.350 5	买入价	6.303 8
卖出价	6.360 5	卖出价	6.306 8

第二种套利是 DF 售汇（购买外汇），NDF 市场卖出卖汇。适应情形是：人民币贬值预期，即 NDF 汇价＞DF 远期汇价。通常可由进口企业或者其他的未来需要外汇的企业操作。假如当前 DF 和 NDF 报价见表 2-10。进口企业未来将使用 1 000 万美元，决定在 DF

市场和NDF市场进行套利。即以6.341 0在DF市场买入6个月远期美元(本金1 000万美元),以6.355 8在NDF市场卖出远期美元(名义本金为1 000万美元)。那么,如果6个月人民币兑美元中间汇率为R,则该企业在DF市场获得汇差收益是$R-6.341\ 0$,在NDF市场获得的汇差收益是$6.355\ 8-R$,那么套利的汇差收益是$R-6.341\ 0+6.355\ 8-R=0.014\ 8$。套利总收益则是$0.014\ 8\times 10\ 000\ 000=148\ 000$元。

表2-10　6个月期外汇远期市场的交易报价(人民币存在贬值预期)

DF(6个月)	汇率	NDF(6个月)	汇率
买入价	6.340 0	买入价	6.355 8
卖出价	6.341 0	卖出价	6.356 9

四、我国远期外汇市场的发展和特点

1. 我国远期外汇市场的发展

我国银行间市场的人民币外汇远期交易产生于2005年8月,主要的货币对是人民币对美元等。人民币外汇远期交易的产生和发展和2005年、2010年的两次人民币汇率改革中规避市场风险的需求具有紧密关系。2007年8月和2011年,货币掉期开始分别在我国银行间外汇市场和银行对客户的市场进行交易,2011年外汇掉期曲线、美元隐含利率曲线等外汇衍生产品市场基准体系陆续推出,标志着我国外汇市场的基础衍生产品体系基本形成。

我国外汇远期市场并没有发展出人民币无本金交割市场。一些学者对此予以了呼吁。2006年国家外汇管理局出台政策,禁止国内商业银行和其他金融机构参与境外的NDF市场交易。尽管如此,境外的NDF市场依然可以通过多重途径影响境内人民币外汇远期交易。未来,随着人民币汇率市场化和资本项目可兑换进程的发展,建立连接境内市场和境外市场、场内市场和场外市场的外汇远期市场体系将成为重要的发展方向。

2. 我国远期外汇市场的特点

经过多年发展,我国远期外汇市场具有以下特点。

第一,交易结构多样化。在银行间市场,外汇掉期交易比直接的外汇远期交易更为活跃。在外汇远期交易中,以1个月以内期限和1年期限为主要交易品种。1个月以内的外汇远期产品主要是用于满足银行间现金流调配,价格对人民币、美元资金面敏感。1年期则反映远掉期市场的风险水平。

第二,交易系统创新。2015年,中国外汇交易中心推出了C-SWAP交易平台,为银行间外汇掉期提供了崭新的渠道。C-SWAP可以满足会员对标准化掉期产品的交易需求,交易系统采用撮合成交的方式,可以提高成交效率和流动性。

第三,交易者以银行为主。据中国外汇交易中心统计,2015年人民币外汇远期的会员分布中,55%为外资银行、35%为中资银行、8%为财务公司,证券公司和基金公司各占1%。

第四，强化审慎监管。例如，2015 年 8 月，中国人民银行发布《关于加强远期售汇宏观审慎的通知》，规定代客远期售汇业务的金融机构和财务公司应交存 20%的外汇风险准备金。

第四节 综合远期外汇协议

一、综合远期外汇协议的要素构成

1. 综合远期外汇协议的定义

综合远期外汇协议(synthetic agreement for forward exchange，SAFE)产生于 20 世纪 80 年代，是一种远期对远期的掉期交易。在 SAFE 中，交易双方同意进行基础货币(primary currency)和次级货币(secondary currency)在名义上的远期对远期掉期交易。也就是说，这些货币将首先在未来某日进行名义上的交易，然后在到期日再互换回来。注意这里的术语“名义”，是指交易双方并不发生实质性的远期对远期掉期交易。SAFE 和远期利率协议在设计机制上具有一致性，即交易双方只名义成交远期对远期的掉期交易，在交割日需要按照协议汇率、协议汇差(掉期点)与市场汇率、市场汇差(掉期点)的差额进行支付。

SAFE 有买方和卖方。买方是指在交割日购进基础货币，并在到期日在名义上售出的一方，卖方则持有与之相反的头寸。SAFE 和远期利率协议一样，买方和卖方只是指名义上现金流动的方向，而不是指最先促成这笔交易的一方。当双方开始同意执行一份 SAFE 时，就约定了这笔交易将要执行时的名义上的汇率。在交割日，一方支付给另一方一笔交割资金。

一份 SAFE 中应至少包括以下内容：

(1) 交易双方同意执行一次名义上的远期对远期掉期交易；

(2) 交易在初级货币和次级货币之间进行；

(3) 交易确定特定的本金额；

(4) 双方约定特定的即期和换汇汇率；

(5) 交易在未来特定的日期进行；

(6) 买方同意购进初级货币；

(7) 卖方同意卖出初级货币。

2. 综合外汇远期协议的术语

在 SAFE 中，有两个名义上的现金流和双方约定的两种汇率，图 2-6 列出了相关常用词汇和其中的联系机制。

A_1和 A_2。A_1是第一个协议的数额，即第一个协议中初级货币的交易额，或掉期一开始初级货币的交易额；A_2是第二个协议的数额，即第二个协议中初级货币的交易额，或掉期结束时初级货币的交易额。在交易日，交易双方将就初级货币的名义数额 A_1和 A_2达成一致，分别在交割日和到期日进行交换。一般来说，这些数额是相同的。

OER 和 CFS。OER 是交割日的协议汇率(the outright exchange rate),即合约约定的交割日的远期汇率或掉期一开始时的远期汇率。CFS(the contract forward spread)则是协议确定的远期汇差,即合约约定的到期日与交割日之间的汇率差。对于交易双方来说,最重要的是要确定协议汇率 OER 和协议远期汇差 CFS。这样,就可以将交割日和到期日的直接汇率固定下来,并能计算出次级货币的名义数额。

SSR 和 SFS。SSR 是即期交割汇率(the spot settlement rate),即在即期交割时所使用的汇率,或开展掉期前的两个营业日的即期汇率。SFS(the settlement forward spread)则是交割时市场报出的汇差(掉期点),交易者可以利用其和 SSR 之和确定远期汇率。图 2-6 中,在交割日,合约将被履行。这时,SSR 和 SFS 也以一定的形式被确定下来。SSR 和 SFS 会在一些金融报价系统中被曝出,因此很容易确定。

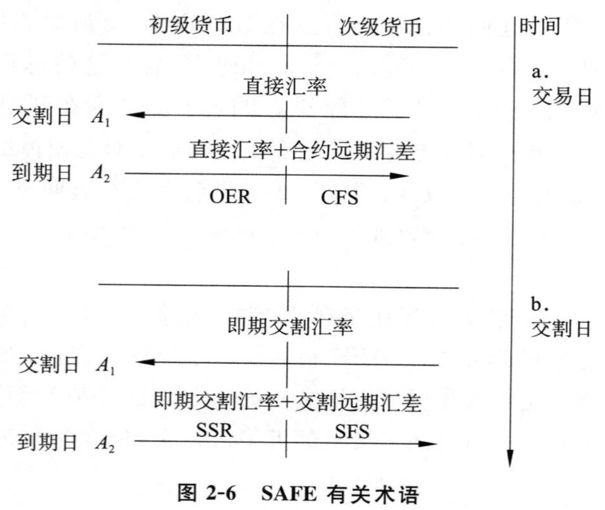

图 2-6 SAFE 有关术语

交割日和到期日。交割日和到期日的定义与远期利率协议一致。例如,一份 1×4 SAFE 的交割日在即期日一月后,到期日在即期日 4 个月后,而即期日则通常在交易日的两个工作日之后。

交割数额。SAFE 和远期利率协议的设计机制存在一致性,是根据协议汇率与在基准日那天的市场主要汇率之间的差额,由一方向另一方进行交割支付。SAFE 的交割数额通过比较在一开始就为交割日和到期日设定的汇率(即 OER 和 CFS),以及同一天的市场汇率(即 SSR 和 SFS)后计算得出。图 2-7 描绘了差额的计算要点。

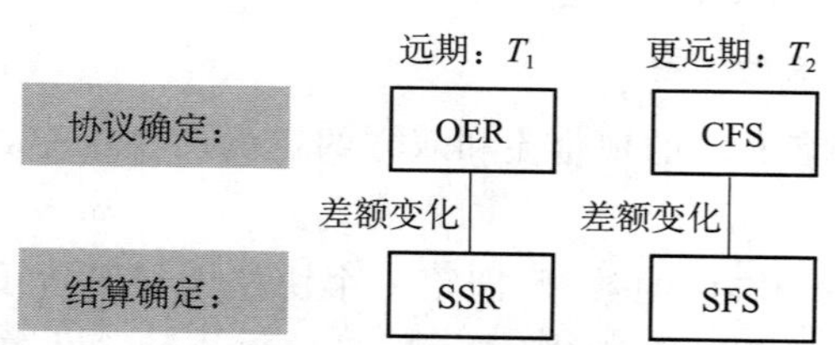

图 2-7 远期对远期的协议金额和市场报价

3. 综合远期外汇协议的交割与分类

从图 2-7 可以发现，在综合远期外汇协议中存在两方面的差额。其一，协议确定的未来 T_1时刻的汇率 OER 和达到 T_1时刻的即期市场汇率 SSR。其二，协议确定的 T_2时刻的远期汇差 CFS 和 T_1时刻由市场报出的 T_2时刻的远期汇差。这就涉及最重要的问题了，综合远期外汇协议究竟该如何进行交割呢?

通常，根据交割方式的不同，SAFE 可以划分为汇率协议(exchange rate agreement，ERA)和远期外汇协议(FXA)。ERA 仅涵盖约定的协议远期汇差 CFS 和市场报出的远期汇差 SFS 的差额，因此交割数额只决定于在交割日和到期日之间的远期汇差。FXA 不仅涵盖了协议期限内的远期汇差，而且涵盖了绝对汇率水平的任何变动。换句话说，它不仅涵盖了 CFS 和 SFS 之间的差额，而且涵盖了 OER 和 SSR 之间的差额。

在实践中，应该用 ERA 和 FXA 中的哪种协议往往要视具体情况而定。如果希望对传统的外汇掉期交易进行避险，可以选择使用 FXA，这是因为由此得到的报酬能精确地反映潜在的风险。如果仅仅是面临利差波动风险，则可以使用 ERA，原因是 ERA 将汇率波动的大部分影响都避开了。

下面给出 FXA 和 ERA 的交割金额计算方法。

计算 ERA 的交割数额的公式为

$$Q_{\mathrm{ERA}} = A_M \cdot \left[\frac{\mathrm{CFS} - \mathrm{SFS}}{1 + \left(r \cdot \frac{D}{B}\right)}\right] \tag{2.14}$$

其中，A_M为在到期日交换的初级货币的名义数额；r 为次级货币的利率；D 为协议期限的天数；B 为次级货币按年转换成的天数(一年 360 天或 365 天)。

计算 FXA 的交割数额的公式为

$$Q_{\mathrm{FXA}} = A_M \cdot \left[\frac{\mathrm{OER} + \mathrm{CFS} - (\mathrm{SSR} + \mathrm{SFS})}{1 + \left(r \cdot \frac{D}{B}\right)}\right] - A_S \cdot (\mathrm{OER} - \mathrm{SSR}) \tag{2.15}$$

其中，A_S为在交割日交换的初级货币的名义数额。

二、ERA 和 FXA 的定价

对 SAFE 定价的简单办法是假定一定存在一个合理的价格，使得交割额为零。与这个价格不同的任何价格将会出现正或负的价值，这会使交易中的一方处于不公平的地位。我们可以据此原理分别考虑 ERA 和 FXA 的定价。

1. ERA 定价

从式(2.14)可以看出，交割数额的大小主要取决于原先约定的换汇汇率 CFS 与在固定日的市场换汇汇率 SFS 之差。对 ERA 定价意味着在交易日设置一个 CFS，使交割数额的期望值等于零，也就是满足以下等式：

$$E(\text{交割数额}) = 0 \Rightarrow \mathrm{CFS} = \mathrm{E}(\mathrm{SFS})$$

其中，$E(.)$为预期值。

这就是说，在交易日的 ERA 价格应该等于基准日的预期换汇汇率。我们可以由式(2.12)知道，换汇汇率是由3个变量决定：即期汇率S，计价货币(次级货币)的利率i_q和标的货币(基础货币)的利率i_b。为了获得未来某日的预期换汇汇率，必须用这3个变量来代替这些预期，这些预期只不过是本节最初介绍的远期汇率。

将式(2.12)重写，可以得到

$$\mathrm{ERA} = f_s \cdot \left[\frac{1+\left(r_{F2} \cdot \frac{\mathrm{DAYS}}{\mathrm{BASIS}_2}\right)}{1+\left(r_{F1} \cdot \frac{\mathrm{DAYS}}{\mathrm{BASIS}_1}\right)} - 1\right] \tag{2.16}$$

其中，ERA为ERA的公平价格；f_s为在交割日的远期汇率；r_{F1}为ERA期限内的初级货币远期利率协议利率；r_{F2}为ERA期限内的次级货币远期利率协议利率；DAYS为协议期限的天数；BASIS_1为计算初级货币的一年的天数(360天或365天)；BASIS_2为计算次级货币的一年的天数(360天或365天)。所有的利率都是以小数来表示。

可以利用以前得到的一些关系简化上述表达式。首先，为了获得公平的远期利率协议利率，我们将式(2.7)所揭示的基本关系再作处理：

$$r_{F1} = \frac{1}{t_F}\left(\frac{1+r_{L1}\ t_L}{1+r_{S1}\ t_S} - 1\right) \text{和} r_{F2} = \frac{1}{t_F}\left(\frac{1+r_{L2}\ t_L}{1+r_{S2}\ t_S} - 1\right) \tag{2.17}$$

其中，r_{S1}和r_{S2}分别为初级货币和次级货币在交割日的市场利率；r_{L1}和r_{L2}分别为初级货币和次级货币在到期日的市场利率；t_S为从即期日至交割日的时间；t_L为从即期日至到期日的时间；t_F为协议的期限长度；t为相关时期的天数与每年的换算天数(360天或365天)之商。

重写式(2.12)可以得到在交割日的远期价格的合理表达式为

$$F_s = S \cdot \frac{1+r_{S2}\ t_s}{1+r_{S1}\ t_s} \tag{2.18}$$

其中，S为当前的即期价格(汇率或利率)。

将式(2.16)、式(2.17)和式(2.18)合在一起，可以得到

$$\mathrm{ERA} = S \cdot \left(\frac{1+r_{L2}\ t_L}{1+r_{L1}\ t_L} - \frac{1+r_{S2}\ t_s}{1+r_{S1}\ t_s}\right) \tag{2.19}$$

可以利用式(2.13)，得出到期日和交割日的换汇汇率如下：

$$W_L = S \cdot \left(\frac{1+r_{L2}\ t_L}{1+r_{L1}\ t_L} - 1\right) \text{和} W_S = S \cdot \left(\frac{1+r_{S2}\ t_s}{1+r_{S1}\ t_s} - 1\right) \tag{2.20}$$

其中，W_L为到期日的换汇汇率；W_S为交割日的换汇汇率。

因此

$$W_L - W_S = S \cdot \left(\frac{1+r_{L2}\ t_L}{1+r_{L1}\ t_L} - \frac{1+r_{S2}\ t_s}{1+r_{S1}\ t_s}\right) \tag{2.21}$$

从而

$$\mathrm{ERA} = W_L - W_S \tag{2.22}$$

这样，ERA的价格可以简单地表示为交割日与到期日的换汇汇率之差。

式(2.16)和式(2.22)在有效率的市场上应该是非常准确的。如果出现任何不一致的情况，SAFE的定价更大程度上依赖于利用式(2.15)而得出的远期利率协议价格，而不是其本身的互换汇率。如果有相应的衍生金融工具存在，利用一种衍生工具去规避另一种

衍生工具的风险是更有效的，因此去定价相应的衍生工具就变得更有意义。

2. FXA 定价

式(2.15)为 FXA 计算出了交割数额。如果交割额的预期价值为零，我们就可以得到 FXA 的合理的价位。这意味着：

$$\text{OER}+\text{CFS}=E(\text{SSR}+\text{SFS})\text{ 和 OER}=E(\text{SSR})$$

交割日的预期即期汇率 E(SSR)可以由当前的即期汇率加上交割日的远期换汇汇率得到。同样地，到期日的预期远期汇率可以由当前的即期汇率加上到期日的远期换汇汇率得到

$$\text{OER}=S+W_S\text{ 和 OER}+\text{CFS}=S+W_L$$

当上述公式成立时，就可以得出 FXA 的合理定价。因此，OER 就是 $S-W_S$，CFS 就是W_L-W_S。在一份 FXA 协议中要固定两个价格，这与传统的外汇掉期协议定价是一样的，后者也包含固定换汇汇率和即期汇率这两个价格。然而，这两个价格最重要的——协议远期价差是交割日和到期日之间的换汇汇率，这与 ERA 是一样的。

三、综合远期外汇协议的报价和应用

1. 综合远期外汇协议的报价

SAFE 与其他金融商品的报价方式相同。在被要求提供报价时，做市商通常既报出买价，又报出卖价。例如，为 1×4 英镑/美元 ERA 报价时，通常的答复是“158/162”。在这里的报价是“卖价/买价”。在这个报价中，做市商愿意以 158 个基点卖一份 1×4 汇率协议，或者愿意以 162 基点买入。看起来，这种情形与通常的“低买高卖”相反，需要特别注意。

对此的解释可以从 SAFE 的定义和交割额的计算公式中得到。在每一个公式中，都有一个主要的公式(X_C-X_R)。X 也许是换汇汇率或者是直接汇率，这取决于我们使用的是 ERA，还是 FXA。正的交割数额意味着买方能获利。第一个词汇是协议汇率，它早在交易日那天就固定下来，以特定价格 X_C 购买 SAFE 的投资者希望 SAFE 汇率会下降，从而 $X_R<X_C$，交割数额为正数。换句话说，投资者就可以从 SAFE 中获利，遵循的是“高买低卖”的策略。

与此完全相反，在远期利率协议的定义中包含有式(r_R-r_C)。在这种情况下，远期利率协议的买方将价格固定在r_C上，随后希望利率会上升，使得$r_R>r_C$。这就是通常所说的“低买高卖”法则。

如果 SAFE 以相反的方式被定义，也就是说，购买一份 SAFE 是指在到期日(而不是交割日)购进初级货币，计算交割数额的公式将与原来的公式相反，SAFE 遵循的是更为直观的交易方法。当然究竟该如何选择，还要根据实际情况而定。

2. 综合远期外汇协议的应用

我们可以假设两种情况，比较其差异。一种情况是即期汇率不变，另一种情况是即期汇率波动剧烈。表 2-11 给出了初始的市场汇率和利率，表 2-12 给出了即期汇率不变和即

期汇率剧烈变动这两种情况下1个月后的汇率和利率。第二种情况中的利率与第一种情况相同,只有即期汇率是不同的。

表 2-11　初始的市场汇率和利率

	即期汇率	1个月	4个月	1×4月
英镑/美元	1.800 0	53/56	212/215	158/162
英国利率		6%	6.25%	6.30%
美国利率		9.625%	9.875%	9.88%

表 2-12　1个月后的市场汇率和利率

	第一种情况		第二种情况	
	即期汇率	3个月	即期汇率	3个月
英镑/美元	1.800 0	176/179	1.700 0	166/169
英国利率		6%		6%
美国利率		10%		10%

假定投资者观察到1×4英镑和美元远期利率之差为3.58%,且预测到这个差值还会扩大。投资者可以考虑采取下面的策略:

① 在1×4远期对远期掉期中用美元卖出、买进英镑;

② 卖出1×4FXA;

③ 卖出1×4ERA。

(1) 远期对远期掉期交易的结果。在进行1×4掉期交易后,投资者已经以净升水162基点(215－53)购买了远期英镑。若利率进一步扩大,远期英镑升水就更多,投资者将获得更高的升水,可以更高的价格售出这些远期英镑。

如果在1个月后利率之差真的进一步扩大,那么在第一种情况下,3个月的换汇汇率变成了176基点(赚14基点),在第二种情况下变成166基点(赚4基点)。假设1个月后卖出的英镑是1 000 000,那么基于点数变动的获利分别达到1 400美元和400美元。

图2-8列出了在每种情况下由远期对远期掉期交易带来的现金流、交易和利润。该示意图也用现值法(指货币的时间价值)计算出了真实的利润。在第一种情况下,最后的利润是1 495美元(与1 400美元作比较),在第二种情况下,获得的利润是2 959美元(与400美元作比较)。

在第二种情况下盈利产生如此大的差别直接原因在于即期汇率的变动。1个月后用于结束原先的远期对远期交易的即期/3个月掉期,包含了一种义务,即必须买进英镑即期,卖出3个月远期英镑。由于英镑迅速下跌,在3个月内收到的美元将比在原先的远期对远期交易中售出的美元要少许多。图2-8表明原先即期账户上盈利105 300美元被减少的104 900美元抵消,只剩下盈利400美元。然而,由于减少的104 900美元是在未来才出现的,并且可以折现,这样这部分损失的影响就比原先少得多。另外,投资者还可考虑将105 300美元的盈利进行投资,3个月之后,再用来冲销104 900美元的减少。这两种办法都可以在考虑到买卖时机时,将真实的盈利提高到2 959美元。

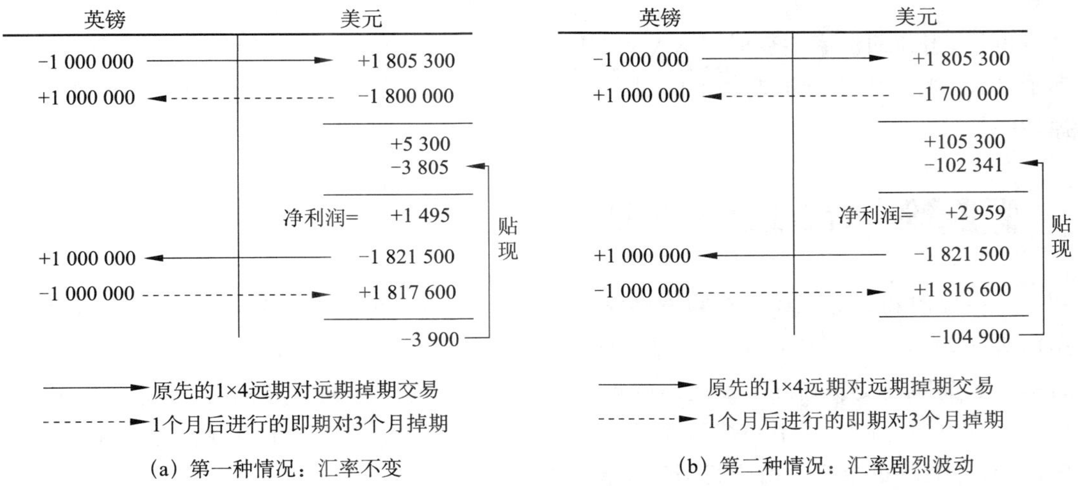

(a) 第一种情况：汇率不变　　(b) 第二种情况：汇率剧烈波动

图 2-8　远期对远期掉期的估价

(2) FXA 和 ERA 交易的结果。利用式(2.14)和式(2.15)中的术语，我们可以从开始提供的市场利率和汇率中计算出 FXA 和 ERA 的交易结果，见表 2-13。

表 2-13　FXA 和 ERA 计算对比

基础数据	第一种情况	第二种情况
$A_S=1\ 000\ 000$	SSR=1.800 0	SSR=1.700 0
$A_M=1\ 000\ 000$	SFS=0.017 6	SFS=0.016 6
OER=1.805 3	$r=0.10$	$r=0.10$
CFS=0.016 2	FXA=−1 495.12	FXA=−2 958.54
$D=90, B=360$	ERA=−1 365.85	ERA=−390.24

在这两种情况下，负的交割数额意味着买方支付给卖方的数额。由于投资者已经出售了 SAFE，那么这些数字即代表着投资者的利润。

(3) 远期对远期交易与 FXA、ERA 的对比。在这两种情况下，FXA 的最后结果与通过传统的现金市场远期对远期掉期交易得出的结果是完全一样的，而后者是用来精确地重复这一交易的。

由此得出的盈利不仅考虑到了由利率变动而造成的换汇汇率的变动，而且对即期汇率的变动和对交割日、到期日现金流的影响也考虑了进来。在第二种情况下，当英镑疲软的时候，从远期对远期和 FXA 获得的利润都翻了一倍，原因就在于剩余的货币都留在这两种金融工具中。

ERA 的利润来自换汇汇率的变动。即期汇率的波动对于最后的结果影响要小得多，原因在于即期汇率对于换汇汇率的影响较小。在上面的例子中，在第二种情况下，即期英镑/美元汇率从 1.800 0 下降到 1.700 0，降低 5.6%，对于换汇汇率造成等比例的影响，即换汇汇率也下降 5.6%，从 176 基点下降到 166 基点。ERA 的结果因此是 1 400 美元和 400 美元，这是根据换汇汇率的直接变动计算得出的，但是被 3 个月期的美元利率(10%)

折现。

可见，当即期汇率不变时，FXA 和 ERA 的结果是一样的，但是如果即期汇率真的变动了，FXA 将会考虑到即期外汇的因素，这就像在传统现货市场上进行远期对远期的外汇掉期一样。

第五节 黄金远期和掉期

黄金远期和黄金掉期在金融市场交易以及黄金生产、加工和贸易中具有重要的应用。2013 年上海黄金交易所推出银行间黄金询价远期交易和掉期交易业务。这两种黄金衍生品是在黄金即期交易基础上发展出的重要新型工具。有资格的交易机构（获准会员单位）可以通过中国外汇交易中心交易系统，以双边询价的方式进行场外的黄金远期和掉期交易，并通过上海黄金交易所进行清算交割。

一、黄金远期

1. 黄金远期交易的基本结构

黄金远期交易是交易双方约定在未来某一时点以合约实现约定的价格进行黄金交割以及货币交收的交易。上海黄金交易所在交易中心外汇交易系统挂牌的黄金询价交易品种有 AUX. CNY 和 AUY. CNY，分别对应于成色不低于 99.95%和不低于 99.99%的黄金交易标的。在黄金远期中，AUX. CNY、AUY. CNY 品种的交易数量均须为 1 000 克的整数倍，否则交易将无法成交。

例 2-9　黄金远期交易

2017 年 7 月 1 日，机构 A 通过交易中心外汇交易系统与机构 B 成交一笔 1Y AUX. CNY 远期交易。约定机构 A 卖出 AUX60 000。机构 A 为发起方，机构 B 报出即期价格 AUX. CNY＝250.00，远期点 500 0.0，即机构 A 以 AUX. CNY＝300.000 的价格在 2018 年 8 月 3 日向机构 B 卖出 AUX60 000。

2. 黄金远期市场的报价

远期全价指交易双方约定的在交割日（或称起息日、结算日）买卖黄金的价格。远期全价的计算公式：

远期全价＝即期价格＋远期点

其中，即期价格为远期交易成交时报价方报出的即期价格；远期点为用于确定远期价格和即期价格之差的点数，远期点以人民币分/克为单位，精确到小数点后一位，可以为正也可以为负。

在黄金远期交易中，如果发起方（指黄金询价交易中向对方提出交易请求，要求对方报价的一方）为卖方，则即期价格和远期点均使用 bid 方报价，如果发起方为买方，则即期价格和远期点均使用 offer 方报价[①]。

二、黄金掉期

1. 黄金掉期交易的基本结构

黄金掉期与外汇掉期类似，指交易双方约定在一前一后两个不同的起息日进行方向相反的两次资金及实物的交割。在第一次交割中，一方按照约定的价格买入（卖出）黄金；在第二次交割中，该方再按照另一约定的价格卖出（买入）黄金（图 2-9）。

每笔掉期交易包含一个近端期限和一个远端期限，分别用于确定近端起息日和远端起息日。近端起息日是第一次资金及实物交割的日期。远端起息日则是第二次资金及实物交割的日期。按照起息日的不同，掉期交易分为即期对远期掉期交易（spot-forward）、远期对远期掉期交易（forward-forward）和隔夜掉期交易。其中，隔夜掉期交易包括 O/N（overnight）、T/N（tom-next）和 S/N（spot-next）三种。

由于每笔掉期交易包含一个近端交易和一个远端交易，因此掉期价格也就包括近端价格和远端价格。近端价格是交易双方约定的第一次交割所适用的价格。远端价格是交易双方约定的第二次交割所适用的价格。

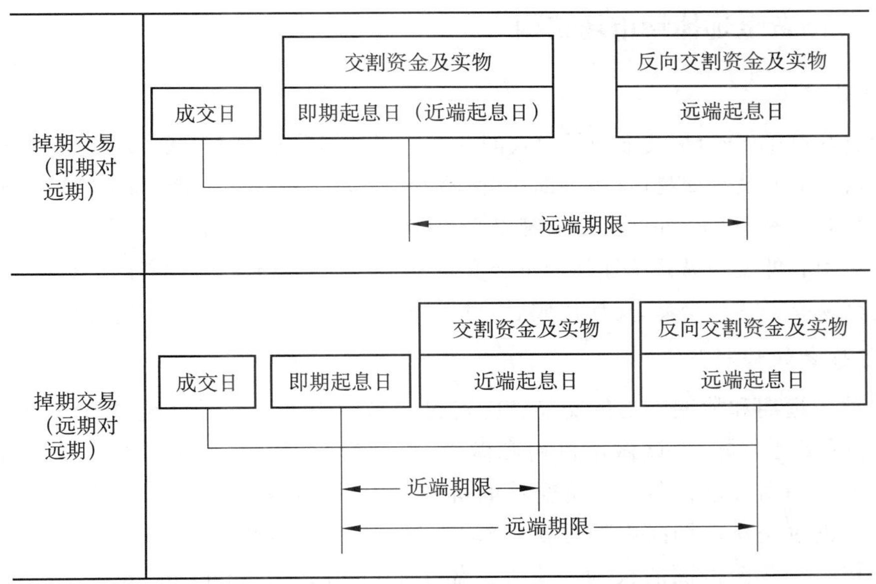

图 2-9 上海黄金交易所黄金掉期交易结构

2. 黄金掉期市场的报价

黄金掉期全价指交易双方约定的在起息日买卖黄金的价格，包括近端掉期全价和远端掉期全价。掉期全价的计算公式为

① bid 方报价指做市商或报价方为买入黄金而报出的价格；offer 方报价指做市商或报价方为卖出黄金而报出的价格。

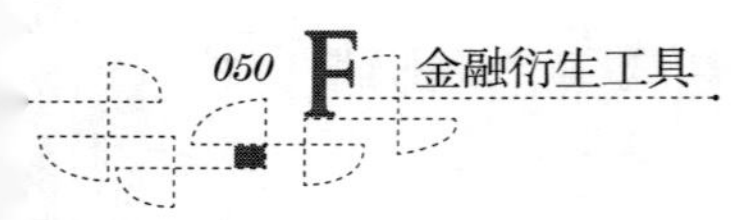

掉期全价＝即期价格＋相应期限的掉期点

其中，即期价格为掉期交易成交时报价方报出的即期价格；掉期点为用于确定远端价格与近端价格之差的点数，掉期点以人民币分/克为单位，精确到小数点后一位，可以为正也可以为负。

如果发起方近端买入、远端卖出，则近端掉期全价＝即期价格 offer 方报价＋近端掉期点 offer 方报价，远端掉期全价＝即期价格 offer 方报价＋远端掉期点 bid 方报价；如果发起方近端卖出、远端买入，则近端掉期全价＝即期价格 bid 方报价＋近端掉期点 bid 方报价，远端掉期全价＝即期价格 bid 方报价＋远端掉期点 offer 方报价。

例 2-10　黄金掉期交易

一笔 1M/2M 的 AUX. CNY 掉期交易成交时，报价方报出的即期价格为 300.00/301.00，近端掉期点为 500.0/505.0，远端掉期点为 800.0/808.0。则，若发起方近端买入、远端卖出，则近端掉期全价为 301.00＋505.0＝306.050，远端掉期全价为 301.00＋800.0＝309.000，掉期点为 800.0－505.0＝295.0；若发起方近端卖出、远端买入，则近端掉期全价为 300.00＋500.0＝305.000，远端掉期全价为 300.00＋808.0＝308.080，掉期点为 808.0－500.0＝308.0。

三、我国黄金远掉期市场架构

1. 询价交易

询价交易(bilateral)是黄金交易模式的一种。银行间黄金询价交易(以下简称“黄金询价交易”)是指经上海黄金交易所(以下简称“交易所”)核准的市场参与者，通过中国外汇交易中心(以下简称“交易中心”)外汇交易系统以双边询价方式进行的黄金交易，交易品种为交易所指定在交易中心外汇交易系统挂牌的黄金交易方式。在黄金远期和掉期的询价交易中，双边直接协商交易要素达成交易，交易达成后委托交易所进行净额清算交割的交易模式。

2. 交易者结构

我国黄金远期和掉期交易的交易者指通过交易中心外汇交易系统进行黄金询价交易的机构，包括交易会员、尝试做市机构和做市商。交易会员(member)指经批准可通过交易中心外汇交易系统进行黄金询价交易的机构。尝试做市机构(trial market maker)指经备案在黄金询价交易市场向市场尝试持续提供相应交易品种买、卖双向报价的机构。尝试做市机构不具备做市商的权利与义务。做市商(market maker/liquidity provider)指经批准在黄金询价交易市场向市场持续提供买、卖双向报价并在规定范围内承诺按所报价格成交的机构。

3. 清算

清算(clearing)指交易的匹配确认以及双方支付或交割权利义务的计算、结算指令的发送和到账确认等过程。黄金询价交易清算采用净额清算方式。上海黄金交易所对会员统一办理资金清算和划付，对同一交割日的收付资金和同一品种实物分别进行轧差，并根据轧差后的应收或应付资金和实物进行结算与交割，但不承继市场参与者的清算交割风险。

思考与习题

1. 如何确定无收益资产的远期价格?

2. 如何确定黄金远期的价格?

3. 从组合角度阐述远期汇率的确定原理。

4. 远期利率协议的设计机制是什么?远期利率协议在交割时,交割额为什么要进行贴现?

5. 试举例说明远期利率协议在利率风险管理中的应用。

6. 为什么我国的远期利率协议市场交易十分清淡?

7. 如何计算远期汇率?远期汇率是如何报出的?

8. 查阅资料并结合本书内容,思考我国外汇远期市场的发展方向和主要特点是什么?

9. 外汇远期和外汇掉期的差异与联系是什么?什么是综合外汇远期协议?

10. 比较汇率协议和远期外汇协议的联系与差别。

11. 我国是否有必要发展无本金交割远期外汇交易?

12 什么是黄金远期和黄金掉期?

13. 一位跨国公司的高级主管说:“我们完全没有必要使用外汇远期,因为我们预期未来汇率上升和下降的机会几乎是均等的,使用外汇远期并不能为我们带来任何收益。”如何认识这一观点?说说你的看法。

14. 远期利率协议中,协议利率 6.25%,协议期限 94 天,名义本金 100 万元,基准日市场利率 6.80%。那么交割日那天,卖方和买方的交割方向如何,交割金额是多少?Libor 的期限结构见表 2-14,请计算不同期限远期利率协议的协议利率应是多少,填入表 2-15。

表 2-14 Libor 的期限结构

1 个月	3 个月	6 个月	9 个月	12 个月
4.9%	5.2%	5.8%	6.1%	6.5%

表 2-15 不同期限的协议利率

期限	3×6	3×9	6×9	9×12
FRA 协议利率				

15. 某公司卖出一份 6×12 的 FRA,买方为 B 银行,合约金额为 100 万元,FRA 协议利率为 4.68%,在结算日时的参考利率为 4.94%,则该 FRA 交割时的结算金额为多少元?

16. 已知英镑对美元的即期汇率是 1∶1.8,美元 3 个月期的利率是 5%,英镑 3 个月期的利率是 4%,假设不考虑交易成本,3 个月期的远期汇率应是多少?

17. 一家企业 3 个月后将购买 100 000 美元,担心美元汇率上升,于是买入协议汇率为 6.200 0 元的美元 NDF。3 个月后,在 NDF 交割日的前两个工作日的美元汇率的中间价是 6.450 0 元。那么这家企业将获得多少美元的补偿?

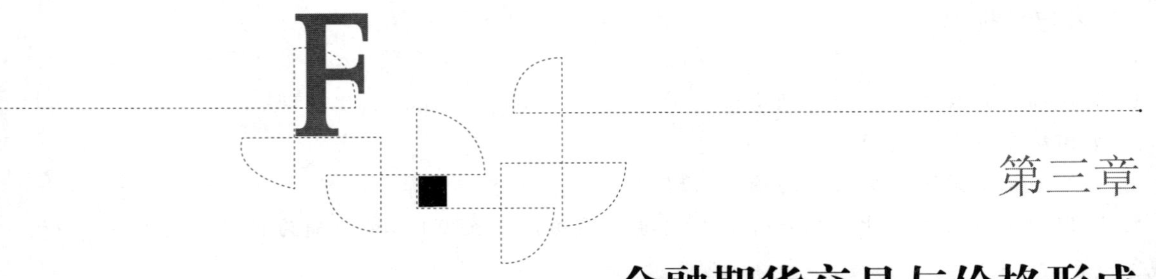

第三章 金融期货交易与价格形成

金融期货市场的产生早于金融远期市场。最主要的金融期货有外汇期货、利率期货和股指期货。无论哪种金融期货，其本质均是一种标准化的，在期货交易所按一定规则和流程交易的远期资产。随着市场功能的演进，金融期货市场已经不再简单地局限在管理资产风险，其还成为资产配置的重要选择。

第一节 金融期货交易的特点和流程

一、金融期货交易的特点

1. 交易集中化

交易集中化体现在三个方面。第一，所有的期货交易均由期货交易所集中组织完成。全球最主要的金融期货交易所有 CME 集团、欧洲期货交易所(EUREX)等。我国的中国金融期货交易所(CFFEX)是金融期货的集中交易场所。第二，为提高交易效率、降低组织成本和分散风险，期货交易所实行会员制，只有会员才能进场交易。交易者需要与作为交易会员的期货经纪公司建立委托代理关系，交易指令通过期货经纪公司的交易席位发出。这一设计方式有助于提高期货交易所的市场组织效率和分散市场风险。第三，期货交易指令发出后会通过交易所交易池的公开喊价方式或计算机撮合的方式完成交易。当今世界上各大期货交易所均逐渐采用电子化交易。我国金融期货交易采用完全电子化的交易，在交易所内不设交易大厅。

2. 合约标准化

期货交易具有标准化的特点。这是由标准化的合约决定的。所谓标准化合约是指期货交易所制定的标准化的、用于在期货交易所交易大厅或者交易系统中公开叫价交易资产的远期合约,见表 3-1 和表 3-2。在期货合约中,除了远期价格没有在合约中确定出来,其余的内容都做了事先严格的界定。

表 3-1 中国金融期货交易所沪深 300 股指期货合约

合约标的	沪深 300 指数
合约乘数	每点 300 元
报价单位	指数点
最小变动价位	0.2 点
合约月份	当月、下月及随后两个季月
交易时间	9:30～11:30;13:00～15:00
每日价格最大波动限制	上一个交易日结算价的±10%
最低交易保证金	合约价值的 8%
最后交易日	合约到期月份的第三个周五,遇国家法定假日顺延
交割日期	同最后交易日
交割方式	现金交割
交易代码	IF
上市交易所	中国金融期货交易所

表 3-2 中国金融期货交易所 5 年期国债期货合约

合约标的	面值为 100 万元人民币、票面利率为 3%的名义中期国债
可交割国债	合约到期月份首日剩余期限为 4～5.25 年的记账式附息国债
报价方式	百元净价报价
最小变动价位	0.005 元
合约月份	最近的 3 个季月(3 月、6 月、9 月、12 月中的最近 3 个月循环)
交易时间	9:15～11:30,13:00～15:15
最后交易日交易时间	9:15～11:30
每日价格最大波动限制	上一交易日结算价的±1.2%
最低交易保证金	合约价值的 1%
最后交易日	合约到期月份的第二个星期五
最后交割日	最后交易日后的第三个交易日
交割方式	实物交割
交易代码	TF
上市交易所	中国金融期货交易所

3. 双向交易和对冲平仓

金融期货在本质上看是远期合同交易,因此具有双向交易的特点。交易者可以先买入期货(可以称为建仓、开仓)作为开端,也可以先卖出期货(也称为卖出建仓或者卖出开仓)作为交易的开端。买入期货和卖出期货的开始过程实质上是签订标准化远期合同的过程。由于在建仓时,并不发生资产所有权的转让,双方只需要缴纳保证金,因此买入建仓和卖出建仓又称为“买空”和“卖空”。买方持有的期货头寸称为多头头寸,卖方持有的

期货头寸称为空头头寸。

在交易者建仓后，大多数并不会等到期货到期后通过交割来结束交易，而是通过对冲平仓的方式来了结期货交易。所谓对冲平仓是指期货交易者可以在最后交易日前的任何交易时间内，买入或卖出与其所持期货的品种、数量及交割月份相同但方向相反的期货，了结期货持仓的过程。例如，一个交易者卖出开仓的情况为：3 000 点卖出 10 手 1701 沪深 300 股指期货(即 2017 年 1 月到期的股指期货)。后来股指期货价格上涨，交易者决定部分平仓。操作时打开交易系统，选择 1701 合约，选择买入平仓，平仓价位限定在 3 200 点，平仓数量自行决定，如 8 手。简言之，对冲平仓可以理解为对原有的合同予以解除。

双向交易和对冲平仓的机制设计给予了交易者两个方向的获利机会。即交易者可以在认为期货价格将要上涨时先买入，等期货价格上涨后平仓卖出；可以在认为价格将要下跌时先卖出期货，等期货价格下跌后再平仓买入。当然，当期货价格出现不利变动时，交易者也需要平掉先前的仓位及时止损。

4. 保证金交易和零和博弈

根据合约设计的保证金比率可以测算交易一手合约所需要的最低保证金数额。这里以沪深 300 股指期货为例介绍保证金的计算方法。在表 3-1 中，合约乘数是 300 元/点。这是计算合约价值和保证金的基础。如果交易的某一月份合约点位是 3 000 点，则可以计算出 1 手该合约的总价值是 3 000 点×300 元/点＝900 000 元。考虑到合约规定保证金比例是 8%，则交易 1 手股指期货的保证金是 900 000 元×8%＝72 000 元。要达成交易或在这个价位上维持已有的头寸，无论多头还是空头需要缴纳的保证金都是 72 000 元。这里隐含的杠杆原理是，只要有 72 000 元就可以买入或卖出价值 900 000 元的股指期货，即 12.5 倍杠杆。

期货交易的杠杆特点使其具有了高风险、高收益的特征。期货合约账面总价值的涨跌直接影响到保证金账户的收益和亏损。也就是说，1 手股指期货如果上涨 10%，合约总价值将上涨 90 000 元，对于多头来说交易账户中会增加 90 000 元收入。相比 72 000 的保证金投入来说，有了 90 000/72 000＝1.25 倍的收益。但是，对于空头来说，账户中就会减少 90 000 元，亏损比率达到 1.25 倍。

从以上多空双方的盈亏来看，期货交易实际上就是一个零和博弈的过程。这一点和股票市场不一样。

5. 统一清算和每日无负债结算制度

期货市场采用集中统一的清算制度。为防范违约风险，保障期货市场的正常运转，期货市场统一的结算机构每日对结算会员进行结算，要求其满足结算准备金要求。例如，中国金融期货交易所规定，结算完毕后，结算会员的结算准备金余额低于最低余额标准时，该结算结果即视为交易所向结算会员发出的追加保证金通知，两者的差额即为追加保证金金额。这一制度称为每日无负债结算制度，或逐日盯市制度。

对于普通交易者来说，也实行每日无负债结算制度。期货经纪公司的结算部门会在每个交易日闭市后结算交易者所有合约的盈亏、交易保证金及手续费、税金等。如果交易者的保证金账户余额低于规定的标准，则需要在规定的时间范围内追加保证金，以实现当日无负债。

二、金融期货交易的流程

1. 期货交易过程和交易指令

在期货经纪公司开立交易账户后，就可以熟悉交易系统和制订交易计划进行交易。在期货交易中，交易各方根据自己对市场价格走势的判断，选择合理的价位下达交易指令，由交易系统撮合成交。通常，最常用的交易指令包括限价指令和市价指令。

限价指令。限价指令是指必须按照限定价格或以更好的价格成交的指令。也就是说，限价指令在买入时，必须在其限价或者限价以下的价格成交。在卖出时，必须在其限价或者限价以上的价格成交。在限价指令中，客户必须明确指定具体的价位是多少。限价指令下达后，一般以价格优先、时间优先的原则进行排序和成交。限价指令的优点是，可以按预期价格或者更好的价格成交。缺点是成交的速度可能会比较慢，也可能没有机会成交。

市价指令。市价指令是指交易者不需要标明具体价位，只需要按当时市场上可执行的最好价格（报价）成交的指令。中国金融期货交易所规定了“市价指令只能和限价指令撮合成交，未成交部分自动撤销”等内容。

2. 金融期货的现金交割和实物交割

金融期货在成交后，交易者持仓可以赚取价差收益（亏损），也可以等待最后交割。国债和外汇期货通常是实物交割，股指期货则采用现金交割。

现金交割。现金交割是指按最后结算价对未平仓合约进行自动平仓，然后将客户平仓的净盈亏在客户保证金账户中进行划转的过程。这类交割方法主要存在于无法实物交割的期货品种中，如我国的沪深300股指期货就采用现金交割。

实物交割。实物交割是指交易双方在交割日将合约所记载商品的所有权按一定流程、一定价格等规定进行转移、了结未平仓合约的过程。国债期货交割具有独特之处，即在交易对象和交割对象之间存在差异。例如，我国的5年期国债期货的交易对象是面值为100万元人民币、票面利率为3%的名义中期国债（表3-2），这种国债是一种名义债券或者虚拟债券，现实中并不存在。在国债期货市场运作中，可用于交割的国债是距合约到期月首日剩余期限为4～5.25年的记账式附息国债，中国金融期货交易所会公布可交割债券的种类。表3-3列出了TF1503合约可交割国债和转换因子。由于可交割债券种类繁多，卖方可以选择基差最小的国债或者隐含回购利率最大的国债品种来进行交割[①]。这类债券通常被称为最便宜可交割债券（cheapest-to-deliver bond，CTD债券）。无论哪种方法来确定CTD债券，都需要了解转换因子（conversion factor）。转换因子的突出作用是将标准债券和债券现券建立起可比较的联系。每个可交割债券都对应有自己的转换因子。对5年期国债期货合约来说，转换因子实质上是面值1元的可交割国债在其剩余期限内的现金流，用3%的国债期货名义标准券票面利率贴现至最后交割日的净价（全价－应计利

① 后续相关内容将介绍基差和隐含回购利率的含义与计算方法。

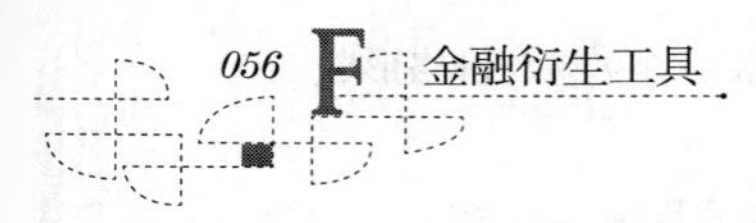

息)。通常,交易所在挂牌国债期货合约时,会公布不同债券的转换因子。

表 3-3 TF1503 合约可交割国债和转换因子

序号	国债全称	国债代码			票面利率(%)	到期日期	转换因子
		银行间	上交所	深交所			
1	2005 年记账式(十二期)国债	050012	010512	100512	3.65	20201115	1.033 6
2	2006 年记账式(十九期)国债	060019	010619	100619	3.27	20211115	1.016 2
3	2009 年记账式附息(七期)国债	090007	019907	100907	3.02	20190507	1.000 8
4	2009 年记账式附息(十二期)国债	090012	019912	100912	3.09	20190618	1.003 5
5	2009 年记账式附息(十六期)国债	090016	019916	100916	3.48	20190723	1.019 3
6	2009 年记账式附息(二十七期)国债	090027	019927	100927	3.68	20191105	1.029 4
7	2010 年记账式附息(二期)国债	100002	019002	101002	3.43	20200204	1.019 5
8	2010 年记账式附息(十二期)国债	100012	019012	101012	3.25	20200513	1.011 9
9	2010 年记账式附息(十九期)国债	100019	019019	101019	3.41	20200624	1.019 7
10	2010 年记账式附息(二十四期)国债	100024	019024	101024	3.28	20200805	1.013 9
11	2010 年记账式附息(三十四期)国债	100034	019034	101034	3.67	20201028	1.034 2
12	2010 年记账式附息(四十一期)国债	100041	019041	101041	3.77	20201216	1.040 4
13	2011 年记账式附息(二期)国债	110002	019102	101102	3.94	20210120	1.049 9
14	2011 年记账式附息(十五期)国债	110015	019115	101115	3.99	20210616	1.056 0
15	2011 年记账式附息(十九期)国债	110019	019119	101119	3.93	20210818	1.053 9
16	2011 年记账式附息(二十四期)国债	110024	019124	101124	3.57	20211117	1.034 2
17	2012 年记账式附息(四期)国债	120004	019204	101204	3.51	20220223	1.031 6
18	2012 年记账式附息(十期)国债	120010	019210	101210	3.14	20190607	1.005 4
19	2012 年记账式附息(十六期)国债	120016	019216	101216	3.25	20190906	1.010 3
20	2013 年记账式附息(三期)国债	130003	019303	101303	3.42	20200124	1.018 6
21	2013 年记账式附息(八期)国债	130008	019308	101308	3.29	20200418	1.013 4
22	2013 年记账式附息(十五期)国债	130015	019315	101315	3.46	20200711	1.022 2
23	2013 年记账式附息(二十期)国债	130020	019320	101320	4.07	20201017	1.054 1
24	2014 年记账式附息(三期)国债	140003	019403	101403	4.44	20210116	1.075 9
25	2014 年记账式附息(六期)国债	140006	019406	101406	4.33	20210403	1.072 9
26	2014 年记账式附息(八期)国债	140008	019408	101408	4.04	20190424	1.039 4

资料来源:中国金融期货交易所网站

三、我国金融期货的盈亏结算和交割结算

期货成交和交割需要进行结算。结算是对交易保证金、盈亏、手续费、交割货款和其他有关款项进行计算、划拨的过程。我国期货交易所的结算业务是由交易所结算部承担。期货交易所结算部负责统一结算、保证金管理及结算风险的防范。中国金融期货交易所的结算流程是,期货交易所结算部门在每一交易日结束后,对结算会员的盈亏、交易收费、交易保证金等款项进行结算。结算会员根据交易所结算部分的结算结果对非结算会员和客户进行结算,同样也是结算盈亏、交易收费、交易保证金等款项。非结算会员则对自己

的客户结算。下面简单介绍盈亏结算和交割计算的原理。

1. 盈亏结算

期货合约的当日盈亏结算,包括平仓盈亏和持仓盈亏。

当日盈亏 = 平仓盈亏 + 持仓盈亏

平仓盈亏 = 平历史仓盈亏 + 平当日仓盈亏

平历史仓盈亏 = $\sum$[(卖出平仓价 − 上一交易日结算价)×卖出平仓量]+ $\sum$[(上一交易日结算价 − 买入平仓价)×买入平仓量]

平当日仓盈亏 = $\sum$[(当日卖出平仓价 − 当日买入开仓价)×卖出平仓量]+ $\sum$[(当日卖出开仓价 − 当日买入平仓价)×买入平仓量]

持仓盈亏 = 历史持仓盈亏 + 当日开仓持仓盈亏

历史持仓盈亏 = $\sum$[(上一日结算价 − 当日结算价)×卖出历史持仓量]+ $\sum$[(当日结算价 − 上一日结算价)×买入历史持仓量]

当日开仓持仓盈亏 = $\sum$[(卖出开仓价 − 当日结算价)×卖出开仓量]+ $\sum$[(当日结算价 − 买入开仓价)×买入开仓量]

在股指期货合约结算中需要将合约乘数放入计算公式中,与买卖数量相乘,以便计算具体的盈亏数额。

2. 交割结算

交割结算包括交割货款的计算、交割货款的收付方式以及交割结算的盈亏处理等内容。

交割货款的计算。交割货款以交割结算价为基础。交割结算中,会员进行交割应当按规定向交易所交纳交割手续费。交割手续费从结算准备金中扣除。

国债期货的交割货款计算方法是

交割货款=交割数量×(交割结算价×转换因子+应计利息)×(合约面值/100 元)

其中,应计利息为该可交割国债上一付息日至交割日之间的债券利息。例如,上次债券发行方支付利息是在 110 天前,那么债券持有者现在卖出债券时应得到这 110 天的利息,这部分利息就是应计利息。

第二节 金融期货的定价模型

期货和远期具有同源性,因此在定价模型方面也具有一致性。例如,不考虑交易成本等因素的差异,外汇期货和外汇远期的定价公式均为 $F=Se^{(r-r_f)T}$。有著作提出,如果利率无法预测,从理论上讲期货价格和远期价格会不一样,但是当期限只有几个月时,大多数情形下可以忽略期货价格和远期价格的差异[①]。需要注意的是,股指期货和国债期货较

① 参见约翰·赫尔所著《期权、期货与其他金融衍生品》。

为特殊，通常没有对应的远期交易（股指）或者即使有远期交易（国债）也不能和期货对应起来，因此关于股指期货和国债期货的定价模型有很多细节需要予以把握。

一、股指期货的定价模型

通常股指期货的定价公式与股票远期定价公式具有一致性，均可以用持有成本模型$F=Se^{(r-q)T}$表示。但是，其中的内涵则具有很多差异。在股指期货定价公式中，q为股指成分股的平均股息率；S为股票现货指数。

当然，股指期货的这一持有成本定价公式仅是一个理论模型，其中暗含了诸多假设。如，借贷利率相同，且维持不变；无逐日盯市的保证金结算风险；无税收和交易成本；卖空无限制；股息发放时间和数量确定；期货和现货均持有到期货合约到期，等等。

因此，$F=Se^{(r-q)T}$是一个远期合约定价模型，并不能反映现实的期货价格。很多研究者致力于改进这一定价模型。

逐日盯市和利率因素。由于存在逐日盯市的保证金结算风险，随机利率因素会导致远期合约价值和期货合约价格的不一致性。考克斯（Cox）、英格索尔（Ingersoll）和罗斯（Ross）（1981）据此研究发现，远期合约和期货合约的差异可以使用期货合约的收益率和无风险零息债券收益率的协方差来衡量。如果无风险利率可以实现确定，逐日结算对期货价格的影响可以忽略不计。莫德斯特（Modest，1984）指出逐日盯市和随机利率对期货定价影响非常小。

克莱姆科斯基（Klemkosky）和李（Lee）（1993）认为应将借入利率和贷出利率区分开，将股指期货的价格区间调整为

$$Se^{(r_l-q)T}<F<Se^{(r_b-q)T}$$

其中，r_l为贷出资金利率；r_b为借入资金利率；$r_l<r_b$。这里的含义其实在上一章远期定价中做了描述。如果$Se^{(r_l-q)T}>F$，交易者会卖空现货组合并将其做无风险投资（相当于以r_l借出资金），买入期货，待$Se^{(r_l-q)T}<F$时将期货平仓卖出，现货组合平仓买入。如果$F>Se^{(r_b-q)T}$，则以r_b借入资金买入现货组合，同时卖空期货，待$F<Se^{(r_b-q)T}$时，交易者会卖出现货组合以归还资金，并对期货头寸卖出平仓。

交易成本。在具体交易中，人们无法忽略的另一个影响股指期货定价的是交易成本，如佣金、税收、冲击成本等因素。其中冲击成本是指成交价格与预期价格的差异，这一因素依赖于市场的流动性。克莱姆科斯基（Klemkosky）和李（Lee）推导出的股指期货无套利定价区间如下：

$$S-C_{lf}(1+r)^T-C_{ss}(1+r)^T<F<S+C_{sf}(1+r)^T+C_{ls}(1+r)^T$$

其中，C_{lf}为买入指数期货所需要的交易成本；C_{sf}为卖出指数期货所需要的交易成本；C_{ss}为卖出指数现货所需要的成本；C_{ls}为买入指数现货所需要的交易成本。

卖空限制。卖空在两方面会影响期货价格。其一，股票融券卖空交易者必须把卖空股票的收入作为抵押品，这部分资金不能借出。其二，融券成本也会因为借贷人的信用等级差异难以量化。

执行风险。由于证券不能无限分割，且股息不固定，因此会造成复制指数调整的风险

或困难。因此，只能使用估计值替代股息率。克莱姆科斯基(Klemkosky)和李(Lee)使用股息收入计算公式如下：

$$D(t,T) = \sum_{\tau=t+1}^{T} d_\tau (1+r)^{(T-t)} \tag{3.1}$$

$$d_\tau = \sum_{i=1}^{N} d_i w_i \tag{3.2}$$

其中，$D(t,T)$为现金股息从 t 时刻到 T 时刻的终值；d_τ为 τ 时刻发放的现金股息；d_i为 i 股票在 τ 时刻的现金股息；w_i为 i 股票在 τ 时刻的权重。

下一章我们将结合期现货套利来将以上因素引入股指期货的定价区间模型。

二、国债期货

国债期货定价公式要比股指期货更为复杂，也和国债远期的定价不同。国债期货交易的是标准债券，交割的通常是最便宜可交割债券，因此人们只有通过最便宜可交割债券价格才能计算国债期货的理论价格。不过，通过最便宜可交割债券计算国债期货价格需要多个环节。首先，应通过最便宜可交割债券来计算该债券的远期价格，这一过程并不复杂，可用上一章的债券远期公式 $F=(S-I)e^{rT}$。其次，需将最便宜可交割债券的远期价格转换器为国债期货的价格。这其中需要处理两个环节。第一，由 $F=(S-I)e^{rT}$ 计算的远期价格是包含应计利息的发票价格，而市场报价应是百元净价报价，因此需要将远期价格中的应计利息扣除。第二，通过最便宜可交割债券的转换因子将国债远期净价转换为标准债券期货的价格。这样，我们得到国债期货价格的理论定价公式为

$$F = [(S-I)e^{rT} - \text{应计利息}]/CF \tag{3.3}$$

其中，CF 为国债现券所对应的转换因子。

例 3-1　国债期货价格的计算

假定 5 年期国债期货，已知最便宜交割债券的息票利率是 6%，转换因子是 1.015 6。假定 270 天后交割，上一次付息是在 60 天前，下次付息是在 122 天后，再下一次付息是在 305 天后。连续复利形式表示的贴现率是 4%，最便宜可交割债券的净价报价为 98 元。则该债券的标准债券期货的报价应是多少？我们可以分以下步骤予以计算。

第一步，根据公式$F_{\text{CTD}}=(S-I)e^{rT}$，计算最便宜可交割债券对应期货的现金价格。通常，最便宜可交割债券的现金价格计算公式是

现金价格＝净价报价＋上一个付息日以来的累计利息

因此，本例中最便宜可交割债券的现金价格计算如下：

$$S=98+(6\div 2)\times 60/(122+60)=98.989\,0 \text{ 元}$$

另外，在期货合约期内，持有最便宜可交割债券每 100 元可获得利息收入 3 元，其现值计算如下：

$$I=3\,e^{-0.04\times\frac{122}{365}}=2.960\,2 \text{ 元}$$

这样，我们就可以计算出最便宜可交割债券所对应期货的现金价格，即

$$F_{\text{CTD}}=(S-I)e^{rT}=(98.989\,0-2.960\,2)e^{0.04\times\frac{270}{365}}=98.912\,7 \text{ 元}$$

第二步，计算最便宜可交割债券的净价报价，即

$$F_{CTD}^{*}=F_{CTD}-\text{应计利息}=98.9127-3\frac{148}{183}=96.4864\text{ 元}$$

第三步，通过转换因子，将最便宜可交割债券期货的净价报价转换为标准券期货的净价报价，即

$$F=\frac{F_{CTD}^{*}}{CF}=\frac{96.4864}{1.0156}=95.0043\text{ 元}$$

不过，需要注意的是，以上的国债期货定价依然没有交易成本、借款利率不等于贷款利率、税负影响、保证金和每日结算制度、融券限制和卖空限制等现实条件。此外，在期货到期前，最便宜可交割债券会发生调整和变化，进而影响到国债期货的理论价格。由于卖方具有交割选择权（质量选择权和时间选择权），因此长期国债期货的理论价格要低一些，要减去卖方选择权价值。可见，精确计算国债期货的理论价格较为困难。

第三节 金融期货价格的市场形成机制

金融期货的市场价格是期货市场上的套期保值者、套利者和投机者根据供求关系及其影响因素对价格进行预测并发出交易指令后，由价格生成规则形成的市场价格。我国期货市场采用的电子撮合的方式形成期货价格。期货价格在形成后会成为市场主体观察价格变化的依据。在成熟正常的市场条件下，期货交易者会不断修正价格，使期货价格融入更多的市场信息。

一、金融期货市场的竞价交易和价格撮合

1. 开盘集合竞价报价规则与价格产生过程

开盘集合竞价通常采用的原则集中四个方面：最大成交量原则，在此价格成交能够得到最大的成交量；高于集合竞价产生的价格的买入申报全部成交；低于集合竞价产生的价格的卖出申报全部成交；等于集合竞价产生的价格的买入或者卖出申报，根据买入申报量和卖出申报量的多少，按照少的一方的申报量成交。

集合竞价产生价格的过程可以划分为两个紧密联系的阶段。第一，交易系统分别对所有有效的买入申报按申报价由高到低的顺序排列，申报价相同的按照进入系统的时间先后排列；所有有效的卖出申报按申报价由低到高的顺序排列，申报价相同的按照进入系统的时间先后排列。第二，交易系统逐步将排在前面的买入申报和卖出申报配对成交，直到不能成交为止（买入申报价低于卖出申报价不能成交）。如果最后一笔成交是部分成交的，则以部分成交的申报价为集合竞价产生的价格。如果最后一笔成交是全部成交的，取最后一笔成交的买入申报价和卖出申报价的算术平均价为集合竞价产生的价格，该价格按期货合约规定的最小变动价位取整。大连商品交易所交易细则提出："若有多个价位满足最大成交量原则，则开盘价取与前一交易日结算价最近的价格。"交易系统自动控制集合竞价申报的开始和结束并在计算机终端上显示。

例 3-2 开盘集合竞价的生成过程

按照集合竞价的排列规则，我们在表 3-4 中，将买入指令和卖出指令分别按照由高到低和由低到高的顺序进行了排列。

排列后，系统会首先将卖出价格为 3 270 点的 30 手卖单和买入价格为 3 299 点的 50 手买单配对，其后剩余 20 手买单，这样就形成了表 3-5 的排列。表 3-5 中，买入价位 3 299 点的 20 手买单和卖出价位是 3 288 点的 60 手卖单配对。之后，剩余的价格为 3 288 点的 40 手卖单与价格为 3 290 点的买单配对。配对依次进行，最终可以形成表 3-6。这时，在 3 290点价格上的买入数量是 50 手，在 3 288 点价格上的卖出数量是 120 手，卖出价低于买入价，因此依然可以配对。这时买入方可以全部成交，卖出方只可以部分成交。这样根据“以部分成交的申报价为集合竞价产生的价格”这一原则，可以确定集合竞价产生的开盘价为3 288 点。

表 3-4 开盘集合竞价模拟一1

排　序	买　入		卖　出	
	价格/点	手数/手	价格/点	手数/手
1	3 299	50	3 270	30
2	3 290	90	3 280	60
3	3 285	100	3 288	120
4	3 281	150	3 295	150

表 3-5 开盘集合竞价模拟一2

排　序	买　入		卖　出	
	价格/点	手数/手	价格/点	手数/手
1	3 299	20	3 280	60
2	3 290	90	3 288	120
3	3 285	100	3 295	150
4	3 281	150		

表 3-6 开盘集合竞价模拟一3

排　序	买　入		卖　出	
	价格/点	手数/手	价格/点	手数/手
1	3 290	50	3 288	120
2	3 285	100	3 295	150
3	3 281	150		
4				

另外，参与开盘集合竞价还需要注意两方面内容。第一，具体的报价规则安排和一些特殊的情况。开盘集合竞价中的未成交申报单自动参与开始后的竞价交易。集合竞价未能产生成交价格，通常会以集合竞价后第一笔成交价作为开盘价。新上市合约开盘价可以取与挂盘基准价最近的价格。第二，出于安全和收益角度考虑，建议普通交易者在日常情况下，不要轻易参加集合竞价。还需要注意的是，对开盘价把握不大的合约，特别是冷合约，如果参加集合竞价，不要挂过高的买价或过低的卖价。

2. 开盘后连续竞价

开市后，计算机撮合系统将针对不同的交易指令，依据不同的竞价程序和原则对交易指令进行撮合配对。计算机撮合成交的基本原则和竞价程序是：第一，交易指令按照价格优先、时间优先的原则进行排序。以涨跌停板价格申报的指令，按照“平仓优先、时间优先”的原则撮合成交。第二，只有当买入申报价(BP)≥卖出申报价(SP)时，买卖指令才可以自动撮合成交，具体的撮合成交价应是买入申报价(BP)、卖出申报价(SP)和前一成交价(CP)三者中居中的一个价格。即

当 BP≥SP≥CP，则最新撮合成交价＝SP；

当 BP≥CP≥SP，则最新撮合成交价＝CP；

当 CP≥BP≥SP，则最新撮合成交价＝BP。

限价指令的撮合。表 3-7 是限价指令的竞价撮合举例。在表中，买入报价为 3 450 点，卖出报价为 3 448 点，前一成交价分别对应不同价位时，计算机会撮合确定最新的成交价。

表 3-7　限价指令的竞价撮合举例　　单位：点

买入报价	卖出报价	前一成交价	最新成交价
3 450	3 448	3 445	3 448
		3 449	3 449
		3 453	3 450

市价指令的撮合。市价指令是指不标明具体价位，按当时市场上可执行的最好价格(报价)成交的指令。交易者需要切记的是，市价指令不应用于交易清淡的合约交易上。这是因为在涨停位往往会有很多卖出限价指令，在跌停位也会有不少的买入限价指令。由于市价指令不标明具体价格，最终的成交价很可能就是停板价。也就是说，买入市价指令可能会以涨停价买入成交，卖出市价指令会以跌停价卖出成交。问题在于，当交易清淡合约的市价指令与停板价上的限价指令成交后，价格很可能会迅速恢复到停板价以内的正常价位上，这时市价指令的发出者会出现巨大亏损。在图 3-1 中出现的 2 727.0 点成交价是中金所 IF1109 合约在 2011 年 6 月 7 日的跌停价。形成这一价格的原因是有交易者在这个成交清淡的合约上使用了卖出市价指令，市价指令最终与跌停位的买入限价指令撮合成交。

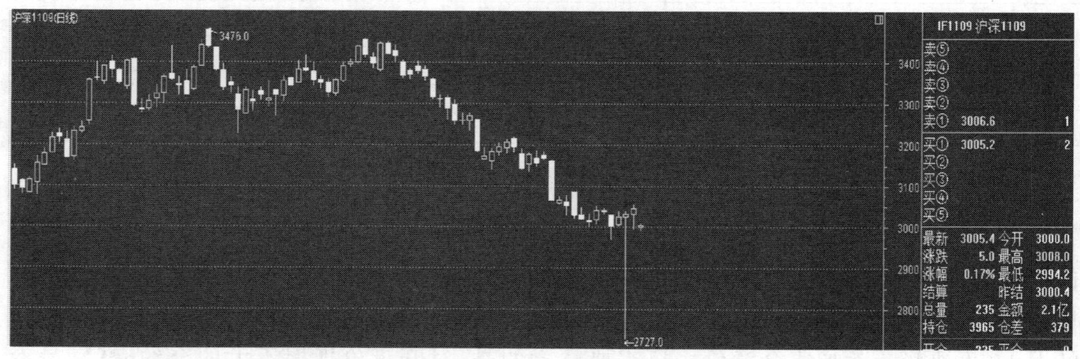

图 3-1　2011 年 6 月 7 日 IF1109 合约上市价指令和跌停位买入限价指令撮合成交

二、金融期货价格的影响因素

1. 股指期货价格影响因素

股指期货价格分析的基本出发点是对股票指数的各种影响因素进行分析，对股票指数的整体运行情况和未来走势做出综合判断。通常需要观察影响股指期货价格的因素包括：经济增长和物价水平、财政政策和货币政策、利率和汇率变化、股指成分股的变化，以及社会投机心理和投机行为。经济繁荣会使股市向好，股指期货价格会因此上升。然而经济长期增长后，物价水平上升造成一个“通胀无牛市”的局面，股指期货价格的上扬会受到抑制。宽松的财政政策和货币政策明显会促进股市，带动股指期货上涨。利率和汇率造成的货币流动性变化也会明显地影响到股指。货币流动性增加使股指期货具有上扬的资金基础。当然，和所有期货一样，股指期货价格变化也往往会受到社会投资者的投资行为和投资心理影响。在经济繁荣和泡沫累积过程中，股指期货在投机或资产配置的驱动下会出现价格持续上扬。在市场崩盘或不利因素连续打压下，股指期货投机者会因为获利出局或恐慌蔓延而加速平仓，股指期货价格出现暴跌并不罕见。

以上的分析方法相对较为易懂，但是并不容易分析清楚各种复杂因素对指数的综合作用结果究竟如何。还有一种切入角度是对指数主要成分股的未来股价进行预测，以此来计算分析指数的合理估值。这类分析需要一定的量化分析，具有复杂性，对使用者的量化分析能力要求高一些。

2. 国债期货价格影响因素

国债期货价格变化的基本面因素众多。归结起来有经济因素、政治因素、流动性因素等，具体有国内外利率、通货膨胀率、货币供给、经济发展、政府财政收支等内容。这些因素对国债期货的影响力度各不相同。其中，国债期货和利率具有最为紧密的联系，二者呈现反向变动。相比之下，其他因素大都是通过改变人们对利率的预期来影响国债和国债期货价格。因此，我们极有必要引入和介绍利率变化与国债期货价格之间的内在关系。

利率和国债期货价格之间的数量关系可以通过久期进行衡量。所谓久期可以理解为债券持有者在收到现金付款之前平均等待多长时间。n 年期限的零息票债券的久期是 n 年。n 年期限的附息票债券的久期小于 n 年，因为持有者在第 n 年之前就收到一些利息了。准确地说，久期实质上是债券在未来产生现金流的时间的加权平均，具体表述公式是

$$D=\sum_{i=1}^{n} t_i\left(\frac{c_i \mathrm{e}^{-yt_i}}{B}\right) \tag{3.4}$$

其中，c_i 为 i 时刻产生的现金流；y 为贴现利率；t_i 为从现在到 i 时刻收到现金所需等待的时间，以年表示；$\frac{c_i \mathrm{e}^{-yt_i}}{B}$ 实际上为 t_i 的权重；B 为所有未来现金流的贴现值之和，也是债券当前的市场价格，计算公式为

$$B=\sum_{i=1}^{n} c_i \mathrm{e}^{-yt_i} \tag{3.5}$$

以上久期建立在连续复利基础之上，如果贴现率 y 是 1 年复利 m 次的年利率，则久期公式可以修正为

$$D^* = \frac{D}{1+\frac{y}{m}} \tag{3.6}$$

其中，D^* 为修正的久期。

对于债券组合的久期，则可以定义为构成债券组合的每一个债券的久期的加权平均值，每一个债券久期的权重与债券价格成正比。

在了解久期的基础上，就可以解释利率和债券（期货）的价格变化关系。假设 ΔB 和 Δy 是 B 和 y 的微小变化，则可以通过式(3.4)得出

$$\Delta B = -\Delta y \sum_{i=1}^{n} c_i t_i \mathrm{e}^{-yt_i} \tag{3.7}$$

如果把式(3.4)放入式(3.7)，可以得出一个近似成立的公式：

$$\Delta B = -B \cdot D \cdot \Delta y \tag{3.8}$$

这一公式隐含了利率变化所引发的债券价格变化。我们可以将其应用于期货价格变化分析，即

$$\Delta V_F = -V_F \cdot D_F \cdot \Delta y \tag{3.9}$$

其中，V_F 为国债期货合约的价格（或合约价值）；ΔV_F 为国债期货合约价格变化（或合约价值的变化）；D_F 为最便宜可交割债券在期货到期日时的久期。

从式(3.9)可以发现，如果利率上升（下降）一个基点（即 $\Delta y = 0.01\%$），会导致国债期货价格下降（上升）若干价值。这里隐含了一个重要的术语：基点价值。我们可以用以下公式计算基点价值：

$$DV01 = |-B \cdot D/10\ 000| \tag{3.10}$$

例 3-3 久期与国债其含义价格变化

假设国债期货的最便宜可交割债券为面值为 100 元、附息票利率为 10% 的 3 年期债券。债券年收益率为 12%，息票每 6 个月付息一次。为简化计算，这里直接用收益率代替贴现率。在表 3-8 中详细给出了计算久期的每一步，最后得出该债券的久期是 2.654 年。

根据表 3-8，可以发现如果利率变化 1 个基点，国债期货价格会变化 2.654×94.213/10 000=0.025 元。

表 3-8 久期的计算公式

时间(年)	付款金额(元)	现值	权重	时间×权重
0.5	5	4.709	0.050	0.025
1	5	4.435	0.047	0.047
1.5	5	4.176	0.044	0.066
2	5	3.933	0.042	0.084
2.5	5	3.704	0.039	0.098
3	105	73.256	0.778	2.334
合计	130	94.213	1.000	2.654

3. 外汇期货价格的影响因素

汇率变化实际上是十分复杂的金融现象。金融和经济学家研究了大量的汇率理论用

以揭示汇率的变化原因和变动规律，我们可以从这些理论和模型中，寻找出一些分析外汇期货价格变动的基本因素和这些因素对外汇期货价格的影响机制。应该注意，在外汇和外汇期货交易中，宏观经济学模型十分常用，而且有用。

持有外币的最初动因是购买他国贸易品，因此两国物价水平成为衡量汇率变化的基础依据。这是购买力平价理论的核心思想。从长期看，高通胀国家的币值将会下降。除了购买力这一因素外，经济学家很早就发现，利率变化会影响到国际资本流动，资本流动又会影响到汇率变化。这就是利率平价理论的分析切入点。利率平价理论分为有抵补的利率平价和无抵补的利率平价理论，二者的表现形式相似，但作用不同，前者用于解释远期利率的形成机制，后者用于解释预期的远期汇率的形成机制。如果按照连续复利计算的话，利率平价机制所确定的远期汇率应该是

$$F_1 = F_0 e^{(r_d - r_f)T} \tag{3.11}$$

其中，F_0为当前时间一单位外币兑换的本币，即外币的汇率；F_1为时间 T(以年表示)之后的远期汇率；r_d和r_f分别为 T 时期内本国货币和外国货币的年利率。

可以看出，如果本国利率上升会导致远期的F_1上升。

20 世纪 70 年代，宏观经济学家发现传统的购买力平价理论和利率平价理论存在缺陷，试图进行改进以引入更多宏观变量和相关因素(如预期)。一个最初的发展是弹性价格货币模型。弹性价格货币模型由购买力平价理论推出，具体表现形式是

$$S_t = (m_s - m_s^*) - a(y - y^*) + b(i - i^*) \tag{3.12}$$

其中，S_t为以自然对数形式表示的外汇汇率；m_s为以自然对数表示的货币供应量；y 为以自然对数表示的收入水平(如 GDP)；i 为以自然对数表示的利率；* 代表国外。

可以发现，如果本国货币供应量相对增加，则外汇汇率上升，本币贬值；如果本国货币供应量相对降低，则外汇汇率下降，本币升值。GDP 的作用正好相反。即如果本国 GDP 增长好于外国，则外汇汇率下降，本币升值；如果本国 GDP 增长弱于外国，则外汇汇率上升，本币贬值。不过，与通常认识不同的是，弹性价格货币模型认为利率上升会推动本币贬值，外币升值。这里有其理论推导依据，投资者可以不必困扰于这一点。

外汇期货交易者应始终注意几点。第一，汇率变化极为复杂，往往是商品市场和资本市场上的各种因素共同作用的结果。而且，在交易过程中要注意，不同市场对外部冲击的反应不同可能会对汇率产生复杂的影响。因此，在汇率变化中会有超调和低调现象发生。所谓汇率超调是指当出现一个外部扰动，资产市场价格(如利率、汇率等)瞬间调节，短期内商品市场的价格却具有黏性，调整滞后，购买力平价在短期内不能成立。资产市场会通过过度调整来对其进行弥补，这就解释了为什么短期内汇率容易出现波动。通常，汇率的超调是与资本的高度流动一起产生的，在没有资本流动的情况下，则会产生汇率低调(undershooting)现象。交易者需要对此予以谨慎关注。第二，在存在货币替代和预期的情况下，汇率可能会出现加速调整和变化。例如，货币替代率高的国家，如果人们预期本币贬值，则会大量用外币替代本币导致货币替代率进一步上升，进而导致本币的急速贬值。

三、基差及其所用

基差是期货和现货交易中非常重要的概念，不仅是衡量期货价格和现货价格关系的

基础指标，而且对价格发现、套期保值、套利和交割都具有十分重要的用途。

1. 基差

基差(basis)是某一个地点上资产现货价格与相关联期货价格之间的差值，其计算公式是

$$b = P - F \tag{3.13}$$

其中，b 为基差；P 为现货价格；F 为期货价格。

与其他各类金融期货不同，在国债期货交易中交易的对象多是债券市场不存在的虚拟债券，因此在计算基差时就需要考虑虚拟债券价格和可交割债券价格之间的可联系性。为解决这个问题，可以引入转换因子来计算国债期货的基差，具体公式如下：

$$b = P - F \cdot CF \tag{3.14}$$

其中，CF 为国债现券所对应的转换因子。

如果基差严重偏离正常值，套利者会在金融期货和现货之间开展套利交易，进而维系二者的价格均衡关系。

2. 基差变化的特点

从持有成本模型看，基差应为负数。但是，市场上的价格运动受到供求关系和交易者的心理及预期影响，因而基差不仅并非一成不变，而且其变化具有一定的多样性和复杂性。一般来说，基差的变化有两种基本情况：基差增强和基差减弱。基差增强是指基差数值由小变大的现象，例如，基差由－30 变为－15，由－10 变为 5，由 10 变为 20，等等。基差减弱则是指基差数值由大变小的现象。例如，基差由 30 变为 5，由 5 变为－25，由－20 变为－30，等等。在基差变化中，有以下几个基本特点。

波动性。期货价格和现货价格都受到共同的基本面因素的影响。但是，由于期货市场和现货市场的构成主体并不完全重合，交易机制也存在巨大差异，因此两个市场对信息的反应程度也不一样，这也就造成了期货价格和现货价格变化的差异。这种差异使基差具有了不断波动的特征。

区间性。这主要源于如前所述的期货定价的区间特征。

趋零性。这一点可以从持有成本和预期理论中得到解释。根据预期理论，随着交割期的临近，影响期货价格的不确定性因素越来越少，所以理性预期价格也越接近于现货市场价格。从持有成本的角度看，越靠近交割期，持有成本也就越低，期货价格也就越接近现货价格。总之，在期货合约逐渐到期时，无论是经历了期货价格高于现货价格的正向市场(normal backwardation)还是期货价格低于现货价格的反向市场(contango)，期货价格和现货价格都会收敛于很接近的价格，基差会趋于零。

3. 基差的用途

对于金融期货来说，基差具有极为广阔的用途。第一，基差不仅可以用于分析期现货之间的价格关系和期、现货套利，还可以用于分析套期保值的风险和收益(具体见下一章)。第二，在国债期货交易中，基差可以用来判定最便宜可交割债券。通常，基差最小的债券就是可用于交割的最便宜债券。从表 3-9 中可以发现，卖方最适合交割出去的是第 8 个债券。

表 3-9 利用基差寻找最便宜可交割债券

序号	息票率	到期日	转换因子	债券报价	基差
1	4.500	02/15/36	0.797 8	96.91	8.14
2	4.750	02/15/37	0.829 2	100.90	8.63
3	5.000	05/15/37	0.862 8	104.91	8.91
4	5.250	11/15/28	0.911 6	107.08	5.65
5	5.250	02/15/29	0.911 1	107.05	5.67
6	5.375	02/15/31	0.922 6	109.32	6.66
7	5.500	08/15/28	0.941 5	110.25	5.49
8	7.125	02/15/23	1.110 3	126.40	2.86
9	7.500	11/15/24	1.157 0	132.61	3.87

四、金融期货的价格发现功能

1. 期货价格和预期现货价格

预期现货价格(expected spot price)是市场主体对未来某一时刻现货资产的预期价格。预期现货价格和期货价格具有联系。假如现在是8月,市场上9月到期的国债期货的价格是98.750。人们最关心期货到期时最便宜可交割债券的价格是多少,因为国债期货价格最终收敛于或接近于现券价格。如果市场上预期的现券价格是99.750,则期货价格会出现上升,如果市场预期现货价格为97.700,则期货价格会下跌。也就是说,如果期货价格能在一定程度上反映出市场主体对未来现货价格的看法,通常人们将之称为价格发现功能。

事实上,关于期货的价格发现功能存在不同的看法。一种是基于预期理论的解释;另一种是基于信息效率和期货价格关系的解释。

预期理论的解释。人们通常认为,期货多头对未来期货价格看涨,期货空头对未来价格看跌。这样,由大量的买者和卖者共同竞价决定的期货价格自然也就反映了市场对未来期货价格的平均预期。由于合约到期时期货价格等于现货价格,因此期货价格就被认为是对未来现货价格的平均预期,可以发现未来价格。基于这一普遍认识,国内外大量的理论文献都尝试实证研究"当前期货价格是未来现货价格的理性预期或无偏估计"等观点,希望据此能够对"价格发现功能"做出判断。但是,从理论上看,只有当投资者的风险偏好是中性时,或者现货资产的系统性风险为零时,当前的期货价格才是未来现货价格的无偏估计。然而对比现实世界可以发现,大部分的投资者都不是风险中性的,大部分资产的系统性风险也不会等于零,因此无论理论结果做得多好,期货对未来现货价格的预期功能在现实也并不会十分明显。基于这点认识,有的学者提出了"如果说期货市场有价格发现功能,那是指期货市场可以更好地发现现在的现货价格,而不是未来的现货价格"。

基于信息效率和期现货价格关系的解释。尽管新的研究表明,现实的期货市场并不充分具备对未来现货价格的预期功能,但不能由此就否定期货市场的"价格发现功能"。期货市场的价格发现事实上体现在另外两个方面。第一,在规模和影响力都比较大的成熟市场体系中，由于期货市场具有低成本、高流动性、连续交易、公开竞价交易等优点，当新的市场信息出现时，投资者往往会先在期货市场上进行操作，使得新信息先在期货市场上得到反映，然后才传达至现货市场，从而使得期货价格具有引领同一时刻现货价格变化的信号功能。很多研究者意识到了商品价格的时间序列性质，开始使用协整的概念来研究期货市场的价格发现功能。第二，期货市场的价格发现依赖于其与现货价格之间的关联关系。这种相关性一方面体现在与持有成本模型紧密相关的套利机制方面；另一方面取决于现货定价对期货价格的依赖方面。总之，只有期货价格和现货价格之间存在长期均衡并相互引导的关系，期货市场具有引领现货市场价格走势的能力，由两个市场共同形成的价格关系和形成过程才是真正的价格发现过程。

2. 金融期货发现价格的条件

价格发现功能是期货交易快速融入各种信息、期现货市场价格相互引导的过程。期货的价格发现功能需要从交易者结构与风险补偿、交易制度、市场成熟度等角度进行分析。

首先，交易者结构对期货价格发现有重要影响。如果对冲者持有期货净空头，而投机者持有期货净多头，那么期货价格会低于预期现货价格。主要的原因是投机者只有在看来会盈利时才会交易，而对冲可以减少对冲者的风险，因此对冲者能够较为容易地接受价格可能低的事实。同样，如果对冲者持有净多头，而投机者持有净空头，则表明期货价格高于预期现货价格。不同交易者的交易，将推动期货价格和预期现货价格走向动态均衡。当然，期货和远期现货价格的动态均衡关系和投机者的内部结构有关。通常，一个以机构占主导地位的成熟、稳健的投机者群体要比小型投资者所能发挥的价格发现作用要大得多。

其次，期货市场应设计合理的交易制度。期货交易制度的设立需要综合考虑的问题是在监管和市场效率之间寻求平衡，维持市场的规模和充足的流动性，防范交易违约风险、过度投机和市场操纵，优化交易者结构以减少交易的盲目性和非理性行为。

第三，现货市场走向成熟。关于这一点至少有三个方面需要理解。一是现货市场的竞争程度和发达程度决定着期货价格的真实性与权威性。二是现货市场的规模影响着期货价格和现货价格的拟合程度。三是现货价格在很大程度上也会影响期货价格的变化。

3. 金融期货的价格发现功能探讨

对于金融期货来说，是否具有价格发现功能值得探讨。例如，对股票来说，集中的现货市场发挥了价格决定功能，期货市场的价格发现功能不是体现为价格决定，而是体现为价格先行。一些研究得出几点有意思的结论：第一，股指期货不是价格决定者，不会改变现货市场定价主导地位；第二，股指期货是价格先行反映者，能够更快速地反映冲击影响；第三，股指期货价格发现功能不如商品期货那么显著，但这并不能否定股指期货在价格发现过程中所分担的作用。

五、期货价格失真的形成机制

1. 价格操纵

所有的市场操作都具有四个共同要素：操纵行为、操纵目的、因果关系和人为操纵的价格。操纵的本质就是为了人为地形成价格，操纵的目的就是形成人为的价格。因果关系是指操纵行为和人为的价格之间的联系。市场操纵通常包括逼仓和轧空、微型操纵、打压和拉抬。这些市场操纵通常和市场的成熟型与监管措施有关,部分也和新型的交易技术有关。在市场操纵中,操纵价格者通常会借助投资者心理预期或从众心理进步推升或打压期货价格。

逼仓。逼仓是指交易一方利用资金优势或仓单优势,主导市场行情向单边运动,导致另一方不断亏损,最终不得不斩仓的交易行为。逼仓可分为多逼空和空逼多两种形式。多逼空是指当操纵市场者在期货市场建立足够的多头持仓以拉高期货价格,同时大量收购和囤积现货。这样当合约临近交割时,迫使空头要么以高价买回期货合约认赔平仓出局,要么以高价买入现货进行实物交割,甚至因无法交出实物而受到违约罚款。空逼多则是指操纵市场者利用资金或实物优势,在期货市场上大量卖出某种期货合约,使其拥有的空头持仓大大超过多方能够承接实物的能力,从而使期货价格急剧下跌,迫使多头或以低价卖出平仓或接受违约罚款。无论哪一种逼仓形式,实际上都是试图在短期内制造巨大的价格波动,使一种商品的期货价格与内在价值出现严重背离。

轧空。轧空和逼仓的差别在于对市场的控制程度不同。轧空时,多头囤积的现货不会导致可用于交割的商品供应发生短缺。相反,供应短缺可能是由于其他因素导致,如现货企业和投资者的囤货、发生干旱等。无论是其他何种原因,只要现货出现短缺,多头就可以通过超量持有多头期货头寸来故意轧空,进而操纵期货价格。

打压和拉抬。打压和拉抬无法改变市场的长期趋势,但是可以改变短期价格,属于短期的市场价格操纵手段。打压和拉抬期货价格的方法有:大笔申报、连续申报、密集申报或者申报价格明显偏离申报时的最新成交价格;大量或者多次申报并撤销申报可能影响期货交易价格或者误导其他客户进行期货交易;通过计算机程序自动批量下单、快速下单影响交易所系统安全或者正常交易秩序;大量或者多次进行高买低卖交易。

2. 信息滥用与其他

信息滥用。市场信息滥用包括抢先交易和内部交易。抢先交易指的是利用所掌握的非公开信息抢先进行交易。抢先交易的市场参与者的抢先交易能力与某项交易的时间影响现货价格的程度直接相关。内幕交易通常指的是利用为公布的行业政策信息、市场结构调整信息进行交易。抢先交易者和内幕交易者可以借助信息优势,提前建仓、减仓或平仓。这种交易会借助市场流动性和信息的最终发布影响期货价格。这种交易可以通过一些高频交易策略对短期内的价格波动幅度造成冲击。

对敲。期货对敲指的是交易者为了制造市场流动性和价格假象,企图或实际严重影响期货价格或者市场持仓量,蓄意串通,按照事先约定的方式或价格进行交易或互为买卖的行为。基本的手法是在两个相关联的账户内,通过事先预谋或者与他人事先约定,在同一时间内以相同的价格申报,一个账户高买低卖、明显亏损,另一个账户低买高卖、高额盈利,且在两个关联账户之间转移资金的行为。

虚假交易。虚假交易是一种看上去善意的真实买卖交易,但实际上并没有发生利益或合约责任的交易和转移。在一般情况下,虚假交易是在同一价格上的相互抵消。虚假交易的明显特征是在同一账户里做完全相反的交易,账户的净资金头寸为零。通过虚假的交易，会给人一种市场流动性很好的假象。通过虚假交易可以形成虚假的报价，进而操纵市场的价格形成。

预先约定的非竞争交易。预先约定的非竞争交易和对敲存在一定的差异，其通常是指期货双方根据事先约定进行的交易。也就是说，这些交易一般都会在一方买期货的时候，另一方已经知道他会在同时、同一价位卖出相同数量的期货。这种非竞争性的交易可能会在数量较大时影响市场交易者对价格走势的判断，引起竞价扭曲和价格短期失真。在美国，一些预先安排的期货交易是允许的，但是必须遵循相关监管法规。在我国，这方面的监管规则仍需要予以完善。

3. 高频交易与价格失真

高频交易是计算机交易发展的新内容。我们可以大致将高频交易理解为一种通过计算机程序快速下单、撤单、成交等复杂算法设计获利的交易方法。高频交易在提高市场流动性和定价效率的同时，也加快了价格冲击的跨市场传播。高频交易也可能采用恶意或不公平的策略影响短期价格变化，如，闪单策略、指令占先策略、趋势引发策略等。这些均属于高技术价格操纵。

闪单策略。在闪单策略中，高频交易者会发现哪里可以创造一种流动性假象，并通过报价匹配来创造一种流动性的假象。闪单策略通过提供虚幻的流动性可能具有诱捕行为。在掠夺性算法交易中，识别大单抢先下单，然后平仓。

盘口交易。盘口交易策略大致包括价格操纵、流动性侦察、报价竞争几类。其中，价格操纵是通过误导性交易报价操纵价格的波动变化；流动性侦察是通过盘口数据分析，发掘价格、流动性的规律；而报价竞争策略实质上是抢跑下单的一种形式。

短期动量策略。短期动量策略交易商既不关注提供市场的流动性，也不瞄准市场失灵。他们基于那些影响证券市场变化的事件和/或市场变化本身来决策交易。短期动量策略需要利用日益复杂的方法来达到这一目的，比如语言计算机程序，它可以扫描媒体报告、博客等账号，寻找行为的关键词或集中度。他们通常大胆交易，不断消耗流动性，旨在从市场波动/趋势中获取利润。

趋势引发策略。趋势引发策略是指事先建立头寸(并往往伴随着发布虚假信息等行为)，然后诱骗其他交易者进行交易引发价格快速变动，进而从中牟利。

指令占先策略。指令占先策略利用高速计算机系统以极快的速度发出一个买单或者卖单指令，如果该订单没有被迅速成交，将被立刻取消；如若成交，系统就捕捉到了大量潜在订单存在的信息。

除以上的一些局部性的市场操控外，个别的高频交易还可能会促成闪电崩盘。例如，2010 年 5 月 6 日，美国资本市场经历了“闪电崩盘”，道琼斯工业平均指数在 20 分钟内暴跌1 000点(跌幅达 9%)，其中最剧烈的 600 点下跌发生在 5 分钟之内，下跌后紧接着出现同样急剧的反弹回升。

例 3-4 利用高技术的价格操纵与 2010 年美国市场暴跌

美国商品期货交易委员会(CFTC)认为，英国的交易者萨劳(Sarao)的行为造成本次闪电崩盘。萨劳利用家中的电脑针对美国标准普尔500股指期货，密集地使用了动态分层技术(dynamic laying technique)下虚假合约单，不断调整买单价格，改变其他交易者看到的限价订单簿，进而引发整个市场动荡。

在2010年5月6日11时17分38.782秒，萨劳同时提交了以下5个卖出指令：

数量600，价格1 156.50；

数量600，价格1 156.75；

数量600，价格1 157.00；

数量600，价格1 157.25；

数量600，价格1 157.50。

这些指令在被取消之前修改了19 000次，没有任何成交。到13时40分，这些指令总量几乎相当于全市场所有的买单数量，相当于所有卖单的20%～29%，显著地影响到了订单簿平衡，对市场的程序化交易系统构成巨大的压力，最后导致闪电崩盘。

思考与习题

1. 仔细阅读国债期货和股指期货的合约表，并比较其中的设计差异。

2. 金融期货的基本交易特点有哪些？

3. 期货合约和远期合约的联系与区别是什么？

4. 每日无负债制度有何作用？

5. 细致思考双向交易和对冲机制的基本原理，为什么可以卖空和买空期货？

6. 为什么期货交易是杠杆交易？试举例说明杠杆的基本原理。

7. 什么是交易指令？比较限价指令和市价指令的区别。限价指令、市价指令如何撮合成交？

8. 计算机撮合成交的基本原则是什么？开盘集合竞价如何形成开盘价？

9 总结金融期货中的实物交割和现金交割的差别与应用范围。

10. 改进股指期货理论定价模型需要考虑加入哪些因素？

11. 结合第二章的内容，分析国债远期的理论价格和国债期货的理论价格在计算方法上存在什么差异，为什么？

12. 国债期货基差和其他金融期货基差计算方法的差异是什么？

13. 总结基差的特点和用途。

14. 什么是价格操纵和信息滥用？

15. 对价格而言，高频交易产生何种不良交易结果？

16. 5年期债券面值为100元，票息率为5%，债券年收益率为6%，债券每半年付息一次，利率为连续复利，则债券的市场价格和久期是多少？

17. A债券市值6 000万元，久期为7；B债券市值4 000万元，久期为10，则A和B债券组合的久期是多少？

18. 假定3个月Shibor利率为3%，沪深300指数的股息收益率为每年2%，沪深300

指数现在 5 000 点，计算 3 个月后到期的股指期货理论价格是多少。

19. 假定现在是 2015 年 7 月 30 日。在 2015 年 9 月到期的国债期货合约所对应的最便宜可交割债券的票面利率为 13%，预计交割时间为 2015 年 9 月 30 日。该债券在每年的 2 月 4 日和 8 月 4 日支付利息。每半年复利一次的利率为每年 12%(假设此为贴现利率)。该债券的转换因子是 1.5，债券的当前报价是 110 元。试计算该期货合约的理论报价。

20. 某投资者在前一交易日持有沪深 300 指数期货合约 20 手多头，上一交易日该合约的结算价为 1 500 点。当日该投资者以 1 505 点买入该合约 8 手多头持仓，又以 1 510 点的成交价卖出平仓 5 手，当日结算价为 1 515 点，则当日盈亏是多少点？

21. 假设某投资者第一天买入股指期货 IC1506 合约 1 手，开仓价格为 10 800 点，当日结算价格为 11 020 点，次日继续持有，结算价为 10 960 点，则次日收市后，投资者账户上的盯市盈亏和浮动盈亏分别是多少？

22. 假设 8 月 22 日股票市场上现货沪深 300 指数点位 1 224.1 点，A 股市场的分红股息率在 2.6%左右，融资(贷款)年利率 $r=6\%$，期货合约双边手续费为 0.2 个指数点，市场冲击成本为 0.2 个指数点，股票交易双边手续费以及市场冲击成本为 1%，市场投资人要求的回报率与市场融资利差为 1%，那么 10 月 22 日到期交割的股指期货 10 个月合约的无套利区间为何？

23. 某投资者买入 100 手中金所 5 年期国债期货合约，若当天收盘结算后他的保证金账户有 350 万元，该合约结算价为 92.820 元，次日该合约下跌，结算价为 92.520 元，该投资者的保证金比例是 3%，那么为维持该持仓，该投资者应该追缴多少保证金？

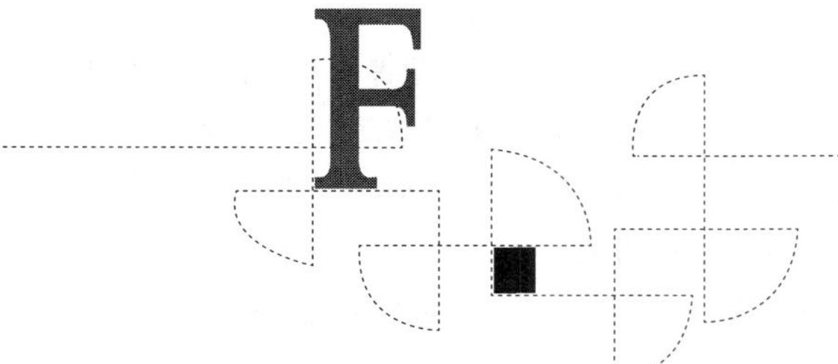

第四章 金融期货交易策略

第一节 股指期货套期保值和套利

一、股指期货套期保值

从理论上看,无论是一只股票还是一个高度分散化的股票组合都可以利用股票指数期货来对冲风险。股指期货套期保值的基本原理是:担心股票(组合)面临价格下跌冲击,开展卖出套保;担心股票(组合)面临价格上涨的不利影响,则开展买入套保。当然,在现实中,被套保的股票或股票组合的构成成分明显不会与股指的成分股及权重完全一样,这样股票或股票组合的收益也就不一定与指数的收益一致。因此,股票套期保值比率要相对复杂一些。这就需要引入资本资产定价模型中的 β 值。

由资本资产定价模型得出

股票(组合)期望收益率－无风险利率＝β(指数收益率－无风险利率)

其中,股票的 β 值是股票收益率与指数收益率的标准协方差除以市场收益率的方差。股票组合的 β 值是组合中各股票 β 的加权平均数。β 的计算公式是

$$\beta = \frac{\mathrm{Cov}(r_i, r_m)}{\mathrm{Var}(r_m)} = \frac{\sigma_{i,m}}{\sigma_m^2} \tag{4.1}$$

当 $\beta=1$ 时,股票(组合)收益与市场收益完全一致;当 $\beta>1$ 时,表明股票(组合)收益在无风险利率之上的收益＞市场在无风险利率之上的收益;当 $\beta<1$ 时,表明股票(组合)在无风险利率之上的收益＜市场在无风险利率之上的收益。例如,如果 $\beta=2$,说明组合超过无风险利率的收益率是整个市场超过无风险收益率的 2 倍。

可见,β 值等于 1 时,股票(组合)和股票期货指数具有相同的敏感度,这样就需要与股票(组合)同等价值的股票指数期货对冲股票(组合)的风险。例如,有 10 000 000 元市值

的股票组合需要对冲风险，就需要 10 000 000 元的股票指数期货。假设一手合约的价值当前为 1 000 000 元，这时就需要卖出 10 手股指期货。

假设 β 值等于 2，说明股票（组合）收益率变动敏感，是一个 $\beta=1$ 的股票（组合）对市场敏感度的 2 倍。这时，要对冲这一股票（组合）的风险，就需要卖出两倍数量的合约。例如，要对冲 $\beta=2$，价值为 10 000 000 元股票组合，就需要价值为 20 000 000 元的股指期货。同理，假如股票组合的 $\beta=0.5$，仅需要卖出 0.5 倍的股指期货合约。

通过以上思路，我们可以直接给出股指期货套期保值的最佳套期保值合约数量计算公式：

$$N^{*}=\beta\frac{S}{F} \tag{4.2}$$

其中，S 为股票（组合）的价值；F 为一手股指期货的价值。具体可见例 4-1。

需要说明的是，对于基金经理来说，开展套期保值的原因是多方面的。首先，可能要长期持有股票组合，但在短期内需要预防组合下跌风险（卖出组合的交易成本和冲击成本会很大，因此卖出组合并不现实）。其次，也可能是基金经理认为组合中股票选择得好，但还没有把握好整个市场的表现，因而需要套保。最后，另一种极端的情形是市场和组合表现都很不好，大规模卖出股票组合存在困难，因此需要在期货市场对冲风险。

例 4-1　股指期货套期保值

假设利用 4 个月的沪深 300 指数期货对冲一个股票组合未来 3 个月的风险。股票组合的价值为 2 040 万元。沪深 300 指数为 4 000 点，期货指数为 4 026.8 点，3 个月期的无风险利率年化利率是 4%，指数的年股息收益率是 2%，股票组合的 β 值为 1.5，合约乘数是 300。很明显，要对冲股票组合面临的价格下跌风险，需要判断卖出的股指期货合约数量，即

$$N^{*}=\beta\frac{S}{F}=1.5\times\frac{20\ 400\ 000}{4\ 026.8\times300}\approx25$$

我们还可以模拟 3 个月后指数下跌 10%时股票组合的损益和套期保值的具体效果。

根据资本资产定价模型，可以计算股票组合的收益。在资本资产定价公式中，3 个月期的无风险利率为 $4\%\times\frac{1}{4}$，3 个月内股指的股息率是 $2\%\times\frac{1}{4}$，这样 3 个月后股票组合的期望收益率计算结果为：3 个月后股票组合的期望收益率 $=4\%\times\frac{1}{4}+1.5\times\left(-10\%+2\%\times\frac{1}{4}-4\%\times14\right)=-14.75\%$。这就是说，如果股指下跌 10%，股票组合的价值将会下跌 14.75%，即亏损 3 009 000 万元。

现在我们可以看一下期货头寸的盈亏。首先计算 3 个月后股指期货在股票现货指数下跌 10%的情况下的收益。预计股票指数 3 个月后是 $4\ 000\times90\%=3\ 600$ 点，根据持有成本模型则可以估算出股指期货在 3 个月后是 $3\ 600e^{(0.04-0.01)\frac{1}{12}}=3\ 609.0$ 点。股指期货的收益为 $(4\ 026.8-3\ 609.0)\times300$ 元/点 $\times25$ 手 $=3\ 133\ 500$ 元。可以看出，股指期货头寸上的收益可以完全对冲掉股票组合的损失。

二、投资替代与资产转换

1. 投资替代

在商品现货市场中，商品通过生产消耗而实现价值，有生产商和加工商，同时存在平衡的多空双方现货需求，也就存在平衡的多空期货交易需求。在金融产品市场中，股票、债券等金融产品发行后就一直在市场上存在，不会产生自然消耗，存量日益增加，投资者主要通过持有金融产品而获得收益，大多数持有者需要通过期货空头来规避风险。相比而言，金融期货多头套保的直接需求偏少。例如，2013 年 11 月 12 日的 CFTC 持仓报告显示：美国的交易商(dealer)持有标普 500 股指期货 10.9%的多头和 39.1%的空头；杠杆基金(leveraged fund)持有标普 500 股指期货 7.4%的多头和 18.5%的空头。

在成熟的市场投资者结构中，必然有一批与空头套保相对应的交易力量。数据显示，美国的资产管理机构(asset manager)是期货市场的净多头，其持有了迷你标普 500 指数期货 43.9%的多头和 15.4%的空头，持有标普 500 指数期货 38.6%的多头和 18.1%的空头，持有 NASDAQ-100 股票指数期货 48.4%的多头和 4.7%的空头。

资产管理机构持有多头股指期货头寸采用的策略是投资替代策略。应当说，在期货市场上存在两种与套期保值有关的交易方式：善意套保和风险管理。投资替代即是风险管理的一个种类，也是国外基金公司一种常用的投资策略。例如：某养老基金从投保人手中获得了新的资金，准备建立 1 000 万美元的标准普尔 500 指数组合。其有两个选择。其一，将 1 000 万美元直接购买标准普尔 500 样本股票的现货持仓。其二，购买对应的标准普尔 500 股指期货 120 万美元保证金，将剩余的 880 万美元购买无风险或低风险证券(短期国库券、货币市场产品等)。第二种风险管理的投资方式是对第一种投资方式的替代，持有的无风险或低风险证券可以理解为对期货头寸的担保。国际上，通常使用的投资替代策略规则是：12%的资金用于保证金，保留 12%的额外现金用于追加保证金和基金的申购赎回，76%投资于 3 年期国债。

2. 资产配置和转换

基金经理计划将股票资产转换为国债，可以有两个选择。其一，卖出股票，买入债券。如果规模大，会造成市场冲击。其二，利用做多国债期货，卖出股指期货作为替代，国债期货对应的名义价值和股指期货的总市值一致。关于资产转换，将在国债交易策略中予以更为具体的案例介绍。

三、指数套利

1. 基本原理与程序交易

当 $F>Se^{(r-q)T}$ 时，套利者可以选择卖空股指期货，买入股票指数的成分股。

当 $F<Se^{(r-q)T}$ 时，套利者可以选择买入股指期货，卖出股票指数的成分股。

由于指数期现货之间的套利机会稍纵即逝，成分股的买卖也较复杂，交易者探索出了通过程序交易(program trading)进行指数套利的方法，即通过计算机系统来寻找交易机

会并自动提单下单完成交易。

在套利过程中，交易者在涉及平仓或头寸了结方式时可以有三个选择。第一，持有头寸，直到交割。第二，如果在期货合约到期前，基差已经恢复到计算的理论价格范围内，套利者则可以提前对期货和现货头寸平仓。第三，如果在结束头寸前，发现下一个交割月期货的价格出现与套利头寸中的期货价格同方向的偏离，并且可以套利，套利者可以采取展期策略，即平掉前一个期货，在后一个月合约上建仓；现货头寸不予变动（这样可以节约现货成本）。对于股指期货来说，第二和第三个选择更适用一些。第一个选择存在问题，这是因为股指期货是现金交割，不涉及实物交割，如果套利者持有头寸到期进行现金交割，就需要及时对现货头寸进行平仓。

2. 套利组合的构筑方法

股指现货的组合构成是金融工程需要解决的重要问题。很明显，在股指期货和现货套利过程中，不能不切实际地根据股指的构成买入或卖空全部的成分股。套利者需要探索高效的现货组合来模拟股票指数。

一种方法是用 ETFs 指数基金构建组合来代替指数现货。交易者需要利用高频数据分析指数基金的跟踪误差（tracking error，TE）和相关系数 ρ，在此基础上可以构筑一个 ETFs 指数基金组合。

其中，相关系数是检验跟踪指数的投资组合与标的指数之间的相关性，是衡量跟踪效果的重要指标。相关系数主要包括每日绝对价格的相关性和每日相对价格的相关性。跟踪误差是衡量跟踪指数的投资组合偏离标的指数的指标，可以用跟踪指数的投资组合收益率与标的指数收益率之差的平方和的均值平方根来进行界定。跟踪误差可由式(4.3)推导计算得出

$$\mathrm{TE}=\sqrt{\frac{1}{T}\sum_{t=1}^{T}(R_{Pt}-R_{It})^2} \tag{4.3}$$

其中，R_{Pt} 为跟踪组合在 t 时期的收益率；R_{It} 为目标指数即沪深 300 指数在 t 时期的收益率。

在组合构筑中，跟踪误差越小表示拟合越好。这种界定方法可以回避在跟踪指数的投资组合收益率与标的指数的收益率之差为常数时导致跟踪误差为零的情况。

另一种方法是选择若干只股票替代指数。成分股的选择需要考虑两方面：所选成分股是否具有代表性；所选成分股的跟踪效果是否足够好。以权重较高、β 值接近 1 以及流通 A 占总股本的比重（适用于中国国内）作为标准。国内外的实证研究均表明选取 40～60 只股票是比较合理的，其跟踪误差保持在可控范围之内，成本也控制在较低的水平。

3. 套利区间

在现实中，由于受到手续费、保证金水平、资金借贷利率等成本因素的影响，期货的价格并不能简单地用 $F=Se^{(r-q)T}$ 来表示，其在实际中是一个无套利机会的价格区间。只有在区间上下限之外，交易者才有机会开展套利交易。

为方便分析，这里先对套利交易中的现金流进行界定。其中，C_{ls} 为买入指数现货的交易成本(%)；C_{ss} 为卖出指数现货的交易成本(%)；C_{lf} 为买入股指期货的交易成本(%)；C_{sf}

为卖出股指期货的交易成本(%);M_f 为期货保证金比例(%);M_s 为融券保证金比例(%);r_b 为借入资金利率(%);r_l 为借出资金利率(%);$D(t,T)$为从 t 时刻到 T 时刻的股利现值。

我们可以从正向市场和反向市场分析无套利机会的价格上限和下限,先基于正向市场分析股指期货无套利区间的上限。表 4-1 列出了正向套利分别在 t 时刻和 T 时刻的现金流。

表 4-1 正向套利策略的现金流

时间点	现货		期货	
	操作	现金流	操作	现金流
t 时刻	买入现货	$-S_t$	支出期货保证金	$-M_fF_t$
	买入现货交易成本	$-C_{ls}S_t$	卖出期货交易成本	$-C_{sf}F_t$
T 时刻	卖出现货	S_T	买入期货	F_t-F_T
	卖出现货交易成本	$-C_{ss}S_T$	买入期货交易成本	$-C_{lf}F_T$
	股利收入	$D(t,T)$	收入期货保证金	M_fF_t

通过现金流测算,可以得出正向套利策略中现货头寸上的损益,即

$$S_T+D(t,T)-S_t[(1+C_{ls})(1+r_b)^{(T-t)}]-C_{ss}S_T$$

而在期货头寸上的损益为

$$F_t-F_T-F_tC_{sf}(1+r_b)^{(T-t)}-C_{lf}F_T-F_tM_f[(1+r_b)^{(T-t)}-1]$$

现货交易和期货交易的损益一正一负,如果二者之和大于零,就说明期货市场价格偏离了其公平价格,存在套利机会。借此,可以得到股指期货的上限价格,即无套利区间的上限价格:

$$F_t^{上}=\frac{S_t[(1+C_{ls})(1+r_b)^{(T-t)}+C_{ss}+C_{lf}]-D(t,T)}{1-C_{sf}(1+r_b)^{(T-t)}-M_f[(1+r_b)^{(T-t)}-1]} \tag{4.4}$$

当期货价格低于理论价格时,可以进行反向套利。即通过卖空现货买入期货来建仓,以赚取收益。同理,我们可以计算出无套利区间的下限价格:

$$F_t^{下}=\frac{S_t[(1-M_s-C_{ss})(1+r_l)^{(T-t)}+M_s-C_{ls}-C_{sf}]-D(t,T)}{1+C_{lf}(1+r_l)^{(T-t)}+M_f[(1+r_l)^{(T-t)}-1]} \tag{4.5}$$

4. 股指期现套利失败现象

无论考虑交易成本与否,市场上的F_0和由现货数据计算的期货价格 F 通常都会非常接近。但是,市场行情的极端变化会对股指期货和现货之间的套利造成冲击,致使期货价格和现货价格严重背离。例如,1987 年 10 月 19 日美国爆发股灾,在这一天的大部分时间里,期货价格都明显低于指数(图 4-1)。在收盘时,S&P500 指数为 225.06 点(一天下跌了 57.88 点),而 12 月交割的 S&P500 指数期货的价格是 201.50 点(一天下跌了 80.75 点)。第二天,纽约股票交易所对程序化交易运作的方式采取了临时性的限制措施,结果使股票指数与股票指数期货之间传统的联系不能继续下去。

在我国正常市场条件下,股指期货和现货基差在 10 个点以上就可以正向套利,市场中很少会出现超过 30 个点的行情。在出现正向套利机会后,套利者会以卖出股指期货、买入现货组合的方式进行套利。但是,在 2014—2015 年中国股市的暴涨和暴跌过程中多

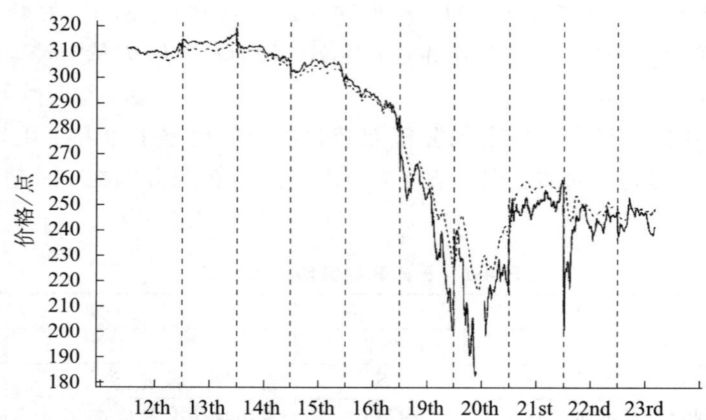

图 4-1　1987 年 10 月 S&P500 指数期货价格(实线)和现货指数(虚线)的 5 分钟间隔走势

次出现股指期货严重升水和严重贴水的现象。2014 年 12 月 4 日在当日和次日的股指期货相对于股指现货指数之间分别出现了 90 多点和 100 多点的升水。而在 2015 年 6 月以后,我国出现股灾,又造成了股指期货在收盘后严重贴水的问题。例如,9 月 2 日,沪深 300 股指期货、中证 500 股指期货和上证 50 股指期货较之于相应的现货指数分别贴水 12%、12%和 10.5%。造成这一现象的原因较为复杂。其一,股市和股指期货交易时间不一致①,在股票市场闭市后,股票持有者无法在现货市场卖出,会选择在期货市场卖出。其二,恶意做空者和投机者也会在股市闭市后选择卖出股指期货。其三,大面积的股票停止交易,导致现货指数不再下跌,股指期货则可以在涨跌停范围内继续下挫。这种价差变化对于套利交易具有严重的冲击,使期现货套利失效。

四、跨期套利

1. 牛市套利和熊市套利

牛市套利和熊市套利是跨期套利的最基本方式。牛市套利是买入近月合约、卖出远月合约的套利方式,适用于近月合约较之于远月合约上涨预期更强烈,或者下跌更缓慢的情形。熊市套利则是买入远月合约、卖出近月合约的套利方式,适用于近月合约较之于远月合约下跌预期更强烈,或者上涨更缓慢的情形。

例 4-2　牛市套利和熊市套利

假设现在是 4 月 2 日,沪深 300 指数期货 4 月合约是 3 392 点,5 月合约是 3 410 点。一投资者对市场进行了分析,认为 5 月合约减 4 月合约的价差不应为 18 点,5 月合约的价格偏高。于是决定开展牛市套利,即买入 1 手 4 月合约,卖出 1 手 5 月合约。到了 4 月 7 日,4 月、5 月合约分别为 3 412 点、3 425 点,价差为 13 点,套利者认为趋于合理,决定平掉

① 我国股指期货合约在最初设计时的良好初衷是希望更好地发现价格,为此股指期货的交易时间比股市开盘早 15 分钟,收盘时间比股市收盘晚 15 分钟。2015 年 6 月 15 日股市出现异常波动危机后,中国金融期货交易所调整股指期货交易时间,将其与股市时间同步。

套利头寸。平仓后的净收益是 1 500 元。

如果当日某时刻的沪深 300 指数期货 5 月合约是 3 410 点，6 月合约是 3 419 点。投资者对市场进行了分析，认为 5 月合约价格偏高，未来上涨幅度会小于 6 月合约。于是决定开展熊市套利，即卖出 1 手 5 月合约，买入 1 手 6 月合约。到了 4 月 7 日，5 月、6 月合约分别为 3 425 点、3 438 点，价差趋于合理，套利者决定平掉套利头寸。5 月合约的亏损为 (3 410－3 425)×300＝－4 500 元，6 月合约的盈利(3 438－3 419)×300＝5 400 元。套利收益是 900 元。

2. 蝶式套利

蝶式套利是由共享居中交割月份一个牛市套利和一个熊市套利而形成的跨期套利组合。由于近期和远期月份的期货合约分居于居中月份的两侧，形同蝴蝶的两个翅膀(图 4-2)，因此我们可以形象地将其称为蝶式套利。

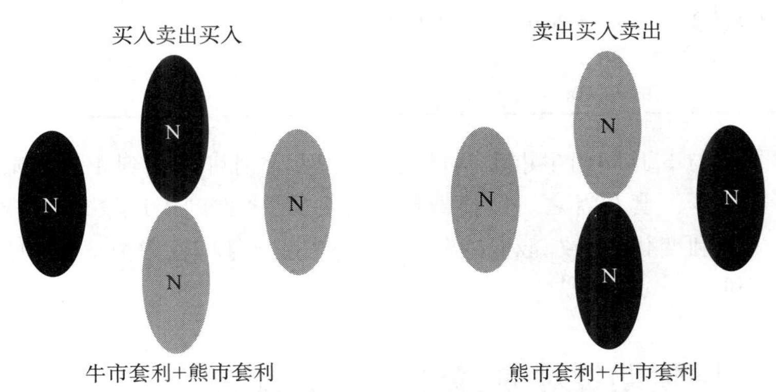

图 4-2 蝶式套利结构示意

蝶式套利的基本手法是：买入(或卖出)近期月份合约，同时卖出(或买入)居中月份合约，并买入(或卖出)远期月份合约，其中居中月份合约的数量等于近期月份和远期月份数量之和。这相当于近期与居中月份之间的牛市(或熊市)套利和居中月份与远期月份之间的熊市(或牛市)套利的一种组合。蝶式套利的适用条件是：当认为可以在近月合约和较近月合约之间做牛市套利(熊市套利)，但是担心风险较大时，就可以在较近月合约和远月合约上再同时做个熊市套利(牛市套利)。盈利来源则是牛市套利组合和熊市套利组合的盈亏之和。下面以股指期货为例说明蝶式套利的基本原理。

例 4-3 股指期货蝶式套利

假设现在是 4 月 2 日，沪深 300 指数期货 4 月合约是 3 392 点，5 月合约是 3 410 点，6 月合约是 3 419 点。一投资者对市场进行了分析，认为 5 月合约的价格偏高，4 月合约和 5 月合约、5 月合约和 6 月合约的价差均不合理。于是决定开展蝶式套利，即买入 1 手 4 月合约，卖出 2 手 5 月合约，买入 1 手 6 月合约。到了 4 月 7 日，4 月、5 月、6 月合约分别为 3 412 点、3 425 点、3 432 点，价差趋于合理，套利者决定平掉套利头寸。为了清晰地说明该蝶式套利的付费盈亏情况，这里将具体的过程和结果总结在了表 4-2 中。

表 4-2 股指期货蝶式套利盈亏分析

4 月 2 日	买入 1 手 4 月股指期货，价位为 3 392 点	卖出 2 手 5 月股指期货，价位为 3 410 点	买入 1 手 6 月股指期货，价位为 3 419 点
分解	相当于在 4 月与 5 月间建立牛市套利 1 手（即正向市场的 1 手卖出套利），同时在 5 月与 6 月间建立熊市套利 1 手（即正向市场的 1 手买入套利）		
建仓价差	4 月与 5 月间价差为 18 点，6 月与 5 月间价差为 9 点		
4 月 7 日	卖出平仓 4 月股指期货，价位是 3 412 点	买入平仓 2 手 5 月股指期货，价位是 3 425 点	卖出平仓 1 手 6 月股指期货，价位是 3 432 点
平仓价差	5 月与 4 月间价差为 13 点，价差缩小 5 点，牛市套利（正向市场的卖出套利）的盈利为：5×300＝1 500 元 6 月与 5 月间价差为 7 点，价差缩小 2 点，熊市套利（正向市场的买入套利）的亏损为：2×300＝600 元 盈亏：1 500－600＝900 元		
盈亏	盈利 20 点 具体收益为：1 手×20 点×300 元/点＝6 000 元	亏损 15 点 具体亏损为：共 2 手×15 点×300 元/点＝9 000 元	盈利 13 点 具体收益为：1 手×13 点×300 元/点＝3 900 元
净盈亏	6 000－9 000＋3 900＝900 元		

如果仅作 4 月与 5 月间的牛市套利，该套利者的盈利可以得到 1 500 元，明显会比蝶式套利盈利要大不少。套利者之所以要做蝶式套利，是考虑到 4 月与 5 月合约牛市套利活动中价差会发生不利变化，导致套利亏损。为了弥补这亏损，就需要同时构筑一个 5 月与 6 月间的熊市套利。

第二节 国债期货对冲、套利与资产配置

一、国债期货套期保值

国债期货套期保值是利用国债期货对冲现货组合风险的交易方式，因此套期保值又称为对冲。通常，如果担心现货资产价格存在下跌风险，则卖出标的与风险资产相同或相近的期货合约（最好是选择流动性好的期货合约）进行对冲；如果担心资产价格存在上涨风险，则买入标的与风险资产相同或相近的期货合约进行对冲。但是，需要注意的是，国债期货和利率呈反向变动关系。因此，当担心利率上升对资产组合的价值产生不利影响时，应卖出利率期货进行空头套期保值；当担心利率下降对资产组合的价值产生不利影响时，应买入利率期货进行多头套期保值。

我们这里更需要关心国债套期保值中实现最优的套期保值所需要的期货合约比率，即最优套期保值比率。在一个完美的套期保值交易中，要求利率波动引起的现货价格波动损失应当正好被期货头寸对冲，也就是说，债券组合的价格变化＝每个期货合约的价格变化×套期保值比率。如果构筑的套期保值组合比率满足这一等式的要求，即为最优套期保值比率。由此可得，套期保值比率的计算公式为

$$\text{最优套期保值比率}(N^*)=\frac{\text{债券组合价格变化}(\Delta B)}{\text{每个期货合约的价格变化}(\Delta V_F)} \tag{4.6}$$

我们可以据此式子推导最优套期保值比率。

前面已经推导出，收益率变化所引起的债券（组合）价格变化关系式为

$$\Delta B = -B \cdot D \cdot \Delta y \tag{4.7}$$

其中，ΔB 为债券组合的价值变化；B 为债券组合的市场价值；D 为债券组合的久期。这一公式同样适用于期货价格的变化，即

$$\Delta V_F = -V_F \cdot D_F \cdot \Delta y \tag{4.8}$$

其中，V_F 为一手国债期货合约的价值；ΔV_F 为国债期货合约价值的变化；D_F 为最便宜可交割债券在期货到期日时的久期。

这样，就推出，收益率出现一个微小变动（Δy）时，用于对冲债券（组合）的期货合约数量为

$$\frac{\Delta B}{\Delta V_F} = \frac{B \cdot D}{V_F \cdot D_F} \tag{4.9}$$

即

$$N^* = \frac{B \cdot D}{V_F \cdot D_F} \tag{4.10}$$

这里的 N^* 是基于久期的对冲比率，有时也称为敏感性对冲比率。

我们还可以利用基点价值来计算对冲比率。国债期货的对冲数量可以改为

$$N^* = \frac{\text{组合的 } DV01}{\text{期货的 } DV01} \tag{4.11}$$

利用久期对冲需要注意三点。第一，对冲者必须在假设某一特定债券将被交割的前提下计算 D，因此必须估计哪一个债券最可能是最便宜可交割债券，然后计算其久期。当利率环境变化引起最便宜可交割债券的变化时，套期保值需要根据新的最便宜可交割债券的久期，改变套期保值比率。第二，当有多种国债期货时，最便宜可交割债券的久期应尽可能与被对冲债券的久期接近。例如，对冲久期为 7 年的债券组合时，可以选中期国债期货，也可以选长期国债期货。具体选择哪一种国债期货，基本的标准是国债期货标的物的久期接近 7 年。第三，基于久期的套期保值策略有个关键假设：所有利率变化幅度相同，即利率期限结构图中，只允许平行移动。实际上短期利率比长期利率变动剧烈，并且期货标的债券和套保对象债券的久期有时会显著不同，因此套保的效果可能就会很差。

为了达到较好的套期保值效果，往往就需要根据利率水平、收益率曲线的扁平或者陡峭程度对套期保值比率进行调整。常用的方法是收益率 β 系数法。具体的做法是建立被保值债券的收益率与最便宜可交割国债收益率之间的回归式：

$$r_b = \alpha + \beta \cdot r_{CTD} + \varepsilon \tag{4.12}$$

由此估计出的 β 表示保值债券与最便宜可交割债券收益率之间的相对变动率。以此为基础，再对套期保值比率进行调整，调整后的套期保值比率为

$$h' = h \cdot \beta \tag{4.13}$$

其中，h' 为调整后的套期保值比率；h 为利用久期计算的套期保值比率。

例 4-4 国债期货套期保值

某基金经理持有一个债券组合，具体构成见表 4-3。基金经理担心未来 3 个月利率剧

烈波动对债券组合产生不利影响，决定选择 4 个月后到期的国债期货进行套期保值。国债期货的名义本金为 100 万元。国债期货的净价报价为 111.27 元。可交割债券的转换因子、净价报价和这些债券在期货到期时的久期见表 4-4。

现在有三个问题：对债券组合开展套保的方向是什么？需要多少手国债期货来对冲？如果 3 个月后利率下降 20 个基点，期货价格上升到 112.50 元，套期效果会如何？

第一个问题。很明显，债券持有人担心利率上升会对债券组合造成冲击，可以开展卖出套期保值，即卖出 4 个月后到期国债期货开展套期保值。

第二个问题。建仓所需要的期货空头数量用 $N^*=\frac{B\cdot D}{V_F\cdot D_F}$ 计算。其中，债券组合的久期为 $3\times\frac{101}{101+99+97}+5\times\frac{99}{101+99+97}+5\times\frac{97}{101+99+97}=4.32$ 年。利用最小基差法计算发现，最便宜可交割债券是第 4 个债券，则期货的久期也就是这一债券的久期，即 4.9 年。这时一手期货的总价值是 $1\ 000\ 000\times\frac{111.27}{100}=1\ 112\ 700$ 元。这样我们可以计算出所需的国债期货数量为 $N=297\ 000\ 000\times4.32/(1\ 112\ 700\times4.9)\approx235$ 手。

第三个问题。关于 3 个月后利率下降 20 个基点对套保组合的影响，应首先计算组合的基点价值 $DV01$。$DV01=|-BD/10\ 000|=|-297\ 000\ 000\times4.32/10\ 000|=128\ 304$。很明显，如果 3 个月后利率下降 20 个基点，则组合的总价会上升 $128\ 304\times20=2\ 566\ 080$ 元。这时，期货头寸的损益为 $(112.5-111.27)\times10\ 000\times235=2\ 890\ 500$ 元。套期保值后现货组合的总价值为 $297\ 000\ 000+2\ 566\ 080-2\ 890\ 500=296\ 675\ 580$ 元。

表 4-3　基金经理持有的债券组合构成

债券	面值(元)	百元报价(元)	期货到期时的债券久期(年)
债券 1	1 亿	101	3
债券 2	1 亿	99	5
债券 3	1 亿	97	5

表 4-4　国债期货的可交割债券转换因子、净价报价与久期

序号	息票率	到期日	转换因子	债券报价	期货到期时的债券久期
1	4.500	02/15/36	0.7 978	96.91	4
2	4.750	02/15/37	0.8 292	100.90	4.6
3	5.000	05/15/37	0.8 628	104.91	5.0
4	5.250	11/15/28	0.9 116	107.08	4.9

二、隐含回购利率套利

对于国债期货和现货的价差而言，是否有套利机会可以看隐含回购利率(IRR)是否与无风险零利率(r)相等(这里暂时不考虑交易成本和交割成本)。如果隐含回购利率高于或低于无风险利率，投资者就会进行国债期现货套利。最基本的情形和对应的套利手法有以下两种：

第一，当 IRR>r 时，开展现货持有交易(cash and carry trade)，即套利者可以建立面值相同的国债现货多头、期货空头组合，在合约到期时将手中的国债交割出去，以获得无风险利润。

第二，当 IRR<r 时，开展反向现货持有交易(reverse cash and carry trade)，即套利者可以构筑一个包含现券空头、期货多头的组合(二者总面值一样)，在合约到期时交割，用拿到的现券多头对现券空头进行平仓。

在具体的国债期现货套利过程中，可以与回购业务结合起来。回购包括正回购和逆回购。正回购是一方以一定规模债券作抵押融入资金，并承诺在日后再购回所抵押债券的交易行为。正回购可以理解为先借入资金，再归还资金的过程，最终有利息支出。逆回购是购买债券，并约定在未来特定日期将债券卖还给原先卖方的交易活动，也就是将资金融给对方，并在一定时间后收回的交易活动。逆回购有利息收入。至此，我们可以将国债期现套利模式进一步地予以细化。

当 IRR>r 时，通过正回购交易融入资金，将融入的资金买入最便宜可交割(CTD)债券现货，同时建立相等面值的国债期货空头。期末，将 CTD 债券在期货市场上交割卖出，用所得资金结束回购交易。剩余部分即为期现货套利的收益。

当 IRR<r 时，卖空 CTD 债券现货，用得到的资金进行逆回购操作；同时建立与卖空 CTD 券同面值的国债期货多头。在期货到期交割时，套利者收回逆回购融出的资金，通过交割购买 CTD 债券，再利用所得 CTD 债券结束逆回购业务。投资者逆回购交易中收回的资金与国债期货交割支出的差额部分即为套利收益。

下面举例说明。

例 4-5 隐含回购利率套利

情形 1：国债期货还有 28 天到期，价格是 91.396 0 元。CTD 债券的转换因子是 1.065 1，收盘价是 97.307 9，现在 CTD 债券没有应计利息，在期货合约到期时 CTD 债券每百元的应计利息是 0.680 19 元。1 个月期 Shibor 的年利率是 6.2830%。

检查是否有套利机会，先计算隐含回购利率。具体如下：

$$\mathrm{IRR}=\frac{F_t\cdot CF+AI_T-(P_t+AI_t)}{P_t+AI_t}\cdot\frac{365}{T-t}$$
$$=\frac{91.396\,0\times1.065\,1+0.680\,19-97.307\,9}{97.307\,9}\cdot\frac{365}{28}=0.096\,208$$

很明显，隐含回购利率要比 1 个月期的 Shibor 高，因此可以买入现券、卖出期货进行套利。

第一步，卖出 1 手国债期货(面值为 100 万元)，同时在银行间市场做正回购交易融入 973 079 元资金，用这笔资金买入 100 万元面值的 CTD 债券，融入资金的年化利率为 6.283%的 Shibor 利率，融资期限为 28 天。

第二步，在国债期货到期时将 CTD 债券交割出去，获得的收入是

$$\frac{91.396}{100}\times1.065\,1\times1\,000\,000+\frac{0.680\,19}{100}\times1\,000\,000=980\,260.069\,6\text{ 元}$$

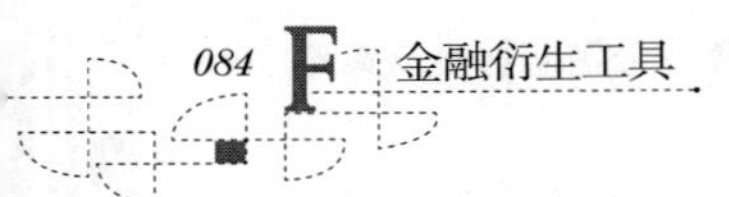

这时，结束回购交易需要归还的资金是

$$973\ 079\times\left(1+6.283\%\times\frac{28}{365}\right)=977\ 769.080\ 8\text{ 元}$$

这样，可以计算套利收益为

$$980\ 260.069\ 6-977\ 769.080\ 8=2\ 490.988\ 8\text{ 元}$$

情形2:1个月后到期的国债期货的价格为91.740元，CTD债券的现金价格为98.223元，转换因子是1.065 0，现在CTD债券没有应计利息，在期货到期时CTD债券的应计利息为每百元0.680 10元。1个月期的Shibor年利率为4.500%。

同上，检查是否有套利机会，先计算隐含回购利率。具体如下：

$$\begin{aligned}\text{IRR}&=\frac{F_t\cdot CF+AI_T-(P_t+AI_t)}{P_t+AI_t}\cdot\frac{365}{T-t}\\&=\frac{91.740\times1.065\ 0+0.680\ 10-98.223\ 0}{98.223\ 0}\times\frac{365}{30}\\&=0.019\ 844\end{aligned}$$

由于隐含回购利率为1.984 4%，低于1个月期的Shibor利率4.500%，可以开展反向现货持有套利交易。具体的手法是：

第一步，在银行间市场进行逆回购操作，以98.223 0元的价格收到面值100万元的CTD债券，即融出982 230元资金，逆回购操作中的资金利率是1个月期的Shibor。将逆回购收到的CTD债券卖出，同时买入1手国债期货。

第二步，在期货到期时，交割买入CTD债券，用拿到的CTD债券结束逆回购。交割买入债券需要支付的资金是：$(91.740\times1.065\ 0+0.680\ 10)\times\frac{1\ 000\ 000}{100}=983\ 832$ 元。结束逆回购，获得资金为 $982\ 230\times\left(1+\frac{0.045}{12}\right)=985\ 913.362\ 5$ 元。

套利收益为985 913.362 5−983 832=2 081.362 5元。

在国债期货和现货之间进行套利时需要注意两个方面的问题。

第一，很多国债现券没有流动性，因此会限制套利活动。这是因为国债的现券交易多集中在银行间市场，而这一市场为OTC市场，与采取集合竞价的期货交易相比，流动性明显要差很多，有时候恰恰是最便宜可交割债券的流动性更差。另外，还需要注意，在期现货套利中，交割买入的债券并不一定就是最便宜可交割债券，这样就很容易形成国债现券空头和交割买入券种的不匹配。为了解决国债期现套利所存在的障碍，有研究者提出可以用交易型开放式指数基金(exchange traded fund,ETF)替代现券。但是，该策略需要解决具体的配比关系与操作方法等技术问题，因此套利效果有待进一步评估。

第二，如果期货合约保证金发生变动，则会影响融资成本，从而影响最终收益。由于期货空头部分采用每日结算制度，如果期货价格大幅上涨，套利者就有追加保证金甚至被强行平仓的风险，从而增加相应的融资成本。

尽管如此，我们依然可以认为，国债期货和现货之间套利的风险还是比较小的，只要注意好以上的问题，期现套利的实际收益率与理论上的隐含回购利率差别并不会太大。

三、基差交易

1. 基差交易的基本原理

基差交易分为买入基差交易和卖出基差交易。

买入基差交易。当投资者认为当前基差小、未来将要扩大时，采用买入基差交易。基本的操作手法是：在 t 时刻买入现券，同时建立期货空头，现货和期货的比例是 1∶CF。其中，CF 是指转换因子。买入基差交易实际上也可以理解为：购买国债现券，并卖出总值等于国债现券总量乘以转换因子的国债期货。例如，在我国的 5 年期国债期货基差交易中，如果国债现券是 1 000 万元，则卖出的国债期货是 1 000 万×CF/每手 100 万=10×CF 手。

例 4-6　国债期货买入基差交易

假设现在是 2015 年 4 月 5 日，2015 年 6 月到期的国债期货的市场价格为 95.725 元，2019 年 11 月到期的国债净价报价为 95.970 元，息票率为 6%（按年支付），与国债期货对应的转换因子为 1.002 3。14 天借入资金的利率为 4.0%。当前的价格条件计算的基差为

$$b=P-F\cdot CF=95.970-95.725\times1.002\,3=0.025\text{ 元}$$

投资者认为这一基差很窄，今后会扩大，于是决定开展买入基差交易。具体的交易如下：

4 月 5 日，买入 1 亿元面值的国债现券，卖出 100 手国债期货（即 1.002 3×100 000 000/100 万≈100 手）。这时买入国债现券支出为 95.970×100 000 000÷100=95 970 000 元。

4 月 19 日，卖出国债，同时将国债期货平仓。假设这时国债期货价格为 96.310 元，现货价格为 96.660，那么基差为 96.660−96.310×1.002 3=0.128 元，基差出现扩大。这时，套利者结束头寸的收益是（0.128−0.025）×100 000 000÷100=103 000 元。这个收益没有考虑借入资金的利息支出和持有债券的应计利息（其他支出本例没有给出具体数据，暂时略掉），因此在计算净收益时还要将这些内容放进来。

买入国债所需资金的利息成本：95 970 000 元×4%×（14/365）=147 241.644 元

持有债券的应计利息收入：100 000 000 元×6%×（14/365）=230 136.986 元

通过这个买入基差交易，套利者获得的总的套利收益是 103 000+230 136.986−147 241.644=185 895.342 元。

从本例也可以发现，如果基差没有出现扩大甚至出现缩小了，套利交易也不一定亏损。因为持有债券有应计利息，这可能会对冲掉基差的不利变动。总体上看，买入基差套利可能风险较小而收益较好。

卖出基差交易。这种交易适用于当前基差偏大、以后会缩小的情形。基本的操作手法是：在 t 时刻卖出国债现券，同时买入其转换因子倍数的国债期货合约。在 T 时刻，基差缩小后平仓（参见例 4-7）。如果观测到某期货合约的 CTD 债券净基差为正，那么可以建立卖空基差交易仓位。不确定性在于，如果 CTD 券没有发生变化，那么期货合约的净基差收敛于 0，可以获得持有交易的净基差（BNOC）的利润，但如果 CTD 发生变化，该交

割券的净基差可能变大，卖空基差就会遭受亏损。

例 4-7 国债期货卖出基差交易

假设现在是2015年4月5日，2015年6月到期的国债期货的市场价格为95.610元，2019年11月到期的国债价格为95.998元，息票率为6%(按年支付)，与国债期货对应的转换因子为1.002 3。14天逆回购利率为5.0%。当前的价格条件计算的基差为

$$b=P-F\cdot CF=95.998-95.610\times 1.0023=0.168\text{ 元}$$

投资者认为这一基差有些大，今后会缩小，于是决定开展卖出基差交易。具体的交易如下：

4月5日，卖出1亿元面值的国债现券，买入100手国债期货。这样，国债现券收入为95 998 000元，以逆回购的形式将资金融出。

4月19日，国债期货价格为95.285元，国债现货为95.590元，这时基差为0.086。基差出现缩小，交易者决定对国债期货卖出平仓，同时买入现券，结束逆回购。这时，卖出基差交易的收益为(0.168−0.086)×1亿÷100=82 000元。

该套利过程，我们还要考虑卖出债券后的应计利息损失，即100 000 000×6%×14/365=230 136.986元。

14天逆回购的利息收入是95 998 000×5%×14÷365=184 105.753元。

这样，该卖出基差交易的净收益：184 105.753+82 000−230 136.986=35 968.767元。

在做卖出基差交易时需要特别注意的是，CTD的短缺会给基差交易带来新的风险与机会。如果投资者在负的BNOC时做多CTD的BNOC，临近交割时，若出现CTD无法满足交割需求的情形，CTD的BNOC可能不会收敛为0，而是收敛为一个负数，这会对投资者造成损失。而对于高位卖出BNOC的投资者，则会增加收益。另外，我国债券市场缺乏卖空机制，因此也会在一定程度上影响到卖出基差交易的操作。

2. 持有收益与基差交易

基差交易与期现货套利具有相近之处，但是差异在于期现套利是通过持有期货头寸直至交割来获利；而基差交易则是通过基差变动来获利。由于国债现货价格包括了持有收益(即利息收益＋区间付息－由于持有现货应付出的资金成本，记为carry)，因此为了更好地衡量期货和现货的偏离度，需要在基差中将carry扣除。我们由此可以对净基差BNOC做出如下定义：

$$\text{BNOC}=\text{basis}-\text{carry}$$

建仓完毕后，如果在T时刻平仓，则该交易组合的损益为

$$\text{gain}=\text{basis}_T-\text{carry}_T-(\text{basis}_t-\text{carry}_t)=\text{BNOC}_T-\text{BNOC}_t$$

我们可以对这一式子进行分析，找出两种可能的获利机会。第一，持有到期的获利机会。对于CTD券而言，当交割期临近时，期货和现货价格收敛，即$\text{BNOC}_T\to 0$，此时如果平仓，损益为$-\text{BNOC}_t$。这意味着，如果我们观测到某CTD券的净基差为负，那么可以开展买入基差套利，这样只要持有国债期货至临近交割日平仓，就可以获得无风险利润。第二，提前平仓的获利机会。如果建立基差加以组合后，出现净基差等于0或者显著大于0

的情形，就可以提前平仓获利了结。在和持有至交割期平仓相比锁定同等利润的情况下，提前平仓由于时间跨度短，会取得更高的年化收益率。

3. 收益率变化与基差交易中隐含的期权

在买入基差交易中有期权空头。我们已经知道在市场利率发生变化后，最便宜可交割债券通常会发生变化。对于期货空头来说，在交割时具有质量选择权和时间选择权，可以选择对自己最有利的国债券种进行交割。在买入基差交易中，国债期货空头的交割选择权中隐含很大的转换收益，因此相当于拥有了期权多头。相比之下，卖出基差交易中，持有的国债期货多头，不具有交割选择权，因此隐含了期权空头。

在买入基差交易中需要判断未来收益率的变化。其一，当预判收益率上升时，建立低久期现券的买入基差交易仓位。如果国债未来收益率上涨，价格下跌，低久期的国债价格利率敏感性弱，这样的现券将与期货的价格拉开差距，基差会上涨。其二，预判收益率下降时，建立高久期现券的买入基差交易仓位。当未来市场利率下跌时，久期高的债券价格上涨快，CTD会很快切换成久期较短的国债，期货价格上升放缓，而该高久期债券价格仍然急升，基差扩大。其三，收益率方向不明，但预判收益率波动剧烈时，建立中久期，票息较高的券种的买入基差交易仓位。只要国债收益率发生了较大的变化，无论上涨还是下跌，基差都会增加，但如果收益率相当稳定，该基差交易有可能亏损。

4. 基差交易与交割

基差交易可以进入交割环节。不过需要注意的是，由于期货和现货头寸比是CF∶1。在交割前，要根据交易判断将仓位保持一致。例如，期货是21手，现券对应的是20手，则平掉1手期货，或追加1手现券。

四、收益率曲线套利

收益率曲线套利是通过收益率的期限结构、债券的久期、凸率构筑国债期货组合的交易方式。这种套利有陡峭化交易和平坦化交易两种基本交易方式。

陡峭化交易是预期收益率曲线将陡峭化而做的交易。收益率曲线陡峭化是指长短期利差扩大的情形。具体的交易方式是：买入短期国债期货，同时卖出长期国债期货。例如，买入5年期国债期货，同时卖出10年期国债期货。

平坦化交易则是预期收益率曲线将扁平化情形下的交易方式。收益率曲线扁平化是指长短期利差缩小。具体来说，平坦化交易的操作方式是：卖出短期国债期货，买入长期国债期货的交易方式。例如，卖出5年期国债期货，买入10年期国债期货。

由于原理相同，下面分析平坦化交易的操作和收益来源，不再介绍陡峭化交易。

在平坦化交易中，需要考虑收益率曲线平行移动Δr个基点的问题。假设长短两个国债期货的基点价值分别为BPV_l和BPV_s。如果收益率曲线向上平移，则短期债券期货空头收益是$BPV_s \cdot \Delta r$，长期债券期货多头收益是$-BPV_l \cdot \Delta r$，很明显套利组合的总收益变成了$BPV_s \cdot \Delta r - BPV_l \cdot \Delta r$。如果短期国债期货的基点价值小，则该组合出现亏损。如果收益率曲线向下平移，则短期债券期货空头收益是$-BPV_s \cdot \Delta r$，长期债券期货多头收益是$BPV_l \cdot \Delta r$，该组合的收益则变成了$-BPV_s \cdot \Delta r + BPV_l \cdot \Delta r$。因此，为了消除收益率曲线平行移动造成的潜在亏损问题，这里令持有的长短期国债期货比率为1∶k，以便使$BPV_s \cdot \Delta r \cdot k = BPV_l \cdot \Delta r$。

也就是说，在长短期国债期货的1∶k建仓比率中，如果$k = BPV_l / BPV_s$，则可以消除收益率扁平移动造成的潜在亏损。因此，如果收益率曲线出现平坦化，$\Delta r_s > \Delta r_l$，则该套利组合的收益是$\Delta V = -BPV_l \cdot \Delta r_l + k \cdot BPV_s \cdot \Delta r_s$。由于收益率曲线扁平化，所以该组合的收益将大于零。

五、国债期货跨期套利

当国债期货近月合约和远月合约的价格出现偏离时，建立方向相反、数量相同的头寸进行套利。这里简单介绍一种持有至合约到期进行交割的跨期套利。这种跨期套利的基本方法是：在近月合约到期时进行交割，在远月合约到期时将近月合约交割的国债（多头或空头）再进行交割。

牛市套利。如果在t时刻发现近月合约价格低估，远月合约价格相对高估，则买入近月合约（F_{1t}）并卖出远月合约（F_{2t}）。具体交易原理是，在T_1时刻，对近月合约进行交割，支出交割款为$F_{1t} \cdot CF_1 + AT_1$，获得最便宜可交割债券。在T_2时刻，则将最便宜可交割债券再交割出去，获得收入为$F_{2t} \cdot CF_2 + AT_2$（图4-3）。

在牛市套利中，从交割过程的资金流来看，套利收益应是$F_{2t} \cdot CF_2 + AT_2 - (F_{1t} \cdot CF_1 + AT_1)$。但是，在此套利过程中还会有其他的收益和成本支出。例如，在T_1时刻获得最便宜可交割债券后，在T_2时刻交割之前，债券持有人还可能获得票息，这一部分收入也应算作套利收益。

如果考虑净基差的话，则套利收益为

$$
\begin{aligned}
\text{profit} &= F_{2t} \cdot CF_2 + AT_2 - (F_{1t} \cdot CF_1 + AT_1) + \text{carry}_2 - \text{carry}_1 \\
&= F_{2t} \cdot CF_2 + AT_2 - B - (F_{1t} \cdot CF_1 + AT_1) + B + \text{carry}_2 - \text{carry}_1 \\
&= \text{BNOC}_1 - \text{BNOC}_2
\end{aligned}
$$

其中，B为债券净价报价。

由此可见，买近卖远的跨期套利策略在本质上是预判近月合约的净基差高于远月合约的净基差。

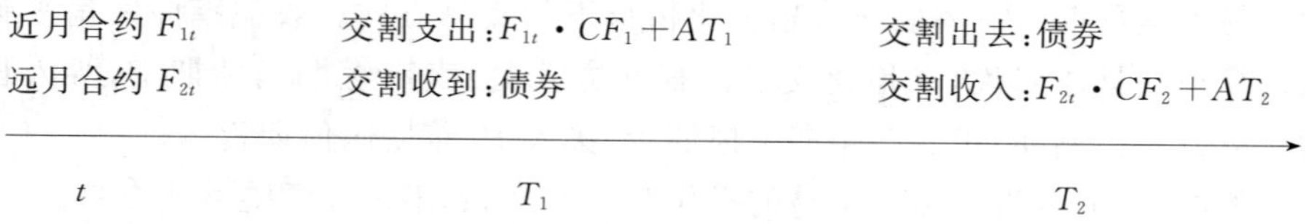

近月合约 F_{1t}	交割支出：$F_{1t} \cdot CF_1 + AT_1$	交割出去：债券
远月合约 F_{2t}	交割收到：债券	交割收入：$F_{2t} \cdot CF_2 + AT_2$
t	T_1	T_2

图4-3 持有到期的牛市套利示意

熊市套利。如果在t时刻发现近月合约价格高估，远月合约价格相对低估，则卖出近月合约（F_{1t}）并买入远月合约（F_{2t}）。基本的套利机制是：在T_1时刻，将最便宜可交割债券交割出去，并在T_2时刻交割买回最便宜可交割债券。潜在的问题是T_2时刻交割买回的最便宜可交割债券已经不再是最初的券种。

六、利用国债期货进行组合管理与资产配置

国债期货对于资产组合管理者是十分强大的工具，可用于资产配置和资产合成。

1. 久期管理

与套期保值相关的是国债现货和期货头寸所形成的投资组合的久期调整问题。通常，如果看多后市，则需要减少国债期货空头或者买入国债期货，增加投资组合的久期。如果看空后市，可通过增加卖出期货或者减少国债期货多头来降低国债组合的久期。如果将债券和期货的投资组合久期调整为0，则相当于利用国债期货完全对冲国债现货的风险。

计算债券和国债期货组合的久期的方法，和计算债券组合的久期方法存在一致性。组合的久期等于构成组合的期货久期乘以权重加上现货组合的久期乘以权重。权重是市值占总市值的比重。

组合久期的计算方法如下：

$$组合久期 = 现货久期 \times \frac{现货市值}{期货市值 + 现货市值} + 期货久期 \times \frac{期货市值}{期货市值 + 现货市值} \tag{4.14}$$

需要注意，期货市值是虚拟的，不应计算到组合的总市值中，因此组合的久期计算公式可变为

$$期现货组合久期 = (现货市值 \times 现货组合久期 + 期货市值 \times 期货久期) / 现货市值 \tag{4.15}$$

这时，组合的基点价值计算式为

$$基点价值 = |-债券现货组合总市值 \times 期现货组合久期| /10\ 000 \tag{4.16}$$

机构投资者可以根据市场变化和设定的新目标久期，调整期货头寸数量。组合中所需要的期货头寸数量计算公式为

$$期货数量 = (期现货组合久期 - 现货组合久期) \times 现货现值 \div (期货久期 \times 1\ 手期货价值) \tag{4.17}$$

如果计算的期货数量为正数，则为所需要的多头期货持仓数量。如果计算的期货数量为负数，则为所需要的空头期货持仓数量。

例 4-8 久期管理

某基金经理持有价值1亿元的债券现货(组合)，久期为7，国债期货价格为98.5，转换因子为1.05，久期为4.5年，现在有三种情形需要考虑。

情形1：基金经理预计利率将走强，希望使用国债期货将组合久期调整为5.5年，则所需要的国债期货数量为多少手？期货持仓方向是什么？

我们可以根据计算式期货数量=(组合久期－现货久期)×现货现值÷(期货久期×1手期货价值)，计算结果为，期货数量=(5.5－7)×100 000 000÷(4.5×985 000)≈－34。也就是说，需要基金经理持有34手国债期货空头才能使组合的久期变为4.5年。很明显，

从对冲的角度看,如果利率走强,期货空头的盈利会部分对冲国债现货组合的亏损。

情形2:如果基金经理强烈预期利率将在一段时期内走强,决定进一步降低整个组合的久期,将其调整至0,则所需要的期货空头数量是多少?

由于整个组合的久期要降至0,需要的期货数量为(0－7)×100 000 000÷(4.5×985 000)≈－158手。很明显,这时需要持有158手期货空头。158手国债期货空头将完全对冲整个国债现货组合的风险。

情形3:基金经理希望将组合的久期由0调整为8。所需的期货数量＝(8－7)×100 000 000÷(4.5×985 000)≈23手。也就是说,基金经理需要将情形2中的158手期货空头平仓,同时再建立23手期货多头。

2. 利用国债期货控制收益率曲线风险

资产管理者所持有的大多数债券对利率变动均十分敏感。假设一个资产管理者持有大量的长期债券组合。如果收益率曲线向下移动,毫无疑问债券组合价值将上升。但是,在收益率曲线向下移动中,可能会出现陡峭化。这时,该债券组合的收益就会比相同久期的中期债券组合差一些。

这时,资产管理者就需要考虑,如何在保持资产整体久期不变的前提下,降低长期债券的头寸,并增加中期债券的头寸。一个可选的方法就是卖出长期国债期货,同时买入中期国债期货。当然,买卖的数量要适当,以确保整个资产组合久期不发生变化。

3. 利用国债期货合成资产

做多债券可以买入债券,也可以利用期货进行资产合成,即持有期货多头来替代现券,将剩余资金用于无风险投资。在资产合成中,无风险投资可投资于短期货币市场工具,采用每天连续滚动的隔夜投资方式,也可以采用定期投资。隔夜连续滚动投资面临的问题是再投资风险。定期投资需要注意的是要与期货合约最后交割匹配。

例4-9 资产合成

假设现在是2016年11月,一个资产组合管理者持有两组债券,面值均为1亿元。一组是2025年到期、票息是6.5%的记账式附息国债,现金价格为113.044 1元,$DV01$＝73 800元。另一组是2026年到期、票息是5%的记账式附息国债,现金价格为102.537 4元,$DV01$＝79 200元。资产管理者决定卖出债券,以国债期货合成资产,来替代现券组合投资。现在市场中的10年期国债期货主力合约的价格为107.546 8元,最便宜可交割债券的$DV01$＝738.4。

第一步,卖出债券的收入为113 044 100＋102 537 400＝215 581 500元。

第二步,用10年期国债期货对第一组债券进行替代,需要买入的国债期货数量为73 800/738.4≈100手;用10年期国债期货对第二组债券进行替代,需要买入的国债期货数量为79 200/738.4≈107手。资产替代中,总共需要持有207手国债期货多头。

在以上的例子中,资产管理者需要注意几方面内容。第一,需要将卖出债券所得收入按比例进行划分,一部分用于货币市场的无风险投资;另一部分用于维持期货多头头寸的保证金。第二,所需期货的数量应等于套期保值的数量,这样能够使期货的损益和现货的损益一致。第三，要提高合成资产的总体收益，就必须高效地管理现金流。如果期货多头有收益，可以将部分现金用于短期投资，如果期货多头损失则会有现金流流出。第四，提高合成资产的总体收益还需要对中长期国债期货进行正确的预测，降低潜在的损失。第五，在建仓合约流动性逐渐下降时，分析是否需要，以及如何对国债期货进行展期交易。

4. 资产转换

投资者可以利用国债期货和股指期货对资产进行转换，如图4-4所示。具体见例4-10。

例 4-10　资产转换

假设现在是11月11日，一个基金经理有个股票组合，当前市值为5亿元。考虑到市场变化，该基金经理计划在未来3个月将股票组合转换为国债组合。股票组合的β值为1.5，沪深300股指期货1703合约的当前指数点位是2 600点。1703国债期货合约的价格为97.590元，最便宜可交割债券的久期是4.5年，债券组合的平均久期是5.3年。

在资产转换过程，卖出股指期货的合约数量应与最优套期保值数量相等，即

$$N^* = \beta \frac{S}{F} = 1.5 \cdot \frac{500\ 000\ 000}{2\ 600 \times 300} \approx 960\text{ 手}$$

买入国债期货的合约数量则为

$$N^* = \frac{B \cdot D}{V_F \cdot D_F} = \frac{5.3 \times 500\ 000\ 000}{975\ 900 \times 4.5} \approx 600\text{ 手}$$

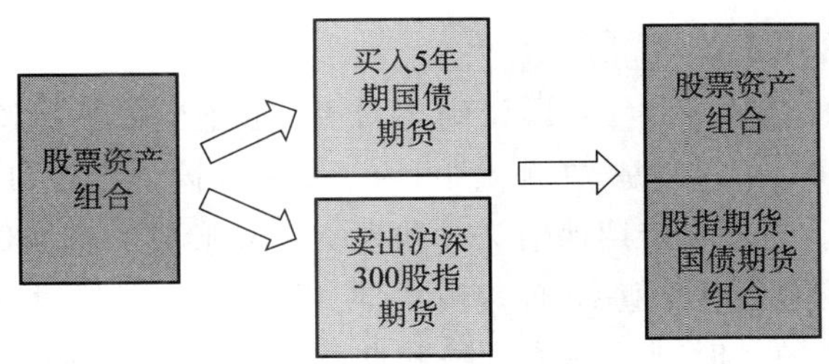

图 4-4　资产转换过程

第三节　货币期货套期保值和套利交易

一、货币期货套期保值

1. 货币套期保值的基本原理

和其他期货一样，货币期货也分为买入套期保值和卖出套期保值两种。买入套期保值主要运用于对冲风险货币的汇率上涨风险；卖出套期保值则用于对冲风险货币的汇率下跌风险。

例 4-11　货币套期保值

3月1日，一美国企业签订进口合同，约定3个月后支付760 000瑞士法郎的货款。即

期汇率是1瑞士法郎＝0.630 9美元。企业担心3个月后瑞士法郎汇率上升，则可以选择在期货市场预先买入4个月后到期的瑞士法郎期货。由于1手瑞士法郎的合约规模是125 000瑞士法郎，因此需要买入760 000÷125 000≈6手瑞士法郎期货。假设这里成交的瑞士法郎期货汇率为0.645 0。

3个月后，企业买入瑞士法郎时升值，即期汇率达到1瑞士法郎＝0.654 0美元，这时可以对瑞士法郎期货进行平仓，平仓汇率为1瑞士法郎＝0.668 3美元。可以发现，企业虽然在即期市场多支出了17 556美元，但是在期货市场则有17 475美元的盈利。这一部分盈利对17 556美元的亏损做了良好的冲销，使购买汇率的水平大致维持在最初的1瑞士法郎＝0.630 9美元水平上。具体见表4-5。

表4-5 瑞士法郎多头套期保值

操作时间	现货市场	期货市场
3月1日	一家美企签订进口合同，约定3个月后支付760 000瑞士法郎；即期汇率计算（1瑞士法郎＝0.630 9美元）	买进6月份到期的瑞士法郎期货6手（每手125 000瑞士法郎），成交汇率0.645 0
6月1日	买入瑞士法郎，进行支付 即期汇率：1瑞士法郎＝0.654 0美元	平仓，成交汇率为0.668 3
损益	－17 556美元	17 475美元
结果	－81美元	

2. 最优套期保值比率

传统的货币套期保值比率是1∶1，如例4-11中，瑞士法郎的风险头寸是760 000，购买的期货头寸也是760 000。但是，在现实中，由于基差风险的存在，1∶1的套期保值比率并不能降低组合风险。为了将套期保值头寸和现货头寸形成的套期保值组合头寸风险最小化，可以测算一个最优套期保值率（现货头寸/期货头寸）。具体过程如下：

假设S_t和F_t分别为在t时刻的现货价格和期货价格；h为套期比率；R_t为t时刻的收益，则组合的收益为

$$R_t = \Delta S_t - h\Delta F_t$$

其中，

$$\Delta S_t = S_t - S_{t-1}, \Delta F_t = F_t - F_{t-1}$$

组合收益的方差为

$$\mathrm{Var}(R_t) = \mathrm{Var}(\Delta S_t + h\Delta F_t) = \mathrm{Var}(\Delta S_t) + \mathrm{Var}(h\Delta F_t) + 2\mathrm{Cov}(\Delta S_t, h\Delta F_t)$$

令

$$\mathrm{Var}(\Delta S_t) = \delta_s^2 \mathrm{Var}(\Delta F_t) = \delta_f^2 \frac{\mathrm{Cov}(\Delta S_t, \Delta F_t)}{\delta_s \delta_f} = \rho\upsilon$$

则

$$\mathrm{Var}(R_t) = \delta_s^2 + h^2\delta_f^2 + 2\rho h\,\delta_s\delta_f$$

要使方差最小化，则有

$$\frac{\mathrm{dVar}}{\mathrm{d}h} = 2h\,\delta_f^2 + 2\rho\,\delta_s\delta_f = 0 \quad \frac{\mathrm{d\,Var}^2}{\mathrm{d}\,h^2} = 2\,\delta_f^2 > 0$$

即

$$h=\rho\frac{\delta_s}{\delta_f}$$

其中，δ_s为现货价格变化的标准差；δ_f为期货价格变化的标准差；ρ为期货价格变化和现货价格变化的相关系数。

在计算出最优套期保值比率后，就可以计算对冲现货所需的期货合约数量。假设对冲现货的数量为N_s，期货头寸的数量为N_f，合约单位是Q_f，所需合约数量为N^*，则：

$$\frac{N_f}{N_s}=h\ N_f=N^*Q_f$$

由此可以得出

$$N^*=hN_s/Q_f$$

二、货币期货和现货套利

较之于股指期货期限套利中构筑现货组合的复杂性，货币期货和现货套利的方式要简洁明了很多。不过需要注意的是，无论是期货货币，还是期货货币的计价货币，都是生息资产，因此在套利过程中就应细致考虑所买入或卖出的货币的利息收付问题。下面举例说明以美元计价的欧元期货和现货套利方法。

例 4-12 货币期货和现货套利

假设 3 个月期的美元无风险利率为 5%，3 个月期的欧元无风险利率为 4.5%，欧元兑美元的汇率是 1.244 4，即 1 欧元＝1.244 4 美元。按照理论公式可以计算得出，3 个月后到期的欧元期货价格应为

$$1.2444\,e^{(0.05-0.045)\times 0.25}=1.2460\text{ 美元}$$

情形 1：如果 3 个月后到期的欧元期货在市场上的当前价格为 1.256 0 美元，很明显高出理论价格 100 个基点。这时，可以建立套利组合，等待交割获取套利收益。

第一步，建立组合。

(1) 卖空 1 手的欧元期货。

(2) 同时借入美元，买入一定数量的欧元现货。

现在，需要细化套利组合的构筑，即究竟需要购买多少数量的欧元现货。这里 1 手欧元期货的合约规模是 10 000 欧元。由于卖空欧元期货，以后需要交割 10 000 欧元。由于欧元是生息资产，所以现在不需要买入 10 000 欧元，而只需要买入的欧元在期货交割时能够通过无风险投资达到 10 000 欧元。这样，我们可以利用欧元无风险利率贴现计算现在需要买入的欧元数量，即 $10\,000\times e^{-0.045\times 3/12}=9\,888.130\,5$ 欧元。为了购入这 9 888.130 5 欧元，需要从银行借入的美元数量是 9 888.130 5×1.244 4＝12 304.789 6 美元。

第二步，交割，结束套利。

(1) 将 10 000 欧元交割出去。

(2) 收取 12 560 美元，归还美元借款。

在套利结束时，需要归还的美元借款是 $12\,304.789\,6\,e^{0.05\times 3/12}=12\,459.564\,7$ 美元。

这样，1 手欧元期货的套利利润为 12 560－12 459.5647＝100.435 3 美元。

该套利过程的具体示意如图 4-5 所示。

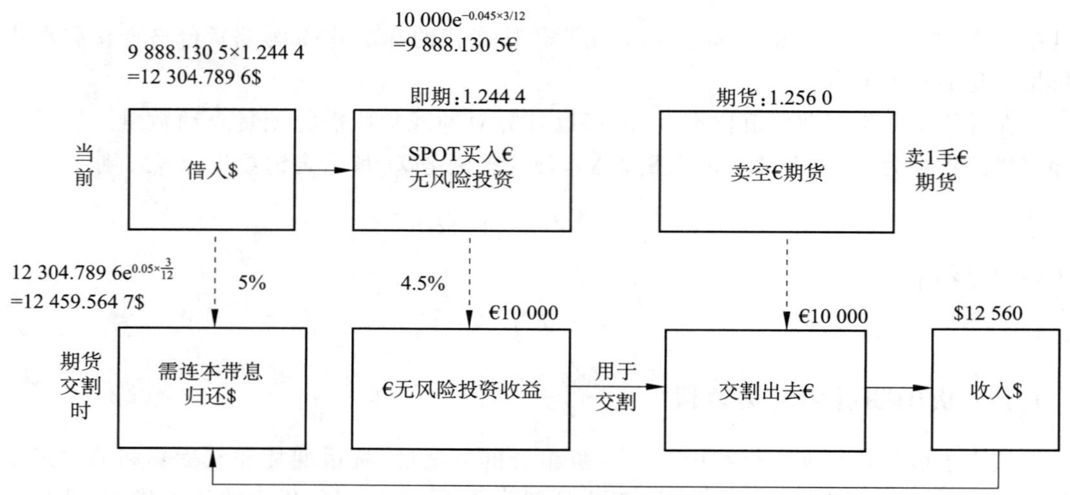

图 4-5　货币期货价格偏高时的期现货套利

情形 2:如果 3 个月后到期的欧元期货在市场上价格(汇率)为 1.234 8 美元,该价格低于理论价格(1.246 0),这时可展开套利。

第一步,建立组合。

(1) 买入 1 欧元期货。

(2) 同时借入欧元卖出,得到美元后做无风险投资,以备未来交割买回欧元。

现在要计算需要借入多少欧元,以便将组合完全建立起来。由于未来交割买入 10 000 欧元,需要 12 348 美元,因此现在需要卖出欧元得到美元的数量是 $12\,348\mathrm{e}^{-0.05\times3/12}=12\,194.610\,8$ 美元。按照当前的汇率计算,需要从银行借入的欧元数量则是 $12\,194.610\,8\div1.244\,4=9\,799.590\,8$ 欧元。

第二步,交割,结束套利。

这时,交割可以获得的欧元数量是 10 000 欧元。银行借入欧元则应归还的数额是 $9\,799.590\,8\mathrm{e}^{0.045\times3/12}=9\,910.458\,6$ 欧元。

1 手欧元期货的套利收益是 $10\,000-9\,910.458\,6=89.541\,4$ 欧元

该套利过程的具体示意如图 4-6 所示。

三、跨币种套利

同一货币计价的不同货币期货价格可能出现不同走势,造成两个期货货币汇率扭曲,这就为跨币种套利提供了可能。也就是说,套利者可以买入一种货币期货,再卖出交割月份相同的另外一种货币期货,在合约到期前,同时结束两个期货头寸。

在做跨品种套利之前,交易者需要了解两个期货货币的交叉汇率关系。在套利时,根据期货汇率测算期货货币的交叉汇率,分析是否处于正常区间内。如果期货交叉汇率不合理,则买入汇率较低的货币,卖出汇率较高的汇率。为了更好地进行套利,两个货币期货兑换成计价货币的数量应该相等。

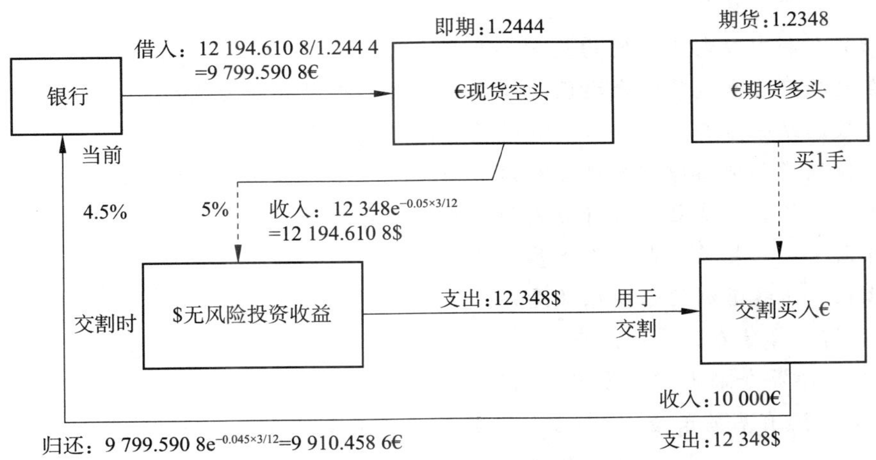

图 4-6 期货价格偏低时的货币期现货套利

例 4-13 跨币种套利

在 CME,英镑期货合约的交易规模是 62 500 英镑,加元期货合约的交易规模是 100 000 加元。假如,6 个月到期的英镑期货价格是 1.514 1(USD/GBP),加元期货价格 0.815 0(USD/CAD)。加元和英镑的交叉汇率等于 0.815 0/1.514 1=0.538 2(GBP/CAD),即 1 加元兑换 0.538 2 英镑。

交易者认为 0.538 2(GBP/CAD)的汇率偏低,即加元汇率偏低,英镑汇率偏高,于是决定买入加元期货,并卖出英镑期货。具体策略的构筑需要考虑:如果卖出 1 000 手英镑期货,在交割时实际支付的资金是 94 631 250 美元。按照加元期货汇率,这 94 631 250 美元可以交割买入 94 631 250÷0.815 0≈116 111 963.190 2 加元。这大致相当于 1 161 手加元期货。这时,就可以把跨币种套利的期货建仓数量测算出来,即卖出 1 000 手英镑期货,买入 1 161 手加元期货。

假设建仓完毕一段时间后,市场汇率出现变化,6 月的英镑期货汇率为 1.562 3(USD/GBP),6 月的加元期货汇率为 0.873 8(USD/CAD),交叉汇率是 0.559 0(GBP/CAD),交易者认为,这一汇率达到加元兑英镑的真实水平,则平掉仓位。

空头英镑期货在平仓后的损益:

$$(1.514\ 1-1.562\ 3)\times 62\ 500\times 1\ 000=-3\ 012\ 500 \text{ 美元}$$

多头加元期货在平仓后的损益:

$$(0.873\ 8-0.815\ 0)\times 100\ 000\times 1\ 161=6\ 826\ 680 \text{ 美元}$$

套利的净收益:

$$6\ 826\ 680-3\ 012\ 500=3\ 814\ 180 \text{ 美元。}$$

1. 股指期货套期保值的基本原理是什么?β 在确定套期保值比率中发挥什么作用?

2. 什么是投资替代？

3. 指数套利中股票组合的构筑方法有哪些？

4. 在股指期货和现货组合之间为什么有时候会出现套利失败？

5. 比较总结牛市套利和熊市套利的适用情形与盈亏来源。

6. 国债期货如何对冲利率风险？试回顾久期对冲的基本原理和注意事项。

7. 国债期货和现货之间进行套利面临的难题有哪些？

8. 什么是买入基差交易和卖出基差交易？

9. 收益率曲线套利的基本原理是什么？

10. 如何计算债券组合的久期？

11. 如何推导金融期货的最优套期保值比率？

12."如果没有基差风险，最小方差计算的最优套期比率总为 1。"这一说法是否正确，为什么？

13. 机构是否总是有必要开展套期保值？思考一下在什么条件下不需要开展套期保值？

14. 已知某国债期货合约在某交易日的发票价格为 119.014 元，对应标的物的现券价格(全价)为 115.679 元，交易日距离交割日刚好 3 个月，且在此期间无付息，则该可交割国债的隐含回购利率(IRR)是多少？

15. 股票组合的价值为 5 000 万元。现在沪深 300 指数为 3 000 点，6 个月后到期的沪深 300 股指期货为 3 010 点。6 个月期的 Shibor 为 2.5%。股息率为 2.0%。股票组合的 β 值为 1.5。问：如何对冲股票组合的风险？需要多少手沪深 300 股指期货？假如 3 个月后沪深 300 指数下跌 10%，3 个月期的 Shibor 为 2.2%，在股指期现货联系紧密且不考虑有套利成本的情况下，对冲效果如何？

16. 现在是 2016 年 8 月，资产管理者持有两组债券，面值分别为 1 亿元。国债期货交易的是面值为 100 万元的虚拟债券。具体数据见表 4-6。问：资产管理者决定卖出债券，以国债期货合成资产，来替代现券组合投资，那么该如何操作？如果沪深 300 股指期货的 1612 合约价格为 3 000 点，资产管理者希望投资于 β 值为 1.5 的股票组合 3 个月，那么该如何实现资产转换？

表 4-6　两组债券具体数据

债券	到期日	发票价格	*DV*01
债券 1	2025.12	113.044 1	73 800
债券 2	2026.12	102.537 4	79 200
10 年期国债期货	2016.12	107.546 8	73.84
5 年期国债期货	2016.12	108.012 3	72.89

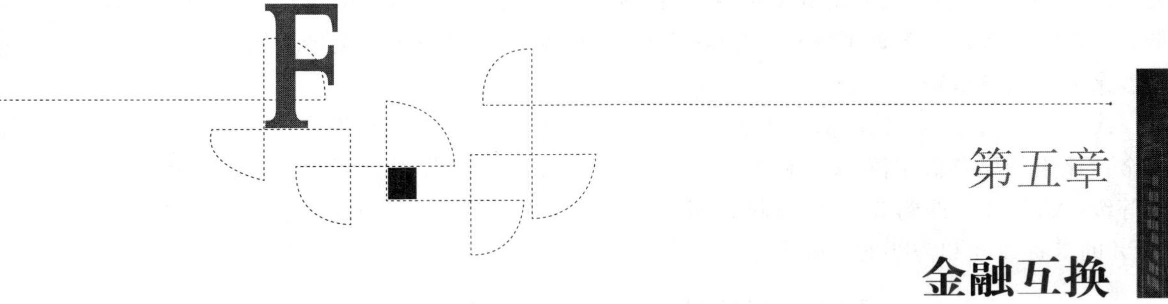

第五章 金融互换

第一节 金融互换的结构设计和市场功能

金融互换不仅可以视为金融工具，同时也可以视为一种金融技术。可以用于互换的金融资产包括货币、利率、收益或指数等。在金融互换的快速发展中，通过改变基本参数可以创新出种类丰富的新品种。互换的变化形式似乎只受金融工程师的想象力及企业资金部门主管与基金经理对于特殊交易结构渴望的限制。金融互换的资产标的虽然不同，但是设计机制却具有内在的一致性。

一、金融互换的基本结构

1. 利率互换

利率互换(interest swap)是指交易双方根据信用等级、筹资成本和负债结构的差异以及在金融市场上筹集资金的优势，将同一种货币的不同利率的债务进行对双方有利的利率互换安排。图 5-1 描绘了利率互换的基本机制：AYZ 向 XYZ 支付浮动利率，XYZ 向 AYZ 提供固定利率。

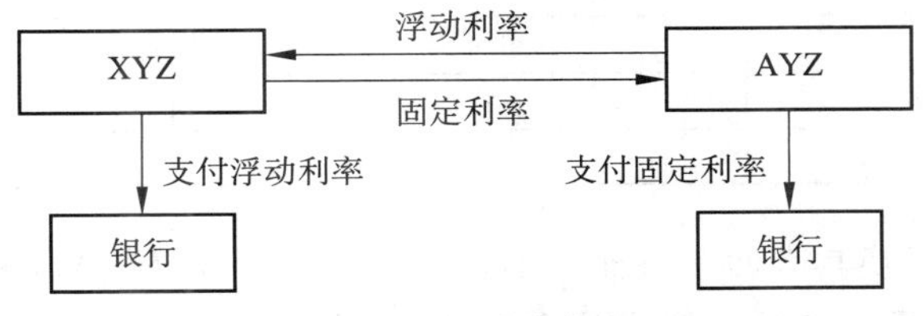

图 5-1　利率互换的基本机制

假定，XYZ 是一家跨国公司，信用等级为 BBB。该公司需要借入 5 年期的 5 000 万美元的款项，并倾向于采用固定利率借款，以便预期未来的融资成本。但是由于信用等级较低，XYZ 只能筹集到浮动利率等于 Libor＋1％的借款。XYZ 也可以发行一笔 10％的高息债券来筹集这笔款项。

AYZ 是一家国际银行，信用等级为 AAA，也需要筹集一笔 5 年期的 5 000 万美元的资金。该银行愿意借用浮动利率的贷款，以保证在任何时候都能控制其利润额。根据信用等级，AYZ 可以得到 8.25％的固定利率借款或浮动利率等于 Libor 的借款。XYZ 和 AYZ 的筹资途径和需要的方式列于表 5-1。

表 5-1　XYZ 和 AYZ 的筹资途径和需要的方式

利率	XYZ 可以借到	AYZ 可以借到
固定	10％	8.25％
浮动	Libor＋1％	Libor
需要的方式	固定	浮动

鉴于各自的筹资能力需求，XYZ 和 AYZ 可以协商确定一个利率互换协议，双方在对各自都有利的条件下借款，然后以对彼此都有利的利率水平进行利率互换。具体过程如下：

第一步，XYZ 以 Libor＋1％的浮动利率获得借款，而 AYZ 以 8.25％的固定利率获得借款。

第二步，双方就 5 000 万美元的名义本金协商确定互换的利率。XYZ 向 AYZ 支付 9.75％的固定利息。AYZ 向 XYZ 支付 Libor＋1％的浮动利率的利息。

第三步，协商利息的支付方式。XYZ 和 AYZ 应确定利息的各自支付时间和方式。现实中更普遍的方法是，双方不交换本金，只对各自应支付利息计算净差额，然后向对方进行单方面支付。

具体来说，利率互换的双方支出和收益见表 5-2。通过互换，XYZ 和 AYZ 分别节省了 0.25％和 0.50％的利率支付。之所以 AYZ 比 XYZ 获得收益更高是因为 AYZ 具有更好的信用级别。

表 5-2　XYZ 和 AYZ 利率互换支出和收益对比

双方收支比较	XYZ	AYZ
支出利率(原始借款)	Libor＋1％	8.25％
支出利率(向交易对手支付)	9.75％	Libor＋1％
收入	Libor＋1％	9.75％
净支付	9.75％	Libor－0.5％
无互换时的成本	10％	Libor
节省	0.25％	0.50％

可以发现，利率互换具有四个特征。①贷款人独立于互换交易，无须甚至根本不知道其贷款被用于交换。②互换独立于借款本身，即借款本身的资金来源、形式和时间选择都与互换行为没有任何直接关系。③互换双方交易的是名义本金，进行实际交换对双方没

有任何实际意义。④交易双方可以将利率交换简化为利息差额的单方面支付，而不需要同时向对方支付。

2. 货币互换

货币互换(currency swap)是一种建立在不同货币基础上的交易。由于不同互换主体在资本市场上的融资成本不同，A公司可能以相对较低的成本获得一国货币，但对另一国货币的融资成本则较高，而B公司的融资条件可能正好相反。这样，两个公司便有了通过货币互换降低融资成本的机会。

例如，世界上第一笔货币互换是在1981年世界银行和IBM之间进行的。当时，世界银行需要借入一笔长期的瑞士法郎，但是市场上的利率非常高。不过，其可以以非常优惠的利率借入长期美元。IBM在瑞士市场具有很高的声望，可以以优惠的利率借入长期的瑞士法郎，但是其却需要借入美元。为了充分利用自己的优势和解决所需，这两个机构签订了一份货币互换协议。协议的内容和步骤大致如下。

第一步，IBM借入瑞士法郎，世界银行借入美元。世界银行将美元借款提供给IBM，IBM将瑞士法郎提供给世界银行[图5-2(a)]。

第二步，确定交换货币的汇率和交换利息率。汇率一般采用即期汇率。利息率的确定则需要以各自取得贷款的利率为基础进行协商。利率可以是固定的，也可以是浮动的。利率的具体支付周期也要在合约中反映出来，其通常是相关借款的利息周期[图5-2(b)]。

第三步，互换到期时，交易双方分别以最初的汇率再一次交换本金[图5-2(c)]。

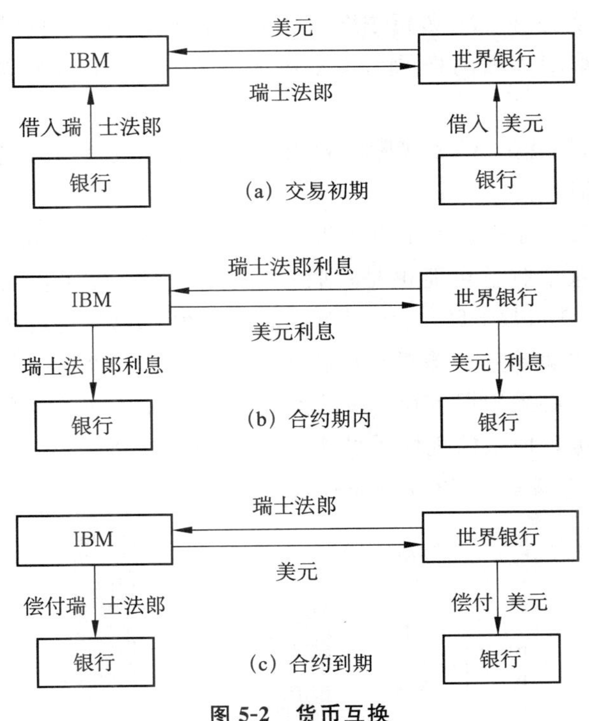

图5-2 货币互换

这里可以做个总结，货币互换和外汇掉期并不属于同一类范畴。货币互换通常时间长达4～5年，甚至10年以上。企业有时经由货币互换，在债券发行后，转换原发行货币为另一种金融互换交易所需要的货币，而此种方式比直接以所需货币取得资金的成本要低。但在外汇市场上，掉期交易的期间通常不超过1年。短期掉期的目的主要是消除短期未轧平头寸的相对利率变动风险，或是短期内资金调度。外汇市场上的掉期交易与即期交易同为外汇市场上最主要的外汇交易，掉期交易虽可视为一段期间内货币交换，但其更偏重同时买入又卖出一笔货币，买卖之间也可能是投机性操作。

3. 股票互换

股票互换(equity swap)是一种交易双方之间的协议，其中至少一方同意在协议有效期内依照未来的时间表向另一方支付根据股票指数确定的一定比率的回报，另一方根据某固定或浮动的比率或另一股票指数进行支付。合约中的支付按某相关名义本金的一定百分比确定。

假如XYZ公司拥有美国股票，同时希望将其投资组合的15%配置为中国蓝筹公司的股票。一种选择是，卖出美国股票，买入中国股票。但是，这种方法存在的问题是：跨国投资需要付出较高的交易成本，同时还需要办理复杂的手续。为了避开这个问题，XYZ可以与一家持有中国股票但又想投资美国股市的AYZ公司签订一个股票互换协议。具体运作方式如下。

第一步，XYZ确定名义本金等价于其投资于投资组合的市场价值的15%，每季度进行一次款项支付。

第二步，双方交换支付。XYZ每季度按名义本金向AYZ支付标准普尔500股票指数的回报率。AYZ每季度依据同样的名义本金向XYZ支付中国沪深300股票指数的回报率。

该互换的总体结果就是XYZ实际上卖出了等价于其投资组合名义价值15%的美国股票，并买入了中国股票。

需要注意的是，股票互换和其他互换存在一定的差异。合约确定了交易者向对方支付一定的收益，但是这个收益可能也是负收益，因此其中一方可能要负责两种款项的支付。例如标准普尔500指数下跌，而沪深300指数上涨。XYZ持有的资产价值由15%名义本金贬值到14%，这就意味着该投资组合经理必须补偿AYZ的此项损失。另外，沪深300指数上涨了，AYZ必须依据重新定价的投资组合，例如名义本金的16%进行支付。这就意味着AYZ要依据比原来的规模大的投资组合进行支付。因此，该XYZ还必须根据中国沪深300的支付差额对AYZ进行补偿(图5-3)。

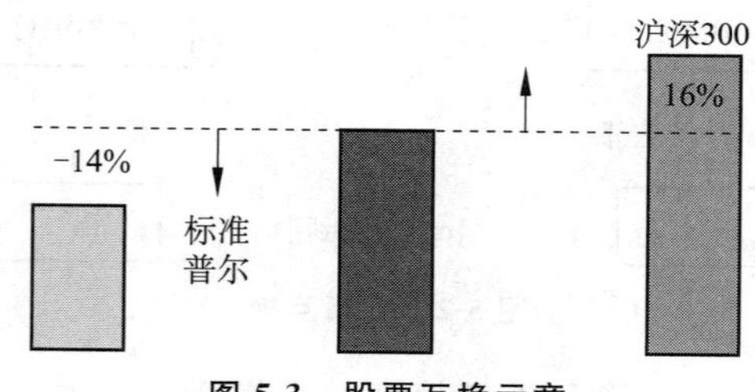

图5-3 股票互换示意

从股票互换的原理看，股票互换的特点是能为基金经理、资产组合经理和机构投资者提供一种转换资产的良好途径。这种衍生品不仅可以节省买卖交易中的高额费用，而且也提供了一种在海外股票市场避免国外资本管制、税收及利润分配等复杂问题的方法。

4. 商品互换

商品互换(commodity swap)的设计机制与利率互换十分相近。利率互换的交易双方将固定利息与浮动利息交换支付，而商品互换中固定支付的对象是定量商品与固定价格相乘的商品总额，浮动支付的是定量商品与其市场价相乘的商品总额。商品互换交易由商业银行或投资银行安排。商品互换合约订立需要确定五项基本内容：合同的商品量、固定价格、浮动价格指数、交换期以及到期日。其中，固定价格由协议双方根据对未来市场价格走势的判断协商决定，浮动价格则一般采用 3 个月期或 6 个月期的现货价或指数价。在商品互换的整个过程中，不必实际交换协约中的商品，只需以现金支付净差额。

商品互换的结果是支付固定价格的一方在实际上会获得一个固定的商品价格支出，即一个固定的商品购买价格。在图 5-4 中，航空公司担心未来航油价格波动，决定与投资银行签订一个 2 年期的互换协议，航空公司支付固定价格，投行支付浮动价格，每季度支付一次。假设互换中的固定价格是 100 美元/桶，在第一次结算时，航油涨到 130 美元/桶，则投行向航空公司支付 30 美元/桶。航油公司买油的现货价 130 美元/桶，但是由于有 30 美元/桶收入，所以相当于按照固定价格 100 美元/桶购买航油。相反，如果航油价在第二次结算时下跌到 60 美元，航空公司向投行支付 40 美元。这时，航空公司买油价格为 60 美元/桶，由于向投行支付了 40 美元/桶，因此总支出依然是 100 美元/桶(图 5-4)。

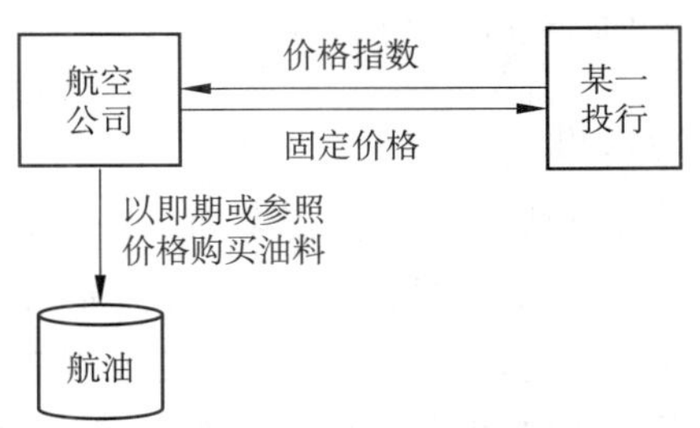

图 5-4 商品互换与风险管理

二、互换市场的快速发展及其动因

1. 金融互换市场的发展状况

互换产生较晚，但是发展迅速，市场规模十分庞大。尽管进入 21 世纪后全球互换市场的增长速度放缓，但这一市场已逐渐成为金融市场创新和交易的核心内容之一。由于互换衍生品的复杂性和专业性，互换市场主要集中在发达国家或地区。从互换的种类来看，美国市场的覆盖面最广，从一般的利率、外汇、股票、商品、信用互换，到天气、艺术等互换衍生品，都能在其 OTC 市场上进行交易。欧洲互换市场的品种同样丰富，也是全球最大的利率互换市场之一。在品种方面，利率互换市场是规模最大的场外衍生工具市场。2015 年年底名义本金额达到 381.1 万亿美元。相比之下，股权类远期和互换的名义本金额只有 2.5 万美元，货币互换为 24.0 万亿美元。

我国金融机构大量使用的场外衍生工具是利率互换。利率互换市场在进入 21 世纪后发展十分迅速(图 5-5)，是利率类衍生工具市场的核心。进入 2015 年后，我国利率互换市场出现几方面质的变化：中国人民银行明确了境外机构投资者进入利率互换市场的备案制度，人民币国际化提速，基于 X-SWAP 平台的标准化利率互换开始交易。这一年利率互换市场的名义本金额达到 82 304.1 万亿人民币。随着利率互换交易被迅速认可，利率互换市场的参与者类型不断多元化，非法人产品通过缴纳担保品的方式也开始进入利率互换市场。在此趋势下，在 X-SWAP 市场建立分层制度，形成不同类型市场参与者的监控机制是我国利率互换市场的重要方向。

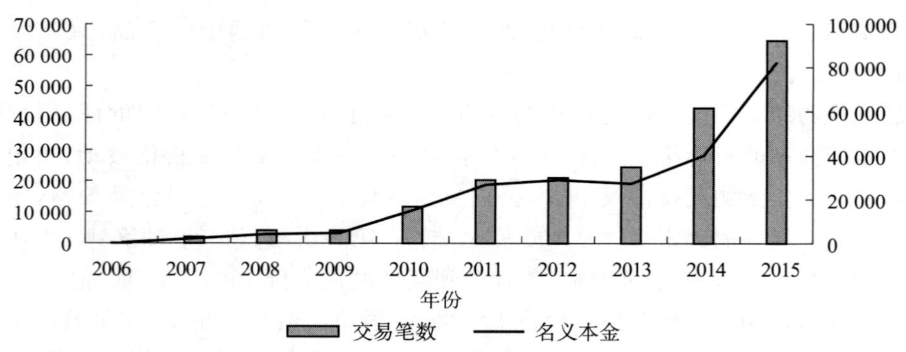

图 5-5　我国利率互换市场的发展(2006—2015)

注：名义本金(右轴)单位为 10 亿元。交易笔数(左轴)单位为笔。

资料来源：历年货币政策报告，中国人民银行网站

2. 金融互换迅速发展的原因

在西方发达国家，金融互换已成为广大投资者和生产经营者所普遍运用的一种金融技术。金融互换业务之所以发展迅猛，主要有以下四方面原因。

第一，金融自由化。20 世纪 80 年代后，金融自由化发展趋势高涨，金融风险特别是利率、汇率风险以及信用风险不断增加，引起人们对避险工具和避险技术的迫切需求。互换业务的兴起和发展正好迎合了这一需求，因而其一开始就受到广泛欢迎。

第二，金融证券化。金融证券化与金融互换业务相辅相成。在金融证券化的趋势下，金融互换业务迅速扩大。据估计，在新发行债券中，目前有 70％～80％以进入金融互换为前提。所以，金融证券化的加强，促进了金融互换业务的迅速发展。

第三，互换能增进整体利益。金融互换具有不同于金融期货或金融期权的一个重要特点，这就是它可使互换双方同时受益。在金融互换业务中，互换双方均可从互换中获得好处，所以作为一种金融风险管理的新工具，金融互换更受人们的欢迎；而作为一种获利性的投资手段，金融互换也更能满足人们所期望的低风险、高收益的要求。

第四，金融机构的广泛参与。金融机构参与金融互换原是作为互换双方的媒介，并从

这种互换业务中分享一定的利益。但是，随着金融互换业务的扩大，金融机构已不再满足于单纯地充当简单的中介人，而是自己也直接地以使用者或互换头寸持有者的身份参与金融互换。这样，金融互换的成交量大为增加，金融互换市场也更具流动性。由于市场流动性比互换带来的利益更重要，因此金融机构参与金融互换是金融互换业务迅速发展的一个关键性原因。

三、金融互换的功能

1. 降低融资成本

比较优势在利率互换设计中具有重要的作用，是降低融资成本的关键。比较优势往往与利差相关。从表 5-1 看，在固定利率融资方面，XYZ 要比 AYZ 多 1.75 个百分点；在浮动利率融资方面，XYZ 则比 AYZ 多 1 个百分点。可以发现，AYZ 无论在固定利率融资还是浮动利率融资方面，都具有绝对优势。然而，AYZ 在固定利率融资方面优势更明显一些，XYZ 在浮动利率融资方面的劣势少一些，这样我们可以认为，AYZ 在固定利率方面具有比较优势，XYZ 在浮动利率方面具有比较优势。

在一个典型的利率互换设计中，通常双方在现实中更需要融取在利率方面不具有比较优势的资金，也就是说需要融取对方具有比较优势的资金，为促成互换，双方实际从市场上各自融取具有比较优势利率的资金，然后按照一定的利率水平进行交换。通过利率互换实现双方各自利益的提升。

2. 转变资产和负债的利率属性

在图 5-6 中，A 的负债是固定利率 5.2%，B 的浮动利率负债利率是 Libor＋10bp。通过利率互换，A 从 B 获得固定利率为 5%的支付，B 从 A 获得利率为 Libor 的浮动支付，这相当于 A 将原先的固定负债利率转换为 Libor＋20bp 的浮动利率负债，B 将原先的浮动利率负债转换为 5.1%的固定利率负债。

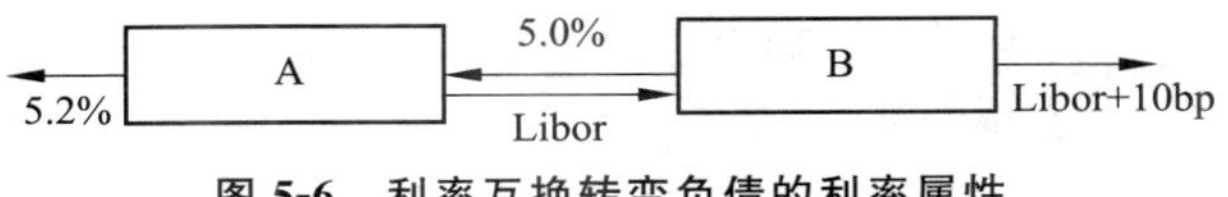

图 5-6 利率互换转变负债的利率属性

图 5-7 则显示 A 和 B 通过利率互换将资产的利率属性进行转化的过程。通过互换，A 的浮动利率收入转换成了 4.8%的固定利率资产收入，B 的固定利率收入转为 Libor－30bp 的浮动利率收入。

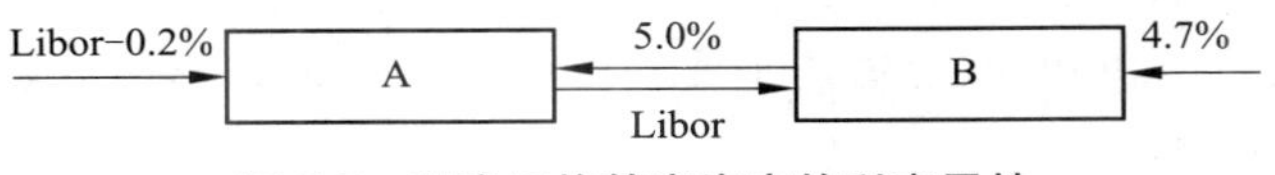

图 5-7 利率互换转变资产的利率属性

从上可以发现，利率互换可以有效地管理资产或负债的风险。例如，如果投资者购入了浮动利率债券，因担心浮动利率下行而降低利息收入，则该投资者应该在互换市场上利用利率互换将浮动利率转化为固定利率。

第二节 金融互换的合约安排和市场报价

一、金融互换合约的基本内容

1. 前文

在这里记明合约当事人、签订年日,有时也会提示签订的目的。

2. 合约术语

营业日。在互换交易中由于资金的交换是通过银行来执行的,若裁决地的银行不处于营业日就会十分麻烦。因此,必须有这么一项条款,即以裁决地的营业日作为营业日。

名义本金。名义本金是互换交易中的原始金额,在利率互换交易中通常没有本金的实质性交易。

资金支付日。在互换合约中关于将来的资金支付日大多以另外列表的形式来表示,但往往由于将来新设休假日等理由而使原先的约定日有可能会成为非营业日。为防备这种情形的发生,通常会在附加一节指明,如果约定日变为休假日时,以下一营业日作为资金支付日。

3. 交换的方法

资金互换日通常要定出很准确的年月日,以合约书的附带表格形式来表示。在国际互换市场上,对于 Libor 的确定,需要指出参考银行,同时为避免其所提示的利率在使用时过于烦琐,通常都会利用路透社所编辑的路透社监控器(router monitor)的 Libor 页上所标示的利率。

4. 付款条件

将记明资金互换的具体方法,如支付地点、支付时间、支付银行名、银行账户等。同时要考虑被课征税的危险性,需约定互相所支付的确实是税后金额。

5. 担保条款

互换当事者双方均需要确认对方的法定资格、行为能力、关于合约是否有任何法律上的问题等。

6. 誓约

当事者双方通常都会要求对方遵守合约期间有关法令的规定、有经营状态的通知义务等。至于经营状态的通知,如决算后 150 日以内将决算报告书送交对方,或面临经营危险时须速向对方报告等。

7. 期限前解约事由

期限前解约事由是互换合约中最为重要的部分,通常的事由有以下三种。

违法事由的发生。所谓违法不单单是指法令的违反,也包括对于财政、货币当局的指导、政策等有违反的事态等。

课税负担的发生。这是指对于支付金额被课征税收而言。在辛迪加贷款中言明债务人需要承担税收负担，但是互换合约属于双务合约，如被课税则互换本身的经济面利益就会受损而将失去合约存续的意义。鉴于此，一般都当作为解约事由来采用。

不履行债务。当合约上的支付义务违法，意志表达、担保条款、誓约违反，与合约当事者以外的第三者之间发生债务不履行等情况时，如当事者的信用被认为在客观上已呈失散的事实发生时，可当作为解约的事由。

8. 解约通知的效果

如果到期前发生解约，一定会由一方当事者发出解约通知。受通知的一方多半视其违约事由已到发生违法事由的程度。违约事由如果是课税负担，则违约人自身的支付成本也得增加；解约事由如属于不履行债务，则其对手被指定为通知人。解约通知一旦发出，则其效果为双方当事者同时于次日之后，所约定的互换支付义务自然消灭，但是由此结果而发生的损失补偿义务仍然存续。

9. 损失补偿

随着解约而发生的损失一般要依解约事由不同而分开规定。解约事由如属违法事由或课税负担的发生等情况，一般会有如下规定，即如果仅一方成为事由发生当事者，由事由发生当事者承担补偿义务。仅一方成为事由发生当事者而相反的对方却获得利益时，事由发生当事者得接受其利益。如果双方均为事由发生当事者，其损失或利益由双方折半承担。解约事由发生在不履行债务的场合时，当事者应具有补偿的义务。

损失补偿金额的计算方法包括计算式方法和全面补偿请求方法。计算式方法可依据互换风险的概念以及损失额计算的方式，在实务上极为简便。全面补偿请求方法则是在解约时互相将损失额予以计算的方法，该方法虽可以求得更为系统性的补偿利益，但计算手续繁杂。

10. 国家主权免责特权

互换交易对方如属于国家或政府机关，一旦成为违约状态则必须预测这些互换的对方将会利用国家主权免责权而放弃支付义务的可能性，因此，需事先设立规定使其放弃特权。至于这种规定的有效性则需基于特定合约再作讨论。

11. 法律依据，裁决

像互换这种国际性交易，其交易应遵循何国法律，其裁决应由何地执行等是很重要的课题。通常采用的是英国法或纽约州法。至于裁判，虽然在伦敦或纽约可以裁决出来，但是互换的对方并不在该地时，就得以对方所在地的法院的执行作为认定的依据。

12. 手续费

互换合约需要记明各种由于经办互换所支出的费用总额。

我国银行间市场利率互换的基本合约要素由《中国银行间市场利率衍生产品交易定义文件(2012 年版)》解释。

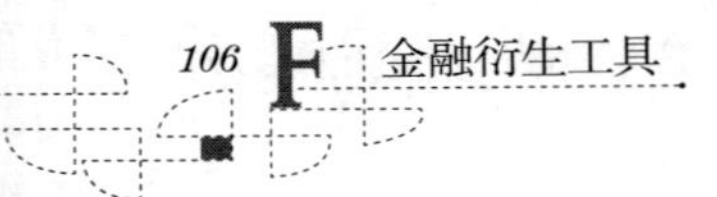

二、互换合约的标准化及其发展

1. 标准化的推动因素

在内外因素的推动下，金融互换开始出现标准化发展。

内部因素是指在交易者角度考虑的主要因素。由于互换合约涉及内容众多，且合约存续期较长(一般为5年，长的甚至达到10年)，因此会面临众多问题。这些问题包括：一方不履行债务；政府颁布新规则导致无法履约；文件烦琐，交易者无法转让协议；由于互换交易发生在文件制定之前，若事后的文件发生问题，则交易对手将意外地丧失保障或利润；合约内容缺乏一致性，使不同的互换交易不容易相互对冲，因此做市商很难有效运用其信用额度；合约内容缺乏一致性，导致互换交易的整体风险相当模糊，使得互换交易很难被纳入投资组合内加以管理；合约内容缺乏一致性，导致互换交易不具备透明性，有碍交易的进行，并限制二级市场的发展。为了克服这些问题，热衷互换交易的机构开始尝试采用标准化文件。最初仅是交易对手之间的双边协定，稍后发展为市场组织的一种多边协定。

外部因素是指市场因素。金融互换业务的迅猛发展，促进了互换二级市场的形成。所谓互换二级市场，是指已经达成的金融互换协议在不同持有者之间转让、流通的市场。这种二级市场的形成和发展无疑为广大的投资者和生产经营者带来了更多的便利。同时，它也为各种金融机构及个人投资者提供了新的获利渠道。

2. 金融互换标准化的发展

国际互换与衍生品协会(ISDA)成立后，逐步为利率互换协议的标准化及交易规则的统一提供了必要条件。2008年国际金融危机爆发后，二十国集团领导人系列峰会对场外金融衍生品改革达成共识，提出“推动场外衍生产品标准化”的改革思路。我国于2014年11月开始，由中国外汇交易中心提供标准利率互换交易。在标准利率互换交易中对交易要素进行了标准化的设置。交易的品种包括1个月标准隔夜指数互换、3个月标准Shibor 1W利率互换、3个月标准7天回购利率互换。表5-3是1个月标准隔夜指数互换合约。这些标准化的利率互换产品和远期利率协议一样，均在X-SWAP采用双边授信方式，通过匿名点击达成交易。对于标准化的利率互换可选择双边自行清算和中央对手方清算两种清算方式。合约交割日交易双方根据交易后处理服务平台生成的交割单进行现金交割。

表5-3　1个月标准隔夜指数互换合约

合约品种	以Shibor O/N为标的的1个月标准隔夜指数互换：Shibor O/N_1M
合约代码	SS011M_1411、SS011M_1412等
合约月份	最近12个月份合约。举例： (1) 当前交易日为2014年5月5日(5月第三个周三之前)，挂牌交易合约为2014年5月合约至2015年4月合约这12个日历月合约； (2) 当前交易日为2014年5月26日(5月第三个周三之后)，挂牌交易合约为2014年6月合约至2015年5月合约这12个日历月合约
交割日(*D*日)	合约月份的第三个星期三，如果这一天不是营业日，则为经调整的下一营业日

续表

最后交易日	交割日前一个营业日($D-1$ 日) 最后交易日的交易结束时间与 Shibor O/N 的发布时间保持一致
新合约上市日	旧合约最后交易日之后的第一个营业日,即 D 日。例:2014 年 5 月合约最后交易日为 5 月 20 日,5 月 21 日合约开始挂牌交易
报价方式	系统采用收益率的报价方式。收益率:R; R 为预期的 Shibor O/N 的 1 个月复合利率(年化),用于计算复合利率的基准利率重置规则与基于 Shibor O/N 的利率互换相同,重置期的第一个营业日为该重置期的利率确定日。合约计息期尾日为交割日,计息期首日为计息期尾日往前一个月度对应日历日;合约计息期首日不按营业日准则调整。 例:2014 年 5 月合约的交割日为 5 月 21 日(第三个周三),合约计息期尾日为 5 月 21 日,计息期首日为 4 月 21 日,R 即为 4 月 21 日至 5 月 21 日这一计息期的复合利率(年化),算头不算尾
交易时间	周一至周五:北京时间 9:00～12:00,13:30～16:30,节假日除外
单位报价量	5 000 万元人民币
单位变动点	0.005%(即 0.5BP),对应于单位报价量的价值变动为 50 000 000×0.005%×A/365,A 为计息期实际天数 注:计息基准可调整,以下同
交割方式	现金交割
每日结算利率	合约每日结算利率确定方法: (1) 取当日最后 1 小时成交的加权价格,该时段因系统故障等原因导致交易中断的,扣除中断时间后向前取满相应时段; (2) 若最后 1 小时成交笔数少于 5 笔,则取当日最后 5 笔交易的加权价格; (3) 若全天该合约成交笔数少于 5 笔,取最后一小时的(bid 的平均+offer 平均)×0.5; (4) 若无报价或出现其他难以确定结算利率的情况,则可取前一日结算利率(如为合约上市首日,则取挂牌基准利率)。 挂牌基准利率为基于合约上市前一营业日交易中心利率互换收盘曲线推算出的新合约对应计息期的远期利率
到期结算利率	$$R=\left\{\prod_{i=1}^{k}\left[1+\text{Shibor } O/N_i\cdot\frac{d_i}{360}\right]-1\right\}\cdot\left(\frac{360}{D}\right)$$ Shibor O/N_i 表示计息期内第 i 个重置期适用的基准利率,Shibor O/N_i 根据 Shibor 网站(www.shibor.org)每个交易日公布的 Shibor O/N 利率值计算,计息基准为 A/360;k 表示计息期包含重置期个数;d_i 在某一营业日后继一天也为营业日的情况下为"1",在某一营业日后继一天为非营业日的情况下,等于自该营业日起(含该日)至下一营业日(不含该日)为止的日历日天数;D 表示计息期包含的日历日总天数
到期结算金额	合约到期结算利率/100×合约面值×A/360－合约成交价/100×合约面值×A/365 若结算金额大于零,则为卖方向买方支付;若结算金额小于零,则为买方向卖方支付

三、互换市场的报价惯例

1. 国际上互换市场的报价

互换交易的价格一般由中介机构提供或报价。按照互换交易的惯例,一律用固定利率来表示互换的价格。互换之后支付浮动利率(收入固定利率)的一方称为互换的卖家,支付固定利率(收入浮动利率)的一方称为互换的买家。标准的利率互换和货币互换参考报价均可以从路透社终端等信息渠道获得。互换交易商通常报出利率互换和不同货币间利率互换价格。根据这些价格,交易者可以确定固定利率/固定利率的货币互换和浮动利率/浮动利率货币互换的价格。

表 5-4 表示的是一个互换市场的报价举例。各种各样的美元利率互换的报价列在表 5-4 的A 组中。而 B 组中是各种各样的美元与其他货币间的利率互换。

表 5-4 一个互换市场的报价举例

A 组:美元利率互换

期限	国债	国债/Libor		国债/国库券		国债/CP	
	收益率	买入价	卖出价	买入价	卖出价	买入价	卖出价
2	5.94	18	20	−21	−16	12	16
3	6.12	19	21	−23	−18	13	17
4	6.20	24	26	−18	−13	18	22
5	6.28	27	29	−18	−13	20	24
7	6.32	33	35	−15	−10	26	30
10	6.53	35	37	NA	NA	NA	NA

注:报价是按照高于/低于国债收益率的基本点给出的。

B 组:非美元利率互换

期限	日　元		英　镑		瑞士法郎	
	买入价	卖出价	买入价	卖出价	买入价	卖出价
2	1.49	1.53	6.507	6.557	2.990	3.090
3	1.97	2.01	6.939	6.989	3.370	3.470
4	2.37	2.41	7.185	7.235	3.670	3.770
5	2.69	2.73	7.375	7.725	3.910	4.010
7	3.10	3.14	7.670	7.720	4.260	4.360
10	3.385	3.425	7.960	8.010	4.610	4.710

注:报价是按照实际期限/365 天的每半年付息一次的利率给出的。

2. 我国的利率互换报价

我国利率互换市场的报价可以从中国货币网查询,有 24 家境内外的商业银行参与利率互换的报价。表 5-5 是工商银行报出的不同品种、不同期限的利率互换。其中,Bid 为银行买入利率互换的报价,Ask 为银行卖出利率互换的报价。其中的价差为银行的做市收益。在报价行情表中需要注意的内容是:利率互换的支付频率是季;固定日基准是 ACT/365,浮息日基准则是 O/N Shibor、1W Shibor、3M Shibor 为 ACT/360,FR007 为 ACT/365;计息调整按实际天数。

表 5-5 工商银行利率互换报价(2016-12-26)

Term	O/N Shibor		1W Shibor		3M Shibor		FR007	
	Bid	Ask	Bid	Ask	Bid	Ask	Bid	Ask
6M	2.680 0	2.770 0	3.280 0	3.380 0	3.420 0	3.520 0	3.230 0	3.330 0

续表

Term	O/N Shibor		1W Shibor		3M Shibor		FR007	
	Bid	Ask	Bid	Ask	Bid	Ask	Bid	Ask
1Y	2.780 0	2.870 0	3.350 0	3.440 0	3.700 0	3.790 0	3.300 0	3.390 0
5Y					4.330 0	4.420 0		

资料来源：中国货币网

第三节 金融互换的定价和估值

一、金融互换的定价原理

对互换产品进行定价实际上要确定两组现金流的交换条件，即在已知一组现金流计息方式的条件下，计算另一组现金流的固定利率，同时保持两组现金流的现值相等。例如，在利率互换交易中，对利率互换的定价实际上是计算换取浮动利率所需要的固定利率是多少。金融互换最常用的方法是套利定价法和零息票定价法。

1. 套利定价法

套利定价实际上就是把节省的总成本在互换各方进行重新分配。基于这种思想，可以将互换套利的过程归纳为三个步骤。我们可以结合利率互换进行分析。

第一步：充分收集资料，分析对比不同借款人在市场上的融资成本和融资渠道，制定成本/融资渠道矩阵（表 5-6）。

表 5-6 成本/融资渠道矩阵

借款人	固定利率融资（3 年）	浮动利率融资（3 年期）
AAA（需浮动利息融资）	B+20bp	Libor－20bp
BBB（需固定利息融资）	B+120bp	Libor+20bp

第二步，充分识别互换双方的利息成本差异，确定各方比较优势及互换总收益。

根据成本/融资渠道矩阵（表 5-6）发现，AAA 和 BBB 的固定利率利差为 100bp，浮动利率利差为 40bp，则 AAA 在固定利率市场有比较优势，BBB 在浮动利率市场有比较优势。

第三步，组织互换，并为互换定价。互换价格的确定应确定每一方最高和最低互换价格。在此基础上，双方再在分享互换套利收益上调整互换定价。互换双方获得的套利收益就是他们在两个融资市场所能借到的融资成本差异的总差额。

从表 5-6 看，AAA 在固定利率市场融资，BBB 在浮动利率市场融资。经过互换后，AAA 向 BBB 支付的浮动利率为 Libor，BBB 向 AAA 支付固定利率，假设固定利率为 R。我们可以计算 AAA 和 BBB 的净支出，每一方的净支出利率均不应高于自己在比较劣势市场的利率，否则就没有从事利率互换的必要。这样，我们可以计算出固定利率的上下限（表 5-7）。

表 5-7　利率互换中固定利率的区间

借款人	净支出	上　限	结　果
AAA 级机构	B+20bp+Libor−R	Libor−20bp	R>B+40bp
BBB 级机构	Libor+20bp+R−Libor	B+120bp	R<B+100bp

从表 5-6 成本融资渠道矩阵可以看出，双方通过利率互换可以分享的收益是固定利率利差和浮动利率利差的差值，即 100−40=60bp。如果 BBB 获得其中的 20bp 好处，则利率互换中需要支付的固定利率为 $R-20\text{bp}=B+80\text{bp}$。

互换套利也存在一些局限性。例如，局限于双边套利，而不是多边套利；局限于两个市场间的某一互换交易；局限于各市场参与者的负债，而没有涉及产生收益的资产互换。

2. 零息票定价法

零息票定价法的主要原则是：每种主要货币都存在一组零息票利率，这些零息票利率可用于为任何未来现金流定价；所有互换都仅仅是一系列现金流；对互换定价可使用零息票利率求得每一笔现金流的现值并加总。

零息票定价方法也有特有的步骤，具体如下。

第一步，识别互换交易的现金流量。互换合约使交易双方可以在规定的时间间隔里相互交换支付某些规定的现金流量，我们可以通过现金流量图对现金流量进行识别。图 5-8中的横线上方是现金流的流入，下方为流出。T 表示现金支付日期，k_1 和 k_2 分别表示固定利率和浮动利率按名义本金计算的货币利息。如果是货币互换，则需要在 0 期加上本金的互换，在 T 期加上本金的换回(图 5-9)。

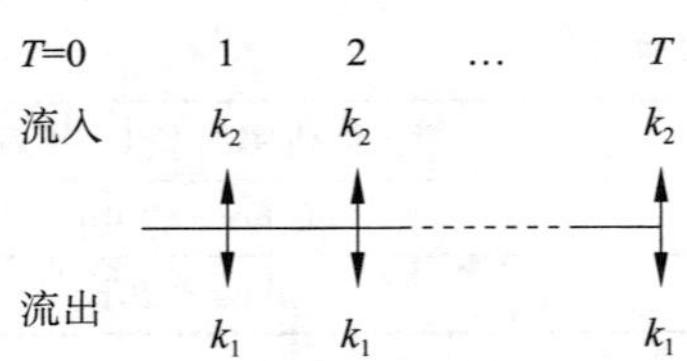

图 5-8　利率互换的现金流

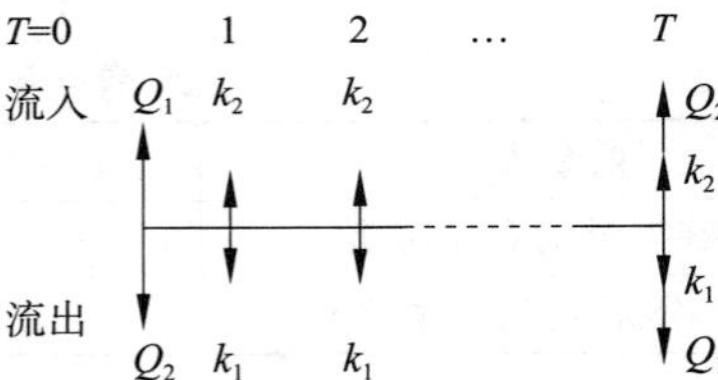

图 5-9　货币互换的现金流

第二步，把一个具体的互换合约转换为一个债券组合或一个远期组合。我们以利率互换进行说明。可以设计一种债券组合：A 公司以浮动利率发行债券筹集资金，同时将筹集到的资金投资于以固定利率计息的另一种债券，即相当于互换交易中收入固定利率，支付浮动利率(对于收入浮动利率，支付固定利率的情况也与此相似)。我们只分析第一种情况的债券组合现金流，如图 5-10 所示。

由于初始本金 Q_1 和 Q_2 的数额相等，实际上在第 0 期没有现金流，同样在 T 期的本金互换也没有现金流。因此可以不考虑这两个时期的 Q_1 和 Q_2 的现金流量，所以在图中画虚线。这样这个图就和图 5-9 一样，这就是互换合约可以转换为一个债券组合。

互换合约也可以是远期合约的组合。如果把互换的现金流进行分解，就可以得到图 5-11。在图 5-11 中，每一到期日的现金流构成一笔单独的远期交易，即互换是若干笔远期协议的组合。

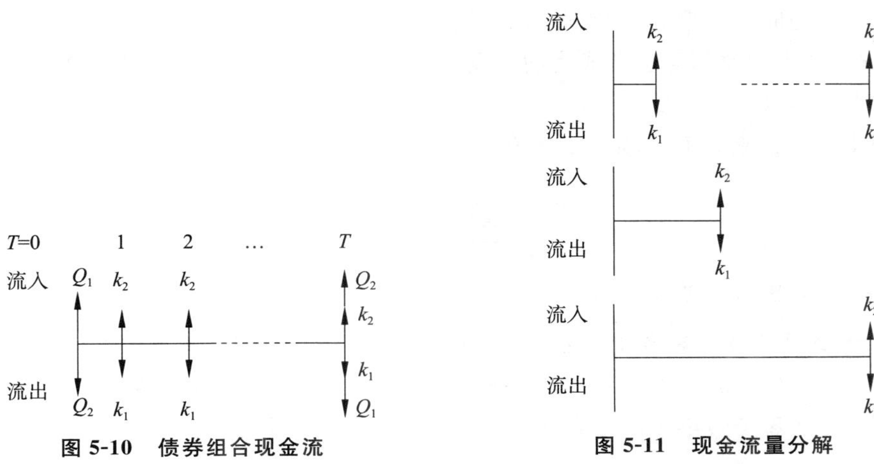

图 5-10 债券组合现金流

图 5-11 现金流量分解

第三步：运用债券或远期合约的理论与定价原理对互换合约进行定价。

下面进一步分析利率互换和货币互换的零息票定价法。

二、利率互换的零息票定价法

利率互换的零息票定价方法有两种：一种是把利率互换看作买入一个债券，同时卖出另一个债券；另一种是作为一系列远期合约的组合。所以，可以运用债券或远期合约的定价原理对利率互换进行定价。

为了方便分析，我们先做出以下假设：市场是完全的，不存在无风险套利利润；互换投资者可以进行实现其意愿的买空和卖空；互换交易中不存在交易费用；互换交易中不存在违约风险；利率互换中有本金互换。

1. 利用债券价格定价

假设存在这样的利率互换：互换期内有 n 次现金流交换，每半年支付一次，每次交换的日期用 t_i 表示（$1\leqslant i\leqslant n$），名义本金为 Q。如果把利率互换看作债券的多空组合，那么支付固定利率收取浮动利率的一方，相当于卖给对方面值为 Q 的固定利率债券，同时购买对方发行的面值为 Q 的浮动利率债券。用 B_{fix} 代表固定利率债券在互换初始即 0 时期的现值，B_{fl} 代表浮动利率债券在互换初始即 0 时期的现值。

首先，我们来看固定利率债券的现值。互换中固定年利率用 R 表示，设 r_i 是与 t_i 相对应的贴现率，贴现因子以连续复利计算，那么：

$$B_{fix}=\sum_{i=1}^{n}0.5RQ\mathrm{e}^{-r_it_i}+Q\mathrm{e}^{-r_nt_n} \tag{5.1}$$

其次，我们确定浮动利率债券的现值。每一期浮动利率为该期期初的无风险利率，用 R_i 表示在 t_i 时刻所对应的浮动利率，那么理论上：

$$B_{fl}=\sum_{i=1}^{n}0.5\,R_iQ\mathrm{e}^{-r_it_i}+Q\mathrm{e}^{-r_nt_n} \tag{5.2}$$

但是实际中，我们只能知道第一期 R_1 的大小，剩余的浮动利率数值无法直接获得，这便导致 B_{fl} 的计算式非常复杂。我们可以用另一种思路来解决这个问题。由于在债券定价中，贴现率的选取要反映现金流量的风险水平。对浮动利率债券而言，每次支付的浮动利息都是基于当时的即期利率，因此，可以用每期的即期利率作为浮动利率债券定价的贴现率。这样，浮动利率债券也就成为面值发售债券。也就是说，浮动利率债券的现值就近似等于名义本金，即 $B_{fl}=Q$。

为了使净现金流等于零，则 $B_{fix}=B_{fl}$，进一步可得

$$R=\frac{1-e^{-r_n t_n}}{\sum_{i=1}^{n} e^{-r_i t_i}}\times 2 \tag{5.3}$$

例 5-1　利率互换定价

假定 A 公司参与一笔名义本金为 2 000 万美元的互换交易，并同意支付固定利率，同时收取 Libor 利息。互换每 6 个月支付一次，而浮动利率的支付建立在前 6 个月的 Libor 基础之上。那么固定利率应该是多少呢？表 5-8 给予了测算。

表 5-8　利率互换定价

源于 Libor 的利率期限结构如下：

到期日	Libor	贴现因子
6 个月	9.00	$e^{-0.09\times 0.5}=0.9560$
12 个月	9.75	$e^{-0.0975\times 1.0}=0.9710$
18 个月	10.20	$e^{-0.10205\times 1.5}=0.8581$
24 个月	10.50	$e^{-0.1050\times 2.0}=0.8106$

所有剩余的浮动利息应付款项取决于每 6 个月初的 Libor 值。因此，互换交易的浮动构成部分的现值等于 2 000 万美元。那么，使固定利息债券价值等于 20 000 000 美元的息票数应为

$$R=\frac{1-e^{-r_n t_n}}{\sum_{i=1}^{n} e^{-r_i t_i}}\times 2=10.73\%$$

因此，如果 A 公司答应支付 10.73%的固定利率，同时收入基于 6 个月初 Libor 之上的浮动利率，互换合约的初始价值为零

在现实中，互换利率由交易商确定，并以报价形式提供给潜在的客户。对于例 5-1，可以知道交易商针对两年期的互换合约报价的利率为 10.73%。当客户打电话给交易商要求报价时，交易商说明该利率仅适用于两年期的互换合约报价。随着市场利率的变化，报价也要出现相应变动。所以，客户无法做到再打电话给另一家交易商，然后再返回找到开始的交易商，并获得相同的利率报价。事实上，市场利率即便在交易商打电话发出报价的那一瞬间，也会发生变化。

为了保护交易商免受这种风险的侵害，利率是作为相对于同样期限国债的差额形式发出报价的。这样，如果两年期的中期国债收益率为 9%，则两年期的互换合约报价为两年期的中期国债收益率加上 173 个基点。不过，出于做市的考虑，交易商会报出一个利率用于支付固定利率，同时报出另一个利率用于收取固定利率。所以，在得出互换合约的定价为 173 个基点外加国债收益率之后，交易商很可能愿意按照 172 个基点支付固定利息（相对于收入 Libor 而言），以及按照 174 个基点收取固定利息（相对于支付 Libor 而言）。

2. 利用远期利率协议定价

不考虑违约风险，一个利率互换也可以分解为一系列远期合约，只是结算时所用的 Libor 是在结算日之前 6 个月的 Libor，而不是当日的 Libor。

这里仍以例 5-1 介绍。假设 $\hat{R}_i$ 为结算日 $i(i \geqslant 2)$之前 6 个月的远期利率。那么，使两组现金流现值相等的年固定利率 R 应满足

$$\sum_{i=1}^{n} 0.5RQ\mathrm{e}^{-r_i t_i} = \sum_{i=1}^{n} 0.5Q\hat{R}'_i \mathrm{e}^{-r_i t_i} \tag{5.4}$$

则

$$R = \frac{\sum_{i=1}^{n} \hat{R}'_i \mathrm{e}^{-r_i t_i}}{\sum_{i=1}^{n} \mathrm{e}^{-r_i t_i}} \tag{5.5}$$

三、货币互换的零息票定价法

货币互换定价原理与利率互换相似，也是使用零息票利率对互换现金流贴现。一般来说，货币互换初始的价值即净现值也为零。与利率互换不同的是，货币互换初期和期末涉及两种不同货币面值的本金互换。

根据式(5.2)及 $B_{fl}=Q$，可以得出

$$\sum_{i=1}^{n} 0.5\, R_i Q \mathrm{e}^{-r_i t_i} = Q - Q\mathrm{e}^{-r_n t_n} \tag{5.6}$$

可以看出，本金交换额完全可以替换浮动利率的支付，货币互换的定价正是利用这种替代并以标准利率互换定价为基础的。

首先，看一个用同种货币计值的标准利率互换，如图 5-12 所示。该互换固定利率 R_1 是一公平定价，净现值为零。

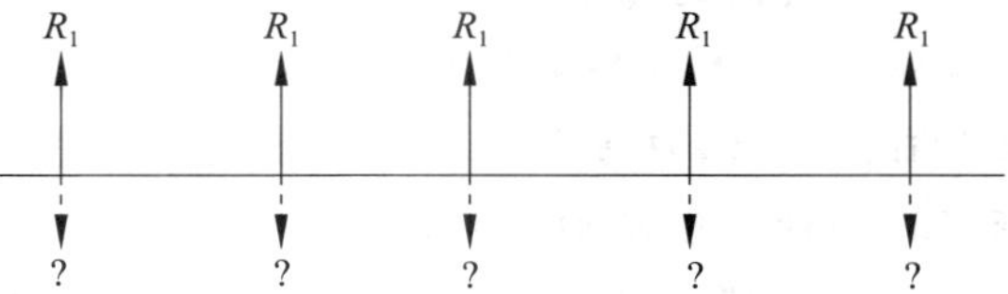

图 5-12 同种货币的标准利率互换

其次，用一实际的本金交换额(设本金为 Q_1)代替一系列的浮动利率支付。替代后的现金流如图 5-13 所示。

最后，将这一互换与第二种货币表示的等量而结构相反的互换结合后，现金流如图 5-14 所示。第二种货币表示的互换利率 R_2 也是公平市场利率，这样，也有一个零净现值。第二种货币的本金额为 Q_2。本金比 Q_1/Q_2 等于即期汇率。

实际上，图 5-14 与两种货币间固定对固定利率的货币互换的现金流量是一致的。因此，公平市场利率 R_1 和 R_2 也是该货币互换的利率。也就是说，固定对固定利率的货币互换的两个互换利率与两种货币各自的利率互换的公平利率是相等的。例如，假定 5 年期

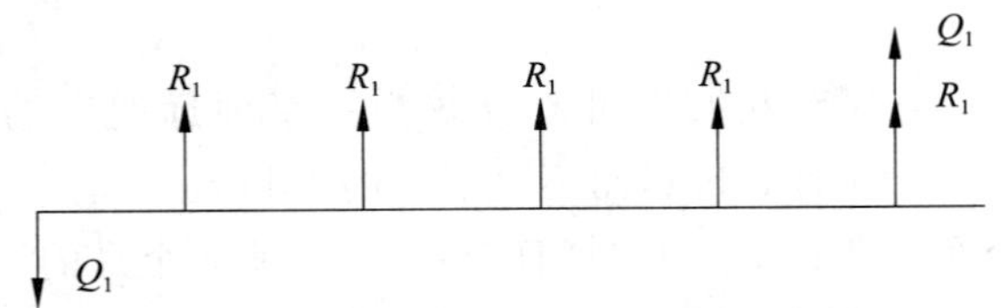

图 5-13　浮动利率支付被本金交换额代替后的利率互换

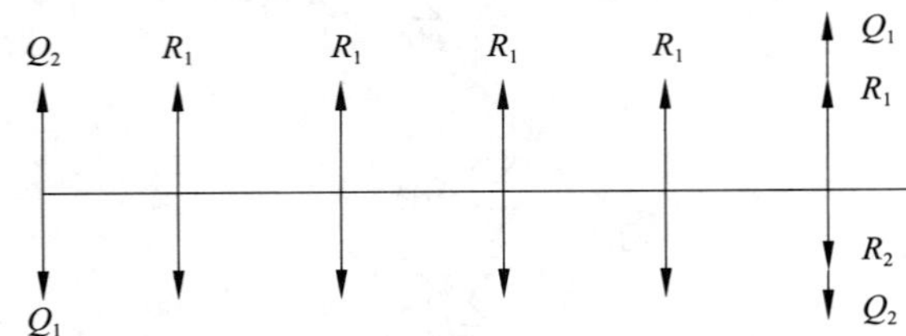

图 5-14　两种货币间固定对固定利率的货币互换

美元利率互换其固定利率是 5%，而 5 年期欧元利率互换其固定利率定价在 6%，那么，一个美元对欧元的货币互换的公平定价(期初的净现值为零)将是一方以固定利率 5%支付美元，同时以固定利率 6%接受欧元。

此外，互换还有固定对浮动利率、浮动对浮动利率的货币互换，定价的原理都一样。这里不再介绍。

前面已经提及，货币互换相当于发行某个币种的债券，将即期汇率计价的收入转换币种，并买进用其他币种计价的债券。因此，任何一边的固定利率，都可简单视为某个币种之下发行债券名义本金的息票率。

例 5-2　货币互换的定价

假定 A 公司发行 980.4 万美元的债券，每半年支付一次利息。A 公司倾向于借入欧元款项。所以它参与和 B 公司之间的货币互换，以 980.4 万美元交换 1 000 万欧元(当前汇率：1 欧元等于 0.980 4 美元)。双方每半年支付一次款项，本金的交换和偿付分别发生在交易开始和互换结束之日。那么，双方各自应支付的固定利率应是多少呢？为了便于分析，表 5-9 列出了美元 Libor 的期限结构信息，以及建立在欧洲银行间欧元同业拆借利率(Euribor)基础上的欧元利率期限结构信息。以此为基础，可以确定这些利率基础上的贴现因子(表 5-10)，并计算出所需的互换利率。

表 5-9　美元 Libor 与 Euibor 的期限结构

期限	美元 Libor	Euibor
6 个月	5.5	3.8
12 个月	5.5	4.2
18 个月	6.2	4.4
24 个月	6.4	4.5

表 5-10 结算所得的美元 Libor 与 Euibor 的贴现因子

期限	美元 Libor	Euibor
6 个月	0.972 9	0.981 2
12 个月	0.945 6	0.958 9
18 个月	0.911 2	0.936 1
24 个月	0.879 9	0.913 9

现在就可以得出每种货币的互换固定利率，即

$$互换美元利率=2\times\left(\frac{1-0.879\ 9}{0.972\ 9+0.946\ 5+0.911\ 2+0.879\ 9}\right)=0.064\ 7$$

$$互换欧元利率=2\times\left(\frac{1-0.913\ 9}{0.981\ 2+0.958\ 9+0.936\ 1+0.913\ 9}\right)=0.045\ 4$$

应该说，这两种利率都是固定的。如果互换结构发生变化，变成支付浮动美元，那么条件将简化为：按照美元 Libor 支付美元金额，同时按照 4.54%的利率收入欧元。这个结论之所以成立是因为固定美元利率 6.47%在价值上等于按照美元 Libor 计算的浮动现金流。如果说 6.47%是一个公平的利率，那么上述的结论一定成立。同理，如果欧元利率是浮动的，美元利率是固定的，那么美元利率将等于 6.47%，欧元利率为 Euribor。如果美元和欧元都以浮动利率支付，那么互换利率只需分别规定 Libor 和 Euribor 就可以了。

四、金融互换的估值

互换的估值是指在互换期间内某一时刻的互换净现值，此时固定利率是确定的，求的是互换的净现值。估值发生在互换签约之后，目的是监测可能的盈亏和进行风险管理。估值和定价具有差异。在定价时，净现值是已知的（为零），固定利率未知，而对于估值来说，已知的是固定利率，要确定的是净现值。和互换的定价原理类似，在没有违约可能性假设下，对互换进行估值有两种方法：一是用一种债券多头与另一种债券空头的组合，二是作为一系列远期合约的组合来估值。

1. 利率互换的估值

一种方法是，通过假定利率互换是债券空头的组合进行估值。

假设互换的价值为 V，那么互换估值遵循公式：

$$V=B_{fix}-B_{fl}$$

由于固定利率不变，因此无论在哪个互换时间点，B_{fix} 都可以进行计算。现在考虑 B_{fl}。在支付日后的短暂时间内，B_{fl} 总是等于名义本金 Q。由于互换估值在互换交易中的任意一个时点都可进行，且可以知道从该时点往后的第一个支付日的时间为 t_1，以及 t_1 时刻将支付的浮动利息（建立在前 6 个月基础之上），如果对应的利率为 R_1，那么

$$B_{fl}=Qe^{-r_1t_1}+0.5QR_1e^{-r_1t_1}=(1+0.5R_1)e^{-r_1t_1} \tag{5.7}$$

这时，我们就可以求解 V 值，即对互换进行估值。所需注意的是，互换合约开始签订时价值为零。其间，互换的价值可能是正值，也可能是负值。

另一种方法是，通过假定利率互换是一系列远期合约组合互换进行估值。

假设 $\hat{R}'_i$ 为结算日 $i(i\geqslant 2)$ 之前 6 个月的远期利率。我们已经知道，一份多头远期合约的价值是当前远期价格与结算价格之差的现值，这样，对于收取固定利息、支付浮动利息的一方来说，与第 i 个支付日相对应的远期合约的价值为 $(0.5QR-0.5Q\hat{R}'_i)e^{r_it_i}$。

在最近的第一个支付日 t_1 时，该方支付浮动利息 $0.5QR_1$，收到固定利息 $0.5QR$，此现金流的现值为 $(0.5QR-0.5QR_1)e^{-r_1t_1}$。

那么，互换价值为

$$(0.5QR-0.5QR_1)e^{-r_1t_1}+0.5Q\times\sum_{i=2}^{n}(R-\hat{R}'_i)e^{-r_it_i}$$

而对于收取浮动利息、支付固定利息的一方来说，其互换价值为

$$(0.5QR_1-0.5QR)e^{-r_1t_1}+0.5Q\times\sum_{i=2}^{n}(\hat{R}'_i-R)e^{-r_it_i}$$

需要注意的是，利率互换在整个互换期内，净现值可能大于、等于或小于零，这决定于即期浮动利率的变化。如果浮动利率降低，固定利率的现值将相对于浮动利率现值增加，此时，利率互换的买方（即收入固定利率、支付浮动利率的一方）的互换价值大于零，利率互换的卖方（即支付固定利率、收入浮动利率的一方）的互换价值小于零；如果浮动利率上升，固定利率的现值相对于浮动利率现值降低，则利率互换买方的互换价值将小于零，利率互换卖方的互换价值将大于零。

2. 货币互换的估值

第一种估值方法是假定货币互换是债券的多空头组合。如果，V 表示互换的价值，那么对于收入外币利率、支付本币利率的一方而言：

$$V=SB_F-B_D \tag{5.8}$$

其中，B_F 为在互换中以外币形式衡量的外币债券价值；B_D 为互换中本币债券的价值；S 为即期汇率（以若干本币数量来表示每单位外币）。

因此，互换的价值可以从本币的利率期限结构、外币的利率期限结构以及即期汇率来确定。举例如下。

例 5-3 货币互换的估值

假设日元和美元的利率期限结构水平，日元年利率为 4%，美元年利率为 9%（都以连续复利表示）。一家金融机构进行货币互换，它每年以日元收取年利率为 5% 的利息，以美元支付年利率为 8% 的利息，以两种货币表示的本金分别为 1 000 万美元和 12 亿日元，互换将持续 3 年，现在的汇率为 1 美元＝110 日元。

$$B_D=0.8\,e^{-0.09\times1}+0.8\,e^{-0.09\times2}+10.8\,e^{-0.09\times3}=9.64\text{ 百万美元}$$

$$B_F=60\,e^{-0.04\times1}+60\,e^{-0.04\times2}+1\,260\,e^{-0.04\times3}=1\,230.55\text{ 百万日元}$$

那么，互换的价值 V 为

$$V=SB_F-B_D=1\,230.55/110-9.64=1.55\text{ 百万美元}$$

第二种估值方法是假定货币互换是一系列远期合约组合。假设 $F_i(1\leqslant i\leqslant n)$ 为对应

时间长度是 t_i 的远期汇率；Q 为外币的本金额；Q^* 为本币的本金额；k 为每期收取的外币利息额；k^* 为每期支付的本币利息额。在所有情况下，远期合约多头的价值等于远期合约超过交割价格的现值。

这样，对应时刻 t_i 的利率交换，收取外币利息、支付本币利息的一方的远期合约价值为

$$(kF_i-k^*)e^{-r_it_i}$$

而对应时间 t_n 的本金交换，它的远期合约价值则是

$$(QF_n-Q^*)e^{-r_nt_n}$$

这表明货币互换的价值总是可以从远期汇率和国内利率的期限结构计算出来。

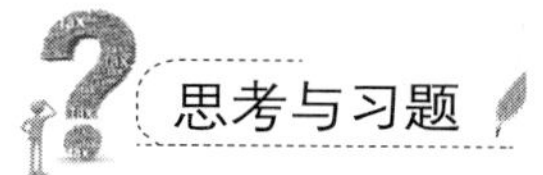

思考与习题

1. 什么是利率互换和货币互换？

2. 商品互换的基本原理是什么？

3. 利率互换是如何转变资产和负债的利率属性的？

4. 利率互换的基本特征是什么？

5. 查阅中国货币网掌握我国利率互换的报价形式。

6. 金融互换迅速发展的原因是什么？

7. 你如何理解“互换的变化形式似乎只受金融工程师的想象力及企业资金部门主管与基金经理对于特殊交易结构渴望的限制”这句话？

8. 套利定价法的基本原理是什么？

9. 一家企业和一家银行签订了铁矿石互换合同，数量为 60 000 公吨，合约价格为 132 美元/公吨，结算日期为 2019 年 3 月 31 日，结算原则是依据合约月份现货价格的平均值。那么，在合同到期时，铁矿石现货价格为 139 美元/公吨，铁矿石互换价格也上涨，结算价为 142 美元/公吨，试计算企业最终买入铁矿石的价格为多少？

10. 某金融机构与公司 X 进行了一笔利率互换交易。在交易中，金融机构收入年率 10% 并同时付出 6 个月的 Libor，互换的本金为 1 000 万美元，互换期限为 5 年，支付的频率为 6 个月。这时对于所有的期限，利率为 8%(每半年计利息一次)。金融机构会有什么损失？假定在两年半时 Libor 的年利率为 9%。

11. 某金融机构与公司 Y 进行了一笔 10 年期的货币互换交易。在交易中，金融机构收入瑞士法郎的年利率为 3%，付出美元的年利率为 8%。利息支付是每年一次。本金分别为 700 万美元和 1 000 万瑞士法郎。假定公司 Y 在第 6 年末破产，这时汇率为每瑞士法郎兑 0.8 美元。破产金融机构带来的费用为多少？假定在第 6 年，对于所有期限瑞士法郎的年利率为 3%，美元年利率为 8%。

12. 假定 A 公司参与一笔名义本金为 2 000 万美元的互换交易，并同意支付固定利率，同时收取 Libor 利息。Libor 的利率期限结构见表 5-11 互换合约为 2 年，每 6 个月支付一次。浮动利率的支付建立在前 6 个月的 Libor 基础之上。那么，固定利率应该是多少呢？

表 5-11 Libor 的利率期限结构

6 个月	12 个月	18 个月	24 个月	36 个月
5.0%	5.2%	5.8%	6.1	6.5

13. 假设银行 AYZ 和公司 XYZ 希望开展利率互换，基本的融资条件见表 5-12。请按标准的利率互换形式，用套利定价法给该利率互换进行定价，双方根据信用级别分享的收益比例是 7∶3。

表 5-12 基本的融资条件

融资条件与目标	XYZ 公司可以借到（信用级别是 BBB）	AYZ 银行可以借到（信用级别是 AAA）
固定利率 浮动利率	10% Libor＋1%	8.25% Libor
融资目标	希望以尽可能低的固定利率融资	希望以尽可能低的浮动利率融资

14. 某笔本金为 100 万元的利率互换以 6M Shibor 的浮动利率交换年化 6.5% 的固定利率，每半年支付一次利息(180/360)，该互换还有 15 个月到期，3 个月前的 6M Shibor 为 5.85%。目前市场上 Shibor 的利率期限结构见表 5-13。那么，对利率互换空头来说，互换的价值为多少元？

表 5-13 Shibor 的利率期限结构

期限(天)	即期利率(%)	贴现因子
90	6.13	0.984 9
270	6.29	0.955 0
450	6.53	0.924 5

15. Zetacorp 公司能够以 4.85% 的利率发行 5 年期瑞士法郎债券。但是，Zetacorp 公司希望筹集 2 000 万美元 5 年期浮动利率债务。该公司能够以 6 个月美元 Libor＋50bp 筹集这些资金。Azure 银行同意与 Zetacorp 公司开展互换，该银行建议 Zetacorp 公司以较低的利率发行瑞士法郎债券，同时将其换成浮动利率美元。本金交换将使用即期汇率 1 美元＝1.333 5 瑞士法郎。该银行的 5 年期固定瑞士法郎互换利率为 4.90%～5.03%（付息利率和收息利率）。那么，如何安排互换？Zetacorp 公司每年可以节约多少成本？

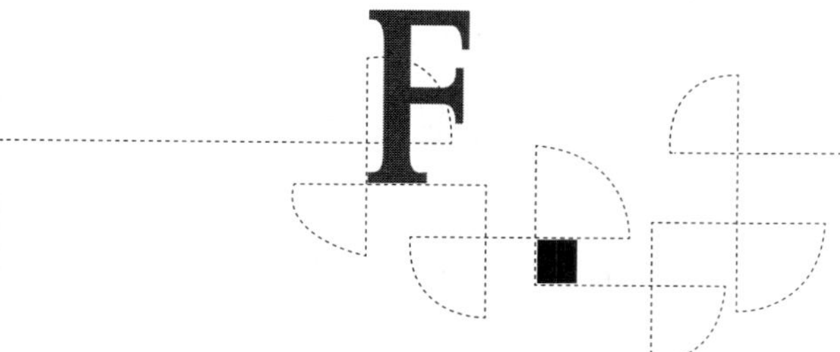

第六章

场内期权市场的运作模式

在期权交易所挂牌交易的期权合约中，除了期权的行权期限、行权价格和权利金可以由交易者自由选择或由公开竞价直接产生外，其余要素均由交易所设计确定，合约格式和交易内容完全实现标准化。我们可以将集中性地交易标准化期权的市场或交易所称为场内期权市场。场内期权市场是在运作模式方面和期货市场具有诸多相似性，但在具体设计机理方面又截然不同的重要衍生工具市场。场内期权市场的标准化设计和交易策略为交易者打开了投资和管理风险的新领域，有助于提高投资者的收益率。

第一节 标准化期权

一、标准化的期权合约

1. 合约名称

期权合约必须对交易的标的资产进行明确规定。如果是现货期权，则应明确界定交易的金融资产类型，如黄金、利率、外汇、股票、ETF 基金等。如果是期货期权，则应该对交易的期货合约做出明确的指明(表 6-1)。

表 6-1 大连商品交易所豆粕期权合约

合约标的资产	豆粕期货合约
合约类型	看涨期权、看跌期权
交易单位	1 手(10 吨)豆粕期货合约
报价单位	元(人民币)/吨
最小变动价位	0.5 元/吨
涨跌停板幅度	与豆粕期货合约涨跌停板幅度相同

续表

合约标的资产	豆粕期货合约
合约月份	1、3、5、7、8、9、11、12 月
交易时间	每周一至周五 9:00—11:30,13:30—15:00,以及交易所规定的其他时间
最后交易日	标的期货合约交割月份前一个月的第 5 个交易日
到期日	同最后交易日
行权价格	行权价格覆盖豆粕期货合约上一交易日结算价上下浮动 1.5 倍当日涨跌停板幅度对应的价格范围。行权价格≤2 000 元/吨,行权价格间距为 25 元/吨;2 000 元/吨<行权价格≤5 000 元/吨,行权价格间距为 50 元/吨;行权价格>5 000 元/吨,行权价格间距为 100 元/吨
行权方式	美式。买方可以在到期日之前任一交易日的交易时间,以及到期日 15:30 之前提出行权申请
交易代码	看涨期权:M－合约月份－C－行权价格 看跌期权:M－合约月份－P－行权价格
上市交易所	大连商品交易所

资料来源:大连商品交易所网站

2. 交易单位

交易单位是指每手或每张期权合约所交易的标的资产的数量。例如,芝加哥期货交易所的小麦期权合约为 5 000 蒲式耳/手,大连商品交易所豆粕期权合约为 10 吨/手(表 6-1),上海证券交易所交易的上证 50 交易型开放式指数证券投资基金(50ETF)是 10 000 份/手(表 6-2)。

有时,即使对于同一标的资产而言,不同期权市场其交易单位也不相同。例如,美国的 1 手股票期权合约代表 100 股股票,而英国则为 1 000 股股票。从国际市场看,合约规模小型化对提高市场的活跃程度作用明显。这是因为买入期权是需要支付权利金的,权利金有时并不便宜。合约拆细后,可以有效降低一手期权的权利金占用,刺激交易。从国际惯例看,期货期权合约的交易单位多为期货合约单位的 1/5,但也有期权的交易单位与期货合约相同(如我国)。

3. 最小变动价位

最小变动价位是指买卖双方在出价时,权利金价格变动的最低单位。期权合约最小变动价位的制订受两方面的因素影响:一是期权合约众多,而不同行权价格的合约价格差异很大。因此,对于标的价格变化特别大的品种,一般是按照权利金额分段设置最小变动价位。一般采取相对较小的单一值,或者采取简单的分段设置;二是理论上期权合约权利金价格变动要小于相关期货合约价格变动。比如大连商品交易所的豆粕期权最小变动价位设计是豆粕期货合约最小变动价位的一半,即 0.5 元/吨。芝加哥期货交易所和堪萨斯市交易所的小麦期权合约最小变动价位设计也是期货合约最小变动价位的一半,即期货合约的最小变动价位是 1/4 美分/蒲氏耳,期权合约的最小变动价位是 1/8 美分/蒲氏耳。

4. 合约月份

合约月份是期权合约的交易月份。例如,上证 50ETF 期权的合约月份是当月、下月及随后两个季月。豆粕期权的合约月份是 1、3、5、7、8、9、11、12 月。芝加哥期货交易所的小麦期权的合约月份为 3、5、7、9、12 月。通常,农产品期权合约月份要受到生产季节的影响,而以金融资产为标的物的期权合约可以灵活选择合约月份,这一点与期货合约相同。但是应注意,在期货期权合约中,为了减少期权行权对标的期货交易的影响,期权合约的到期日一般提前至期货合约月份前的一个月内。

5. 行权价格与行权价格间距

期权合约的行权价格是期货合约所没有的,其具体数值往往由交易所事先确定。在期权市场上,同一标的资产的期权合约有多个不同的行权价格,这些不同行权价格是以合约标的资产的现货价格为基础来确定的。交易所会根据现货资产价格的波动情况及时调整期权合约的行权价格,以维持交易的活跃性。

为了方便投资者选择行权价格,期权合约中规定了行权价格间距的设置方法。行权价格间距是指相邻两个行权价格之间的差,并在期权合约中载明。行权价格间距的大小对期权的活跃程度至关重要,如果期权行权价格的间距制定不合理,可能会影响期权的活跃程度。行权价格间距的大小基本上决定了合约存续期间挂盘的行权价格数量。如果行权价格间距制定得过大,会造成挂盘的行权价格太少,导致权利金成本较高;间距过小,行权价格太多,交易时选择就太分散,这是一个平衡问题,两种情况都对流动性非常不利。合理的行权价格间距设定有利于期权交易的活跃,提高期权市场的流动性。期权市场流动性的提高能够改善市场质量,降低市场的运作风险。

对于行权价格间距来说,不同的交易所规定的依据不同,方式繁多。大致归结起来需要考虑以下因素。

第一,考虑近期月份和远期月份。一般来说,近期月份的行权价格间距低,远期月份高。

第二,考虑行权价格的高低。一般来说,低行权价格区间,行权价格间距小;高行权价格区间,行权价格间距大。上证 50ETF 期权合约中规定的行权价格间距是,行权价格在 3 元或以下为 0.05 元,3 元至 5 元(含)为 0.1 元,5 元至 10 元(含)为 0.25 元,10 元至 20 元(含)为 0.5 元,20 元至 50 元(含)为 1 元,50 元至 100 元(含)为 2.5 元,100 元以上为 5 元。

第三,考虑正常合约月份和系列合约月份。正常合约月份行权价格间距大,系列合约月份行权价格间距小。如芝加哥期货交易所小麦期货期权规定,正常合约月份行权价格间距为 10 美分/蒲式耳,系列合约月份行权价格间距为 5 美分/蒲式耳。另外,芝加哥期货交易所的玉米和大豆期货期权,伦敦国际金融交易所的 Euribor 期货期权等也采用此方法确定行权价格间距。

第四,考虑平值期权的远近。一般来说,平值期权附近是交易较为活跃的合约月份,行权价格间距小。远离平值期权的合约交易不活跃,行权价格间距大。例如,纽约商业交易所的轻质低硫原油期货期权。

此外,也有的期货期权不分高低行权价格区,实行完全相同的行权价格间距,如洲际交易所(ICE)棉花期货行权价格间距规定,2 号棉花期货期权行权价格间距为 1 美分/磅。

另外,CBOT 的豆油期货期权、ICE 的油菜籽期货期权、纽约商品交易所黄金期货期权、欧洲交易所的 Euro-Bund 期货期权、芝加哥商品交易所的欧元/美元期货期权等,都实行同一行权价格间距。

在了解了期权行权价格和行权价格间距后,投资者在进行期权交易时必须先选择不同行权价格的期权。大连商品交易所的豆粕期权,每个交易日挂出的行权价格覆盖豆粕期货合约上一交易日结算价上下浮动 1.5 倍当日涨跌停板幅度对应的价格范围。郑州商品交易所白糖期权,每个交易日以前一交易日结算价为基准,按行权价格间距挂出 5 个实值期权、1 个平值期权和 5 个虚值期权。上证 50ETF 期权每天计算挂出 5 个期权,其中 1 个平值合约、2 个虚值合约、2 个实值合约。在商品期货期权市场中,交易活跃的一般为平值及其附近的合约。

6. 每日价格最大波动限制

每日价格最大波动限制是指期权合约在一个交易日中的权利金波动价格不得高于或低于规定的涨跌幅度,超出该涨跌幅度的报价视为无效。表 6-2 中给出了上证 50ETF 期权的涨跌幅计算方法。对于全球场内期权市场交易量最大的期货期权而言,期权的每日价格最大波动幅度限制与相关期货合约相同。对于最大波动限制的规定有三种情况:期货与期权都不设置、期货设置但期权不设置、期货与期权都设置。期货有波幅限制,期权也有。期货没有限制,期权也没有。做此规定是因为期权价格的上涨幅度和下跌幅度理论上不会超过期货价格的上涨幅度和下跌幅度。理论上,期货价格的波动所引起的权利金的变动幅度最多为 100%。因此,投资者必须细致了解各种期权的交易规则。

7. 最后交易日

最后交易日即能够进行期权交易的最后日期。各月份的期权交易在此日终止了结。交易所根据期权品种设计不同的最后交易日规则。例如,上证 50ETF 期权合约最后交易日是到期月份的第四个星期三(遇法定节假日顺延)。不过,从国际商品期货期权来看,一般规定期权提前于期货合约月份到期,这为投资者和交易所均提供了管理风险的时间。国际市场上,农产品期货期权合约最后交易日与对应期货合约相距 4～6 周,仅有极个别期权合约与对应期货同日到期;金属期货期权合约最后交易日与其对应期货合约一般相距两周或一个月;能源期货期权合约一般相距不超过一周。之所以提前到期,是因为期权到期后会转换成期货合约,而期货合约在交割月前一个月一般被要求提高保证金,为了不提高期权投资者转换期货后的交易成本,一般规定期权在进入期货提高保证金前到期,同时也给期权投资者转换到期货后留足平仓时间。

表 6-2 上证 50ETF 期权合约基本条款

合约标的	上证 50 交易型开放式指数证券投资基金(“50ETF”)
合约类型	认购期权和认沽期权
合约单位	10 000 份
合约到期月份	当月、下月及随后两个季月
行权价格	5 个(1 个平值合约、2 个虚值合约、2 个实值合约)

续表

行权价格间距	3 元或以下为 0.05 元，3 元至 5 元(含)为 0.1 元，5 元至 10 元(含)为 0.25 元，10 元至 20 元(含)为 0.5 元，20 元至 50 元(含)为 1 元，50 元至 100 元(含)为 2.5 元，100 元以上为 5 元
行权方式	到期日行权(欧式)
交割方式	实物交割(业务规则另有规定的除外)
到期日	到期月份的第四个星期三(遇法定节假日顺延)
行权日	同合约到期日，行权指令提交时间为 9:15—9:25，9:30—11:30，13:00—15:30
交收日	行权日次一交易日
交易时间	上午 9:15—9:25，9:30—11:30(9:15—9:25 为开盘集合竞价时间) 下午 13:00—15:00(14:57—15:00 为收盘集合竞价时间)
委托类型	普通限价委托、市价剩余转限价委托、市价剩余撤销委托、全额即时限价委托、全额即时市价委托以及业务规则规定的其他委托类型
买卖类型	买入开仓、买入平仓、卖出开仓、卖出平仓、备兑开仓、备兑平仓以及业务规则规定的其他买卖类型
最小报价单位	0.000 1 元
申报单位	1 张或其整数倍
涨跌幅限制	认购期权最大涨幅＝max{合约标的前收盘价×0.5%，min [(2×合约标的前收盘价－行权价格)，合约标的前收盘价]×10%} 认购期权最大跌幅＝合约标的前收盘价×10% 认沽期权最大涨幅＝max{行权价格×0.5%，min [(2×行权价格－合约标的前收盘价)，合约标的前收盘价]×10%} 认沽期权最大跌幅＝合约标的前收盘价×10%
熔断机制	连续竞价期间，期权合约盘中交易价格较最近参考价格涨跌幅度达到或者超过 50%且价格涨跌绝对值达到或者超过 5 个最小报价单位时，期权合约进入 3 分钟的集合竞价交易阶段
开仓保证金最低标准	认购期权义务仓开仓保证金＝[合约前结算价＋max(12%×合约标的前收盘价－认购期权虚值，7%×合约标的前收盘价)]×合约单位 认沽期权义务仓开仓保证金＝min[合约前结算价＋max(12%×合约标的前收盘价－认沽期权虚值，7%×行权价格)，行权价格]×合约单位
维持保证金最低标准	认购期权义务仓维持保证金＝[合约结算价＋max(12%×合约标的收盘价－认购期权虚值，7%×合约标的收盘价)]×合约单位 认沽期权义务仓维持保证金＝min[合约结算价＋max(12%×合标的收盘价－认沽期权虚值，7%×行权价格)，行权价格]×合约单位

注：认购期权即为看涨期权，认沽期权即为看跌期权；义务仓为期权卖方持仓，权利仓为期权买方持仓。

资料来源：上海证券交易所网站

8. 行权方式

期权合约中将规定期权是美式期权还是欧式期权。从国际商品期权合约发展来看，除伦敦金属交易所外，一般都采取美式。金融品种较多采用欧式。但一个普遍的现象是，商品期权的交易不够活跃。需要注意的是，即使是同一金融资产作为标的物，也有美式期权和欧式期权之分。S&P100 指数期权的行权方式既可以是欧式也可以是美式。而 S&P500 指数期权只是欧式期权。

在期权合约设计中，可能存在一定的担心，即认为卖方风险比买方大，担心谁做卖方

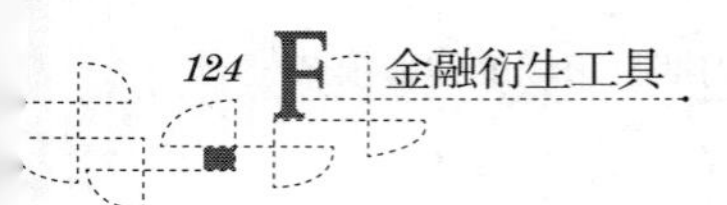

的问题比较多。买方如果太灵活，卖方顾虑更多，所以应该用欧式。但是从期权的权利金价格构成来看，买方不应该随意行权，因为行权只能得到内涵价值，得不到时间价值。按照这个道理，美式期权起作用也不大。况且，如果深度实值期权没有交易，买方还是可以通过执行权利而转换头寸，所以从这个角度看美式期权更符合投资者的心理。

9. 保证金

期权合约中有保证金的支付要求。在期权交易中，买方向卖方支付一笔权利金，买方获得了权利但没有义务，因此除权利金外，买方不需要交纳保证金。对卖方来说，只有义务没有权利，因此，需要交纳保证金，以保证在买方行权的时候，卖方按约履行期权合约。

不同交易所会根据市场条件和技术条件对期权卖方征收以不同方法计算出的保证金。例如，上海证券交易所在上证50ETF期权中设计了最低开仓保证金和最低维持保证金(表6-2)。在开仓时，认购期权义务仓开仓保证金＝[合约前结算价＋max(12％×合约标的前收盘价－认购期权虚值，7％×合约标的前收盘价)]×合约单位；认沽期权义务仓开仓保证金＝min[合约前结算价＋max(12％×合约标的前收盘价－认沽期权虚值，7％×行权价格)，行权价格]×合约单位。而我国商品交易所的期货期权保证金计算则以权利金、期货保证金和期权数值等参数为基础。期权卖方需要缴纳的保证金是max{权利金＋期货保证金－虚值期权的一半，权利金＋期货保证金的一半}。其中，看涨期权的虚值额＝max[(期权行权价格－标的期货结算价)×合约乘数，0]；看跌期权虚值额＝max[(标的期货结算价－期权行权价格)×合约乘数，0]。

10. 期权的行权日期

行权日期是指期权合约行权的日期。很多期权在合约中会直接载明是美式期权还是欧式期权。欧式期权规定只有在合约到期日方可行权。美式期权规定在合约到期日之前的任何一个交易日(含合约到期日)均可行权。例如，买方可以在到期日之前任一交易日的交易时间，以及到期日15:30之前提出行权申请。郑州商品交易所的白糖期权合约中规定，买方可在到期前的每一交易日闭市(15:00)前提交行权指令、撤销行权指令；买方可在到期日15:30之前提交或撤销行权指令、放弃指令。

二、期权和期货的共同点与区别

1. 期权与期货的共同点和联系

期货合约和期权合约都是风险管理的工具，相辅相成，互为补充。场内期权和期货有许多相似之处，也在一些领域具有内在的联系。第一，二者都是在交易所挂牌进行集中性的交易。第二，合约都有一定的期限，到期后，合约就不复存在。第三，都可以管理标的资产的价格风险。第四，期权交易会受到一定的市场限制，这也与期货交易类似。第五，期权可以期货为标的物，用以对冲期货风险。但是，新的实践表明，期货也可以发展出以期权相关产品为标的物的新品种，例如，波动率指数期货。

2. 期权与期货的差异

虽然场内期权合约和期货合约都是标准化合约，但是二者也存在巨大差异。

第一，标的资产不同。期货交易的标的物是商品或金融资产，而期权交易的标的物既可以是一种商品或资产，又可以是期货，或其他衍生工具。

第二，投资者权利与义务的对称性不同。期权合约是单向合约，期权的买方在支付保险金后即取得履行或不履行买卖期权合约的权利，而不必承担义务；期货合约则是双向合约，交易双方都要承担期货合约到期交割的义务。如果不愿实际交割，则必须在有效期内对冲。

第三，合约赋予交易者的交易性质不同。如果投资者买入期货，相当于买入未来的商品。但是，如果投资者买入期权，买入的则是未来买入或卖出标的资产的一种权利。或者说期货交易的是标准化的商品，期权交易的则是买卖标的物的权利。

第四，保证金的收取对象不同。期货的买卖双方都要交纳一定数额的履约保证金；而在期权交易中，买方不需交纳履约保证金，卖方必须交纳履约保证金，以表明他具有相应的履行期权合约的财力。

第五，现金流转不同。在期权交易中，买方要向卖方支付权利金；期权合约可以流通，其权利金则要根据交易商品或期货合约市场价格的变化而变化。在期货交易中，买卖双方都要交纳期货合约面值5%～10%的初始保证金，在交易期间还要根据价格变动对亏损方收取追加保证金；盈利方则可提取多余保证金。

第六，盈亏的特点不同。期权买方的收益随市场价格的变化而波动，是不固定的，其亏损则只限于购买期权的权利金；卖方的收益只是出售期权的权利金，其亏损则是不固定的。期货的交易双方则都面临无限的盈利和无止境的亏损。

第七，套期保值的作用与效果不同。期货的套期保值不是对期货而是对期货合约的标的物(现货)进行保值，由于期货和现货价格的运动方向会最终趋同，因此套期保值能收到保护现货价格和边际利润的效果。期权也能套期保值，对买方来说，即使放弃履约，也只损失权利金，对其购买资金保了值；对卖方来说，要么按原价出售商品，要么得到权利金也同样保了值。

第八，交易策略不同。一个到期时间的期货合约仅有一个，期货市场上的交易合约数目有限，而同一到期时间的期权数目众多，期权的交易策略复杂多样。交易者可以基于对市场走势的不同看法，采取不同的期权策略。无论从理论还是从交易实践看，期权的交易策略都要比期货具有更大的灵活多样性。

第九，"市"和"价"的侧重方面不同。期货市场的参加者通常注重市场的走势，市场看涨就做多，看跌就做空，价格本身并不重要。期权的交易者必须既"重市"又"重价"。这是因为只有预测了市场的走势，才能知道该为多头的"跌"还是该为空头的"涨"买保险。在确定了价格走势之后，交易者必须确定期权的价格，主要原因是必须立刻支付现金。对于期权套利者和投机者而言，尤其需要既"重市"又"重价"。

3. *期权的劣势*

期权并非只有优势，事实上也有其劣势。第一，对于场内期权来说，卖方要满足交易所确定的保证金规定。第二，相对于期权赋予的权利，获得期权所支付的权利金可能很贵。所以，买方必须综合权衡权利金以及购买期权与套期保值或其他交易策略之间的成本和风险问题。第三，期权的时间价值随到期日趋近而不断减少。这是买方面临的不利因素。第四,期货期权的买方要求对期权进行履约时,必须满足期货保证金的规定。执行看跌期权的生产商实际上还是空头期货,其所获得的净价格仍旧是基差的函数。期权履约也并不保证所获得的价格一定等于期权开始时确定的行权价格。第五,期权交易者常常长期持有头寸,个人账户的交易量不大,所以经纪公司对期权买方会收取较高的佣金。

第二节 期权交易所和市场构成

一、期权交易所

期权交易所是组织期权合约买卖的场所。其主要功能是:推出各种标准化期权品种,制定期权交易规则,以特定的方式或平台组织交易者交易,加强交易监管,创造一个高效透明的二级市场。世界上有很多交易所交易期权,但美国是世界场内期权交易的中心。

期权交易所分为三类。第一类是纯粹的期权交易所,如芝加哥期权交易所(CBOE)。第二类是股票交易所或其他现货交易所,这些交易所同时也进行一定规模的期权交易。例如费城证券交易所(PHLX)、美国证券交易所(AMEX)、纽约证券交易所(NYSE)、国际证券交易所(ISE)。值得注意的是,在这些交易所里交易的期权都已覆盖多种标的物。第三类是期货交易所,这些交易所在进行期货交易的同时,也进行期货期权交易。如芝加哥商品交易所(CME)、洲际交易所(ICE)、堪萨斯商品交易所(KCBT)、明尼苏达谷物交易所(MGE)、纽约商品交易所(NYME)。这些交易所只提供期货期权交易,并往往只交易本交易所上市的期货品种的期权产品(表 6-3)。

表 6-3 美国主要期权交易所及其期权品种

交易所	主要期权品种
CBOE	股票期权、股指期权、国债期权、ETFs 期权、HOLDRs 期权、长期期权(LEAPs)、灵活期权、信用期权、周期权(weeklys)、季节期权(quarterlys)等
ISE	股票期权、股指期权、ETFs 期权、外汇期权、季节期权
PHLX	股票期权、股指期权、ETFs 期权、期货期权、商品期权、长期期权、灵活期权、行业指数期权、宽基指数期权
AMEX	股票期权、股指期权、ETFs 期权、HOLDRs 期权、长期期权(LEAPs)、灵活期权等
CBOT	基于农产品、稀有金属、股指和债务工具的期货期权
CME	基于农产品、股指、债务工具和外汇的期货期权 房地产类的期货期权、天气类的期权
ICE	农产品期货期权、美元指数期货期权、股指期货期权、外汇期货期权
KCBT	农产品期货期权、股指期货期权
MGE	期货和农产品期货期权
NYME	能源期货期权

注:长期期权(long-term equity anticipation securities,LEAPs)是指期限较长的股票期权或指数期权,属于美式期权。CBOE 的长期期权可以长达 3 年。HOLDRs 期权是以控股公司存托凭证(HOLDRs)为标的的期权。周期权是在每周五开始交易、下周五到期的短期期权。季节期权是到期日为该季度最后一个交易日的一种新型期权。灵活期权则是期权的主要条款可以量身定做。

我国不存在发展纯粹期权交易所的空间。在上海证券交易所、深圳证券交易所，可以安排交易个股期权和ETF期权，中国金融期货交易所则可选择交易股票指数期权和其他金融期货期权。考虑到行权的便利性，上海期货交易所、郑州商品交易所和大连商品交易所在交易商品期货期权方面具有天然的优势。

二、期权结算机构

在期权交易中，对于购买者而言，往往担心卖出者的违约风险。为了确保期权卖出者在任何时候都能履行合约，期权市场上同样引进与期货市场结算机构职能相似的结算所。

在期权交易中，期权合约的买卖双方并不是直接地一对一地完成交易过程，而是通过期权结算机构实现的。由于结算部门是所有期权卖方和买方的共同交易对手，因此期权的买方与卖方之间已经没有直接的权利义务关系，都与期权清算所发生关系。如果买方选择行权，它依赖结算机构履行合约，而不是依赖卖方。这样，所有交易者的信用风险均来自结算机构而不是个人或公司。由于期权结算保证对所有交易者履行合约，从而避免了交易者遭受风险的损失。总之，所有的期权交易都要通过结算机构完成。需要指出的是，和期货市场类似，期权结算机构并不直接向普通期权交易者提供结算服务，而是通过直接或间接为期权经纪公司提供结算服务，再由期权经纪公司为交易者提供结算服务。

期权结算机构可以是交易所的内部部门，可以是子公司或控股公司，也可以是独立的结算公司。在美国，期权交易所一般都有自己的结算所，结算所以会员公司的形式加入交易所，从而隶属商品交易所或期权交易所。例如，美国芝加哥商业交易所(CME)下属的CME结算所，对每日在交易所内达成的期权合约的买卖进行清算，并对结算会员的保证金账户进行调整、平衡，以及负责收取履约保证金、监管到期交割、报告交易数据。在美国，另一家十分知名的结算机构是期权清算公司(OCC)。OCC成立于1973年，是全球最大的衍生品清算机构，以及第一家获得标准普尔公司“AAA”信贷评级的清算所。OCC产生初期仅为CBOE股票现货期权交易结算，至今其清算和结算的期权标的资产已涵盖证券、美国政府债券、股价指数、外币、利率、长期绩优证券、外币现货期权等。除CBOE之外，OCC负责给美国证券交易所(AMEX)、纽约证券交易所(NYSE)、纽约期货交易所(NYFE)、太平洋证券交易所(PSE)、费城证券交易所(PHLX)、费城期货交易所(PBOT)、波士顿期权交易所、纳斯达克期权市场、NASDAQ OMX PHLX、NYSE Arca以及One Chicago提供清算服务。此外，由于业务的迅速发展，美国各期权交易机构开始逐渐同OCC以外的更多清算公司开展合作，以便建立更加完善的清算机制，达到共同抵御风险的目的。

在我国，场内期权市场的结算机构设立还是个全新的探索领域。期权结算机构由于交易所和交易标的的不同而存在差异。《股票期权交易试点管理办法》规定：证券登记结算机构经中国证监会批准可以履行在证券交易所开展的股票期权交易的结算职能，并承担相应的法律责任。证券登记结算机构作为股票期权结算参与人(以下简称结算参与人)的共同对手方，为股票期权业务提供多边净额结算服务，并按照货银对付原则实施期权行

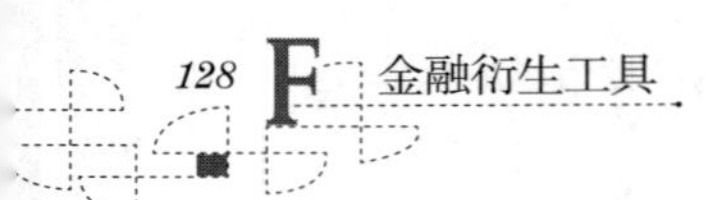

权结算。对于我国期货交易所的期权结算而言,采用与现有期货结算类似的内设结算部是现有市场组织形式的可选方式。期权结算部与期货结算部的连接和组织关系需要根据实践进行调整。从期货结算部的发展趋势看,期权、期货结算机构从交易所独立出来是重要的发展方向。

三、期权做市商

国际上大多数交易所都采用做市商制度进行期权交易。做市商在期权交易所开设自己的账户,在询价方问询价格时,会同时报出买入价和卖出价。做市商双边报价以限价方式申报。买入价是做市商准备买入期权的价格,卖出价是做市商卖出期权的价格。在报出买入价和卖出价时,做市商并不知道询价方是买入还是卖出期权。卖出价一定会高于买入价,两者的差额就是买卖差价。做市商主要有两类。第一类是倒仓交易者。倒仓交易者采取的是低价买进、高价卖出的短期投机策略,希望通过期权价格的波动获取价差。倒仓交易者主要通过对大众投资心理的分析,对市场在未来很短时间内的运动方向做出预期,然后在市场上频繁进出。第二类是持仓交易者。持仓交易者根据对标的物及整个经济基本面的分析,选择买入或卖出期权,并持仓相当长一段时间。在传统的做市商报价驱动市场中,做市商是其他投资者的对手,投资者之间的指令不直接成交,只与做市商的报价成交,为做市商合谋扩大价差收益提供了便利条件。

在我国场内期权市场规则设计中,做市商的双边报价分为持续报价和回应报价。持续报价机制是做市商在协议约定的合约上,主动提供的持续性双边报价。回应报价机制则是在期权交易时间内,做市商在协议约定的合约上,对收到询价请求的期权合约进行的双边报价。另外,交易所会有权根据市场情况,要求做市商对指定的期权合约进行报价。

做市商制度可以确保买卖指令在某一价格上立即执行,因此可以增加期权市场流动性。此外,如果没有做市商制度,当投资者试图同相反方向的指令匹配时,期权价格会从一个极端走向另一个极端。因此做市商又确保了期权价格的有效性,使交易价格接近公平价值。

随着市场中做市商的逐渐增多,竞争的加剧直接体现在双边价格的迅速收窄,从而也减少了做市商的盈利空间。市场无形的手会最终确立具有最优竞争力的做市商的市场地位,形成稳定而高效的由做市商支撑的期权市场。活跃着的数家主要的做市商机构会形成一个服务于全市场的核心做市商群。做市商在市场上因提供流动性而被动增加风险敞口,但是却和市场中的风险对冲者一样积极主动地管理所承担的风险,因此,成熟的做市商在市场中能够看到投机者和风险对冲者的交易兴趣,并更好地制定相应的风险策略,在提供流动性的同时增厚自身的盈利。

四、交易者

从投资角度看,期权市场的交易者包括避险者、投机者、套利者。从基于报价驱动的市场机制看,避险者、投机者、套利者的交易对手是做市商。但是,随着市场创新的不断深入,各类交易者日渐成为影响市场价格的组成部分,避险者、投机者、套利者不仅可以和做市商通过报价驱动机制进行交易,同时也可以通过竞价在相互之间完成交易。

交易者结构的另一个问题是机构和个人的比重。在美国股票期权交易中,投资者结构存在两个特点。第一,个人投资者占有重要比重(图6-1),不同交易者有不同的交易偏好。个人投资者较偏好买入(开仓)期权,尤其是看涨期权。个人—小户较偏好实值期权交易,而机构、大户较偏好平值期权交易。个人—小户、个人—中户较偏好股票期权交易,而个人—大户与机构较偏好指数期权与股票期权交易。第二,机构所占份额越来越高,个体投资者占比呈现下降趋势(图6-2)。

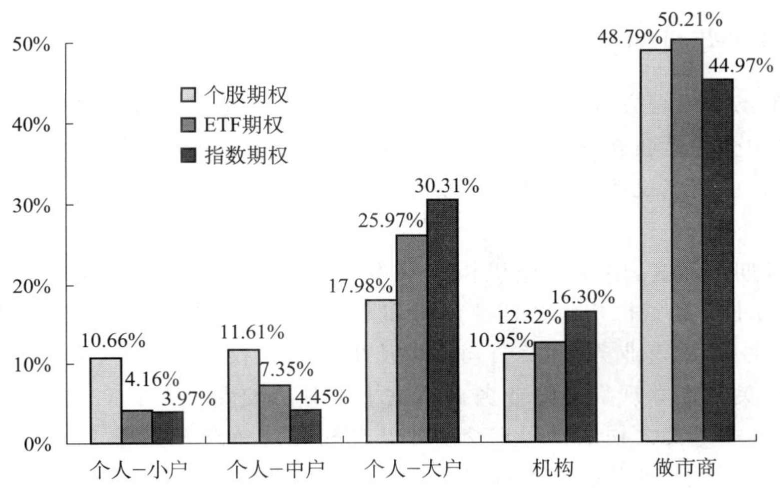

图6-1 美国股票期权市场的交易者结构

资料来源:上交所芝加哥衍生品培训小组

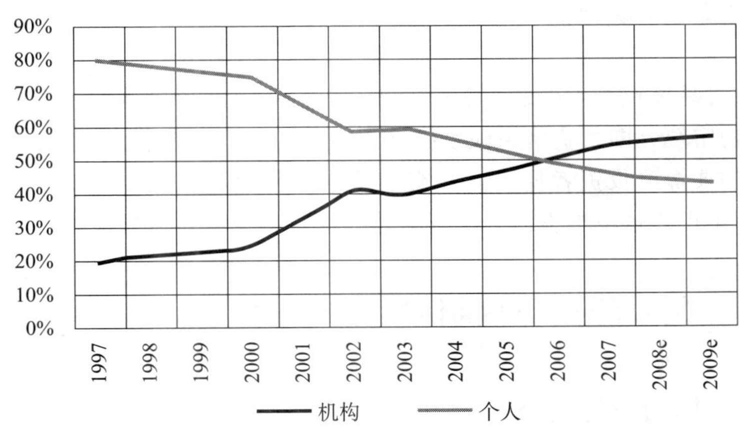

图6-2 期权交易中的个人和机构投资者比例

资料来源:上交所芝加哥衍生品培训小组

我国的期权市场在初创过程中,交易者结构对市场的运行、功能的发挥乃至市场长远发展都具有关键性的作用。为优化投资者结构,我国各交易所均考虑建立投资者适当性制度，这是为保障期权市场平稳、规范、健康运行，防范风险而建立的市场保护机制。这种保护机制并不会对机构和个人比例结构产生影响。关于机构和个人的比例可能会在不同品种上有不同的表现。根据上海证券交易所相关报告，2016 年期权开户数达到 202 013 户，较 2015 年年末增加 147.70%，其中，个人投资者 198 495 户，机构投资者 3 518 户。从交易的期权合约类型来看，投资者更偏好交易认购期权。从期权买卖方向来看，个人投资者偏好买入开仓，占其所有开仓交易的 58.50%。机构投资者偏好卖出开仓（不含备兑开仓），占其所有开仓交易的 61.33%。从我国证券市场和期货市场的散户化特征看，提升机构投资者比重是期权市场建设和发展的基本方向。

五、中介经营机构

与期货市场的组织方式一样，普通期权投资者并不能直接进入期权交易所进行交易，只有通过中介经营机构才能开展期权交易。经营机构是从事期权经纪业务、接受投资者委托、以自己的名义为投资者进行期权交易的机构。经营机构交易的结果由投资者承担。

对于期货期权而言，中介经纪机构的基本主体是期货公司。我国已经开展的上证 50ETF 期权的中介经营机构包括证券公司和期货公司。证券公司可以从事股票期权经纪业务、自营业务、做市业务，期货公司可以从事股票期权经纪业务、与股票期权备兑开仓以及行权相关的证券现货经纪业务。根据上海证券交易所统计，2016 年，共有 84 家证券公司和 18 家期货公司取得了上交所股票期权交易参与人资格，59 家证券公司取得自营业务资格。其中，证券公司期权经纪业务成交量为 8 270.58 万张（双向），占全市场成交量的 52.30%。证券公司自营业务（不含做市商）累计成交 401.35 万张（双向），占全市场成交量的 2.54%。期货公司经纪业务成交量为 1 302.12 万张（双向），占全市场成交量的 8.23%。在成交量方面，做市商日均成交 23.93 万张（双向），占全市场的 36.93%。

《股票期权交易试点管理办法》明确规定了证券期货经营机构的投资者保护义务，要求期权经营机构审慎判断投资者风险承担能力，主动提示投资者如实提供开户资料，并在期权合约到期前要提醒投资者妥善处理交易持仓；同时投资者也要自主承担股票期权交易的相关风险，不得通过申报虚假开户资料等手段规避投资者适当性制度。

第三节 期权的交易机制和了结方式

一、期权市场的交易指令

1. 交易指令的主要内容

当投资者发出一项指令，买入或卖出一份期权合约，经纪公司接受指令，并将其传送到交易所的交易大厅内，由出市代表执行该指令。当然，亦可通过远程交易系统直接将指令下达到交易所的主机撮合系统。

一项期权指令一般包括以下内容:市价或现价(权利金)、买入或卖出、开仓或平仓、数量、合约到期月份、行权价格、标的物、期权种类(看涨期权或看跌期权)。此外,有的交易所为了防范风险,还要求期权空头投资者在指令中明示有无标的物对头寸予以保护。

还需要特别注意的是,期权交易者在发出指令时,最关键的是对行权价格的选择和权利金的出价。行权价格的选择要基于对后市的判断,以及对实值、虚值和平值期权的运用。而权利金的出价,则对损益至关重要。国外在期权市场发展中总结出很多期权价格计算方法,交易者对此应有充分的了解和认识,尽可能地将风险降至最低。

2. 国际上常见的期权交易指令

限价指令。投资者可设定价位,买进时须不超过该价位才能成交,即确定了买进的最高价位。卖出时则须在不低于该价位才能成交,即确定了可接受的最低价格。

市价指令。按当时的市价来交易,该指令可以获得最好价格。

止损指令。投资者预先设定一个价格,当期权价触及该价位时,该指令立即变为市价指令。买进的止损指令通常将止损价格设定在市场价格以上,卖出的止损指令通常将止损价格设定在市场价格以下。使用此种指令者,多半是平仓交易者。

当日有效指令。即在当日时间内有效。

止损限价指令。如选择的市价触及所设定的止损价格,则自动变成一限价指令,称为止损限价指令。

授权指令。授权场内经纪人来决定指令以任何价位以及在任何时候执行的指令。

价差指令。价差交易是指基于同一标的物,但行权价格和合约月份至少有一项不同的两个看涨期权(或两个看跌期权),买进一个的同时卖出另一个数量相同的期权合约的交易策略。投资者可以下市价指令或限价指令。如果以限价方式下单,所限的价格通常不是两个期权各自的价格,而是以两个期权价格的差距来限价。

跨式指令。在同时买进或卖出统一标的物的看涨期权和看跌期权,且数量相同的期权合约交易方式中,一种指令方式是"买进看涨期权 A,卖出看跌期权 B,限价 5.25",意为二者价格之和不得超过 5.25,另一种指令方式是"卖出 A,买进 B,限价 5.50",意为二者价格之和不得低于 5.50。

全部成交否则不执行指令。所限指令必须全数成交,否则不予承认。

立即成交否则作废指令。所有指令必须马上执行,否则即行取消。

触及市价指令。投资者预先设定一个价位,当价格触及该价位时,即自动变成市价指令。买进的触及市价指令通常设定比市价低的价位,卖出的触及市价指令通常设定比市价高的价位。这是与止损指令最大的不同。

开盘市价指令。以开盘其间的市价来交易的指令。

收盘市价指令。以收盘其间的市价来交易的指令。

二择一指令。将两种或以上的指令方式视为一组,其中任一指令被执行后,其他的指令立即取消。

全部同价成交指令。所有指令必须而且只能以同一价格成交,否则作废。

取消前有效指令。指令持续有效,直到成交或取消,或期权本身已在最后交易日为止。

以上下单方式并非所有交易所都采用。在所下指令单中，通常最常见的指令是市价委托和限价委托。一些经验丰富的交易者一再建议不要使用市价委托的方式进行下单交易。此外，有些指令是公开叫价才使用的，比如收盘市价指令，投资者很早就下了指令，但该指令只能在收盘前 30 秒执行。

二、期权价格的形成

1. 指令驱动型价格形成机制

在指令驱动型价格形成机制中，期权的交易指令可以通过电子交易系统，按照一定的成交原则撮合成交。通常的竞价原则是价格优先、时间优先。计算机撮合系统首先按照以上竞价原则，对买入和卖出指令进行排序，当买入价大于、等于卖出价时，交易指令会自动撮合成交。所形成的撮合成交价等于买入价格（BP）、卖出价格（SP）和前一成交价格（CP）三者中居中的一个价格。即

当 BP≥SP≥CP 则最新成交价＝SP；

当 BP≥CP≥SP 则最新成交价＝CP；

当 CP≥BP≥SP 则最新成交价＝BP。

如：客户甲发出指令：以市价买入 10 手 3 月到期行权价格为 1 600 元/吨的小麦看涨期权（开仓）。客户乙发出指令：以 20 元权利金卖出 10 手 3 月到期行权价格为 1 600 元/吨的小麦看涨期权。甲乙的指令最后撮合成交后，经纪公司会将成交报告通知交易者。

2. 报价驱动型价格形成机制

在报价驱动型价格形成机制中，通过做市商提供双边报价。引入做市商的原因是期权合约众多，成交集中度低，交易理论复杂，引入做市商报价和交易可以提高市场流动性。在做市商制度中，做市商对某种特定合约给出买进或卖出报价，且随时准备在该价位上买进或卖出。这样，如果有一部分人想买入期权，另一部分人想卖出期权，就可以按照做市商的报出价格与其进行交易。可见，做市商制度可以确保私人投资者满足购买特殊期权的需要，能够确保买卖指令在某一价格立即执行而没有任何拖延。这种市场出清机制明显与以指令驱动为特征的竞价交易存在很大差异（表 6-4）。

在做市商制度中，卖出价肯定会大于买入价，卖出价与买入价的差额就是买卖价差。期权交易所会设定买卖价差的上限。例如，期权价格小于 0.5 美元时，设定买卖差价上限为 0.25 美元，期权价格介于 0.5～10 美元时，买卖差价上限为 0.5 美元，期权价格介于 10～20 美元时，设定上限为 0.75 美元。做市商可以从买卖价差中获利。买卖价差是衡量市场流动性、价格连续性和市场深度的重要指标。做市商给公众提供了立即执行交易的方便，也增加了期权市场的流动性，但是不能经营经纪业务。

做市商的报价包括两种：一是对所有期权系列进行报价回应。二是持续报价。对于做市商来说，报价必须是有效报价，其中面临的限制要求有最大回应时间、最小挂单时间、最小下单量、最大价差。

表 6-4 报价驱动和指令驱动的差异

区别点	指令驱动机制	报价驱动机制
价格形成机制	交易指令通过竞价撮合而成	以做市商报出的价格成交
交易者关系	买卖双方直接形成价格	客户间不直接形成价格
交易对象的确定性	买卖双方互不相识，通过结算机构完成	买卖各方的交易对象都是做市商
价格形成动力	买卖双方交易指令是推动价格运动和形成的根本动力	做市商的报价竞争影响着市场价格运动

做市商在双向报价中，买入价与卖出价之间存在价差是合理的，基本上是由两部分组成。一是做市商在向公众投资者提供双向报价过程中的成本，又包括直接成本和间接成本。直接成本是指购买计算机等设备和建立有关网络的费用支出、做市人员及决策人员的薪金以及传递交易单据过程的费用等；间接成本是指搜集、整理、分析市场信息，对市场未来走势做出预测的研究开发费用等。二是做市商提供报价服务所取得的利润。做市商实行双向报价的过程中，在双向以相同数量成交的理想情况下，做市商肯定有价差收益。正是这种对于市场和做市商本身都互为有利的交易组织机制，确保了市场的平衡和流动性。做市商的报酬收益（即买卖价差）很大程度上取决于竞争对手的多寡。做市商为了争取业务量，通常会在报价上发生竞争，导致买卖价差缩小。一种合约的做市商数量越多，买卖价差就越小。

3. 混合驱动型价格形成机制

随着市场的发展和电子交易方式的兴起，做市商制度的内容和形式也在不断地演变。从国际市场的现状来看，做市商制度正在与报价交易驱动机制相脱离，逐渐发展成提高市场流动性的一种措施。也就是说，采用报价驱动的市场引入了竞价交易机制，采用指令驱动的交易所也引入做市商制度以活跃交易、满足投资者的不同需求。在这种混合交易机制(hybrid trading system)中，传统那种“所有客户都与做市商成交，客户之间不能成交”的做法已被抛弃。如在芝加哥期权交易所(CBOE)和香港交易所的做市商制度中，做市商的双边报指令下达后，可以和其他投资者的指令一样按照竞价原则进行排序。在不断发展的混合驱动机制中，做市商没有成交优先权，竞价是推动价格变化的决定性力量。做市商更大的作用体现在缩小价格差距、提高成交的可能性及满足投资者需求的即时性方面。在混合交易机制下，交易所会要求做市商根据交易者询价或者交易所询价报出价格（图 6-3），但是当市场流动性、交易量和持仓量达到一定标准时，也会豁免做市商的报价责任。

三、期权的了结

期权的了结有三种基本方式，即对冲平仓、放弃和履约。

1. 对冲平仓

期权交易的绝大部分均是通过对冲平仓的方式进行的，而且应特别注意的是，能平仓则平仓。其具体的对冲平仓操作方法与期货基本相同，都是将先前买进（卖出）的合约卖出（买进）。只不过，期权的报价是权利金。具体方法是，无论是看涨期权还是看跌期权，

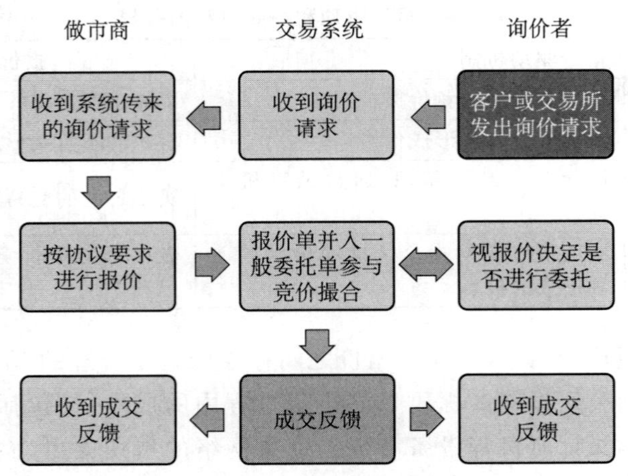

图 6-3 混合报价驱动中的询价、报价与成交

最初的购买者要想对冲了结在手的合约头寸，就必须再卖出同样数量、同样行权价格和同样到期日的期权。对于期权合约的卖出者而言，进行对冲平仓的手法就是再买入同样数量、同样行权价格和同样到期日的期权。在期权合约有效期内，买方和卖方均可以将在手的未平仓的头寸进行对冲了结。交易者对冲平仓的盈亏计算方法是权利金卖价减去买价，再减去交易手续费和佣金。

例如，投资者以 20 元/吨买入 10 手 3 月到期行权价格为 1 600 元/吨的小麦看涨期权。如果小麦期货价格上涨，那么权利金也上涨，比如上涨到 30 元/吨，那么客户甲发出如下指令：以 30 元/吨卖出(平仓)10 手 3 月到期、行权价格为 1 600 元/吨的小麦看涨期权。假设每手 10 吨。这样，投资者的盈利为(30－20)×10 手×10 吨＝1 000 元。

最后需要注意的是，通过平仓来了结期权合约，可能也会遇到难题。例如，没有人能保证平仓时能够遇上一个活跃的市场。如果期权丝毫不具有行权的价值，而且离到期日时间太短的话，不论其价格如何低，也不可能有活跃的市场。而且，即使市场活跃，在了结期权合约时，所能获得的期权价格也要视市场行情而定。

2. 放弃

通常，期权的买方会在价格变动对自己有利的情况下选择行权。当价格变动出现不利时，期权的买方会放弃行权，损失的也就是权利金。在一些期权交易方式下，例如美式期权，交易者可以选择在到期日前行权，然而放弃期权却需要等到期权到期日。一般情况下，买方放弃期权时不需要提出申请。对此，交易所会在期权合约中予以告示。期权作废后，交易所将自动从交易系统中清除交易双方的交易头寸。最后需要指出的是，除非期权实在无利可图，否则不要轻易放弃权利。依然是那句话：不放弃，能平仓则平仓。

3. 行权和履约

行权和履约。期权合约也可以通过行权/履约来平仓。期权行权/履约平仓是指在期权的到期日内，买方有权要求行权，随后交易双方根据合约规定，对标的物进行买卖和所有权的转移。对于期权的购买者而言，当发现期权在到期日处于实值状态时，就会要求卖方履约。第一，客户必须知晓履约通知书的最后期限上有什么特别的规定。第二，客户必须知晓自动履约的规则。如果客户没有特别下达不行权的指令，在到期日，如果标的物价格在基础市场的收盘价高于行权价格，则看涨期权自动履约。当标的物的收盘价格低于行权价格，则看跌期权自动履约。

期权的行权/履约有两类。一类是现货期权的行权/履约，另一类是期货期权的行权/履约。具体的过程是，期权的买方通过经纪公司，在合约规定的有效期限内的任一交易日闭市前，通过交易下单系统下达行权指令，交易所按照持仓时间最长原则，或者随机原则，或者根据其他的公平、公正且交易批准的原则，指派并通知期权卖方，期权买卖双方的期权头寸在当日收市后转换成期货头寸或标的物头寸。我国大连商品交易所是在每日交易闭市后，由交易所按照随机均匀抽取原则进行行权配对。

表 6-5 是期货期权行权后的多空双方期货仓位变化情况。在表中列出了两类变化，一是期权在多头行权后，各方建立新的期货仓位，如开空仓和开多仓；另一类是多头行权后，各方对原有期货头寸进行平仓，如对原有的空仓进行买入平仓，或者对原有的多仓进行卖出平仓。行权后具体是开仓还是平仓，可由交易制度和交易指令确定。

表 6-5 期货期权的行权/履约原理

行权后的期货头寸	看涨期权卖方	看跌期权卖方	看涨期权买方	看跌期权买方
多头行权后的仓位方向变化	获得期货空头（建空仓或平多仓）	获得期货多头（建多仓或平空仓）	获得期货多头（建多仓或平空仓）	获得期货空头（建空仓或平多仓）

例 6-1 期货期权的行权

行权价格为 1 500 元/吨的 11 月小麦看涨期权行权后，买方获得 1 500 元/吨的 11 月小麦期货多头头寸；卖方获得 1 500 元/吨的 11 月小麦期货空头头寸。如果期权买方已经持有开仓价格为 1 560 元/吨的 11 月小麦空头期货合约，也可用执行看涨期权获得的多头期货头寸与已经持有的空头期货头寸平仓，获利 60 元/吨。

但是，需要注意几点。第一，买方行权并非一定有利。例如，如果买方执行期货期权获得标的期货后，将交付期货保证金，同时也会承担相当大的期货价格变动风险。第二，对于买方，如果能够平仓就尽量不要行权。这是因为权利金中包含有内在价值和时间价值。选择行权只能得到内在价值，而平仓还可以得到时间价值。在现实中，除非期权是深度实值的，且当日没有交易，期权的买方才会要求执行权利。这两点对于期权的卖出者同样适用。

指派和履约。从国外的一些期权交易统计结果看，交易者选择行权的现象几乎天天都会发生。为了避免行权对自己产生不利，卖方应深入分析对自己的不利情况，及时选择流动性好、行权价格合适的期权，以便及时平仓出局。这其中涉及与履约相对应的另一范畴：指派。被指派是指期权卖方收到期权买方发出的行权指令后，必须按照期权的行权价格卖出（对买权卖方而言）或者买入（对卖权卖方而言）一定数量的标的物的行为。由于涉及期权卖方的利益，所以需要分析一下服从指派和更好地预见到指派问题。

当期权购买者要求卖方履约时，期权卖方必须交割标的物。如果卖方收到指派通知，将失去平仓机会。因此，卖方必须在指派之前就要能够预见到指派的发生，并及早在市场上平仓。一般来说，预见指派的发生，应注意三种情况：看涨期权在到期时是实值的；期权在到期前是在折价交易；对于股票期权而言，标的股票支付高额股息而且要分红。

当然，在到期时，结算机构是否将全部实值期权进行结算，要看各国的具体设计。从美国的股票期权市场的经验看，除非客户特别指示不予履约，否则结算机构将会自动安排履约，即使仅有 3/4 单位实值的期权进行履约。需要注意，当一个投资者选择在最后交易日在市场上出售期权时，其对手很可能就是做市商。当交易停止的时候，大部分持仓的实值看涨期权的买方是做市商。因为他们可以从履约中获利。即使仅有很少的实值，做市商也会要求履约。这样，卖方往往会接到指派通知。因此，任何卖方想要避免指派，就应在最后交易日收市前平仓。

第四节 场内期权结算

场内期权结算是结算机构对期权日常交易和行权进行清算，并完成期权合约记录、资金收付、合约标的划转的过程，是期权交易机制中不可缺少的重要一环。期权结算业务包括日常交易结算和行权结算。较之于期货，期权的结算原理和结算方法要更为复杂。尽管在期权市场存在对买卖双方均收取保证金的期货式结算，但是被更广泛使用的是股票式结算。在股票式结算中，对于期权买方来说，没有保证金结算要求，因此只在开仓、平仓、行权和放弃的交易当日进行结算；对于期权卖方来说，则要结算保证金和权利金。

一、期权开仓与保证金结算

买卖双方开仓后，会进入不同的结算程序。对买方来说，需要结算权利金；对卖方来说，需要结算收到的权利金和需要支付的保证金。每日结算时，结算部门将对买卖双方收取交易手续费，并对应收、应付的款项同时划转，相应增加或减少会员的结算准备金。

1. 买方开仓的权利金结算

买方开仓的权利金计算公式如下：

期权买方(卖方)开仓支付(收取)权利金＝∑买入开仓成交价×买入期权数量
－∑卖出开仓成交价×卖出期权数量

在开仓后，买方权利金冻结，按照成交价划给卖方。对买方而言，并不进行逐日盯市，没有保证金风险和结算风险。

2. 卖方开仓的权利金和保证金结算

对于卖方来说，开仓将存在两方面的结算内容。其一，卖方收到权利金，权利金可以用作期权合约开仓时的交易保证金。其二，交易所按当日结算价计收期权卖方的交易保证金。交易保证金的计算存在差异。

对于上证 50ETF 期权来说，开仓时的保证金计算公式如下：

认购期权义务仓开仓保证金＝[合约前结算价＋max(12%×合约标的前收盘价－认购期权虚值，7%×合约标的前收盘价)]×合约单位认沽期权义务仓开仓保证金＝min[合约前结算价＋max(12%×合约标的前收盘价－认沽期权虚值，7%×行权价格)，行权价格]×合约单位

在大连商品交易所期权结算中，期权卖方开仓时，交易所按照上一交易日结算时该期权合约保证金收取期权卖方交易保证金。保证金的具体计算方法是：

保证金＝max{成交权利金＋昨日期货保证金－虚值期权的一半，权利金＋昨日期货保证金的一半}

其中，看涨期权的虚值额＝max[(期权行权价格－昨日的标的期货结算价)×合约乘数，0]；看跌期权虚值额＝max[(昨日的标的期货结算价－期权行权价格)×合约乘数，0]。

例 6-2 期货期权成交时的保证金计算

情形1：m1709合约看涨期权，上一日的期货合约结算价为3 500元/吨，期货保证金率为7%。期权行权价格为3 400元/吨，权利金为100元/吨。这个期权属于实值期权，虚值额＝0。这样，对于卖方来说，每手期权成交时的保证金＝100元/吨×10吨＋3 500元/吨×10吨×7%＝3 450元。

情形2：m1709合约看涨期权的行权价格为3 600元/吨，权利金为20元/吨。则：①期货保证金－1/2虚值额＝3 500元/吨×10吨×7%－1/2(3 600元/吨－3 500元/吨)×10吨＝1 950元；②1/2期货保证金＝1/2×3 500元/吨×10吨×7%＝1 225元。据此，可以计算得到：期权保证金＝权利金＋①和②中的较大值＝20×10吨＋1 950元＝2 150元。

情形3：如果期权行权价＝3 745元/吨，权利金为1元/吨，则：①期货保证金－1/2虚值额＝3 500元/吨×10吨×7%－1/2(3 745元/吨－3 500元/吨)×10吨＝1 225元；②1/2期货保证金＝1 225元。据此可以计算得到：期权保证金＝权利金＋①②中较大值＝1元/吨×10吨＋1 225元＝1 235元。

二、卖方持仓结算

对于期货期权的卖方来说，当日开仓后持仓至闭市，结算部门要进行每日结算。

1. 期权结算价

当日结算需要引入期权结算价。期权结算价是确定每日期权价格变动区间、计算卖方交易保证金等的依据。

这里以郑州商品交易所期权设计原理为例，介绍结算价的计算方法。其一，某月份期权合约有成交的，按该月份有成交期权合约的成交量加权隐含波动率，计算该月份所有期权合约当日结算价；其二，某月份所有期权合约均无成交的(包括新月份期权合约)，按该月份最近一个有成交期权合约(除到期日合约外，交割月方向有成交的期权合约优先)的成交量加权隐含波动率，计算该月份所有期权合约的当日结算价；其三，某月份期权合约(包括有成交或无成交)到期日实值期权的结算价为期权合约的实值额，平值期权和虚值期权的结算价为零；以上项不能确定结算价的，该期权合约结算价为上一日隐含波动率计算的期权价格；期权价格明显不合理时，交易所有权调整期权合约结算价。

2. 卖方当日持仓的保证金结算

对于卖方来说，实行逐日盯市制度。在闭市时，需要根据新的市场数据，重新计算保证金，我们可以称其为维持保证金。

对于上证50ETF期权而言，保证金计算中需要用标的合约收盘价（而不再是合约标的前收盘价），具体的计算公式如下：

认购期权义务仓维持保证金＝[合约结算价＋max(12％×合约标的收盘价－认购期权虚值，7％×合约标的收盘价)]×合约单位

认沽期权义务仓维持保证金＝min[合约结算价＋max(12％×合标的收盘价－认沽期权虚值，7％×行权价格)，行权价格]×合约单位

对于期货期权而言，当日建仓在闭市结算时，卖方需要缴纳的保证金的计算公式是

维持保证金＝max{权利金结算价＋当日期货保证金－虚值期权的一半，权利金结算价＋当日期货保证金的一半}

其中，看涨期权的虚值额＝max[(期权行权价格－当日标的期货结算价)×合约乘数，0]；看跌期权虚值额＝max[(当日标的期货结算价－期权行权价格)×合约乘数，0]。

如果维持保证金高于开仓保证金，则结算部门会从期权卖方准备金账户划出资金到买方账户（因为这时买方权利金价值出现了上升，也就是说在权利金方面出现盈利），如果卖方资金不足则需要追加保证金。如果维持保证金低于开仓保证金，则结算部门会向期权卖方准备金账户划回资金。

例 6-3 期货期权的每日保证金结算

假如依然沿用例6-3的情形1，m1709合约看涨期权，上一日的期货合约结算价为3 500元/吨，期货保证金率为7％。期权行权价格为3 400元/吨，成交时的权利金为100元/吨。

如果当日闭市后，期货结算价为3 550元/吨，期权结算价为170元/吨。该期权是实值期权，对于卖方来说，结算时每手期权需要缴纳的保证金是：max{权利金结算价＋当日期货保证金－虚值期权的一半，权利金结算价＋当日期货保证金的一半}＝权利金结算价＋当日期货保证金＝10吨×170元/吨＋3 550元/吨×10吨×7％＝4 185元。

我们这时需要计算卖方需要补交多少保证金。在最初的情形1中，卖方建仓时的保证金是3 450元/手；在闭市时卖方的保证金是4 185元/手，所以结算部门将从卖方的结算准备金中再划出的资金为4 185－3 450＝735元/手。

3. 卖方持历史仓的保证金结算

卖方持历史仓的保证金结算原理与当日持仓的保证金结算类似。结算部门根据每日期货结算价和期权结算价计算卖方结算保证金，将当日的期权结算保证金和上日的期权结算保证金进行对比，确定是否需要从卖方准备金账户划出资金或向卖方准备金账户划入资金。

三、平仓结算

平仓分当日开仓当日平仓和历史持仓平仓结算。

1. 权利金平仓结算

期权买方(卖方)平仓时,按照成交价格收取(支付)权利金。对于期权的买方而言,一旦平仓,则按权利金平仓价全部划入其结算准备金账户。各方平仓的权利金计算公式如下:

$$\text{期权买方(卖方)平仓收取(支付)权利金} = \sum \text{卖出平仓成交价} \times \text{卖出平仓期权数量} - \sum \text{买入平仓成交价} \times \text{买入平仓期权数量}$$

2. 平仓时的卖方保证金结算

期权卖方平仓时,将期权卖方所平持仓的交易保证金划回其结算准备金账户。对于当期开仓平仓的情况,如果期权价格下跌,结算所将在卖方平仓后将盈余划入结算准备金账户。对于历史持仓平仓而言,则平仓时划入资金等于已经收取的保证金减去权利金平仓价。

四、行权和放弃时的结算

1. 行权与指派结算

对于美式期权而言,每天都可能有行权事件发生。如果买方提出行权,则需要通知经纪人,经纪人接着通知负责结清的交易所结算部门。结算部门会按照一定的配对原则如持仓时间最长原则或随机选择方式等,找出相应的期权卖方(卖方这时被称为被指派者,the assigned)。配对后,各自的期权持仓自动消失。

在国际上,对于期货期权来说,二者转换的期货头寸可视为建立期货头寸,按照期货的结算办法进行每日结算。从我国商品交易所的设计看,买方和卖方在结算时按照行权价格建立相应期货持仓,并按照当日期货结算价结算。由期权行权转化的期货持仓不参与当日期货结算价计算。结算部门收取卖方的交易保证金也于当日自动划入卖方结算保证金账户。至于买方,因为成交当日的权利金已经划出,也不进行每日结算,所以行权权利后也没有权利金的划转问题。

2. 权利放弃时的结算

最后交易日闭市后,虚值期权和平值期权以及不行权的实值期权将自动失效,其持仓在最后交易日后随着合约的到期也自然消失。权利放弃时,买方不用结算。卖方所支付的交易保证金全部划入其保证金账户。

3. 实值期权到期自动结算

在期权结算设计中,期权到期闭市后,所有没有提出行权的实值期权可由结算部门自动结算。实值期权自动结算的基本条件是在扣除各项手续费之后应还有利润,如果没有利润则不自动结算。至于实值多少,要看交易所或结算公司的规定。如果是现金结算,则

只要有一个最小变动价位就应自动结算。往往交易所和经纪公司会设定一些具体的规则，在到期时自动执行那些对客户有利的实值期权。

思考与习题

1. 仔细阅读国内已经上市期权合约的基本内容。

2. 期货和期权的联系与区别在哪里？

3. 你认为场外期权和场内期权有何区别？

4. 期权有哪些不足之处需要在交易时注意和规避？

5. 期权做市商的基本作用是什么？

6. 期权价格的形成机制有哪些？有何新的发展趋势？

7. 安装一个交易软件，仔细观察期权交易的行情表。

8. 期权多空双方的了结方式有哪些？

9. 期货期权多空双方行权/履约后会得到何种期货头寸？

10. 为什么要对期权的卖出者收取保证金而不对买方收取保证金？

11. 期权卖方开仓的权利金和保证金如何结算？

12. 在买入实值看涨期权后，标的资产价格持续上涨，那么行权和平仓哪个更有利？为什么？

13. 以白糖期权为例，查阅中外资料，分析实值期权和虚值期权哪种期权的交易量更大？分别对应着什么样的市场情况？

14. 投资者以 50 元/吨买入 100 手 5 月到期行权、价格为 2 600 元/吨的小麦看涨期权。如果小麦期货价格上涨，那么权利金也上涨，比如上涨到 90 元/吨，那么客户甲发出如下指令：以 90 元/吨卖出（平仓）80 手 3 月到期、行权价格为 2 600 元/吨的小麦看涨期权。假设每手 10 吨。这样，投资者所获得的盈利为多少？

15. m1809 合约看涨期权，上一日的期货合约结算价为 3 700 元/吨，期货保证金率为 5%。期权行权价格为 3 550 元/吨，权利金为 200 元/吨。这个期权卖方所需要缴纳的保证金是多少？m1809 合约看涨期权的行权价格为 3 800 元/吨，权利金为 30 元/吨。对于卖方来说，所需要缴纳的保证金是多少？

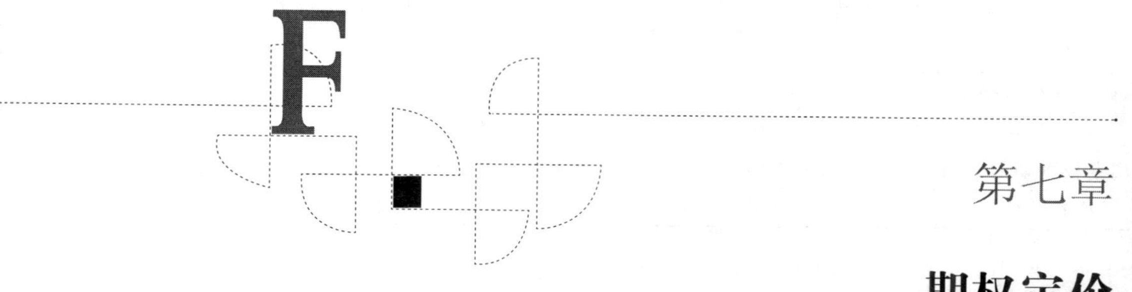

第七章 期权定价

第一节 期权的内在价值和时间价值

一、内在价值与时间价值

期权权利金可以分解为内在价值和时间价值两个部分。内在价值和时间价值在期权交易中具有极为重要的作用，需要细致把握。

1. 内在价值

期权的内在价值(intrinsic value)，有时也被称作“货币性”(moneyness)，是指立即行权所获取的收益。这是由期权的行权价格 X 与标的资产价格 S_T 的关系决定的。对于看涨期权，内在价值为 $\max(S_T-X,0)$。对于看跌期权来说，内在价值为 $\max(X-S_T,0)$。

2. 时间价值

时间价值(time value)和时间有关，是期权价值的催生价值。我们也可以将其理解为，期权买方希望通过随着时间的延长，资产价格变动有可能使期权增值时而愿意为买进这一期权所付出的权利金。它同时也反映出期权售出者所愿意接受的期权的卖价。

时间价值与内在价值、权利金的关系是

$$时间价值=期权价格-内在价值$$

表 7-1、表 7-2 分别描述了具有内在价值的股指看涨期权和不具有内在价值的股指看涨期权。表 7-3、表 7-4 则分别描述了具有内在价值的股指看跌涨期权和不具有内在价值的股指看跌期权。

表 7-1　具有内在价值的股指看涨期权

看涨期权的内在价值		看涨期权的时间价值	
股票指数	3 156	股票指数	3 156
看涨期权价格	187	看涨期权价格	187
行权价格	3 000	行权价格	3 000
距离期权到期的时间	1 个月	距离期权到期的时间	1 个月
内在价值	3 156－3 000＝156	时间价值	187－156＝31

表 7-2　不具有内在价值的股指看涨期权

看涨期权的内在价值		看涨期权的时间价值	
股票指数	2 900	股票指数	2 900
看涨期权价格	50	看涨期权价格	50
行权价格	3 000	行权价格	3 000
距离期权到期的时间	2 个月	距离期权到期的时间	2 个月
内在价值	0	时间价值	50－0＝50

表 7-3　具有内在价值的股指看跌期权

看跌期权的内在价值		看跌期权的时间价值	
股票指数	3 777	股票指数	3 777
看跌期权价格	350	看跌期权价格	350
行权价格	4 000	行权价格	4 000
距离期权到期的时间	4 个月	距离期权到期的时间	4 个月
内在价值	4 000－3 777＝223	时间价值	350－223＝127

表 7-4　不具有内在价值的股指看跌期权

看跌期权的内在价值		看跌期权的时间价值	
股票指数	4 200	股票指数	4 200
看跌期权价格	50	看跌期权价格	50
行权价格	4 000	行权价格	4 000
距离期权到期的时间	4 个月	距离期权到期的时间	4 个月
内在价值	0	时间价值	50－0＝50

对于美式期权而言，期权剩余的有效日期越长，时间价值就越大。这时，因为期权的有效期越长，对于期权的买方来说，标的资产价格发生有利变动的机会越多，因此获利的可能性也就越大。而对于期权的卖方来说，时间越长则意味着风险越大，因此其卖出期权的价格也就越高。但是随着期权到期日的临近，如果其他条件不变，该期权的时间价值就会加速衰减。到了到期日，期权就不再具有时间价值，剩余的也就只是内在价值了。

图 7-1 绘出了看涨期权和看跌期权当前某一天和最后到期日的价值构成。可以发现，随着到期日的到来，期权的损益曲线将由虚线逐渐变为图中的实线部分。这就是所谓的曲棍(hockey stick)效应。

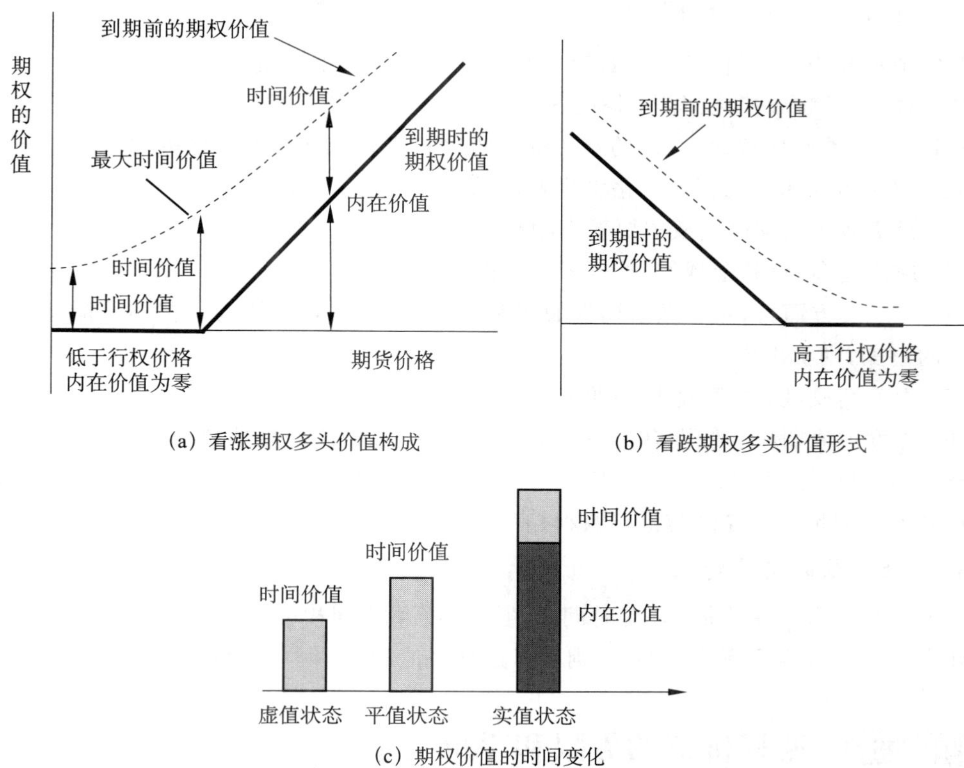

图 7-1 看涨期权多头和看跌期权多头的价值构成及时间变化

二、实值期权、虚值期权与平值期权的交易选择

实值期权、虚值期权和平值期权的选择对于各种期权交易策略具有至关重要的作用。不同的交易策略往往需要不同内在价值的期权。在同时考虑时间价值的条件下，我们应当掌握下面的一些基本原理。

1. 实值期权的交易特性

实值期权具有以下交易特性，交易者应予以深入把握。

(1) 虽然实值期权权利金高，但实值越多，时间价值越少。时间价值越少，则意味着今后价格的稍微变动就会对买方有利。

(2) 实值期权较虚值期权拥有较大的行权机会。

(3) 实值期权的权利金要比平值期权高一些。

(4) 卖出实值期权是一种比较激进的策略。

(5) 实值期权的杠杆作用没有虚值大。因为权利金支出很大，所以投资者不宜买进太多。但是，实值期权有更多的机会获利，并且很少到期没有价值。

(6) 深度实值期权可能没有交易。因为当标的资产价格大大高于看涨期权的行权价格或者大大低于看跌期权的行权价格时，权利金会很高，因此可能使投资者望而却步，不从事买入交易。

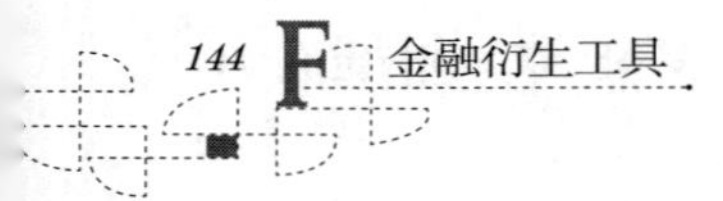

2. 虚值期权的交易特性

与实值期权类似，虚值期权也具有一些交易特性，需要深入把握。

(1) 对于虚值看跌期权而言，标的资产价格要比实值看跌期权下跌更多才能达到损益平衡；对于虚值看涨期权而言，标的资产价格要比实值看涨期权上涨更多才能达到损益平衡。如果投资者认为标的资产价格会大幅波动，则可以买入虚值期权。

(2) 投资者买入虚值期权主要看中的是收益率。

(3) 虚值越多，权利金越低，投资者的买进成本越低。

(4) 对于卖方而言，尽管虚值期权的权利金很低，但是如果认为价格不可能突破损益平衡点的范围，则卖出虚值期权。

(5) 虚值期权最大的可能是到期无价值，但是并非总是无价值。

(6) 深度虚值期权一般没有交易。例如，对于一份虚值看涨期权而言，标的资产的市场价格不断下跌，已经远远低于行权价格。在下跌的过程中，交易者对其关注会越来越少。这时期权的价值会越来越低，期权只有等待最后过期。

3. 平值期权的交易特性

平值期权没有内在价值，只有时间价值。选择平值期权要依赖于投资者对后市的判断。如果投资者认为后市波动不大，则可以选择平值期权。

第二节 期权价值的界限和平价关系

一、股票期权价值的上限

这里先给出相关的符号和定义，以便分析。

X：行权价格。

T：期权到期时间。

S：股票现价。

S_T：在 T 时刻股票的价格。

r：在 t 时刻到期的投资的无风险利率。

C：购买 1 股股票的美式看涨期权的价值。

P：购买 1 股股票的美式看跌期权的价值。

c：购买 1 股股票的欧式看涨期权的价值。

p：购买 1 股股票的欧式看跌期权的价值。

1. 无红利股票看涨期权价值上限

美式看涨期权或欧式看涨期权的持有者有权以确定的价格购买 1 股股票。在任何情况下，期权的价值都不会超过股票的价值，我们可用以下式子表示：

$$c \leqslant S \text{ 和 } C \leqslant S$$

如果不存在这一关系，即 $c > S$，套利者就会购买股票，并卖出该股票的看涨期权。这一套利方法在最初的收益是 $c-S$。我们可以从以下两个可能情况分析套利收益。

第一，如果看涨期权到期时，$S_T>X$，买方会要求行权，则套利者的收益为 $c-S+X$。如果考虑到资金的时间价值，套利收益则为 $(c+X)e^{rT}-S$。

第二，如果看涨期权到期时，$S_T<X$，则买方将不行权，这时将手中的股票以 S_T 的价格卖出，套利收益为 $c-S+S_T$。如果考虑时间价值，则收益为 $(c-S)e^{rT}+S_T$。

2. 看跌期权的价值上限

美式看跌期权或欧式看跌期权的持有者有权以 X 的价格出售 1 股股票。无论股票价格多低，期权的价格都不会超过 X，即 $p\leqslant X$，$P\leqslant X$。对于欧式期权来说，在 T 时刻，看跌期权的价值都不会超过 X。因此，欧式期权的当前价值不会超过 X 的现值，即 $p\leqslant Xe^{-rT}$。

如果不存在这一关系，则套利者可售出看跌期权并将收入以无风险利率进行投资。套利的收益多少和期权多头是否行权有关。

情况 1：假如期权到期时，$S_T<X$，则看跌期权的买方行权，这时套利者的期权收入是 $p\cdot e^{rT}$，支出是 X(以行权价格 X 接受对方卖出的股票)，将股票卖出的收益是 S_T，则套利总收益是 $p\cdot e^{rT}-X+S_T$。

情况 2：假如期权到期时，$S_T>X$，则看跌期权的买方不行权，则套利收益是 $p\cdot e^{rT}$。

二、欧式无红利股票看涨期权价格的下限

1. 套利与欧式股票看涨期权价格的下限

这里先分析无红利股票的欧式看涨期权的价格下限。我们先给定其下限为 $S-Xe^{-rT}$，通过数值实例进行考察。

如果 $c<S-Xe^{-rT}$，即 $c+Xe^{-rT}<S$，则会有套利行为。

初期操作手法是：卖空看涨期权的标的资产股票，购买看涨期权，将剩余资金做无风险投资。

在结束套利时，需要考虑是否对看涨期权行权。如果可以行权($S_T>X$)，则用无风险投资的收益以行权价 X 买回股票，结束股票空头。如果不行权更好(即 $S_T<X$ 时，不行权)，则用无风险投资的收益以更低的市场价格 S_T 买回股票，结束股票空头。

例 7-1 套利与无红利的欧式看涨期权下限

现在 $S=20$ 元，$X=18$ 元，$r=10\%$，$T=1$，则 $S-Xe^{-rT}=3.71$ 元。

假如现在市场上的欧式看涨期权的价格等于 3 元。很明显，这个价格小于理论上的下限 3.71 元。

这时，套利者就会购买 1 年期的看涨期权(支付 3 元)，并卖空股票[①](获得 20 元)，其现金流变为 $20-3=17$ 元。在获得 17 元后，其将以无风险利率进行投资 1 年。1 年以后，则 17 元变为 $17\times e^{0.1\times 1}=18.79$ 元。

期权到期后，如果股票价格高于行权价格，套利者就会以 18 元的价格行权，归还所借

① 套利策略往往涉及买空和卖空问题。

股票。这时可以获得利润为 18.79－18＝0.79 元。

如果股票价格低于行权价格，套利者则从市场上购买股票归还所借股票。这时套利者的盈利会更高。如，股票价格为 17 元，则盈利为 18.79－17＝1.79 元。

2. 证明

现在证明无红利的欧式看涨期权下限是 $S-Xe^{-rT}$。为了证明，可以考虑两个投资选择：

组合 A：购买 1 股行权价格为 X 的欧式股票看涨期权，并将数额为 Xe^{-rT} 的现金进行无风险投资。

组合 B：购买 1 股股票。

我们先考虑第一项投资选择，即组合 A 的价值变化。在组合 A 中，数额为 Xe^{-rT} 的现金如果按无风险利率投资，到 T 时刻将变为 X。

如果在 T 时刻，$S_T>X$，则选择行权。即以行权价格 X 购买股票。购买资金源于组合初期金额为 Xe^{-rT} 的无风险投资。这部分投资在时间 T 的价值变为 X。由于行权，这时组合 A 的价值就等于购买的股票市值，即 S_T。

如果在 T 时刻，$S_T<X$，则不行权，组合 A 的价值也就等于无风险利率投资获得的资金 X。

可见，在 T 时刻，组合 A 的价值是：$\max(S_T, X)$。

现在考虑第二项选择，即组合 B。T 时刻组合 B 的价值就是股票的市值 S_T。因此，在 T 时刻组合 A 的价值通常不低于组合 B 的价值，并且有时 A 的价值会高于 B 的价值。因此，在不存在套利机会的情况下，组合 A 的价值 $c+Xe^{-rT}$ 要大于 S，即 $c+Xe^{-rT}\geqslant S$。将这个不等式变换一下形式，可得看涨期权价值的下限：

$$c\geqslant S-Xe^{-rT}$$

对于看涨期权来说，可能发生的最坏事情就是期权到期价值为零，这就意味着期权的价值必须为正值，即 $c>0$，因此，$c\geqslant\max(S-Xe^{-rT},0)$。

三、不付红利股票的欧式看跌期权价值下限

1. 套利与看跌期权价值的下限

我们先给定看跌期权价值的下限为 $Xe^{-rT}-S$，然后通过数值实例进行考察后，再进行推导证明。

如果 $p<Xe^{-rT}-S$，套利者会展开套利。

套利建仓手法是：买入看跌期权，买入股票。

在期权到期时，套利者会有两种选择将手中的股票卖出去。一是在 $S_T<X$ 时，选择行权，按照行权价 X 卖出股票。二是 $S_T>X$ 选择不行权，将买入的股票按照市价 S_T 卖出。卖出股票的收入用于归还最初借入的资金。

例 7-2　套利与看跌期权价值的下限

现在 $S=37$ 元，$X=40$ 元，年利率 $r=5\%$，$T=0.5$，则 $Xe^{-rT}-S=2.01$ 元。

假设现在该欧式股票看跌期权的价格为 1 元，小于上述的理论值。

套利者可以借入 38 元半年，用于购买 1 股股票和相应的看跌期权。记住：在 6 个月后，要连本带利归还 38.96 元。

如果期权到期时，股票价格低于 40 元，则套利者行权。这时的收益是 40－38.96＝1.04 元。

如果价格高于 40 元，套利者不行权，直接卖出股票用于偿还本息。这时的利润更高。比如股票的市价涨到了 42 元，则利润为 42－38.96＝3.04 元。

2. 证明

为了给出正式的证明，同样可以考虑两项投资选择。

组合 C：以价格 S 购买 1 股股票，以价格 p 购买行权价格为 X 的股票看跌期权。

组合 D：将金额为 Xe^{-rT} 的现金进行无风险投资。

我们先考虑组合 C 在 T 时刻的价值。

如果 $S_T<X$，投资者可以选择行权，将持有的股票以 X 的行权价格卖出，这时该组合的价值为 X。

如果 $S_T>X$，投资者不行权，继续持有股票，那么此时该组合的价值就等于所持有股票的市价 S_T。

比较这两种情况，就可以发现，组合 C 在 T 时刻的价值为 $\max(S_T,X)$。

我们现在考虑组合 D。数量为 Xe^{-rT} 现金按无风险利润进行投资，在 T 时刻的价值为 X。

这时，我们可以比较组合 C 和组合 D。可以发现，在 T 时刻组合 C 的未来价值 $\max(S_T,X)$ 不会低于组合 D 的未来价值 X。这样在不存在套利机会时，组合 C 的现在价值一定高于组合 D 的现在价值，即 $p+S\geqslant Xe^{-rT}$。这样，我们就得出了看跌期权的下限：$p\geqslant Xe^{-rT}-S$。

对于看跌期权来说，可能发生的最坏事情就是期权到期价值为零，这就意味着期权的价值必须为正值，即 $p>0$，因此，$p\geqslant\max(Xe^{-rT}-S,0)$。

四、欧式股票看涨期权与看跌期权的平价关系

细心的读者会发现：组合 A 和组合 C 在到期日的价值均为 $\max(S_T,X)$。这两个组合的等值具有重要的意义。由于是欧式期权，在到期日前不能提前行权，因此这两个组合也一定有相等的现值，即

$$c+Xe^{-rT}=p+S$$

这就是看涨期权和看跌期权的平价关系。它表明某一个行权价格和到期日的看涨期权的价格可以由相同行权价格和到期日的看跌期权推导出来。反之亦然。

如果 $c+Xe^{-rT}=p+S$ 不成立，就会存在套利机会。我们下面举例子说明。

例 7-3 看涨期权和看跌期权的平价关系与套利

假定 $S=31$ 元，$X=30$ 元，年利率 $r=10\%$，$T=0.25$，$c=3$ 元，$p=2.25$ 元。在这种情况下，$c+Xe^{-rT}=32.26$ 元，$p+S=33.25$ 元，相对于组合 A，组合 C 被高估了，或者说看涨

期权的价格相对于看跌期权偏低。套利者就会买入组合 A，卖出组合 C，即

卖出 C：以 31 元的价格卖空股票，以 2.25 元的价格卖出一个看跌期权。这时可以获得资金 31+2.25=33.25 元。

买入 A：将卖出 C 所获得的资金，以 3 元的价格买入看涨期权，将剩余的 33.25−3=30.25 元进行无风险投资。

3 个月后，有两种情况发生。

第一种情况：如果股票市场价格超过行权价格，即高于 30 元，这时卖出的看跌期权不会被行权，而套利者买入的看涨期权应予以行权，即以 30 元购买股票。在购买股票后，平仓原来的股票空头。这时的盈利是 1.02 元。

第二种情况：如果股票市场价格低于行权价格，即低于 30 元，这时套利者不会执行买入的看涨期权，但是卖出的看跌期权会被行权，也就是说套利者不得不以 30 元的价格买入股票。在购买股票后，平仓原来的股票空头。这时的盈利也是 1.02 元。

这是相同期限和行权价格的看跌期权相对于看涨期权价格偏高的情形，表 7-5 还总结了看跌期权价格偏低的情形。读者可以对比学习。但是，无论哪一种情形出现，套利者都会迅速进入，直到看涨期权和看跌期权的价格符合平价关系。

表 7-5　看跌期权和看涨期权平价关系不成立时的套利机会

市场条件	· 3 个月的看涨期权价格 3 元 · 3 个月的看跌期权价格为 2.25 元，价格偏高	· 3 个月期限看涨期权价格 3 元 · 3 个月的看跌期权价格为 1 元，价格偏低
当前交易	买入看涨期权，付费 3 元； 卖出看跌期权，收入 2.25 元； 卖空股票，收入 31 元； 将净收入资金 30.25 元以无风险利率投资 3 个月	卖出看涨期权，收入 3 元； 以 1 元价格买入看跌期权； 借入 29 元，期限 3 个月； 以 31 元买入股票
3 个月后，$S_T>30$	无风险投资收益 31.02 元； 行使看涨期权，买入价 30 元； 净利润 1.02 元	看涨期权被行权，以 30 元卖出股票； 偿还 29.73 元贷款； 净利润 0.27 元
3 个月后，$S_T<30$	无风险投资收益 31.02 元； 看跌期权被行权，价格 30 元； 净利润 1.02 元	行使看跌期权，以 30 元卖出股票； 偿还贷款本息 29.73 元； 净利润 0.27 元

应当注意的是，看涨期权和看跌期权平价关系只对欧式期权成立。但是，我们可以从中得出美式期权的一个重要关系，即 $S-X\leqslant c-p\leqslant S-Xe^{-rT}$。这里就不再详细分析。

五、红利对股票期权价值的影响

前述的期权价格界限没有考虑红利问题，下面把这个问题引入。

可以重新将组合 A 和组合 B 进行定义。

组合 A：一个欧式看涨期权加上金额为 $D+Xe^{-rT}$ 的现金。

组合 B：1 股股票。

与以往推导类似，可以证明 $c \geqslant S-D-Xe^{-rT}$。

同样，可以重新将组合C和组合D进行定义。

组合C：一个欧式看跌期权加上1股股票。

组合D：金额为 $D+Xe^{-rT}$ 的现金。

可以证明，$p \geqslant D+Xe^{-rT}-S$。

同样，我们可以再得出支付红利的欧式看涨期权和看跌期权的平价关系式：$c+D+Xe^{-rT}=p+S$。而对于美式期权则存在关系 $S-D-X \leqslant c-p \leqslant S-Xe^{-rT}$。

六、看涨—看跌期货期权的平价关系

尽管股票期权代表着期权的很多性质，但是期货期权却是场内期权的核心。我们需要具体研究欧式看涨—看跌期权的平价关系。现在考虑具有相同行权价格 X 和期限 T 的两个欧式看涨和看跌期权。我们可以构造以下两个组合。

组合A：一份行权价格为 X 的欧式期货看涨期权，加上数量为 Xe^{-rT} 的现金。r 为无风险利率。

组合B：一份行权价格为 X 的欧式期货看跌期权加上一份期货合约多头，再加上数量为 F_0e^{-rT} 现金。其中 F_0 为当前的期货价格。

在组合A中，可见现金按照无风险利率投资，到 T 时刻增加为 X。假设期权到期时的期货价格是 F_T。这时，如果 $F_T>X$，则组合的价值为 F_T；如果 $F_T \leqslant X$，则组合中的期权不被行权，组合的价值为 X。因此，在时刻 T，组合A的价值为 $\max(F_T, X)$。

在组合B中，现金被以无风险利率进行投资，在时刻 T，该投资会增长到 F_0。看跌期权收益为 $\max(X-F_T, 0)$。期货合约的收益为 F_T-F_0。这样，在时刻 T 组合B的价值为

$$F_0+(F_T-F_0)+\max(X-F_T, 0)=\max(F_T, X)$$

因为在时刻 T，两个组合的价值相同，并且都没有提前行权的机会，所以今天两者的价值也相同。组合A的当前价值为 $c+Xe^{-rT}$。其中，c 是看涨期权的价格。按逐日盯市过程保证组合B中期货当前价格为0，因此组合B的当前价值为 $p+F_0e^{-rT}$。其中，p 是看跌期权的价格。

因此，可以得出欧式期货期权的看涨—看跌平价关系式为

$$p+F_0e^{-rT}=c+Xe^{-rT}$$

在现实中，期货期权的主要形式是美式期货期权，而非欧式。而美式期货期权的看涨—看跌平价关系式应为

$$F_0e^{-rT}-X<c-p<F_0-Xe^{-rT}$$

七、期货期权价值的下限

从期货期权的看涨—看跌平价关系式可以得出看涨期权和看跌期权的下限。因为平价关系式中的看跌期权的价格 p 不能为负值，所以，$c+Xe^{-rT} \geqslant F_0e^{-rT}$，即

$$c \geqslant (F_0-X)e^{-rT}$$

同样，我们可以得出

$$p \geqslant (X - F_0)e^{-rT}$$

很明显，这些结论和欧式股票期权的下限十分类似。当期权处于深度实值状态时，欧式看涨期权及看跌期权会与它们的价格非常接近。其原因是，当一个看涨期权处于深度实值时，相应的看跌期权为深度虚值，这就意味着 p 接近于 0，很明显 c 要接近于 $(F_0 - X)e^{-rT}$ 这个下限值。

由于美式期货期权可以在任何时刻行使，因此，我们可以得出以下关系式：

$$C \geqslant F_0 - X$$

$$P \geqslant X - F_0$$

如果利率为正，美式期货期权的下限一定高于欧式期货期权的下限。这是因为美式期权总是有被提前行权的可能。

第三节 B-S 模型和二叉树模型

一、影响期权价格的基本因素

期权的定价模型主要研究各种因素如何影响和决定期权的公平价值。而主要因素有：标的资产的现价、行权价格、到期期限、标的资产价格的波动率、无风险利率以及期权有效期内标的资产的预计收益。这些因素对期权的价值变动具有不同的影响。

1. 标的资产价格与行权价格

标的资产价格与行权价格决定了期权的内在价值。如果行权价格既定，则期权的公平价值首先受到标的资产价格的影响。对于看涨期权来说，资产价格越高，期权的实值程度越深，那么期权的价值也就越高。对于看跌期权而言，资产价格越低，期权实值程度越深，那么期权的价值也就越高(表 7-6)。期权的行权价格对期权价值的影响与标的资产价格所产生的影响正好相反。其基本规律是，行权价格越高，看涨期权的价格相对越低；行权价格越低，看跌期权的价格也越低(表 7-7)。

表 7-6　标的资产价格与期权价值的关系

期权	标的资产价格	期权价值
看涨期权	上升	上升
	下降	下降
看跌期权	上升	下降
	下降	上升

表 7-7　行权价格与期权价值的关系

期权	行权价格	期权价值
看涨期权	上升	下降
	下降	上升
看跌期权	上升	上升
	下降	下降

2. 到期期限

到期期限是指期权的剩余有效天数，即期权买卖日开始的即期至期权到期日的时间。当期权的有效期增加时，美式看跌期权和看涨期权的价值都会增加，即期权的时间价值会增加。为了理解这一点，可以比较分析其他条件相同，但只有到期日不同的两个期权。期权到期期限较长的明显包含了到期期限较短的那个期权的所有行权机会，或者说其获利的机会要更多一些。因此，到期期限长的期权的价值要大于或等于期限短的期权。但是到期期限的长短对于欧式期权价值的影响并不明显。这是因为欧式期权的行权期是固定的，较长到期期限并不能保证能包含较短期限的所有行权机会（表 7-8）。

表 7-8　到期期限与期权价值的关系

期权	到期期限	期权价值
美式看涨期权	越长	越高
	越短	越低
美式看跌期权	越长	越高
	越短	越低
欧式期权	越长	难以确定影响
	越短	难以确定影响

最后还需要了解，尽管期权到期期限的长短与期权的时间价值成同向变动，但是两者之间的关系却不是线性的。在一般情况下，随着权利期限的缩短，期权的时间价值会迅速变化，尤其是在期权最后一个月有效期内，越是临近到期日，期权价值衰退更是如此（见图 7-2）。这主要的原因是期权的价值与时间的关系是平方根关系。如果一个 30 天的平价期权价值是 1 元，60 天的期权的价值大约就是 $1\times\sqrt{2}=1.414$ 元。这其中就蕴含着极为重要的含义。期权初学者学到这里，就应该意识到，考虑到期权时间价值的非线性衰减，就应当购买期限较长的期权。说到底，用大约 2.45 元（$1\times\sqrt{6}$）买 1 手 6 个月期的期权比用 1 元买 1 手 1 个月期的期权要便宜。反过来，卖出者则应该卖出近期月份的期权。当然这只是理论上的考虑，现实市场中还要权衡考虑其他交易费用，才能做出最后决断。

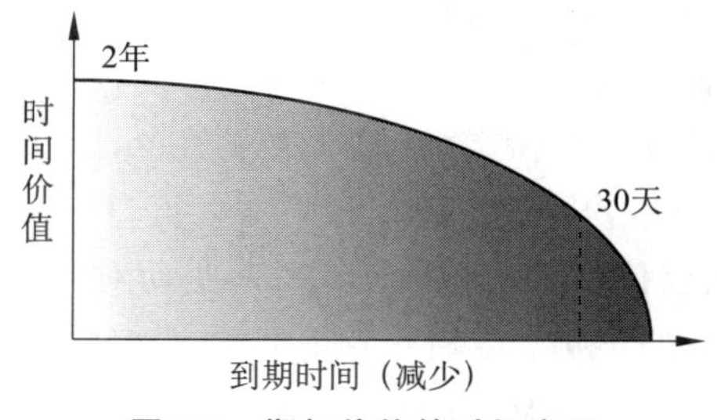

图 7-2　期权价值的时间衰退

3. 标的资产的波动率

波动率主要用来衡量标的资产未来价格的不确定性。这个因素在期权的价值分析中处于十分关键的地位，同时也是相对难以理解的。可以比较一下期货和期权。在期货市场，波动率既是机会也是风险，波动率对于期货投资者盈亏的影响是对称的。但对于期权来说，由于期权具有风险限制的特性，不论行情下跌（上涨）幅度有多大，看涨期权（看跌期权）的价值最多跌到零。因此，波动率对于期权价值的影响与期货存在根本差异。标的资产价格波动率越大，其突破行权价格进入实值状态的可能性就越大，因此期权的价值也就越高。相反，标的资产价格波动率越小，行权具有收益的可能性就越小，因此期权的价值也就越低。从数学角度看，波动率就是无方向性。从现实角度看，如果没有波动率，期权就是多余的。考虑到波动率是期权价值影响因素中的唯一未知变量以及其具有重要的信息含义，本章第四节将深入介绍波动率的计算及其应用问题。波动率与期权价值的关系见表 7-9。

表 7-9　波动率与期权价值的关系

期权	波动率	期权价值
看涨期权	上升	上升
	下降	下降
看跌期权	上升	上升
	下降	下降

4. 无风险利率

无风险利率对期权价值和价格的影响是复杂的。从不同的角度分析，往往会得出不同的结论。

首先，利率对期权价值的影响主要体现在对标的物价格以及贴现率的影响上。从比较静态的角度考察，即比较不同利率水平下的两种均衡状态。如果无风险利率较高，则标的物的预期收益率也应较高。这意味着对应于标的物的现在特定的市场价格 S，未来预期价格 $E(S_T)$ 较高。同时，贴现率较高，未来同样预期盈利的现值就较低。这两种效应都减少看跌期权的价值。但对于看涨期权而言，前者使期权价值上升，而后者使期权价值下降。由于前者的效应大于后者，因此对应于较高的无风险利率，看涨期权的价格也较高。从动态的角度，即考察一个均衡被打破到另一个均衡的过程。在标的物价格与利率呈负相关时，当无风险利率提高时，原有均衡被打破，为了使标的物预期收益率提高，均衡过程通常是通过同时降低标的物的期初价格和预期未来价格来实现的，只是前者的降幅更大，同时贴现率也上升。对于看涨期权而言，两种效应使得期权价值下降，而对于看跌期权而言，前者效应为正，后者为负，由于前者效应通常大于后者，因此其净效应应是看跌期权价值上升。

其次，如果就利率对期权价值的影响而言，利率变动对看涨期权价值有正向的影响，而对看跌期权的价格有反向的影响。这种影响在股票期权中表现得更为明显。因为对于买进股票的投资者而言，买进股票和买进股票看涨期权具有替代性，那么买进看涨期权可以节约使用资金，这些节约的资金具有投资收益。因此，无风险利率上升，看涨期权的价值也会上升。同样，买进看跌期权和直接卖出股票具有替代性，因此在利率上升的时候，投资者显然会倾向于直接卖出股票，将获得的收益用于再投资以获得较高的无风险利息收益，而买入看跌期权需要支付权利金，因此，利率与看跌期权呈反向变动关系。

除了以上两个角度的分析，有人也从权利金的机会成本角度来分析利率对期权价格的影响。由于权利金在期权交易初期以现金的方式支付，因此具有机会成本，而这一机会成本显然受到利率的影响。当无风险利率较高时，买入期权的机会成本较高，投资者会把资金从期权市场转移到其他市场，从而导致期权价格下降。反之，当无风险利率较低时，投资者把资金投资于期权的机会成本较低，因此期权的价格会因为需求的增加而上升。

5. 标的资产的收益

标的资产都有相应的收益，例如股票有红利，债券有利息等。这些收益归标的资产的所有者所有。在期权的交易中，期权投资者如果买进某种标的资产的看涨期权，则在期权行权之前，尚未持有该期权的标的资产，也就不能获得该标的资产的收益；相反，如果期权投资者买进某标的资产的看跌期权，则在期权被行权前，通常持有该期权的标的资产，因而拥有标的资产的收益。对于期权的出售者而言，如果出售的是看涨期权，且是有担保的看涨期权，则在该期权被行权前，其因持有标的资产而获得来自该标的资产的收益；相反，如果卖出者卖出的是看跌期权和无法担保的看涨期权，则在期权被行权前，就会因为并不持有标的资产而得不到来自标的资产的收益。

标的资产的收益将影响未来的标的资产价格变化，而在行权价格确定时，标的资产的价格又必然影响期权的内在价值，进而影响期权的价值。由于标的资产分红付息等将使标的资产的价格下降，而行权价格并不进行相应调整，因此，在期权有效期内，标的资产产生的收益将使看涨期权价值下降，使看跌期权价值上升。

二、Black-Scholes 模型

1973 年美国芝加哥大学教授费希尔·布莱克与迈伦·斯科尔斯发表了《期权定价和公司债务》，提出了 Black-Scholes 期权定价模型（以下简称 B-S 模型）。该模型推导了基于无红利支付股票的任何期权价格必须满足的微分方程，并得出了看涨期权和看跌期权的价格计算方法。尽管对于绝大多数期权投资者和初学者而言，没有必要深入了解 B-S 模型推导过程，但是应当熟悉该模型的各种表现形式，并能借助相关软件确定期权的公平价值。

1. B-S 模型的基本形式

B-S 期权定价方法的基本思想是：期权价格及其所依赖的标的资产价格都受同一种不确定因素的影响，二者遵循相同的维纳过程。如果通过建立一个包含恰当的衍生资产头寸和标的资产头寸的资产组合，可以消除维纳过程，标的资产头寸与衍生资产头寸的盈亏可以相互抵消。这样构造出的资产组合为无风险的资产组合，在不存在无风险套利机会的情况下，该资产组合的收益应等于无风险利率。

在推导 B-S 期权定价模型时，布莱克和斯科尔斯用到了如下假设：① 股票价格遵循对数正态模型，股票的预期收益率（μ）和价格波动率（σ）为常数；② 没有交易费用或税收，所有的证券都是高度可分的；③ 在期权有效期内没有红利支付；④ 不存在无风险套利机会；⑤ 证券交易是连续的；⑥ 投资者能够以同样的无风险利率借款或贷款；⑦ 无风险利率 r 为常数且对所有到期日都相同；⑧ 对卖空没有限制，卖空的资金由交易者自行支配。

在上述假设中，S_T 为股票在 T 时刻的价格，X 为行权价格，则欧式看涨期权到期日的期望价值为：$E[\max(S_T-X),0]$。

在风险中性的世界中，欧式看涨期权的现价 c 就是这个期望值以无风险利率贴现的结果，即

$$c=\mathrm{e}^{-rT}E\max[(S_T-X),0]$$

在风险中性的世界里，S_T 具有对数正态分布，即 $\ln S_T$ 服从如下分布：

$$\ln S_T \sim N\left[\ln S+\left(r-\frac{\sigma^2}{2}\right)T,\sigma^2 T\right]$$

利用积分的方法对 $c=\mathrm{e}^{-rT}E\max[(S_T-X),0]$ 右边求值后，将 $\ln S_T \sim N\left[\ln S+\left(r-\frac{\sigma^2}{2}\right)T,\sigma\sqrt{T}\right]$代入，可得

$$c=SN(d_1)-X\mathrm{e}^{-rT}N(d_2) \tag{7.1}$$

其中

$$d_1=\frac{\ln(S/X)+(r+\sigma^2/2)T}{\sigma\sqrt{T}} \tag{7.2}$$

$$d_2=\frac{\ln(S/X)+(r-\sigma^2/2)T}{\sigma\sqrt{T}} \tag{7.3}$$

这样，在求得 d_1 和 d_2 的基础上，就可以根据标准正态分布表求得 $N(d_1)$和 $N(d_2)$，进而求得 c 值。

由于欧式看涨期权和看跌期权的平价关系是 $c+X\mathrm{e}^{-rT}=p+S$，所以我们同样可以求出欧式看跌期权的价格 p，即

$$p=-SN(-d_1)+X\mathrm{e}^{-rT}N(-d_2) \tag{7.4}$$

B-S 模型的优越性在于：

第一，在 B-S 模型中所含的变量均是可以观察或估计的，其中股票价格 S、行权价格 X、到期时间 T、无风险利率 r 都是已知变量，价格波动率 σ 可以通过有关技术进行估计。

第二，B-S 所体现的开创性思想是期权价格与标的资产的期望收益无关，即风险中性定价。因为投资者对股票的期望收益已经被融入到了股票价格中。这样，期权的价格就不依赖于投资者的风险偏好，这就大大简化了对期权的定价。

2. 基于红利支付的股票期权定价模型

由于严格的假设削弱了 B-S 模型在现实中的实用性，一些经济学家开始对其进行改进。也就是在 B-S 模型提出的同年，罗伯特·莫顿放松了部分假设，推出了有红利支付的股票期权定价模型。

莫顿的研究思路是，比较支付连续红利的股票与不支付红利的相似的股票可以知道，支付红利时股票价格降低了。假设红利率为年率 q。这样，q 使股票价格的增长率比不支付红利率时减少了 q。如果连续支付红利的股票价格从现在的 S 增加到 T 时刻的 S_T，则没有红利支付时股票的价格从现在的 S 增加到 T 时刻的 $S_T\mathrm{e}^{qT}$。这也可以看作有红利支付时的股票价格从 t 时刻的 $S\mathrm{e}^{-qT}$ 增加到 T 时刻的 S_T。

这样，可以利用 $S\mathrm{e}^{-qT}$ 代替 B-S 模型中的 S，进而得到

$$c=Se^{-qT}N(d_1)-Xe^{-rT}N(d_2) \tag{7.5}$$

$$p=-Se^{-qT}N(-d_1)+Xe^{-rT}N(-d_2) \tag{7.6}$$

其中

$$d_1=\frac{\ln(S/X)+(r-q+\sigma^2/2)T}{\sigma\sqrt{T}} \tag{7.7}$$

$$d_2=\frac{\ln(S/X)+(r-p-\sigma^2/2)T}{\sigma\sqrt{T}} \tag{7.8}$$

莫顿对 B-S 的改进还不止于此。1976 年，莫顿通过研究利率的方差以及利率与标的资产价格的协方差在期权价格上的效应，放松了固定利率的假设，导出了随机利率条件下的期权定价公式。此外，也放松了标的资产价格连续变化的假设，通过跳跃方式假定对数正态分布，推导出欧式看涨期权的定价模型。其他一些学者则对莫顿的模型进行了更精确的研究。也有的学者放松了无税收和无交易成本的假设。这些新的改进大大增强了期权定价模型的实用性。

3. 期货期权的定价模型

1976 年，费希尔·布莱克研究了期货期权的定价模型。经过证明，期货价格的行为类似于红利率等于 r 的股票价格的行为，因此，期货期权的定价可以和连续支付红利率为 r 的股票定价方法相似。假定 F 为期货的价格，则下面直接给出期货期权的定价公式：

$$c=e^{-rT}[FN(d_1)-XN(d_2)] \tag{7.9}$$

$$p=e^{-rT}[XN(-d_2)-FN(-d_1)] \tag{7.10}$$

其中

$$d_1=\frac{\ln(F/X)+\sigma^2 T/2}{\sigma\sqrt{T}} \tag{7.11}$$

$$d_2=\frac{\ln(F/X)-\sigma^2 T/2}{\sigma\sqrt{T}}=d_1-\sigma\sqrt{T} \tag{7.12}$$

4. 货币期权的定价模型

1983 年，马克·加曼和史蒂文·科尔黑格对标的资产是货币的欧式期权提出了一个具体的模型。其定价思想也是首先假设汇率与股票价格一样，遵循相同的随机过程。我们定义 S 为即期汇率，σ 为汇率变动的波动率，r_f 为外汇发行国的无风险利率。可以认为，r_f 就是外汇持有者收入的“红利收益率”，这样就可以得出货币期权的定价公式：

$$c=Se^{-r_fT}N(d_1)-X\,e^{-rT}N(d_2) \tag{7.13}$$

$$p=-Se^{-r_fT}N(-d_1)+X\,e^{-rT}N(-d_2) \tag{7.14}$$

其中

$$d_1=\frac{\ln(S/X)+(r-r_f+\sigma^2/2)T}{\sigma\sqrt{T}} \tag{7.15}$$

$$d_2=\frac{\ln(S/X)+(r-r_f-\sigma^2/2)T}{\sigma\sqrt{T}} \tag{7.16}$$

5. 复合期权与路径依赖期权的定价

罗伯特·格斯克在 1979 年提出了复合期权的定价模型。格斯克注意到 B-S 模型假设方差是固定的，而在股票期权中，方差取决于股票的价格水平，或者更准确地说，是取决于公司的价值。当与B-S模型相比时，复合期权模型对于虚值期权和临近到期日(near-maturity)期权可以得到更高的价值，而对深度的实值期权则可以产生更低的价值。

1979年，巴里·戈德曼、霍华德·索森和玛丽·安·加托分析了行权价格是期权存续期间内股票最小价格的欧式看涨期权的定价。其所分析的对象包括回望期权、障碍期权、平均价格期权等。但是，针对这些路径依赖期权所建立的模型都被列为个人专利，所以在公开发表的文章中很少有相关介绍。

6. 美式期权

美式期权的定价模型是由理查德·罗尔(1977)、罗伯特·格斯克(1979)以及罗伯特·惠利(1981)提出。其模型十分复杂，应用不方便，所以很多使用者都转向利用二叉树期权定价方法对美式期权进行定价。

三、二叉树期权定价方法

二叉树期权定价方法是晚于B-S模型的期权定价方法。该定价方法较为简单，也易于理解和操作，由考克斯、罗斯和鲁宾斯坦于1979年在《期权定价：一种被简化的方法》一文中提出。其提出的最初动机是为推导B-S模型提供一种比较简单和直观的方法，但是随着研究的深入，二叉树模型得到新的应用，开始成为解决复杂期权（如美式期权和非标准的变异期权）定价的基本手段。可以说，如果掌握了二叉树定价模型，就等于拿到了打开各种复杂期权及其他衍生工具定价迷宫的钥匙。

1. 股票期权的单步二叉树模型

首先假设，股票的现行价格是 S，该股票期权的当前价格是 f，期权的有效期是 T，在期权有效期内，股票价格的变化可能是向上变动 u 倍，达到 $Su(u>1)$，或者向下变动 d 倍，达到 $Sd(d<1)$。假设股票价格变动到 Su 时，期权的收益为 f_u，股票价格变动到 Sd 时，期权的收益为 f_d。具体情况如图7-3所示。

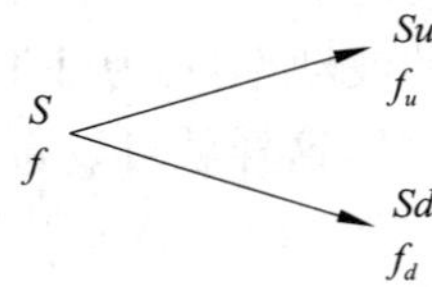

图7-3 单步二叉树图中的股票价格和期权价格

现在假设不存在套利机会，构造一个股票和期权的证券组合，使得该组合在 T 期末的价值是确定的。这样，这个组合就是无风险的，收益率一定等于无风险收益率。这使我们可以得出构造该组合所需要的成本，进而得出该期权的价格。由于只有两种证券（股票和期权），且只有上涨和下跌两个结果，因此总有可能构造出无风险的证券组合。

无风险的组合包括：

(1) 多头：Δ 股股票；

(2) 空头:一个股票的看涨期权。

如果股票价格上升,则在期末该组合的价值为 $Su\Delta - f_u$。

如果股票价格下跌,则在期末该组合的价值为 $Sd\Delta - f_d$。

令这两个价值相等,这就意味着,$Su\Delta - f_u = Sd\Delta - f_d$,即

$$\Delta = \frac{f_u - f_d}{Su - Sd}$$

在这种情况下,当持有 Δ 股股票时,该组合就是无风险的。这时,无论股票价格向哪个方向变化,该组合的最终价值都是一样的。

假设 r 表示无风险利率,则该组合的现值是:$(\Delta Su - f_u)e^{-rT}$,而构造该组合的成本是:$S\Delta - f$。因此可得

$$(\Delta Su - f_u)e^{-rT} = S\Delta - f$$

现将 Δ 代入上式,并进行简化,得到

$$f = e^{-rT}[pf_u + (1-p)f_d] \tag{7.17}$$

其中

$$p = \frac{e^{rT} - d}{u - d} \tag{7.18}$$

这里需要注意如何确定 u 和 d 的值。在实践中,u 和 d 是由标的资产的波动率 σ 来决定的。u、d 和 p 的一种计算方法可以是

$$u = e^{\sigma\sqrt{\Delta T}}$$

$$d = \frac{1}{u} = e^{-\sigma\sqrt{\Delta T}}$$

$$p = \frac{a - d}{u - d}$$

其中,ΔT 为时间步长;a 为每步增长因子,即 $a = e^{r\Delta T}$。

2. 单期二叉树模型中的风险中性定价思想

在前述的期权价格推导过程中,虽然不需要对股票价格上涨和下跌的概率做出任何假设,但是仍然会很自然地将其中的变量 p 理解为股票价格上涨概率,$1-p$ 理解为下跌的概率,因此 $pf_u + (1-p)f_d$ 就是期权的预期收益。按照对于 p 的这种解释,式(7.17)可以表述为:期权当前的价值等于预期收益的贴现值。

现在应当研究一下当上涨概率为 p 时,股票的预期收益为多少。在 T 时刻,股票价格的预期值为

$$E(S_T) = pS_0u + (1-p)S_0d \tag{7.19}$$

将式(7.18)代入式(7.19),我们就可以得出

$$E(S_T) = S_0e^{rT}$$

该式说明,股票价格平均按照无风险利率增长。因此,股票价格上涨的概率 p 等价于股票的收益率,即为无风险利率。

在一个风险中性世界中,每个投资者对风险都持中性的态度。在这样的世界里,投资者对风险不要求任何补偿,所有的证券收益均等于无风险利率。$E(S_T) = S_0e^{rT}$ 说明,当我

们假设股票价格上涨的概率为 p 时，就假设了风险中性。式(7.17)就说明了期权价值等于风险中性世界的预期收益按无风险利率进行贴现所得数值。

以上结果是期权定价领域中非常重要的风险中性定价原理的应用。风险中性定价原理说明，在期权定价时我们可以放心地假设世界为风险中性，由此得出的期权公式不仅在风险中性中正确，在其他方面也是正确的。

3. 股票期权的多步二叉树模型

在二叉树模型中，单步二叉树模型十分简洁，却包含了最基本的原理和方法。但是，单步二叉树仅把一个时期的股票价格波动的最终结果分为两个方向。而事实上，股票价格是一个连续的随机变量，可能会有很多变化方向。因此，单步二叉树模型所得到的期权价格是非常粗略的近似值。这样，为精确计量结果就需要把股票价格变动的这种“期间”由一个增加到多个，从而使单步二叉树模型变成多步二叉树。期间增加并不是延长期权的剩余时间，而是把既定的有效期分割成越来越多的小期间。分割的期间越多，则计算结果的准确性越高。

我们这里先分析两步二叉树模型，对单步二叉树模型进行拓展。假设股票的现行价格是 S，基于股票的两步期权的价格为 f，在每个单步的二叉树中，股票价格或者上升到初值的 u 倍，或者下跌到初值的 d 倍，无风险利率为 r，每个单步二叉树的时间长度为 ΔT 年。具体情况如图 7-4 所示。

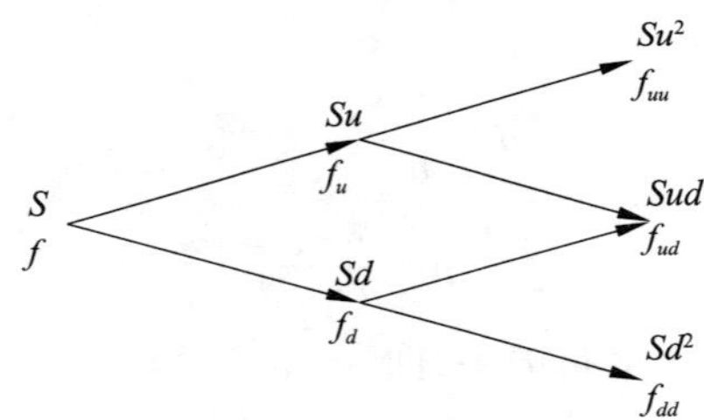

图 7-4　两步二叉树图中的股票价格和期权价格

重复运用前述原理，可得

$$f_u = e^{-r\Delta T}[pf_{uu} + (1-p)f_{ud}]$$
$$f_d = e^{-r\Delta T}[pf_{ud} + (1-p)f_{dd}]$$
$$f = e^{-r\Delta T}[pf_u + (1-p)f_d]$$

则 $f = e^{-2r\Delta T}[p^2 f_{uu} + 2p(1-p)f_{ud} + (1-p)^2 f_{dd}]$

与单步二叉树模型一样，p 值代表股票价格上升的概率，$1-p$ 则代表股票价格下跌的概率。

在两步二叉树模型的基础上，可以发展更多步数的二叉树模型。多步二叉树模型是将期权有效期划分为 n 个连续的小期间后的定价模型。因此，期权的到期日，股票价格的可能取值不再是两个，而是 $n+1$ 个。特别是当 $n\to\infty$ 时，股票价格取值也趋向于一个连续的随机变量。此时，推导出 n 期二叉树期权定价模型后，再令 $n\to\infty$，就是具有实用价值的连续性期权定价模型。在现实中，通常将有效期分成 30 个时间步，这就意味着有 31 个末端股票价格，并且 2^{30}，即大约 10 亿个可能的股票价格路径。

4. 其他期权的二叉树模型处理

支付红利股票期权、货币期权和期货期权的二叉树模型基本原理与股票期权一样，所不同的是 p 的计算有所改变。

对于支付红利的股票期权来说，假设红利收益率是 q。在风险中性世界，红利加上资产收益等于 r，红利收益为 q，因此资本的收益率为 $r-q$。如果股票的当前价格为 S，在第1步后股票的预期值为 $S_0 e^{(r-q)\Delta T}$，因此

$$pS_0+(1-p)S_0 d=S_0 e^{(r-q)\Delta T}$$

即

$$p=\frac{e^{(r-q)\Delta T}-d}{u-d}$$

对于货币期权来说，我们可以将外汇看作收益率等于外币利率的资产。假定外币的无风险利率为 r_f，那么，这时

$$p=\frac{e^{(r-r_f)\Delta T}-d}{u-d}$$

对于期货期权来说，期货合约的多头和空头不需要投资者支付任何费用。这说明在风险中性的世界里，期货的预期增长率为0。和前面一样，我们定义 u 为价格上涨的倍数，d 为价格下跌的倍数。期货的初始值为 F_0。在第1步 ΔT 时间后，期货预测值仍为 F_0。这意味着

$$pF_0 u+(1-p)F_0 d=F_0$$

即

$$p=\frac{1-d}{u-d}$$

第四节 期权波动率

在期权定价模型中有一个重要的术语——波动率。波动率经常被一些初入门的交易者忽视，但却是许多期权理论家和有经验的期权投资者最耗心血、最为关注的重要问题。所谓波动率实际上就是对标的资产投资收益率的变化程度的测量结果。从统计角度看，其是标的资产投资收益率的标准差。波动率虽然在定义和理解方面较为简单，但却是期权定价模型中唯一不能在市场上直接观测而需要估计的重要参数，同时也是期权交易实践中需要考虑的最重要变量之一。在期权领域，最重要的波动率包括历史波动率、预测波动率和隐含波动率。预测波动率可以用于期权的定价，历史波动率既可以用于期权定价，也可以配合隐含波动率，用于期权或标的资产的投资分析。

一、历史波动率及其估计方法

历史波动率是指过去一段时间内收益率所表现出的波动率，由标的资产过去一段时间的价格变化所反映。基本的方法原理是根据标的资产价格的时间序列数据，计算出相

应的收益率数据，然后运用统计方法估算收益率的标准差，从而得到历史波动率的估计值。波动率历史估计的基本前提是收益率的变化趋势具有某种惯性，即收益率可以从过去一直延续到未来某一阶段。这样，我们就可以根据时间序列统计资料得到历史波动率的估计值，并将其作为实际波动率的一个较好近似值。

这里重点介绍一种经常被人们所使用的估计方法及其步骤。

第一，选择收益率的计算方法。

一般来说，衡量资产回报率的方法主要是百分比收益率和对数收益率。前者假设价格是离散变化的，后者假设价格连续变化。在B-S期权定价模型中，假设价格的运动是连续的，因此应考虑对数收益率。

现在定义 i 为时间观察次数，τ 为以年为单位表示的时间间隔的长度，S_i 为标的资产价格，u_i 为收益率，则第 i 天时，标的资产收益率计算式应为 $u_i=\ln(S_i/S_{i-1})$。

第二，计算 u_i 的标准差估计值。

$$s=\sqrt{\frac{1}{n-1}\sum_{i=1}^{n}(u_i-\bar{u})^2}$$

其中，$\bar{u}$ 为 u 的均值。

在期权定价理论中，存在 $\ln(S_t/S)\sim\varphi[(\mu-\sigma^2/2)T,\sigma^2 T]$，可知 u_i 的标准差为 $\sigma\sqrt{\tau}$。因此，变量 s 是 $\sigma\sqrt{\tau}$ 的估计值。σ 本身可被估计为 $\hat{\sigma}$，其中 $\hat{\sigma}=s/\sqrt{\tau}$。此估计的标准差近似为 $\hat{\sigma}/\sqrt{2n}$。

现在有三个重要的问题产生。一是如何选择一个合适的 n 值。在统计上 n 越大，获得的精度越高。但是，在期权交易中，太过长远的历史数据对于预测未来并不能发挥良好的作用。经验表明，选用90～180天的每日价格就可以了。二是选择的标的资产价格究竟应为什么价格。对于一些标的资产如股票、期货等，收盘价是重要的价格指标，可以用其作为计算依据。但是，对于外汇交易来说并没有所谓的收盘价。这就成为一个难题。三是估计或使用波动率参数时，应该以日历天数计算还是以交易天数计算 τ。有的学者研究认为，波动率在某种程度上是由交易产生的，非交易日所能产生的影响并不是很大。因此，在估计或使用波动率参数时，应以实际的交易日为计算天数，例如252天。

例 7-4 波动率计算方法

表7-10给出了21个连续交易日的某一标的资产价格序列。可以算出 $\sum u_i=0.095\,31$，$\sum u_i^2=0.003\,26$，则日收益率标准差的估计为

$$s=\sqrt{\frac{0.003\,26}{19}-\frac{0.095\,31^2}{380}}=0.012\,16$$

假设每年有252个交易日，则，$\tau=1/252$。

根据公式可以测算出波动率 $\hat{\sigma}=0.012\,16\cdot\sqrt{252}=0.193$，即19.3%。

表 7-10 波动率计算

交易日	标的资产收盘价	价格比率(S_i/S_{i-1})	日收益 $u_i=\ln(S_i/S_{i-1})$
	20.00		
	20.10	1.005 00	0.004 99
	19.90	0.990 05	−0.010 00
	20.00	1.005 03	0.005 01
	20.50	1.025 00	0.024 69
	20.25	0.987 80	−0.012 27
	20.90	1.032 10	0.031 59
	20.90	1.000 00	0.000 00
	20.90	1.000 00	0.000 00
	20.75	0.992 82	−0.007 20
0	20.75	1.000 00	0.000 00
1	21.00	1.012 05	0.119 8
2	21.10	1.004 76	0.004 75
3	20.90	0.990 52	−0.009 52
4	20.90	1.000 00	0.000 00
5	21.25	1.016 75	0.016 61
6	21.40	1.007 06	0.007 03
7	21.40	1.000 00	0.000 00
8	21.25	0.992 99	−0.007 03
9	21.75	1.023 53	0.232 6
0	22.00	1.011 49	0.114 3

以上只是测算历史波动率的基本方法，在现实中还有其他一些方法。无论哪种方法都有优缺点，关键要看测算结果能否和实际波动率一致或相近。

二、预测波动率及其估计方法

期权定价模型需要的是在期权有效期内标的资产价格的实际波动率。相对于当前而言，期权有效期内的实际波动率是未知变量。在一般情况下，我们可以利用预测波动率来替代实际波动率。尽管历史波动率也可以简单地用来估计预测波动率，然而历史毕竟不会简单地再现。因此，更好的方法是将利用历史数据估计和波动率变化规律结合起来，综合运用各种定量与定性分析工具，对波动率进行预测。

任何一个细心的观察者都会发现，资产价格总会在某些时段大起大落，波动远大于平均水平。这些大的波动可能会影响到资产总的波动率水平。为了更好地分析整体的波动率，就需要对这些特殊时段的剧烈波动进行专门分析。为了方便分析，我们可以把那些波动率显著高于平均水平的交易日称为经济日。相对于正常的交易日，经济日的天数可能很少，但是确实需要对其进行整理。

一般的方法是，首先假设经济日在长期以一定的概率出现，然后分步进行计算。第一，利用样本期内标的资产价格数据，计算资产收益率的绝对值$|u_t|$。第二，确定一个收益率门限值$=u^*$。若$|u_t|$大于门限值 u^* 则其对应的交易日为经济日。门限值的选定具有

关键意义。一般来说，门限值的确定使经济日天数占样本交易日天数的20%～25%。

在此基础上，就可以分步估计预测波动率。

第一，分别计算正常交易日的波动率 σ_1 和经济日波动率 σ_2。

第二，计算经济日出现的概率 p，得出波动率的综合估计方程：

$$\sigma^* = p\sigma_2 + (1-p)\sigma_1$$

第三，随着时间的推移，根据新得到的实际价格数据，调整组合波动率计算公式中的权系数，从而得到预测波动率估计的修正值。

下面举例说明经济日的确定过程和如何利用经济日进行预测波动率估计。

假定我们有某只股票2008年5月25日至2009年5月4日期间每一交易日的收盘价格数据。这时，可以计算出相应的日收益率数据。这段时间内共有240个交易日。我们假设出现经济日的概率为25%，即有60天为经济日。因此，将所得到的日收益率数据按绝对值排列，假设第180个数据的绝对值是9.618%，这就是门限值。这样，由大于9.618%的数据测算的波动率为经济日波动率，估计值为 $\sigma_2=16.326\%$，其余数据可以计算出正常波动率 $\sigma_1=4.077\%$。

假定以该股票为标的资产的看涨期权到期日为2009年6月2日，为了计算期权价格，就需要给出实际波动率的预测估计。这时要估计的波动率是5月4日至6月20日期间即期权有效期的实际波动率。这段时间共有40个交易日。这样，预计经济日会有40×25%=10天，正常交易日为40－10=30天。根据这些数据，可以计算出预测波动率应为

$$\sigma^* = p\sigma_2 + (1-p)\sigma_1 = 16.326\% \times 10/40 + 4.077\% \times 30/40 = 7.139\%$$

假定5月5日和6日均为正常交易日，则剩下的38天中仍有10个交易日为经济日，则

$$\sigma^* = p\sigma_2 + (1-p)\sigma_1 = 16.326\% \times 10/38 + 4.077\% \times 28/38 = 7.300\%$$

最后需要指出的是，以上是估计预测波动率的基本原理。在现实中，无论是产品市场或是金融市场，都存在程度不同的季节性因素和周期性因素。因此，在进行预测波动率估计时，必须识别出季节性因素或周期性因素，并在估计公式中得以反映。

三、隐含波动率及其估计方法

隐含波动率是在市场中观察到的期权价格所隐含的波动率。隐含波动率可以用期权定价模型进行估计，即将波动率作为未知变量，在其他参数给定的条件下，以期权的实际交易价格为输入变量，通过期权定价模型进行反向计算。隐含波动率也就是隐含在期权市场价格中的波动率。由于隐含波动率是由期权市场价格决定的波动率，是市场价格的真实映射，而有效市场价格是供求关系平衡下的产物，是买卖双方博弈后的结果，因此隐含波动率反映的是市场对标的产品波动率的看法，从而在期权交易和资产投资中有着极为有益的应用。

然而，期权定价波动所反映的波动率与期权价值之间的函数关系是非线性的，所以并不容易得到隐含波动率的解析解。简洁而且使用范围较广的隐含波动率估计方法是两分法。

用两分法估计隐含波动率的步骤如下：

第一步，分别选择一个最大波动率 σ_{max} 和最小波动率 σ_{min}。一般来说，我们对这两个值的要求并不严格，只要其所对应的期权理论价格 Y_{max} 和 Y_{min} 分别大于和小于期权的实际价格 P 就可以。

第二步，分别计算 σ_{max} 和 σ_{min} 所对应的 Y_{max} 和 Y_{min}。

第三步，计算下式

$$\sigma^{*}=\sigma_{min}+(P-Y_{min})(\sigma_{max}-\sigma_{min})/(Y_{max}-Y_{min})$$

第四步，计算 σ^{*} 所对应的理论价格 P^{*}。

第五步，估计隐含波动率。如果 $|P-P^{*}|<E$，则 σ^{*} 就是隐含波动率的最终估计。当 $|P-P^{*}|<E$ 时，需要分两种情况继续分析。一种情况是 $P<P^{*}$，这时令 $\sigma_{max}=\sigma^{*}$，σ_{min} 不变，重新转入第二步进行迭代计算。直到符合条件 $|P-P^{*}|<E$ 时，σ^{*} 才是隐含波动率的最终估计。另一种情况是 $P>P^{*}$，这时令 $\sigma_{min}=\sigma^{*}$，σ_{max} 不变，重新转入第二步进行迭代计算，直到符合条件 $|P-P^{*}|<E$ 时，σ^{*} 才是隐含波动率的最终估计。

在期权市场上，对于以同一标的资产为标的的一类期权，可能因行权价格而分不同的品种，因此对应的隐含波动率估计值也将不同。假如投资者希望确定手中所持有期权仓位的理论价值，或者需要对实际波动率做预测，就需要用一个综合波动率数值作为分析基础。因此，有必要运用一定的方法将不同的隐含波动率加以综合。假定对于同一类期权（指具有相同标的资产和到期日的看涨期权或看跌期权），由于行权价格不同，期权市场上共有 n 种交易品种，由此得到 n 个不同的隐含波动率估计值 σ_i，$i=1,2,\cdots,n$，这些波动率的加权平均值 σ^{*} 为

$$\sigma^{*}=\sum_{i=1}^{n}W_i\sigma_i$$

其中，W_i 是第 i 种估计值的权重。

这时就需要进一步了解权重的测算方法。通常的方法有三种。一种是交易量加权法，即 $W_i=Q_i/\sum Q_i$，Q_i 是第 i 种期权的交易量。另一种是距离加权法，即处于平值状态的期权，其对应的隐含波动率估计应被给予较大的权重，离平值状态越远的期权，其对应的隐含波动率估计应被给予越小的权重。第三种是 Vega 加权法。关于 Vega，后续章节将做详细介绍。这种方法的权重计算公式是 $W_i=\text{Vega}_i/\sum \text{Vega}_i$。前两种方法不仅操作简单，而且含义明确，因此在投资实践中得到广泛运用。

四、波动率微笑(volatility smile)

1. 波动率微笑的形态

波动率微笑是期权理论与期权投资实践中较为高深又极为重要的问题。波动率微笑是指隐含波动率随期权行权价格变化而变化的现象。这种现象的出现和 B-S 定价模型有关。如果 B-S 模型的假设成立，那么对于同一标的资产所隐含推导出的隐含波动率应该是常数，即隐含波动率不随行权价格的变化而变化。但是，市场交易结果所产生的隐含波

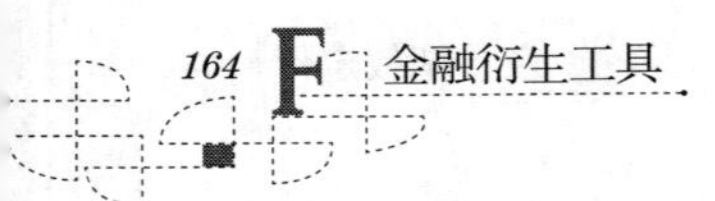

动率与行权价格之间具有独特的微笑特征。

图 7-5 描绘了汇率期权和股票期权的抽象的波动率微笑。我们大致可以认为，平值汇率期权的波动率相对较低，实值或虚值汇率期权的波动率较高。对于汇率期权而言，其波动率微笑或多或少是对称的微笑，但是极少会出现严格对称，而对于股票期权而言，隐含波动率则是行权价格的减函数。深度实值的股票看涨期权或者深度虚值的股票看跌期权的隐含波动率比较高。因此，股票期权的波动率微笑又称为波动率倾斜（volatility sneer 或 volatility skew）。此外，利率期权比股票指数期权具有更为单调的单边微笑。事实上，"微笑"的形状往往因标的资产市场的不同而不同。

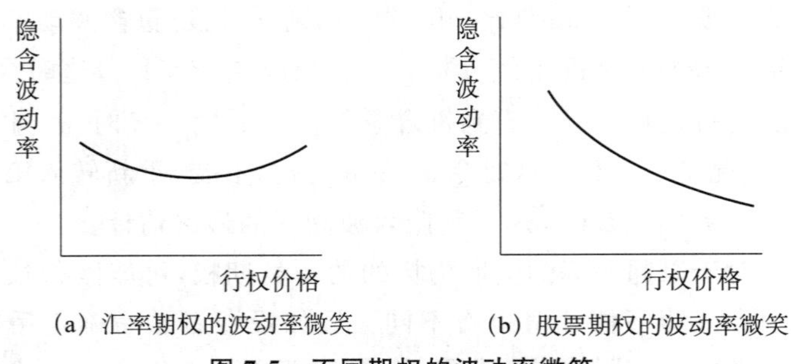

(a) 汇率期权的波动率微笑　(b) 股票期权的波动率微笑

图 7-5　不同期权的波动率微笑

之所以有不同微笑形状的波动率存在，是因为金融市场的波动率往往与 B-S 模型的假设存在巨大差异。在 B-S 模型中，有两个假设在现实中是难以满足的。第一，标的资产波动率为常数。第二，标的资产价格变化平稳，并且没有跳跃。对于汇率而言，其波动率往往与常数相差甚远，并且在央行政策的作用下跳动明显。由于与假设完全不一样，现实汇率变动既不是呈正态分布，又不是呈对数分布，因而最终导致了波动率微笑的产生。

较为特殊的是股票期权的波动率倾斜。这种性质的一个可能解释是因为资本结构的影响。当股票价格下跌时，公司债务比率上升，这就会导致公司杠杆比率的上升，从而使公司的不确定性上升，股票价格的波动率上升。相反当股票价格上升时，公司的债务比率和杠杆比率都会下降，这就使公司的不确定性和股票价格波动率下降。还有一种解释是股票波动率倾斜和市场的心理有关。有学者发现，在 1987 年美国股灾之前，隐含波动率与行权价格之间并没有太大联系，而之后则出现了波动率倾斜问题。由于交易员害怕出现市场暴跌，因此对于虚值看跌期权赋予较高的价格，这也造成了较高的波动率。

2. 隐含波动率曲面（implied volatility surface）

很多理论研究者和有经验的交易员喜欢将不同期限结构的波动率微笑结合在一起形成波动率曲面进行研究。表 7-11 描绘了一个汇率期权隐含波动率曲面。可以看出，随着期权有效期的增加，波动率微笑幅度有所减少。主要解释有两种：一种解释是波动率会回到还有较长时间到期的期权的隐含波动率平均水平；另一种解释是市场认为迟早会发生一些重大事件并导致市场崩溃，因而具有较长到期时间时，将具有较高的波动率。

表 7-11 汇率期权隐含波动率曲面

	−10%	−5%	−3%	−1%	平价	1%	3%	5%	10%
1 星期			12.20	10.20	9.50	10.00	11.50		
2 星期		12.50	11.70	10.50	9.70	10.00	11.00	11.70	
1 月		11.20	10.25	10.50	10.30	10.40	10.55	10.90	
2 月	12.00	11.50	11.20	11.00	10.90	10.90	11.10	11.30	11.70
3 月	12.00	11.50	11.35	11.20	11.10	11.10	11.50	11.35	17.80
6 月	12.00	11.75	11.65	11.45	11.40	11.40	11.50	11.60	11.80
12 月	12.00	17.80	11.70	11.65	11.60	11.60	11.65	11.70	11.85

最后需要指出的是，波动率微笑无论在理论上还是实践中都具有极为重要的作用。例如，第一，由于波动率微笑的存在，许多学者着力于对 B-S 模型进行改良。很明显，新的模型建立在新的波动性假设之上。第二，交易者可以利用波动率曲面估计新的期权序列的波动率。限于篇幅，这里将不再深入介绍，感兴趣的读者可以学习金融工程的有关书籍。

3. 交易波动率微笑

波动率在不同的行业有不同活跃程度的交易。对于希望对波动率微笑的斜率和曲率建立头寸的投资者，微笑现象是他们所关心的事情。金融工程师往往大量研究波动率微笑问题，以其为投资决策提供参考。在外汇领域，波动率微笑是日常交易的一部分。波动率微笑在股权领域也有交易，交易员套利股票市场指数的波动率。与风险相关的微笑比较陡峭，人们希望将其扁平化。在利率领域，交易波动率微笑主要用于风险管理以及对冲上限、下限头寸和互换期权风险①。

思考与习题

1. 什么是期权的内在价值和时间价值？二者是何种关系？

2. 实值期权和虚值期权各有何种交易特性？

3. 影响期权价格的因素主要有哪些？这些因素如何影响期权的价值变化？

4. 期权波动率有哪些？如何计算各种期权波动率？

5. 阐述和推导不付红利股票的欧式看涨期权与看跌期权平价关系。

6. 股票看涨期权的权利金为 18.25 元，执行价格为 280 元，标的物价格为 290.5 元，那么该期权的时间价值应为多少？

7. 如何用波动率表达二叉树模型中的 u 和 d？

8. 一个无股息股票的看涨期权，期限为 4 个月，执行价格为 25 元，股票当前价格为 28 元，无风险利率为每年 8%，期权的下限是多少？

9. 一个期限为 1 个月的无股息看跌股票的欧式看跌期权的当期价格为 2.5 元，股票

① 关于利率上限、下限和互换期权的内容将在第十一章进行介绍。

价格为 45 元,执行价格为 50 元,无风险利率为每年 6%。这时,有无套利机会? 如何处理?

10. 股票当前的价格是 40 元,已知在 1 个月后这只股票的价格将变为 42 元或 28 元。无风险利率为 8%(连续复利),执行价格为 39 元。试利用单步二叉树模型计算 1 个月期限的欧式看涨期权的价格是多少?

11. 股票当前价格是 50 元,在 6 个月后这一股票的价格将变为 45 元或 55 元,无风险利率为 10%。执行价格为 50 元。试利用单步二叉树模型计算 6 个月期限的欧式看跌期权的价格是多少?

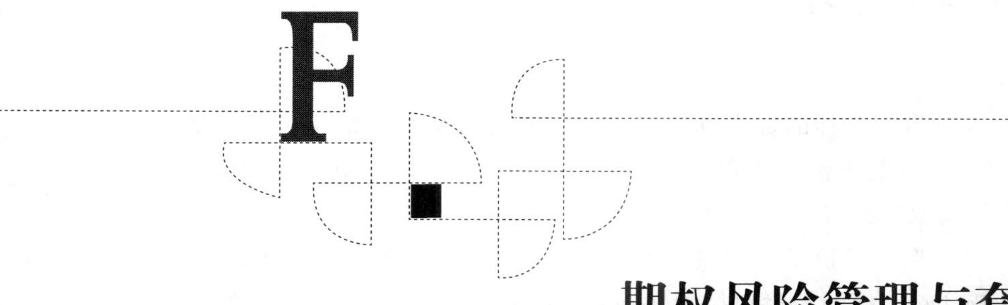

第八章 期权风险管理与套期保值

在期权交易中，需要注意价格影响因素波动所隐含的风险。为了降低期权头寸的风险，可以用标的资产进行中性对冲。特别是对于期权空头来说，可以在事先拥有与履约时资产交易方向相反的头寸，以便对期权头寸予以良好的保护。需要注意的是，期权价值影响因素众多，因此往往需要构筑较为复杂的中性对冲。另外，与对冲期权或投资组合风险的原理相一致的是，交易者可以利用多样化的期权交易策略，对冲或管理标的资产的价格波动风险。虽然和期货套期保值的原理不同，但是这种交易在某种意义上也可以被称为套期保值。

第一节 希腊值与期权头寸的风险管理

影响期权价值的因素发生变化会对期权交易和期权风险产生深刻影响。与此相关的是 Delta、Gamma、Theta、Vega、Rho 等避险参数(表 8-1)。这些参数是管理期权价格波动风险的重要工具。

表 8-1 期权避险参数的敏感性归类

参数	敏感性	
Delta	Δ	和标的资产价格变化相比的期权价格变化
Gamma	Γ	和标的资产价格变化相比的期权 Delta 值变化
Theta	Θ	与有效期变化相比的期权价格变化
Vega	K	与资产价格波动率变化相比的期权价格变化
Rho	ρ	与无风险利率变化相比的期权价格变化

一、Delta 中性与风险交易

1. Delta 的含义

Delta 是衡量期权价值相对标的资产价格变动所面临的风险程度的指标。例如，假设标的资产价格上升 1 元，而期权价格上涨 0.25 元，则期权的 Delta 系数就是 0.25。如果 Delta 系数为 0.75，则表示标的资产价格变化 1 元，期权价值变动 0.75 元。

Delta 的计算与 B-S 期权定价模型有关。表 8-2 列出了不同类型期权的 Delta 值计算方法。可以看出，影响 Delta 值的因素包括到期期限、标的资产的价格、波动率和无风险利率等。一般而言，对于欧式期权而言，随着标的资产价格的上涨，Delta 会扩大。所有看涨期权多头的 Delta 都是正数，空头的 Delta 都是负数；所有看跌期权多头的 Delta 都是负数，空头则都是正数。

表 8-2　不同类型的期权有不同的 Delta(Δ)值

期权	看涨期权 Δ 值	看跌期权 Δ 值	d_1
不付红利的欧式股票期权	$N(d_1)$	$N(d_1)-1$	$d_1=\dfrac{\ln(S/X)+(r+\sigma^2/2)T}{\sigma\sqrt{T}}$
支付红利的欧式股票期权	$e^{-qT}N(d_1)$	$e^{-qT}[N(d_1)-1]$	$d_1=\dfrac{\ln(S/X)+(r-q+\sigma^2/2)T}{\sigma\sqrt{T}}$
欧式货币期权	$e^{-r_fT}N(d_1)$	$e^{-r_fT}[N(d_1)-1]$	$d_1=\dfrac{\ln(S/X)+(r-r_f+\sigma^2/2)T}{\sigma\sqrt{T}}$
欧式期货期权	$e^{-rT}N(d_1)$	$e^{-rT}[N(d_1)-1]$	$d_1=\dfrac{\ln(F/X)+\sigma^2T/2}{\sigma\sqrt{T}}$

2. Delta 的基本特点

从定义和数学表达式可以看出，Delta 具有以下基本特征。

第一，对于看涨期权而言，$0\leqslant \text{Delta}_c\leqslant 1$，对于看跌期权 $-1\leqslant \text{Delta}_p\leqslant 0$。从理论上看，期权价值变动幅度不会超过标的资产价格变动幅度。

第二，在其他因素不变的情况下，对于看涨期权而言，Delta_c 与标的资产价格 S_T 成同向变动关系。当 S_T 越大时，Delta_c 就越接近于 1；当 S_T 越小时，Delta_c 就越接近于 0。这是因为，在标的资产价格很高时，看涨期权处于深度实值状态，Delta 也就接近于 1；在看涨期权深度虚值时，Delta 也就接近于 0。对于看跌期权而言，当 S_T 很大时，处于深度虚值状态，Delta_p 接近于 0；当 S_T 很小时，看跌期权处于深度盈利状态，Delta_p 会接近于 -1(图 8-1)。

3. Delta 中性对冲

由于 Delta 实际上是指期权价格变化与标的资产价格变化的比率，因此这就意味着当标的资产价格变化 ΔS 时，期权价格变化 $\text{Delta}\times\Delta S$。我们可以利用这一关系，以标的资产对冲期权空头的风险。具体例 8-1。

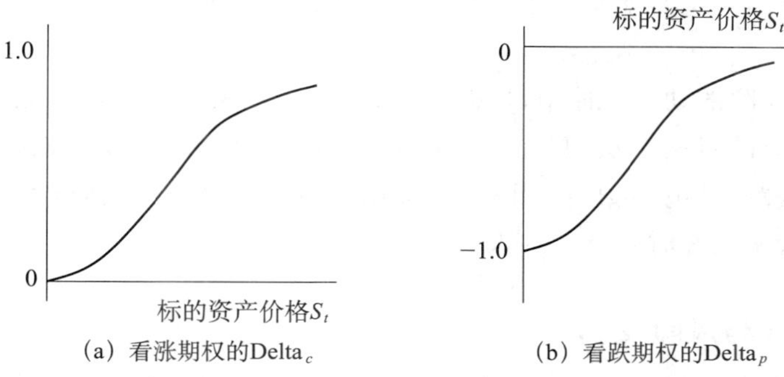

(a) 看涨期权的Delta_c　　(b) 看跌期权的Delta_p

图 8-1 看涨期权与看跌期权的 Delta 变化范围及其与标的资产价格的关系

例 8-1 Delta 中性对冲

股票看涨期权的 Delta 为 0.6，期权价格 c 为 10 元，股票价格 S 为 100 元。交易者卖出了 20 份看涨期权，每份合约含 100 股股票。为了对冲掉这 20 份期权的风险，交易者应当买入 0.6×2 000=1 200 股股票。这样，如果股票价格上涨 1 元，每股股票的看涨期权价格就会上涨 0.6×1 元=0.6 元，即所出售的看涨期权头寸损失 1 200 元，而这时持有的股票头寸会增值 1 200 元；如果股票价格下跌 1 元，则期权价格下跌 0.6 元，此时看涨期权空头头寸将增值 1 200 元，但是股票头寸会损失 1 200 元。可以发现，股票价格无论向哪个方向变化，该机构的期权头寸盈亏和股票头寸盈亏都完全相抵。我们可以将这一交易称为 Delta 中性对冲。

所谓 Detla 对冲，实际上就是构筑一个包括期权和标的资产在内的交易组合，并使总头寸的 Δ 为零。我们可对 Delta 对冲进一步归纳。假设期权含有的股票数为 w，Delta 为 Δ，则对冲期权空头所需的股票数为 $w \cdot \Delta$。具体见表 8-3。

表 8-3 中同样列出了前面所述的对现货的对冲方法(见下一节的套期保值原理)。可见，对期权头寸风险的对冲和对现货头寸风险的对冲而言，两者具有相同的原理。Delta 中性是一个十分广泛的课题，其所牵涉的问题已经不是期货交易中所讲的那么简单。

表 8-3 Delta 对冲策略

交易内容	风险控制意向	对冲方式
看涨期权空头(假设内含 w 股)	防范股票价格上涨导致的期权价格风险	做多 $\Delta \cdot w$ 只股票
看跌期权空头(假设内含 w 股)	防范股票价格下跌导致的期权价格风险	做空 $\Delta \cdot w$ 只股票
做空 $\Delta \cdot w$ 只股票	防范股票价格上涨风险	做多看涨期权(假设内含 w 股)
做多 $\Delta \cdot w$ 只股票	防范股票价格下跌风险	做多看跌期权(假设内含 w 股)

需要注意，Delta 值的变化并不是线性的(从计算原理可以看出)，因此标的资产价格发生波动，期权的价值和 Delta 也会发生变化。无论是利用期权对标的资产保值，还是利用标的资产对期权价格风险进行对冲，都要随着 Delta 不断变化调整风险管理工具头寸。例如，在前例中，需要不断地调整股票头寸，才能有效对冲期权头寸的风险。而所需要增

加的股票头寸为($\Delta_t-\Delta_0$)(如果小于零则减持相应的现货头寸)。这种交易方式就是动态对冲策略。

在期权交易风险的动态对冲中,根据 Delta 调整标的资产头寸对于能否实现有效管理风险具有极为重要的意义。从理论上来看,对冲的频率越频繁,效果就越好。在对冲中,需要遵循"买升卖跌"(buy high-sell low)的原则,即在标的资产价格开始下降时就将其售出,在标的资产价格上涨时就将其购入。

二、Gamma 与风险交易

1. Gamma 的含义和计算

保持 Delta 中性需要不断调整标的资产头寸。那么,究竟需不需要和如何调整组合头寸?这往往涉及另一概念,即 Gamma(Γ)。所谓 Gamma 实际上就是 Delta 变化相对于标的资产价格变化的比率。这实际上是期权或期权交易组合关于标的资产价格的二阶偏导数,即

$$\Gamma=\frac{\partial^2 \Pi}{\partial S^2}$$

我们可以直接给出几种资产的期权 Gamma 值计算公式。

对于不付红利股票的欧式看涨期权或看跌期权而言,Gamma 为

$$\Gamma=\frac{N'(d_1)}{S\sigma\sqrt{T}}$$

其中 $N'(x)=\frac{1}{\sqrt{2\pi}}\mathrm{e}^{-x^2/2}$

对于支付红利 q 的欧式看涨期权或者看跌期权价格而言,Gamma 为

$$\Gamma=\frac{N'(d_1)\mathrm{e}^{-qT}}{S\sigma\sqrt{T}}$$

其中 $N'(x)=\frac{1}{\sqrt{2\pi}}\mathrm{e}^{-x^2/2}$

2. Gamma 的基本特点

第一,Gamma 数值可以揭示标的资产价格和期权组合价值的关系。当 Gamma 为正数时,如果 S 变化很小,则期权的价值减少;但是如果 S 变化较大,则期权的价值会增大。如果 Gamma 值较大,则 S 的变化会对期权的价值产生较为敏感的影响。在 Gamma 为较大的正数时,S 的变化会引起期权价值的较大幅度增加或减少;而 Gamma 为较大的负值时,S 的变化则会引起期权价值的较大减少或增加,增加或减少视 S 的变化幅度而定(图 8-2)。

第二,Gamma 受标的资产价格的影响。标的资产市场价格越接近行权价格,Gamma 就越高;Gamma 最高值为标的资产价格和行权价格正好相等时。对于多方而言,看涨看跌期权的 Gamma 值都是正的,对于空方而言,Gamma 都是负的。正、负与看涨、看跌期权没关系(表 8-4)。

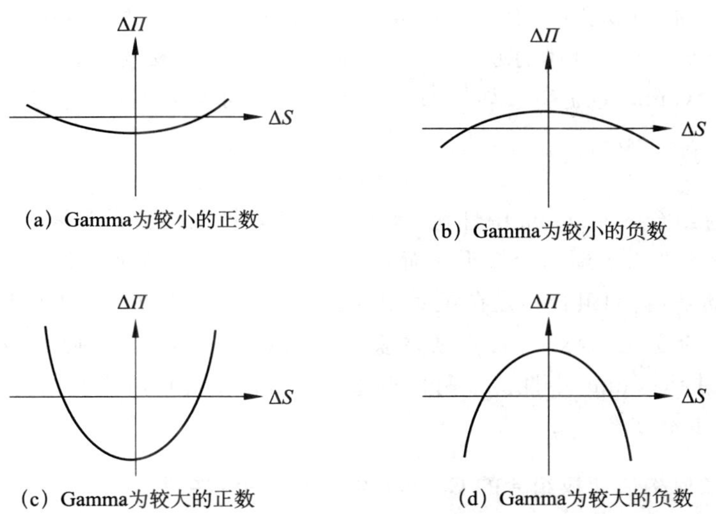

图 8-2 Delta 中性交易组合的 $\Delta\Pi$ 和 ΔS 的关系图

表 8-4 不同价值状态的期权的 Gamma 表现

平价期权	当资产价格接近行权价格时，Gamma 就会变大，这就意味着 Delta 对股票价格变化十分敏感
实值期权	当期权成为深度实值期权的时候，Delta 就会接近 1，并且对标的资产的价格变化的敏感性不高
虚值期权	与实值期权的 Gamma 正好相反

第三，Gamma 受到期时间长短的影响。随着到期日的临近，Gamma 值也会发生变化。图 8-3 表明，剩余的到期日越短，平值期权的 Gamma 值越大，甚至远超过虚值期权和实值期权，短期平值期权的 Gamma 很高，说明期权价值对于标的资产价格变化具有很强的敏感性。

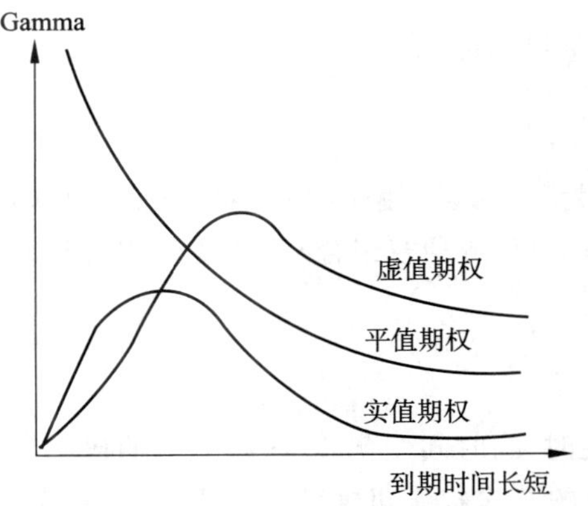

图 8-3 股票期权 Gamma 与到期日之间的关系

3. 构筑期权组合的 Gamma 中性

交易组合中，Gamma 的变化受到期权的影响，但是不受标的资产价格的影响。因此，要对冲交易组合的风险就需要引入一定数量的特定期权，构造出 Gamma 中性组合，使交易组合的 Gamma 为零。具体的方法是：假设某 Delta 中性的交易组合，其 Gamma 值为 Γ，某可交易期权的 Gamma 为 Γ_T。如果加到原组合中的可交易期权的数量是 ω_t，则总组合的 Gamma 是

$$\omega_t\Gamma_T+\Gamma$$

如果要使总组合的 Gamma 中性化，则需要的可交易期权数量为 $\omega_t=-\Gamma/\Gamma_T$。这时，组合 Delta 值由于加入了新的期权头寸而脱离中性，因此需要再调整标的资产的头寸。

需要注意的是：新的组合只是在短时期内达到 Gamma 中性。随着时间的变化，Gamma 还会发生新的变化，因此需要不断调整可交易期权的头寸，并使得该头寸总是等于 $-\Gamma/\Gamma_T$，才能维持 Gamma 中性。在每次调整完 Gamma 后必须调整标的资产头寸，以维持 Delta 中性。具体见例 8-2。

例 8-2　如何构造期权组合的 Gamma 中性和 Delta 中性

假设组合的 Delta 中性，Gamma 值是 $-3\ 000$。某特定的可交易看涨期权的 Delta 和 Gamma 分别是 0.62 和 1.50。为了使交易组合的 Gamma 中性化，则应购入的期权头寸数是 $-(-3\ 000)/1.5=2\ 000$。

这时，总组合的 Gamma 为 0。但是，由于加入新的期权，使组合的 Delta 值不再是中性，由原先的 0 变成了 $2\ 000\times0.62=1\ 240$。

为保持 Delta 中性，需要在购入新的期权的同时，再卖空 1 240 份标的资产。

从例子可以看出，Delta 中性避免了对冲组合再调整之间的较小的标的资产变动价格的影响；而 Gamma 中性则消除了对冲组合再调整之间较大的标的资产价格波动的影响。

Gamma 是一个较为复杂、高深的概念。只有那些持有大量经常换手的期权职业交易者或者做市商，才更迫切地需要深入了解和掌握 Gamma。个体或小的交易者不必把太多注意力放在 Gamma 研究上，而应更多地关注标的资产的选择和市场预测。

三、Theta 与风险交易

1. Theta 的含义和计算

Theta(Θ)是敏感性最强的参数，用于揭示期权价值与时间的关系。可以将 Theta 定义为，在其他条件不变时，期权（或期权组合）价值变化相对于时间变化的比率。具体表达式为

$$\Theta=\frac{\Delta\Pi}{\Delta t}$$

其中，$\Delta\Pi$ 为其他条件不变时，当时间变化 Δt 时相应的期权（或期权组合）价值的变动。

对于一个无红利股票的欧式看涨期权，计算 Theta 的公式可以由 B-S 模型得出，即

$$\Theta=-\frac{SN'(d_1)\sigma}{2\sqrt{T}}-rX\mathrm{e}^{-rT}N(d_2)$$

其中，$N'(x)=\frac{1}{\sqrt{2\pi}}\mathrm{e}^{-x^2/2}$ 为标准正态分布的密度函数。

而对于一个无红利股票的欧式看跌期权，计算公式为

$$\Theta=-\frac{SN'(d_1)\sigma}{2\sqrt{T}}+rXe^{-rT}N(-d_2)$$

同理，我们可以知道支付红利(q)的股票(指数)欧式看涨期权的计算公式为

$$\Theta=-\frac{SN'(d_1)\sigma e^{-qT}}{2\sqrt{T}}-rXe^{-rT}N(d_2)+qSN(d_1)e^{-qT}$$

对于支付红利(q)股票(指数)欧式看跌期权的计算公式为

$$\Theta=-\frac{SN'(d_1)\sigma e^{-qT}}{2\sqrt{T}}+rXe^{-rT}N(-d_2)-qSN(-d_1)e^{-qT}$$

如果将 q 换成 r_f，可以得出外汇看涨期权和看跌期权的 Theta 公式，将 q 换成 r，S 换成期货价格 F，就可以得出期货期权的 Theta 公式。

例 8-3 股票指数看跌期权的 Theta 计算与含义

1 个 4 个月期的股票指数看跌期权，指数的现值是 305，行权价格是 300，红利是 3%。无风险利率是 8%，指数价格的波动率为每年 25%。则 Theta 值的计算方法是

$$\Theta=-\frac{SN'(d_1)\sigma e^{-qT}}{2\sqrt{T}}+rXe^{-rT}N(-d_2)-qSN(-d_1)e^{-qT}=-18.15$$

在例子中，$\Theta=-18.15$ 的含义是，即使指数数值没有发生任何变化或者波动率为零，1 年后期权的价值也会减少 18.15。假设按日历日计算，则每天的 Theta 值为 $-18.15/365=-0.0497$，意思是，即使指数数值没有发生任何变化或者波动率为零，期权的价值也会每天平均减少 0.049 7。假设按交易日计算，则每天的 Theta 值为 $-18.15/252=-0.0720$，意思是，即使指数数值没有发生任何变化或者波动率为零，期权的价值也会每天平均减少 0.072 0。

2. Theta 的特点

第一，在其他因素不变的情况下，Theta 与标的资产价格相对于行权价格的大小有关。例如，对于看涨期权而言，当处于平价状态时，Theta 负值达到最大；当处于深度虚值状态时，Theta 趋近于 0；当处于深度实值状态时，Theta 趋近于 $-rXe^{-rT}$(图 8-4)。

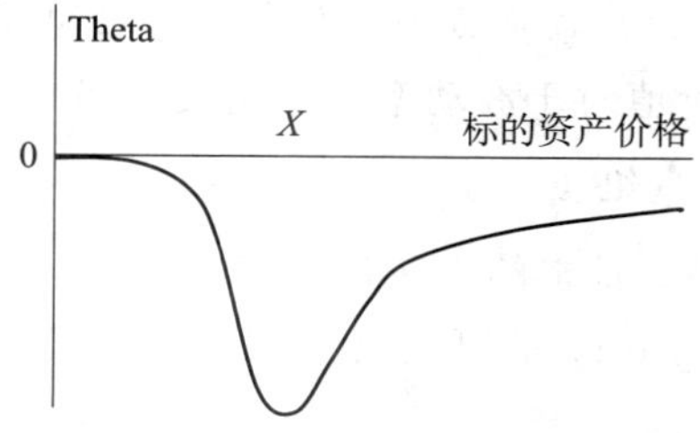

图 8-4 欧式看涨期权 Theta 与标的资产价格的关系

第二，单个期权多头的 Theta 值几乎总为负。这是因为在其他条件不变的情况下，越来越接近到期日，期权会变得越来越不值钱。

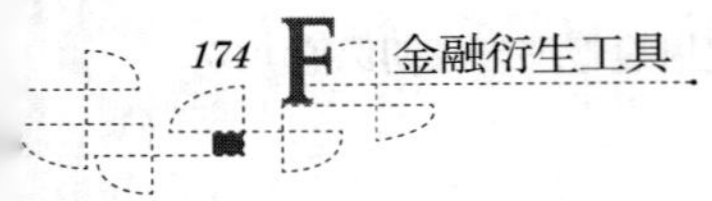

3. Theta与期权风险管理

了解Theta后，应学习和总结一些具体的风险管理与交易经验。

第一，Theta为负值说明了随着到期日的日益临近，时间价值的衰退会不断增加。对于期权来说，时间衰退会在到期前的1个月出现异常变化或者加速下降。因此，在现实交易中，应当迅速出售持有的还有30天就要到期的平价期权或者是虚值期权。同时，避免买入到期时间低于30天的单一的虚值期权(除非该虚值期权是构成期权策略的一个部分)。

第二，购买到期时间短的深度实值期权。这是因为其无论是看涨期权还是看跌期权都包含有大量的内在价值，并且没有时间价值。由于没有时间衰退的情况或者时间价值很小，这意味着期权投资的风险几乎为零。

第三，Theta中的期权价值的损耗并不是不确定的，因此也就不是典型的风险参数，并不直接用于对期权的风险对冲。

四、Vega与期权头寸的风险对冲

1. Vega的含义和计算

在Delta、Theta和Gamma的讨论中，隐含了一个假定前提：标的资产价格波动为常数。实际上，标的资产的价格波动率随时间的变化而变化，这说明期权价值随着时间的变化而不断变化。这就需要我们将标的资产的波动率σ引进组合交易中，考虑分析Vega(用ν表示)。所谓Vega可以定义为期权(或期权组合)价值相对于标的资产波动率的比率。计算方法如下：

不付红利股票的看涨期权和看跌期权的Vega值为

$$V=S\sqrt{T}N'(d_1)$$

支付红利股票的看涨期权和看跌期权的Vega值为

$$V=S\sqrt{T}N'(d_1)\mathrm{e}^{-qT}$$

如果用r_f替代q，就可以得出欧式外汇期权的Vega值。如果用r代替q，F代替S，就可以得出期货期权的Vega值。

可以认为，如果Vega值很大，说明期权的价值对于波动率的微小变化十分敏感；如果Vega值很小，则说明期权的价值对于波动率的变化没有多大反应。

2. 构筑Vega中性的交易组合

保持Vega中性十分重要。基本的方法是，假设期权组合的Vega值是ν，可交易期权的Vega值为ν_T，那么数量为$-\nu/\nu_T$的可交易期权头寸将使原期权组合达到暂时的Vega中性状态。

然而，问题产生了：Gamma中性的证券组合一般来说并不能使Vega也达到中性，而Vega中性的证券组合也不能保证Gamma中性。例8-4简单介绍了如何构筑Vega中性交易组合。

例 8-4 如何构筑 Vega 中性交易组合

某 Delta 中性期权组合,Gamma 值为−5 000,Vega 值为−8 000。假设某可交易期权的 Gamma 值为 0.5,Vega 值为 2.0,Delta 值为 0.6。为了使 Vega 中性,需要购入−(−8 000)/2.0=4 000 份标的资产的期权多头。

由于购入 4 000 份标的资产期权头寸,因此期权组合的 Delta 发生了新变化,增加了 4 000×0.6=2 400。为了实现 Gamma 中性,因此需要再卖出 2 400 份标的资产。

又由于新购入 4 000 份标的资产期权头寸,因此,原先组合的 Gamma 值从原来的−5 000变为−5 000+(4 000×0.5)=−3 000。

因此,交易者要想同时达到 Vega 和 Gamma 中性,就至少要使用两种基于同种标的资产的期权。

假设这时存在另一种可交易期权,Gamma 值为 0.8,Vega 值为 1.2,Delta 值为 0.5。我们将 w_1、w_2 分别作为证券组合中这两种可交易期权的数量。我们的目标是通过以上两种可交易期权构造出 Gamma 和 Vega 均为中性的组合。这就要求:

$$-5\,000+0.5w_1+0.8w_2=0$$

$$-8\,000+2.0w_1+1.2w_2=0$$

通过求解,可以得出,$w_1=400$,$w_2=6\,000$。

因此,我们在原先组合中加入含 400 份标的资产的第一种可交易期权和含 6 000 份标的资产的第二种可交易期权,从而使得组合的 Gamma 和 Vega 均为中性。但是,由于这时 Delta 失去中性,因此要使其达到中性,就必须卖出 400×0.6+6 000×0.5=3 200 份标的资产。

3. Vega(ν)的基本特点

第一,做多期权的 Vega 都是正值,即期权的买方买入波动率;做空期权的 Vega 都是负值,即期权的卖方卖出波动率。第二,较之于实值和虚值期权,平值期权的 Vega 值总是最大。第三,对平值期权而言,无论波动率如何变化,平值期权 Vega 值恒定。第四,Vega 的绝对值与到期时间成正比。到期时间越长,波动率对期权价值的影响也就越大。

4. Vega 和 Gamma 的简单比较

通过以上分析可以发现,Gamma 中性校正的是对冲进行再调整之间的时间损耗,而 Vega 中性校正的则是波动率 σ 的变化。正如所期望的,使用适当的可交易期权进行 Vega 或者 Gamma 中性保值的效果依赖于对冲再调整之间的时间和波动率的波动率(volatility of the volatility)。

五、Rho 与期权头寸的风险管理

1. Rho(ρ)的基本含义

Rho(ρ)定义为交易组合价值变化与利率变化之间的比率,主要用于衡量交易组合对利率的敏感性。

2. Rho(ρ)的计算

对于不付红利股票的欧式看涨期权,Rho 的计算公式为

$$\rho = XTe^{-rT}N(d_2)$$

对于不付红利股票的欧式看跌期权，Rho 的计算公式为

$$\rho = -XTe^{-rT}N(-d_2)$$

根据以前的原理，可以推出支付红利股票期权、外汇期权等的 Rho 值。这里不予赘述。感兴趣的读者可以自行推导。

例 8-5　看涨期权 Rho(ρ)的计算和含义

假设 1 个不支付红利的股票看涨期权，股票现价是 49，行权价格是 50，期限是 20 周，无风险利率是 5%，指数价格的波动率为每年 20%。Rho 值的计算方法和计算结果为

$$\rho = XT\,e^{-rT}N(d_2) = 8.91$$

这就意味着无风险利率每增加 1 个百分点（如从 5%增加到 6%），期权的价格将增加 8.91×0.01=0.089 1。

例 8-6　支付红利的看跌期权的 Rho 值和含义

1 个 4 个月期的股票指数看跌期权，指数的现值是 305，行权价格是 300，红利是 3%，无风险利率是 8%，指数价格的波动率为每年 25%。Rho 值的计算是

$$\rho = -XTe^{-rT}N(-d_2) = -42.57$$

这意味着无风险利率每增加 1%（如从 8%增加到 9%），期权的价值减少 0.425 7。

3. Rho(ρ)的基本特点

从定义看，Rho(ρ)具有四个特点。第一，看涨期权的 Rho(ρ)一般大于 0，看跌期权的 Rho(ρ)一般小于 0。在到期日，两者才会同时等于 0。第二，相对其他影响因素，利率对期权价值的影响是比较小的。即期权对利率变化并不十分敏感。第三，Rho(ρ)的绝对值与到期时间成正比。到期时间越长，利率对期权价值的影响也就越大。第四，Rho(ρ)与标的资产价格 S_T 之间呈正向变动关系。

第二节　期权套期保值的基础策略

期权相对于零成本的远期合约，通常是一种次优的选择。但是期权交易的不对称性和套期保值的灵活性使其备受套期保值者青睐。人们可以创新出多样的期权套期保值策略，见表 8-5。这一节主要介绍最常见的期权套期保值策略及其操作的灵活性、多样性。

表 8-5　利用期权进行套期保值的常用策略

多头套期保值		空头套期保值	
策略	适用范围	策略	适用范围
买入看涨期权	担心即将购买的标的资产价格上涨或者已经持有的期货空头价格上涨	买入看跌期权	在担心持有的现货资产或期货商品多头出现价格下跌时候使用
卖出看跌期权	担心价格上涨	卖出看涨期权	担心价格下跌

一、期权套期保值的基本策略

利用单一的期权交易对基础资产进行套期保值有四种基本方法：买入看涨期权、卖出看涨期权、买入看跌期权和卖出看跌期权。根据交易方向，期权的套期保值策略可以分为保护性策略(protective strategy)与抵补性策略(cover strategy)。通过买入期权，为现货或期货部位进行套期保值，可以有效地保护基础部位的风险最大损失是确定的，称为保护性策略。保护性策略由于是要买进看涨期权或看跌期权，因此有时被称为期权多头套期保值。通过卖出期权，为现货或期货部位进行套期保值，权利金可以抵补基础部位的损失，但风险不能得到完全的转移，称为抵补性策略。抵补性策略由于要卖出看涨期权或看跌期权，因此有时也称为期权空头套期保值策略。

1. 买进看涨期权套期保值策略

套保目标：保护未来计划买入的资产或者现在卖空的资产(如期货空头或者股票空头)的头寸免于价格上涨风险。

心理特点：在"看空标的资产，但不能肯定"或"看涨后市"时可以选择这种策略。

构筑方法：在套期保值开始时，购买看涨期权。期权的选择可以标的资产的目标价或期货头寸的建仓价为衡量标准，选择虚值或平值期权。最好是虚值期权，这样可以确保套期保值策略成本不会因为选择实值期权而过高。

损益分析：图 8-5 合成了利用看涨期权进行套期保值的收益曲线(较粗的实线)。很明显，当标的资产价格上涨的时候，投资者会通过行权的方式，以获得的收益对冲空头的损失，因此并不会遭受巨大的损失。而当标的资产价格下跌后，该套期保值不会选择行权，虽然空头曲线向下移动，但是只要价格下跌，终将获得较为丰厚的利润。但是无论如何，这种套期保值都需要一定的初始投资，即购买看涨期权需要花费一定的权利金。这一点对于投资者来说应予以关注。

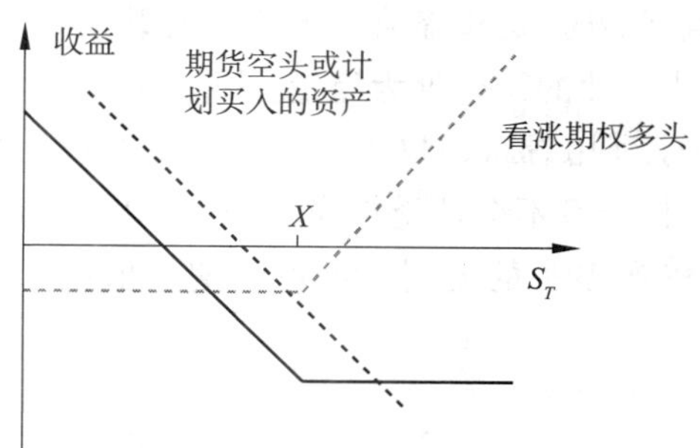

图 8-5 利用买进看涨期权进行套期保值

这里需要对买进看涨期权进行套期保值做几点更深入的考虑。第一，如果对冲的标的风险资产是期货，就利用看涨期货期权对冲。在期货价格出现上升后，则行权，按照行权价格对期货平仓；在期货价格下降后，则不行权。第二，如果对冲的标的风险资产是现货，同样可以买入期货期权。在现货价格上升后，则行权，将期权头寸直接转为现货头寸(当然，这要看交易所是否有期权转现货的交易设计安排)。第三，如果标的风险资产是现货，现货价格上升，则行权，以行权价格建立期货多头头寸，并对期货多头头寸进行平仓。潜在的问题是：期货多头需要缴纳保证金。

以上是从行权角度考虑套期保值的。如果不使用行权的方式，套期保值者还有另一种对冲标的风险资产的思路，即利用期权平仓和权利金涨跌价差来对冲资产价格风险。这种对冲风险的思路，源于期权权利金由内在价值和时间价值两部分构成这一特点。对于看涨期权来说，内在价值为 S_T-X，假设看涨期权最初的内在价值为 S_0-X，结束套保时内在价值为 S_T-X，那么期权内在价值变化为 $S_T-X-(S_0-X)=S_T-S_0$。这时，我们可以考虑两种情况。

第一，如果 $S_T>S_0$，则内在价值出现扩大，我们可以对期权多头平仓，用扩大的内在价值 S_T-S_0 对冲标的资产的亏损，即 S_0-S_T。当然，我们这里还需要考虑期权的时间价值变化。假设最初的时间价值为 TV_0，期权平仓时的时间价值为 TV_1，考虑到期权时间价值的衰减特征（$TV_1<TV_0$），我们发现时间价值的损失为 TV_1-TV_0。很明显，如果以平仓期权的形式对冲标的资产风险，不会像行权那样损失全部权利金（$-TV_0$）。

第二，如果 $S_T<S_0$，期权为虚值期权，标的资产开始盈利。如果期权没有到期，套利者可以将期权进行卖出平仓，回收部分权利金（时间价值）。很明显，这比不行权而损失全部权利金更划算。

最后需要注意的是，对于利用权利金上涨来对冲标的资产风险而言，需要在构筑策略时选择平值期权或实值期权。这样，权利金中实值部分的上涨幅度才能覆盖标的资产的价格变化（下同）。

2. 买进看跌期权套期保值策略

套保目标：担心标的资产价格上升，保护现货或期货多头头寸。

心理特点：在“看多但是不肯定”或者“看跌标的资产后市”会采取这种策略。同时，也具有承担得起的心理特点。

构筑方法：在套期保值开始时，购买虚值或平值的看跌期权。期权行权价格的选择可以标的资产的目标价或期货头寸的建仓价为衡量标准。

损益分析：图 8-6 合成了利用看跌期权进行套期保值的收益曲线（实线）。很明显，当标的资产价格下跌的时候，投资者不会遭受损失。而当标的资产价格出现上涨，套期保值者不行权但是会获得标的资产多头的盈利。这种套期保值由于需要支付权利金，因此也需要一定的初始投资。

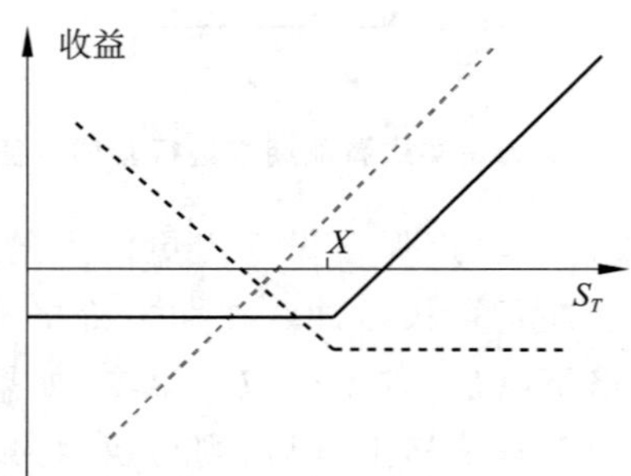

图 8-6　利用买进看跌期权进行套期保值

和看涨期权套期保值类似，这里也需要对买进看跌期权进行套期保值做几点更深入的考虑。第一，如果看跌期权对冲的标的风险资产是期货多头，在期货价格出现下跌后，则行权，按照行权价格对期货空头进行平仓；在期货价格上升后，则不行权，以获取期货多头的丰厚收益。第二，如果对冲的标的风险资产是持有的现货，同样可以买入看跌期货期权。在现货价格下降后，则行权，将期权头寸直接转为现货空头头寸，即按照行权价格行权卖出现货（当然，这要看交易所是否有期权转现货的交易设计安排）。第三，如果标的风险资产是现货多头，现货价格下降，则行权，以行权价格建立期货空头头寸，建仓后按照市场报价对期货空头头寸进行平仓。潜在的问题是：期货多头需要缴纳保证金。

当然，对于买入看跌期权套期保值来说，同样可以利用期权平仓和其中的内在价值、时间价值对冲标的资产的风险。假设最初看跌期权的内在价值是$(X-S_0)$，最初的时间价值为TV_0。结束套保时期权的内在价值为$X-S_T$，平仓时的时间价值为TV_1。期权内在价值变化是$X-S_T-(X-S_0)=S_0-S_T$。我们可以分两种情况对套期保值进行分析。

第一种情况：标的资产价格下跌，说明内在价值扩大了S_0-S_T，套期保值者可以利用这部分收益对冲标的资产价格下跌后的亏损（即S_T-S_0）。平仓后，时间价值的变化是TV_1-TV_0，虽然时间价值衰减，但是平仓的结果是没有将全部时间损耗掉。

第二种情况：标的资产价格上涨，这时套期保值者的现货头寸出现盈利，看跌期权没有内在价值，但是平仓后会获得剩下的权利金。

3. 卖出看涨期权套期保值策略

卖出看涨期权也是一种比较常用的套期保值策略。

套保目标：对冲现货或期货头寸的价格下跌风险。

心理特点：套保者对市场走向的看法是中性的，认为标的资产价格上涨和下跌都不会太多。

构筑方法：卖出平值或虚值的看涨期权。因为实值期权权利金较高，也可以在买方行权可能性很低的情况下卖出实值期权。不要卖出深度实值期权。

损益分析：图8-7合成了该套期保值策略的损益曲线（实线部分）。可以发现，卖出期权获得的权利金可以使标的资产收益曲线上移，弥补标的资产价格下跌后的部分损失。但是，在标的资产价格上升超过行权价格后，买方会行权，套保者无法再获得标的资产价格上升后的收益。

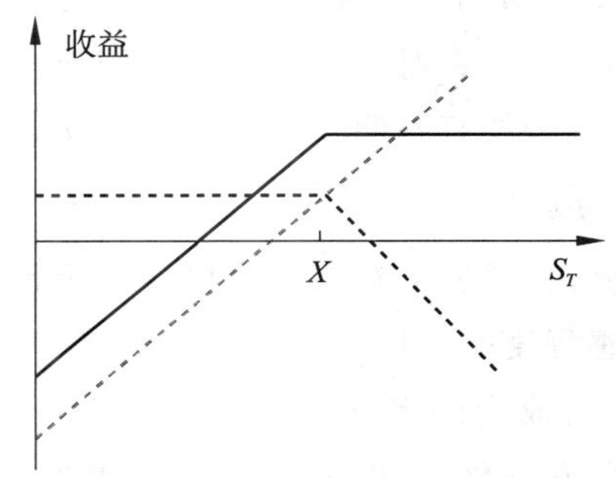

图8-7 利用卖出看涨期权进行套期保值

很容易看出：卖出看涨期权的避险效果有限；通过卖出看涨期权进行套保后，现货的获利程度也被固定了。这是因为市场价格上涨超过行权价格时，看涨期权的购买者将行权。所以，即使市场价格涨得再高，投资者在现货市场的利润也将被期权市场的损失所抵消。

4. 卖出看跌期权套期保值策略

作为一种套期保值的策略，卖出看跌期权与卖出看涨期权一样，也是以收取的权利金来弥补市场价格的不利变动所造成的损失，从而缩小或消除由价格的不确定变动所带来的风险。

套保目标：对冲标的资产价格上涨风险。

心理特点：套保者对市场走向的看法是中性的，认为标的资产价格上涨和下跌都不会太多。

构筑方法：卖出虚值或平值的看跌期权，对冲标的资产价格上升后的风险损失。

损益分析：图 8-8 显示，构筑套保组合后卖出期权，获得的权利金会使标的资产收益曲线整体上移。但是，如果在投资者卖出看跌期权后，市场价格持续跌至行权价格之下，那么看跌期权的多头将可能选择行权。这时，套保者在现货市场的收益将被期权市场的损失所抵消。

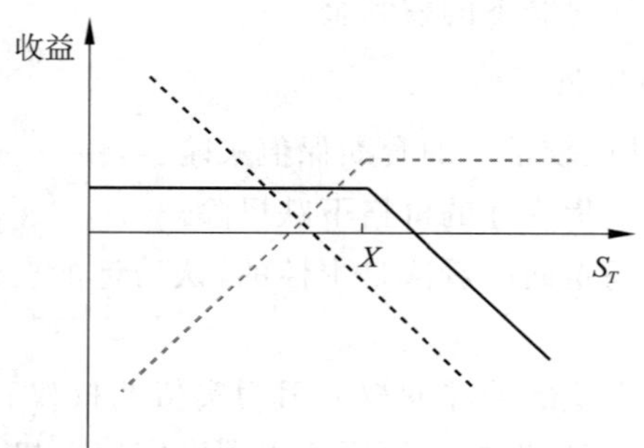

图 8-8 利用卖出看跌期权进行套期保值

二、动态套期保值策略

期权的动态套期保值与期货具有近似的原理。在期权动态套期保值中，套期保值者所要做出的调整可包括三个方面：一是对买进或卖出的期权合约数的调整；二是对期权合约行权价格的调整；三是对期权合约有效期的调整。这里仅对第一种调整进行简要分析。

1. Delta 在套期保值中的作用

Delta 表示标的资产市场价格的变动对期权价格的影响程度，是用于反映期权价格对标的资产市场价格变动的敏感程度的指标。在期权的动态套期保值中，Delta 绝对值的大小可以确定套期保值比率，从而成为确定套期保值所需的期权合约数的依据。其确定的原则是：为实现完全套期保值，套期保值比率（套期保值者所需买进或卖出的期权合约的价值总额与套期保值对象的价值总额的比率），应该等于该期权 Delta 的绝对值的倒数。

例如，一个投资者持有某种股票500股。为回避股票价格下跌而造成损失的风险，该投资者决定用该种股票的看跌期权来实施Delta套期保值。假设当时该看跌期权的Delta为−0.5，为实现完全套期保值，该投资者必须买进10份这样的看跌期权合约。之所以如此，是因为每一期权合约的交易单位是标的股票100股，而在Delta的绝对值为0.5时，套期保值工具（即期权合约）的价值总额应为套期保值对象（即需要保值的现货金融工具）之价值总额的两倍。从理论上说，当投资者根据这一原则确定套期保值所需的期权合约数以后，他便可实现完全套期保值。在期权动态套期保值中，所谓“完全套期保值”，是指投资者在现货市场的损益与在期权市场的损益正好相抵。也就是说，在完全套期保值的情况下，投资者可将所面临的全部风险都消除。

本例中，投资者在现货市场上持有股票500股，而他在期权市场上则持有以该股票为标的资产的看跌期权合约10份。由于标的股票的市场价格与看跌期权的权利金呈反方向的变动关系，因而看跌期权的Delta为负值，又因Delta的绝对值反映着权利金与标的资产市场价格的相对变动性。例子中，Delta为−0.5，这说明，若股票的市场价格上涨1元，则看跌期权的权利金就下跌0.5元；而若股票的市场价格下跌1元，则看跌期权的权利金可上涨0.5元。所以，在投资者建立了上述头寸后，无论股票的市场价格是上涨还是下跌，也无论上涨多少或下跌多少，均可实现完全套期保值。这种能使投资者实现完全套期保值的头寸可称为“Delta中性”的头寸。但问题是，Delta并不是一个固定不变的常数。因此，在投资者建立了Delta中性的头寸以后，只有根据Delta的变动，不断地对头寸进行调整维持Delta中性，才能实现完全套期保值。

2. Delta的变动与套期保值头寸的调整

由Delta的概念和特性可知，在整个权利期间，任一期权的Delta都是一个可变的比率。它既要随着标的资产市场价格的变动而变动，又要随着权利期间的缩短而变动。所以，如果人们一开始建立起一种套期保值的头寸，能满足Delta中性的条件，那么，随着标的资产市场价格的变动或权利期间的缩短，这一头寸也将由于Delta的变动而不再满足Delta中性的条件。在这种情况下，套期保值者就必须根据Delta的变动情况，对套期保值头寸做出相应的调整，以恢复Delta中性。

例如，某投资者在现货市场买进1 000股C公司股票。为防范股票持有期间市场价格下跌而造成损失的风险，他决定买进以C公司股票为标的资产的看跌期权，来实施动态套期保值。现在假设，该投资者买进的看跌期权为一平价期权，即其行权价格与当时的市场价格正好相等，因此，其Delta为−0.5。根据Delta中性的原则，该投资者应买进20份这样的期权合约，方可实现完全套期保值。因为只有在这种情况下，若股票价格下跌，该投资者在现货市场的损失才能正好被期权市场的盈利所抵消。

然而，在建立上述头寸后，若股票价格下跌，以该股票为标的资产的看跌期权将由平价期权转变为实值期权。于是，其Delta的绝对值将上升，套期保值比率将下降。反之，若股票价格上升，则以该股票为标的资产的看跌期权将由平价期权转变为虚值期权。于是，其Delta的绝对值将下降，套期保值比率将上升。因此，为维持Delta中性，套期保值者必须在股票价格变动时，及时地根据Delta的变动情况，做出增加或减少期权合约数的决策，以确保套期保值的完全性。

例如，我们先假设上述投资者在买进 20 份看跌期权合约后，股票价格有所上涨，Delta 变动为－0.4，为维持 Delta 中性，该投资者就必须再买进同样条件的看跌期权合约 5 份，其计算公式为 1 000÷(100×0.4)－20＝5 份。

如果我们再假设该投资者在做了上述调整后，一方面由于股票价格有较大幅度的下跌；另一方面由于期权到期日日益临近，Delta 变动为－0.83，套期保值比率下降至 1.2。因而，该投资者又需要卖出多余的 13 份看跌期权合约，以维持 Delta 中性，其计算公式为 25－1 000÷(100×0.83)＝13 份。

3. 动态套期保值的局限性

静态套期保值的主要缺点在于套期保值的不完全性，而动态套期保值正是为弥补静态套期保值的这一缺陷而被人们创造出来的。但是，动态套期保值也并非十全十美，它同样也存在多方面的缺点。尤其值得注意的是，动态套期保值实际上也很难实现完全套期保值，其主要原因有如下两个。

第一，在动态套期保值中，被作为套期保值工具的往往是场内期权。这是因为只有场内期权才具有较高的流动性，投资者才可随时通过反向交易来实现对冲。但是，场内期权的标准化特征却限制了人们的选择余地，进而影响了套期保值的实际效率。如在每一期权合约的交易单位一定时，投资者根据 Delta 值算得的套期保值所需的期权合约数往往不是一个整数，而投资者实际买进或卖出的期权合约数又显然必须是整数。这样，投资者实际上无法做到完全的 Delta 中性，而只能做到基本的或近似的 Delta 中性。这是动态套期保值之所以难以实现完全套期保值的一个重要原因。

第二，要实现完全套期保值，投资者必须不断地随着股市的波动及权利期间的缩短，计算新的 Delta 值，并据以调整自己的套期保值头寸。但是，在调整套期保值头寸时，投资者又不可避免地需要支付相应的交易成本。头寸调整得越频繁，投资者所需支付的交易成本也就越高。因此，过于频繁地调整套期保值头寸，必将引起交易成本的过度提高，从而影响套期保值的实际效果。

所以，期权动态套期保值是一种要求很高、难度很大、技术性很强的交易方式。它要求套期保值者既能准确地观察 Delta 的变动情况，又能恰如其分地做出是否调整、何时调整，以及怎样调整套期保值头寸的决策。只有这样，人们才能以最低的成本，实现最有效的套期保值。

第三节 多样化的期权套期保值策略

一、双限期权套期保值策略

在利用单一的期权进行套期保值时，往往面临一定的问题。第一，如果买入期权对标的资产进行套期保值，就必须付出一定的初始成本。第二，如果卖出期权进行套期保值，则会面临标的资产价格出现较大的不利价格变动造成的损失。为了解决这两方面问题，国际上发展出一种基于同时交易看涨期权和看跌期权，但是行权价格不同、交易方向相反的套期保值策略。一种是买入看涨期权、卖出看跌期权方案。另一种是买入看跌期权、卖出看涨期权方案。这两种交易策略可以统称为双限期权套期保值策略。

1. 买入看涨期权，卖出看跌期权套保

这种策略的使用范围是套保者担心未来将要买入的商品或资产价格出现上升，或者担心现在持有的期货空头或资产空头出现价格上升。从一般原理看，买入看涨期权有助于化解商品或资产价格上涨造成的损失。这种套期保值策略中之所以还要卖出相同数量的看跌期权，则是为了降低利用看涨期权多头进行套保的构筑成本。

组合构筑：卖出较低行权价格的看跌期权，买入较高行权价格的看涨期权。买入的看涨期权应为平值或者较为虚值的期权。为防止买方行权，卖出的看跌期权不应是实值期权，应为虚值期权。事实上，构筑双限套利的一个基本原则是使得初始的净支出不大于0（图8-9中的净支出为0）。

损益分析：组合的构筑可能需要初始成本支出，这主要取决于买入看涨期权的权利金支出和卖出看跌期权的权利金收入之间的差值。如果有净成本支出，标的资产头寸的损益曲线会向下移动。在标的资产价格低于看跌期权行权价格后，看跌期权买方行权；在标的资产价格高于看涨期权行权价格后，套保组合中的看涨期权行权。最终形成的损益曲线可以用图8-9中的实线表示出来。可以发现，买入看涨期权，卖出看跌期权套保虽然可以降低套保成本，但是无法得到标的资产价格下跌带来的全部好处。但是，使用双限期权进行套保并不是单纯地追求投机性的收益，一些套保者使用双限期权套保策略就是为了达到稳健的经营计划目标。

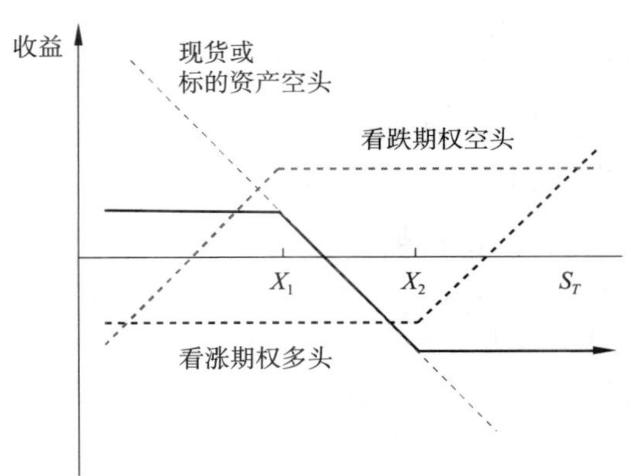

图8-9 买入看涨期权，卖出看跌期权套保

例8-7 买入看涨期权，卖出看跌期权套保

2009年4月，一家炼油厂决定在6月购买5 000桶原油。当时的原油价格是55.65美元/桶，7月的原油期货价格是55.12美元/桶，行权价格为54.5美元/桶的7月到期的看跌期权价格为0.75美元/桶，行权价格为56.5美元/桶的7月到期的看涨期权的价格为0.75美元/桶。该炼油厂为了防止原油价格上升给6月的生产经营活动造成成本支出的

增加，决定利用双限期权进行套保保值。其具体的方式是买入看涨期权，卖出看跌期权。

我们现在简单地考虑一下两种情况下的套保损益。第一种情况：到了 6 月，原油价格现货上涨到 60.12 美元/桶，7 月期货价格上涨到 60.78 美元/桶。第二种情况：到了 6 月，原油现货价格下跌到 50.32 美元/桶，7 月的期货价格下跌到 50.56 美元/桶。为了方便了解，表 8-6 作了简明的情景分析。

表 8-6 买入看涨期权，卖出看跌期权套保案例情景分析

4 月	一家炼油厂决定在 6 月购买 5 000 桶原油。当时的原油价格是 55.65 美元/桶，7 月的原油期货价格是 55.12 美元/桶，行权价格为 54.5 美元/桶的 7 月到期的看跌期权价格为 0.75 美元/桶，行权价格为 56.5 美元/桶的 7 月到期的看涨期权的价格为 0.75 美元/桶
套保方法	买入行权价格为 56.5 美元/桶的 7 月到期的看涨期权价格为 0.75 美元/桶；卖出行权价格为 54.5 美元/桶的 7 月到期的看跌期权价格为 0.75 美元/桶。 权利金支出＝(0.75－0.75)×5 000＝0 美元
6 月 情景 1 的损益	原油价格现货上涨到 60.12 美元/桶，7 月期货价格上涨到 60.78 美元/桶。这时，看跌期权空头不被行权，看涨期权多头行权。该企业损益如下： 现货市场损益＝(55.65－60.12)×5 000＝－22 350 美元 期货市场损益＝(60.78－56.50)×5 000＝21 400 美元 净盈利＝－950 美元
6 月 情景 2 的损益	原油现货价格下跌到 50.32 美元/桶，7 月的期货价格下跌到 50.56 美元/桶。这时看跌期权空头被行权，看涨期权不行权。该企业损益如下： 现货市场损益＝(55.65－50.32)×5 000＝26 650 美元 期货市场损益＝(50.56－54.50)×5 000＝－19 700 美元 净盈利＝26 650－19 700＝6 950 美元

2. 买入看跌期权，卖出看涨期权套保

买入看跌期权，卖出看涨期权套保与前述的套保具有相似的构筑方法和损益形态。这种策略的使用范围是套保者担心未来要出售的商品或者资产出现价格下跌，或者现在持有的期货多头在未来出现价格下跌。很明显，为了防止价格下跌带来不利影响，套期保值者选择买入看跌期权。同时，为了降低套期保值的成本，套期保值者在买入看跌期权的同时，还需要建立数量相同、到期日相同但行权价格较高的看涨期权空头。

组合构筑：卖出较高行权价格的看涨期权，买入较低行权价格的看跌期权。标的资产的价格应低于看涨期权行权价格，同时高于看跌期权行权价格。空头看涨期权和多头看跌期权尽可能为虚值期权，这样看涨期权不易被行权，看跌期权价格相对较低。同样，套保者应尽可能使初始的净支出不大于 0(图 8-10 中的净支出为 0)。

损益分析：构筑组合的初始净支出会使标的资产曲线向上或向下移动。在标的资产价格大于看涨期权的行权价格 X_2 时，看涨期权的买方会行权；当标的资产价格小于看跌期权的行权价格时，套保者会选择行权。这样，可以形成出如图 8-10 所示的套保组合损益曲线(实线)。很明显，买入看跌期权，卖出看涨期权套保策略虽然可以降低套保成本，但是无法得到标的资产价格上涨带来的全部好处。

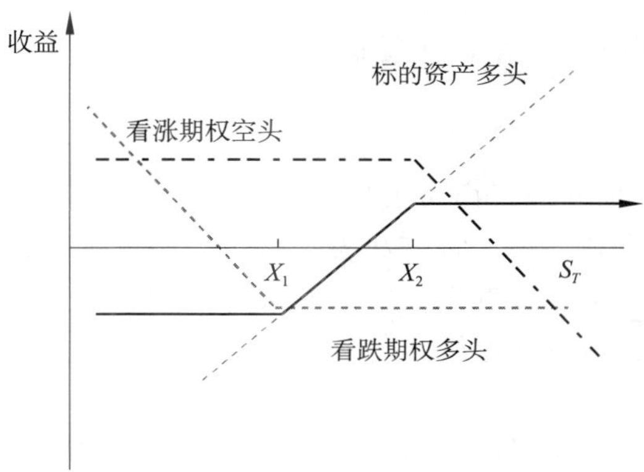

图 8-10 买入看跌期权，卖出看涨期权套保

例 8-8 买入看跌期权，卖出看涨期权套保

某企业打算在 7 月出售 1 000 盎司黄金。为防止未来价格下跌造成损失，该企业计划通过买入看跌期权和卖出看涨期权的方式进行套期保值。假设，现时的黄金价格为 800 美元/盎司，7 月黄金期货的价格是 790 美元/盎司，行权价格为 810 美元/盎司的 7 月看涨期权的价格是 3 美元/盎司，行权价格为 790 美元/盎司的 7 月看跌期权的价格 4 美元/盎司。为了便于学习这种套期保值方式，表 8-7 做了情景分析。

表 8-7 买入看跌期权，卖出看涨期权套保案例情景分析

当前	现时的黄金价格为 800 美元/盎司，7 月黄金期货的价格是 790 美元/盎司，行权价格为 810 美元/盎司的 7 月看涨期权的价格是 3 美元/盎司，行权价格为 790 美元/盎司的 7 月看跌期权的价格 4 美元/盎司
套保方法	卖出行权价格为 810 美元/盎司的 7 月看涨期权，买入行权价格为 790 美元/盎司的 7 月看跌期权。 权利金支出＝(4－3)×1 000＝1 000 美元
6 月 情景 1：金价下跌 套保损益	黄金的市场价格为 778 美元/盎司，期货价格为 776 美元/盎司。由于黄金期货价格低于看跌期权的价格，套保企业行权，并将行权后的空头平仓。同时，看涨期权行权价格高于市场价格，因此不被行权。综合考虑现货、期货和期权市场，该企业的损益如下： 现货市场潜在损益＝(778－800)×1 000＝－22 000 美元 权利金支出＝(4－3)×1 000＝1 000 美元 看跌期权行权后的期货损益＝(790－776)×1 000＝14 000 美元 净损益＝14 000－22 000－1 000＝－9 000 美元
6 月 情景 2：金价上涨 套保损益	金价上涨到 816 美元/盎司，期货价格涨至 808 美元/盎司。这时看跌期权多头不行权，看涨期权的多头要求行权。综合考虑现货、期货和期权市场，该企业的套保损益如下： 看涨期权被行权的期货损益＝(808－810)×1 000＝－2 000 美元，期货价格小于行权价格 810，看涨期权不会行权。 现货市场的损益为＝(816－800)×1 000＝16 000 美元 权利金支出＝(4－3)×1 000＝1 000 美元 净损益＝16 000－1 000＝15 000 美元

二、期货和期货期权套期保值策略

1. 期货空头与看涨期权多头套期保值

在一般情况下，生产商和加工商防范价格下跌风险的方式有两种，即买入看跌期权，或利用期货做空头套期保值。第一种方法需要付出初始成本，第二种方法则无法获得现货价格上涨带来的好处。为了弥补期货空头套期保值的不足，可以在期货套期保值的操作中再引入期权来共同开展套期保值。

套保目标：防范价格下跌风险。

组合构筑：在套保者卖出期货的同时，买入看涨的期货期权。

损益分析：当现货价格下跌后，套期保值者会在期货头寸上平仓盈利弥补现货亏损，同时不执行看涨期权。当现货价格上涨后，套期保值者会在期货头寸上亏损，但是可以执行买入的看涨期权，转换为期货多头，以此对冲事先建立的空头头寸。图 8-11 显示，套期保值的损益曲线和看涨期权的损益曲线重合在一起，可见利用期货空头和看涨期权多头进行套期保值，不仅可以规避价格下跌的风险，而且还能使套期保值者在价格上涨时获得充足的利润。

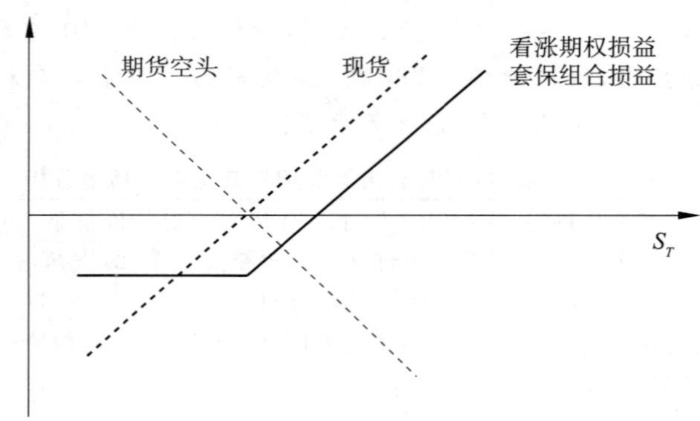

图 8-11 期货空头与看涨期权多头套期保值

例 8-9 期货空头与看涨期权多头套期保值

假如现在是 3 月，某小麦贸易商决定在 3 个月后出售大豆，但是担心价格下跌，则可以采用这种期货空头和看涨期权多头相结合的套期保值方法。假设大豆当前的现货价格是 520 美分/蒲式耳，7 月期货价格是 525 美分/蒲式耳，7 月行权价格为 520 美分/蒲式耳的看涨期权价格为 3 美分。我们可以将套期保值的盈亏模拟总结到表 8-8 中。

表 8-8 期货空头与看涨期权多头套期保值的盈亏损益模拟

市场情况	现货盈亏	期货盈亏	期权盈亏	总的盈亏
现货价格下跌至 500 美分/蒲式耳，期货价格跌至 502 美分/蒲式耳	500－520＝－20 美分/蒲式耳	平仓后：525－502＝23 美分/蒲式耳	不行权：损失权利金 3 美分/蒲式耳	23－20－3＝0 美分/蒲式耳

续表

市场情况	现货盈亏	期货盈亏	期权盈亏	总的盈亏
现货价格下跌至 500 美分/蒲式耳，期货价格下跌至 505 美分/蒲式耳	500－520＝－20 美分/蒲式耳	平仓后：525－505＝20 美分/蒲式耳	不行权：损失权利金 3 美分/蒲式耳	20－20－3＝－3 美分/蒲式耳
现货价格上涨至 535 美分/蒲式耳，期货价格上涨至 536 美分/蒲式耳	盈利：535－520＝15 美分/蒲式耳	行权：以行权价格 520 美分/蒲式耳获得期货的多头寸，对冲 525 美分/蒲式耳，获利 5 美分/蒲式耳，成本 3 美分/蒲式耳		15＋5－3＝17 美分/蒲式耳

2. 期货多头与看跌期权多头套期保值

这种套期保值与以上的套期保值原理相似。适用的情况是对未来要买入的商品或资产进行套期保值。

套保目标：防范价格上升风险。

组合构筑：在期货多头套期保值的同时，建立看跌的期货期权的多头部位。

损益分析：通过看跌期权多头可以有效地防止价格下跌造成的期货亏损。其内在的原理是，当期货和现货价格均出现上涨时，期货头寸的盈利可以弥补现货头寸的亏损，而看跌期权不行权，仅损失权利金；当期货价格和现货价格均出现下跌时，期货的亏损将侵蚀现货的盈利，但是套保者可以选择对看跌期权进行行权，通过行权的形式将原先的期货多头卖出平仓。这种套期保值的损益曲线如图 8-12 所示。可以发现，套期保值的损益曲线和看跌期权的损益曲线重合在一起。至少从抽象上看，利用期货多头和看跌期权多头进行套期保值不仅可以规避价格上涨的风险，而且还可能使套期保值者在现货价格不断下跌的情况下获得充足的利润。

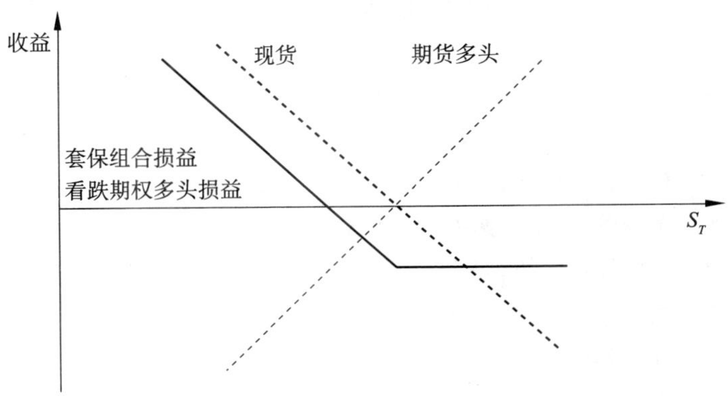

图 8-12 期货多头与看跌期权多头套期保值

三、价差期权套期保值策略

其实，利用期权进行套期保值的方法并不止于以上所举内容。套期保值者可以利用各种期权组合对标的资产的风险进行管理。例如，使用“价差期权组合”的形式进行套期

保值。在“牛市价差期权组合”套保策略中，可以在购买一份看涨期权的同时，再出售一份更高行权价格的看涨期权。这种组合具有多重优点。

第一，可以让套期保值者确定一个套保范围，根据标的价格风险敞口或对标的价格变动的预期进行恰当的套期保值。

第二，可以让套期保值者控制套保成本。

第三，可以让套期保值者将他们对市场上的标的资产波动性的看法和套保需求相匹配。有需要的套保者可以根据以上原理以及后面将要介绍的各种期权组合策略进行深入分析和探索。

思考与习题

1. 掌握 Delta、Gamma、Theta、Vega、Rho 的含义和计算方法。

2. Delta 有哪些基本特征？什么是 Delta 对冲？

3. 某个头寸的 Delta 为 0，而 Gamma 是一个很大的负值，该头寸的风险是什么？

4. 如何构造期权组合的 Gamma 中性和 Delta 中性？

5. 在交易时 Theta 有何启示？如果以年计，Theta 值为－0.1 意味着什么？如果一个交易者认为股票价格和隐含波动率都不变，那么期权头寸是什么类型？

6. 对期权头寸进行风险管理和利用期权开展套期保值有何内在联系？

7. 如何理解期权套期保值中的保护性策略(protective strategy)与抵补性策略(cover strategy)？

8. 什么是期权动态套期保值策略？动态套保有何局限性？

9. 比较分析不同的双限期权套期保值策略。

10. 看涨期权的价格是 100 元，delta 值为 0.6，如果期权标的物上涨了 3 元，则期权价格大概是多少？

11. 机构卖出了 10 万股不付红利股票的欧式看涨期权，假设股票价格现在是 49 元，行权价格 50 元，无风险利率为 5%，股票价格每年的波动率为 20%，期权还有 26 周到期，计算该期权组合的 Delta、Gamma、Theta、Vega、Rho 制。

12. 如果 100 000 份看涨期权多头，每份 Δ 为 0.533，200 000 份看涨期权空头，每份 Δ 为 0.468，50 000 份看跌期权空头，每份 Δ 为－0.508，则该组合的 Δ 是多少？

13. 一个没有股息股票的看涨期权，股票价格为 49 美元，执行价格为 50 美元，无风险利率为 5%，期限 20 周，股票价格波动率为 20%。则 1 股股票期权的 Gamma 为多少？假如股票价格变化 ΔS 时，期权 Delta 的变化为多少？

14. 某银行持有的美元/欧元期权的 Delta 值为 30 000，Gamma 为－80 000，如何解释这些数字？假如汇率为 0.90 欧元，为了使头寸为 Delta 中性，该如何进行交易？在一短暂的时间后，汇率变化为 0.93，如何实现 Delta 中性。假定银行在最初设定了 Delta 中性头寸，在汇率变动后，这一头寸是亏损还是盈利？

15. 某机构持有以下场外英镑期权头寸的交易组合见表 8-9。

表 8-9 某机构持有场外英镑期权头寸的交易组合

期权类型	头寸	期权 Delta	期权 Gamma	期权 Vega
看涨期权	−1 000	0.50	2.2	1.8
看涨期权	−500	0.80	0.6	0.2
看跌期权	−2 000	−0.40	1.3	0.7
看涨期权	−500	0.70	1.8	1.4

某交易所交易期权的 Delta 为 0.6,Gamma 为 1.5,Vega 为 0.8。

(1) 什么样的交易所内交易期权头寸会使交易组合为 Gamma 及 Delta 中性?

(2) 什么样的交易所内交易期权头寸会使交易组合为 Vega 及 Delta 中性?

16. 某银行提供的存款产品中向投资者保证 6 个月期限内收益为 0 与市场指数收益的 40%。一个投资者决定将 100 000 美元投资于这种产品,请将该产品收益描述为关于指数的期权。假定无风险年利率为 8%,指数红利收益率为年率 3%,指数波动率为年 25%,这一产品对于投资者而言合理吗?

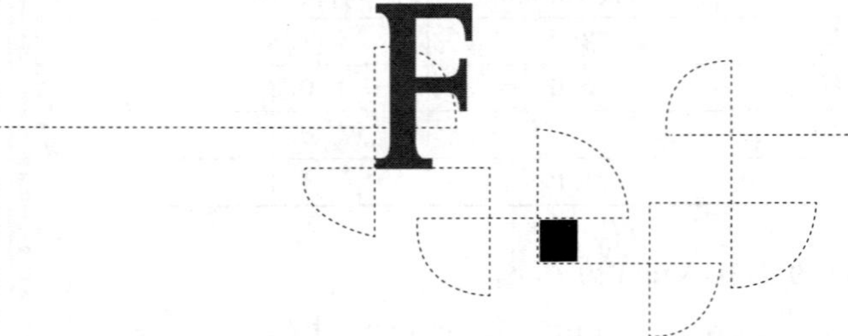

第九章 期权套利策略

期权套利是利用期权的不合理定价或对出现的波动率错误估计来谋取低风险利润的一种交易方式。因此，期权套利主要分为两大类。一是针对期权价格失真进行的单纯型套利交易，这是一种真正的套利活动，这类套利交易包括转换套利、反转换套利、箱型套利等。二是以对实际波动率和隐含波动率的不同估计为基础进行的波动率套利，这是一种广义的套利交易，主要的方式是水平套利、对角套利等。期权套利必须遵循两条基本原则：

（1）买低就高原则，即买入价值被低估的期权，卖出价值被高估的期权。

（2）必须对冲期权空头的风险头寸。

第一节 单纯型套利

一、看涨期权套利和看跌期权套利

基本的期权套利有两种简单的形式：看涨期权套利和看跌期权套利。其原理源于期权价格和内在价值的关系。我们知道，期权的价格＝内在价值＋时间价值。很明显，如果内在价值高于期权价格，就说明期权价格贴水。这时，套利者就会用有贴水的价格买进期权，同时在标的资产市场上持有一个相反的头寸，随后通过期权行权，得到一笔与贴水量相当的盈利。

1．看涨期权贴现套利

看涨期权的贴现套利是在期权市场的价格低于期权内在价值时，买入看涨期权并卖空期权标的物进行套利的方法。对看涨期权贴现套利的具体分析见例 9-1。

例 9-1 看涨期权贴现套利

假设标的资产价格为 58,XYZ7 月 50 看涨期权的交易价是 7.75。该看涨期权的交易价格实际上离持平价格有 0.25 的贴水。有贴水的期权通常要么是实值的,要么是离到期期限很短,或者两者兼而有之。

这样,套利者可以构筑一个看涨期权套利模式。具体的组合包括:

(1) 用 7.75 买进看涨期权;

(2) 按 58 卖空标的资产。

组合建仓后,将该看涨期权行权,用 50 买进标的资产。通过这个策略,套利者相当于通过 50 的价格买入标的后以 58 卖出,这样可以获得价差为 8 的盈利,考虑到买入看涨期权的成本是 7.75,套利者可以获得的净利润是 0.25。

看涨期权套利的目的是能够在对卖出标的资产的价格有贴水的情况下买进看涨期权,其间的差额就是套利的盈利。

2. 看跌期权贴现套利

基本看跌期权套利与看涨期权原理相同,套利者需要寻找按照与持平价格的贴水买进看跌期权。如果 $X-S_T>p$,则开展看跌期权贴现套利。看跌期权套利由买进看跌期权和标的资产行权构成。具体分析见例 9-2。

例 9-2 看跌期权期现套利

看跌期权标的资产价格为 58,XYZ7 月 70 看跌期权的价格是 11.75。看跌期权与持平价格有 0.25 的贴水。因此,套利者可以采取如下组合进行套利:

(1) 用 11.75 买进看跌期权;

(2) 按 58 买进标的资产。

在组合建仓后,将看跌期权行权,按 70 卖出标的资产。很明显,标的资产行权得到的盈利是 12,扣除买进看跌期权的费用 11.75,可以获得 0.25 的盈利。

二、转换套利和反转换套利

转换套利和反转换套利适用于同一标的物、同一行权价格、同一到期月的看涨期权和看跌期权套利,这种套利模式源于期权平价关系。我们知道无红利股票的看涨期权和看跌期权的价格关系是 $c+Xe^{-rT}=p+S$,欧式期货期权的平价关系是 $c+Xe^{-rT}=p+F_0e^{-rT}$,美式期货期权的平价关系则是 $F_0e^{-rT}-X<C-P<F_0-Xe^{-rT}$。这些价格关系是开展转换套利和反转换套利的基础。

1. 转换套利

转换套利适用于看涨期权价格被正确定价、看跌期权被低估的情形。转换套利策略包括以下几个边:

(1) 看涨期权空头;

(2) 看跌期权多头;

(3) 期货合约多头。

其中,期货合约多头是为了对冲看涨期权空头被行权的风险。在转换套利组合中,无论标的资产价格如何变化,都可以确保组合能够获得稳定的利润。图 9-1 的实线描述了转换套利的损益曲线。

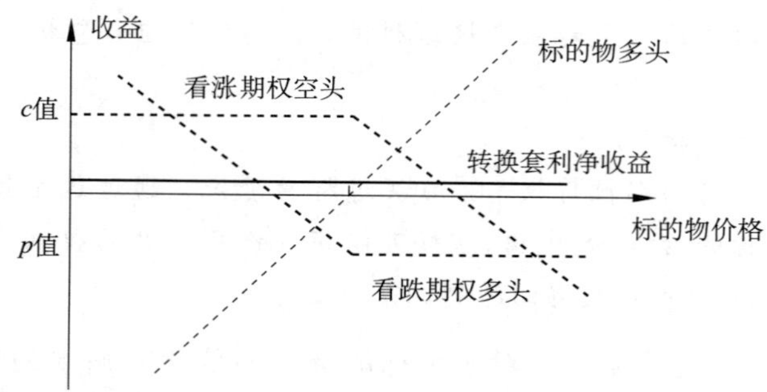

图 9-1 转换套利损益分析

为了更好地介绍这种套利方式,下面以案例说明。

例 9-3 转换套利的原理

假设现在是 5 月 25 日某一交易时间,CBOT 5 月大豆期货价格为 520 美分,行权价格为 520 美分的大豆期货平值看涨期权和看跌期权的合理定价均为 20 美分。但是,期权市场报价中出现 18 美分的平值看跌期权报价,而平值看涨期权的价格依然为 20 美分。很明显,看跌期权的价值被低估了,这时套利者就会买入被低估的看跌期权,卖出价值相对较高的看涨期权。这时,只符合期权套利的第一条原则。第二条原则不成立,因为卖出的看涨期权存在巨大的风险。为了满足第二条原则,就必须买入标的资产即大豆期货合约,买入市场价格应为 520 美分。这样就可以在期货价格上涨时,抵补大豆期货看涨期权空头的巨大风险。

这样,就构筑起一个转换套利模型,即

(1) 卖出大豆期货期权的看涨期权;

(2) 买入大豆期货期权的看跌期权;

(3) 买入大豆期货合约。

那么,这个套利交易活动究竟能否实现套利呢?可以从以下三个方面进行分析。

情形 1:期货价格出现上涨,假如上涨到 530 美分。这时,看涨期权空头的损益是 520－530＝－10 美分。期货多头的损益是 530－520＝10 美分。看跌期权多头的损益是 0 美分。三者之间的总损益为 0 美分。这时,从权利金考虑,卖出看涨期权的收益是 20 美分,买入看跌期权的收益是－18 美分。这样,这个组合的净收益就是 2 美分。

情况 2:期货价格出现下跌,假如下跌到 490 美分。这时,看跌期权多头的损益是 520－490＝30 美分,看涨期权空头的损益是 0 美分,期货多头的损益是 490－520＝－30 美分。三者之间的总损益是 0 美分。这时,从权利金考虑,卖出看涨期权的收益是 20 美分,买入看跌期权的收益是－18 美分。这样,这个组合的净收益就是 2 美分。

情况 3:期货价格没有变化,依然是 520 美分。这时,构筑组合的看跌期权多头和看涨期权多头都没有价值，期货多头的损益也是0美分。因此，总的损益是0美分。这时，从权利金考虑，卖出看涨期权的收益是20美分，买入看跌期权的收益是—18美分。这样，这个组合的净收益就是2美分。

2. 反转换套利

反转换套利适用于看跌期权价格被正确定价、看涨期权被低估的情形。反转换套利策略由以下各边构成：

(1) 看跌期权空头；

(2) 看涨期权多头；

(3) 期货合约空头。

卖出期货合约的目的是对冲看跌期权空头风险。通过该策略的构筑，可以发现无论标的资产价格如何变化，都可以确保组合能够获得稳定的利润。图9-2的实线展示了反转换套利的损益曲线。

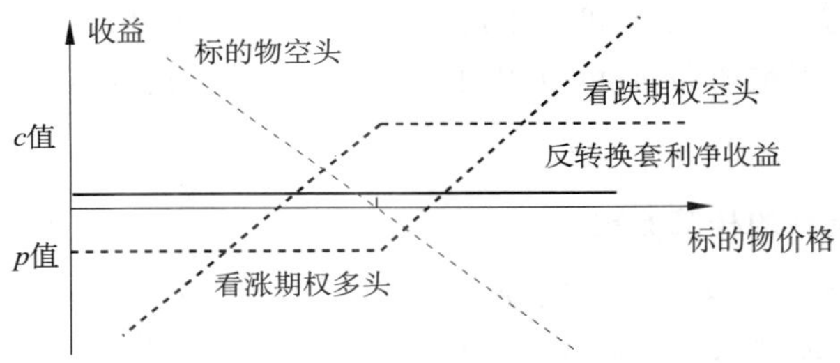

图9-2 反转换套利损益分析

例9-4 反转换套利的原理

假设现在是5月25日某一交易时间，CBOT 5月大豆期货价格为520美分，行权价格为520美分的大豆期货平值看涨期权和看跌期权的合理定价均为20美分。但是，期权市场报价中出现18美分的平值看涨期权报价，而平值看跌期权的价格依然为20美分。很明显，看涨期权的价值被低估了，这时套利者就会买入被低估的看涨期权，卖出价值相对较高的看跌期权。为了防止看跌期权空头的巨大风险，套利者还应卖出同一价格和月份的大豆期货合约。这样就可以在期货价格下跌时，抵补大豆期货看跌期权空头的巨大风险。

这样，就构筑起一个反转换套利模型，即

(1) 卖出大豆期货期权的看跌期权；

(2) 买入大豆期货期权的看涨期权；

(3) 卖出大豆期货合约。

那么，这个套利交易活动究竟能否获得套利收益呢？我们同样可从以下三个方面进行分析。

情形1：期货价格出现上涨，假如上涨到530美分。这时，看涨期权多头的损益是530—520＝10美分。期货空头的损益是520—530＝—10美分。看跌期权的损益是0美分。三者之间的总损益为0美分。这时，从权利金考虑，买入看涨期权的收益是—18美分，卖出看跌期权的收益是 20 美分。这样，这个组合的净收益就是 2 美分。

情况 2：期货价格出现下跌，假如下跌到 490 美分。这时，看跌期权空头的损益是 490－520＝－30 美分，看涨期权空头的损益是 0 美分，期货空头的损益是 530－490＝30 美分。三者之间的总损益是 0 美分。这时，从权利金考虑，买入看涨期权的收益是－18 美分，卖出看跌期权的收益是 20 美分。这样，这个组合的净收益就是 2 美分。

情况 3：期货价格没有变化，即依然是 520 美分。这时，构筑组合的看跌期权空头和看涨期权多头都没有价值，期货空头的损益也是 0 美分。因此，总的损益是 0 美分。这时，从权利金考虑，买入看涨期权的收益是－18 美分，卖出看跌期权的收益是 20 美分。这样，这个组合的净收益就是 2 美分。

三、箱型套利

转换套利和反转换套利组合中需要有标的资产的买空卖空对期权空头的风险进行抵补。但是，有时标的资产的流动性可能不足，这时再利用买入和卖出标的资产进行套利就会面临很多困难。为了实现套利，可以利用另一个行权价格的期权进行交易，这就是箱型套利。

例 9-5 箱型套利的构筑原理

假定 2 月 25 日的某一交易时间，CBOT 大豆期货价格为 520 美分，行权价格为 520 美分的大豆期货平值看涨期权和平值看跌期权的合理价格均应为 20 美分。行权价格为 510 美分的 5 月大豆期货平值看涨期权和看跌期权的合理价格分别应为 26 美分和 16 美分。

而在市场报价中，大豆期货平值看跌期权的报价为 18 美分，而平值看涨期权的报价为 20 美分，看跌期权的价值被低估了。这时，套利者就应买入被低估的平值看跌期权，卖出价格相对较高的平值看涨期权。

这时，平值看涨期权空头可能面临价格上涨的巨大风险，因此需要将风险转移。所采用的方法就是，买入 510 美分的看涨期权，卖出 510 美分的看跌期权。

现在就构筑起一个箱型套利模型，即

（1）买入 520 美分的看跌期权；

（2）卖出 520 美分的看涨期权；

（3）买入 510 美分的看涨期权；

（4）卖出 510 美分的看跌期权。

那么，这个套利交易活动究竟能否实现套利呢？同样，可从多方面进行分析。

情况 1：假设大豆期货价格高于 520 美分，达到 530 美分。则 520 美分看跌期权多头的损益为 0 美分，520 美分看涨期权空头的损益为 520－530＝－10 美分，510 美分看涨期权多头的损益是 530－510＝20 美分，510 美分看跌期权空头的损益是 0 美分。那么，构筑套利组合的期权头寸总损益是 20＋（－10）＝10 美分。这时，所有的权利金净收入为－18＋20＋（－26）＋16＝－8 美分。套利组合的总收益为 10＋（－8）＝2 美分。

情况 2：假如大豆期货价格低于 510 美分，降至 500 美分。则 520 美分看跌期权多头损益为 520－500＝20 美分,520 美分看涨期权的空头的损益为 0 美分,510 美分看涨期权多头的收益为 0 美分,510 美分看跌期权空头的损益为 500－510＝－10 美分。那么,构筑套利组合的期权头寸总损益是 20＋(－10)＝10 美分。这时,所有的权利金净收入为 －18＋20＋(－26)＋16＝－8 美分。套利组合的总收益为 10＋(－8)＝2 美分。

情况 3:假如大豆期货价格在 510～520 美分,降至 505 美分。则 520 美分看跌期权多头损益是 520－505＝15 美分,520 美分看涨期权空头的损益是 0 美分,510 美分看涨期权多头的损益是 0 美分,510 美分看跌期权空头的损益是 505－510＝－5 美分。那么,构筑套利组合的期权头寸总损益是 15＋(－5)＝10 美分。这时,所有的权利金净收入为 －18＋20＋(－26)＋16＝－8 美分。套利组合的总收益依然为 10＋(－8)＝2 美分。

同样,在大豆期货价格等于 510 美分和 520 美分时,套利组合的总收益依然为 10＋(－8)＝2 美分。

四、果冻卷套利

果冻卷套利(jelly rolls)是由某一个到期月份的期权合成多头期货与另一到期月份的期权合成空头期货组合形成的套利模式。果冻卷套利既可以用于股票期权,也可以用于期货期权中。这种套利同样也和期权价格失真有关。

为了更好地了解果冻卷套利,我们应先了解合成多头期货和合成空头期货。所谓期权合成多头期货是指买入一份看涨期权,同时卖出一份同一到期日和行权价格的看跌期权。从图 9-3(a)看,这个由看涨期权多头和看跌期权空头组成的损益曲线如同现货标的资产多头或者期货多头一样。期权合成空头期货是指买入一份看跌期权,同时卖出一份同一到期日和行权价格的看涨期权。很明显,该组合的损益曲线类似于期货空头或者现货标的资产空头如图 9-3(b)所示。

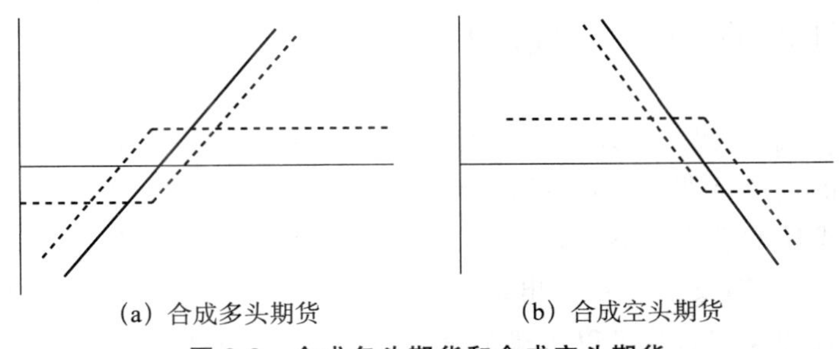

图 9-3　合成多头期货和合成空头期货

应当说,果冻卷套利与转换套利＋反转换套利的组合具有相似性和内在的联系。首先,果冻卷套利也遵循买低就高原则,即买入价值被低估的期权,卖出价值被高估的期权。其次,通过先到期的组合行权,将整个套利组合转换为反转换套利的形式。考虑到分析的原理与前述套利方法近似,我们下面仅予以抽象分析。

假设市场上出现两对错误定价的看涨—看跌期权,其行权价格相同,但是合约月份不同。其中 1 月的看涨期权相对较贵而看跌期权相对便宜,4 月的看涨期权相对便宜而看跌期权相对较贵。为了方便分析,这里再假设行权价格均相等。那么,套利者可以建立果冻卷套利模式，即买入便宜的期权，卖出昂贵的期权。对此，表 9-1 作了简明的介绍。

表 9-1　价格失真的两对期权及果冻卷套利组合的构筑

期权类型	1 月	4 月
看涨期权	相对较贵(卖出)(建立空头头寸)	相对便宜(买入)(建立多头头寸)
看跌期权	相对便宜(买入)(建立多头头寸)	相对较贵(卖出)(建立空头头寸)

待建仓完毕后，套利者可以等待 1 月的期权到期。现在可以假设 1 月期权到期后的两种结果。

情况 1:1 月标的资产价格高于行权价格，则买入的看跌期权不行权，而卖出的看涨期权被行权。这时，套利者将建立期货空头头寸。这时，套利者的整个套利组合就变成了期货空头、看跌期权空头和看涨期权多头。这相当于一个还剩 3 个月的反转换套利组合。

情况 2:1 月标的资产价格低于行权价格，则这时看涨期权不被行权，而对买入的看跌期权行权，这时，套利者将建立期货空头头寸。这时，套利者的整个组合变成期货空头、看涨期权多头和看跌期权空头。这也相当于一个还剩 3 个月的反转换套利组合。

第二节　波动率套利

一、日历套利

这种套利方法考虑的是不同到期日期权的组合。由于在期权行情表中(表 9-2)，同一行权价格期权的不同月份、不同价格是水平排列的，因此，日历套利又称水平套利、时间价差套利。日历套利的基本思想是要抓住到期月较早的期权合约的时间价值，因为到期日较早的期权合约的时间价值会比到期时间较晚的期权合约的时间价值损失更快。

基本的构造方式：卖出一个期限较短的看涨期权或看跌期权，同时购买另一个具有相同行权价格和标的资产且期限较长的看涨期权或看跌期权。如一个日历套利可以是卖出 7 月 15 美分/蒲式耳的看涨期权，买入 9 月 21 美分/蒲式耳的看涨期权。在构造的过程中，明智的做法是买入期权合约和卖出期权合约的到期时间之差至少要大于 1 个月。这样在第一份期权合约到期后就可以构建 1 份新的日历价差期权。

表 9-2　某年 3 月 14 日芝加哥期货交易所小麦期权行情表　　美分/蒲式耳

行权价格	看涨期权价格			看跌期权价格		
	5 月	7 月	9 月	5 月	7 月	9 月
280	8	15	21	9	12	13
290	4	11	17	15	17	18
300	2	8	14	23	24	25

现在需要分析日历套利组合的损益情况，假设到期日标的资产的价格为 S，期权的行权价格为 X。

对于看涨期权来说，期限短的期权到期时，可能会有以下三种情况发生。

情况 1：S_T 很小。期限短的看涨期权价值为 0，期限长的看涨期权价值接近 0。投资者会有亏损。

情况 2：S_T 很大。期限较短的看涨期权的成本是 $S_T - X$，期限长的期权的价值略高于 $S_T - X$。这时投资者也会亏损。

情况 3：S_T 接近 X。期限较短的看涨期权的成本几乎为 0，而期限较长的期权是很有价值的。投资者可以获得一定的利润。

例 9-6 如何进行日历套利

假定 2 月 15 日，卖出 3 月行权价格为 280 美分/蒲式耳的看涨期权，权利金为 2 美分/蒲式耳；买入 5 月行权价格为 280 美分/蒲式耳的看涨期权，权利金为 11 蒲式耳。构造套利组合需要支出 11－2＝9 美分/蒲式耳。

2 月 22 日，买入 3 月行权价格为 280 美分/蒲式耳的看涨期权，权利金为 1 美分/蒲式耳；卖出 5 月行权价格为 280 美分/蒲式耳的看涨期权，权利金为 13 美分/蒲式耳。此时，权利金差额为 12 美分。套利者可以了结该组合，净获利为 3 美分/蒲式耳。

掌握日历套利时应首先了解三个方面知识。一是构造组合可能需要一定的成本，这是因为卖出期限较短的期权所获得的收入不及买入较长时期的期权的成本高。二是构造日历套利组合需要注意的是，如果行权价格不同，净支出额很有可能不同。尽管最大风险就是净支出额，但是我们很难精确地确定损失会发生在哪一时间。三是套利组合要根据不同市场方向和价格波动大小进行具体设计。其适用范围和构造方法见表 9-3。

表 9-3 日历套利方法的适用范围和构造方法

市场类型	价格波动	适用的套利方法
牛市	预期价格波动幅度小	买进虚值看涨期权或买进实值看跌期权日历套利
	预期价格波动幅度大	卖出实值看涨期权或卖出虚值看跌期权日历套利
中式	预期价格波动幅度小	买进平值看涨期权或买进平值看跌期权日历套利
	预期价格波动幅度大	卖出平值看涨期权或卖出平值看跌期权日历套利
熊市	预期价格波动幅度小	买进实值看涨期权或买进虚值看跌期权日历套利
	预期价格波动幅度大	卖出虚值看涨期权或卖出实值看跌期权日历套利

图 9-4 是日历套利组合的损益分析。可见，这种套利方式也是存在风险的。因此，需要注意以下几个方面。第一，为了取得良好的效果，应避免对那些在 1 个月内价格变化超过 15％的标的资产进行日历套利交易。第二，尽管损失可能只是权利金，但是还是应谨慎地选择恰当的退出时机。通常的标准是，当损失额度达到初始成本 50％的时候退出交易。第三，当交易中实现了最大收益的 50％的时候，应当考虑结束交易了。

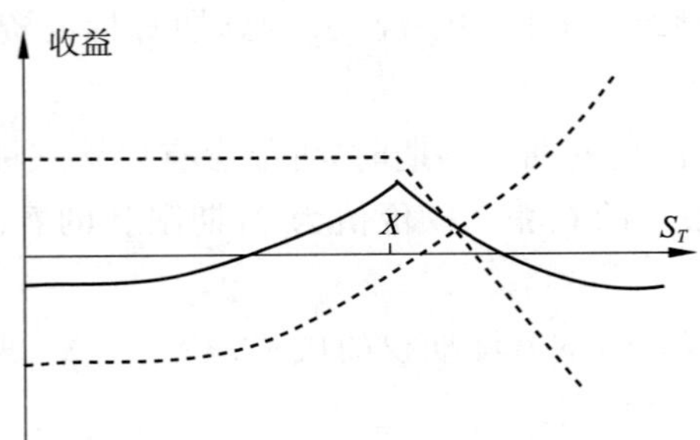

图 9-4 日历套利组合的损益分析

二、对角套利

对角套利是买进较低行权价格的看涨期权或看跌期权，同时卖出高行权价格的看涨期权或看跌期权，期权多头和空头的到期日并不相同。之所以称为对角套利，主要原因是不同月份和不同行权价格所反映的期权报价在行情表中是对角排列的。在表 9-4 中，构造一个对角套利的方法就是，以 15 美分/蒲式耳买入 7 月行权价格为 280 美分/蒲式耳的小麦看涨期权，同时以 4 美分/蒲式耳卖出 5 月行权价格为 290 美分/蒲式耳的小麦看涨期权。

表 9-4 3 月 14 日芝加哥期货交易所小麦期权行情表　　美分/蒲式耳

行权价格	看涨期权价格			看跌期权价格		
	5 月	7 月	9 月	5 月	7 月	9 月
280	8	15	21	9	12	13
290	4	11	17	15	17	18
300	2	8	14	23	24	25

关于对角套利组合的构造同样需要套利者判断后市走向。在此基础上，再利用近期和远期看涨期权或看跌期权构造套利组合。具体可见表 9-5。

表 9-5 对角套利组合的构造

后市判断	适用的套利方法
看好后市	买入远期低行权价格的看涨期权，卖出近期高行权价格的看涨期权
	卖出近期高行权价格的看跌期权，买入远期低行权价格的看跌期权
看淡后市	卖出近期低行权价格的看涨期权，买入远期高行权价格的看涨期权
	买入远期高行权价格的看跌期权，卖出近期低行权价格的看跌期权

例 9-7 如何进行对角套利

某投资者看淡后市，3 月 14 日根据行情表(表 9-5)买入 9 月行权价格为 290 美分/蒲式耳的小麦看跌期权，同时卖出 5 月行权价格为 280 美分/蒲式耳的看跌期权。这时，构造这个组合的成本就为 18－9＝9 美分/蒲式耳。随着时间推移，9 月行权价格 290 美分/蒲式耳的看跌期权价格变为 19 美分，5 月行权价格为 280 美分/蒲式耳的看跌期权价格变为 8 美分。这时，两者的差额变为 11 美分/蒲式耳。套利者可以了结先期构造的这个组合头寸，最终获利是 11－9＝2 美分/蒲式耳。

思考与习题

1. 期权套利应该遵循哪些基本原则?
2. 期权套利有哪些分类? 分类的依据是什么?
3. 思考期权平价在转换套利中发挥着何种作用?
4. 试阐述转换套利的基本操作原理。总结出转换套利的利润来源。
5. 试阐述反转换套利的基本操作原理。总结出反转换套利的利润来源。
6. 试阐述箱型套利的操作原理。
7. 果冻卷套利的基本设计原理是什么?
8. 阐述对角套利的设计原理、不同类型市场的套利方式。
9. 阐述日历套利的操作原理、不同类型市场的套利方式。
10. 一个期限为 1 个月的无红利股票的欧式看跌期权价格为 2.5 元，股票价格是 47 元，行权价格是 50 元，无风险利率为每年 6%。是否有套利机会?
11. 行权价格为 1 000 元的看涨期权的价格为 200 元，标的资产价格为 1 300 元。是否存在套利的机会? 请以组合损益图的形式进行分析。
12. 当前股票价格为 19 元，其对应的行权价格为 20 元，剩余期限还有 3 个月的欧式看涨期权和看跌期权权利金均为 3 元，3 个月的无风险利率为 10%。在 1 个月后股票将支付 1 元的股息。请分析套利机会。

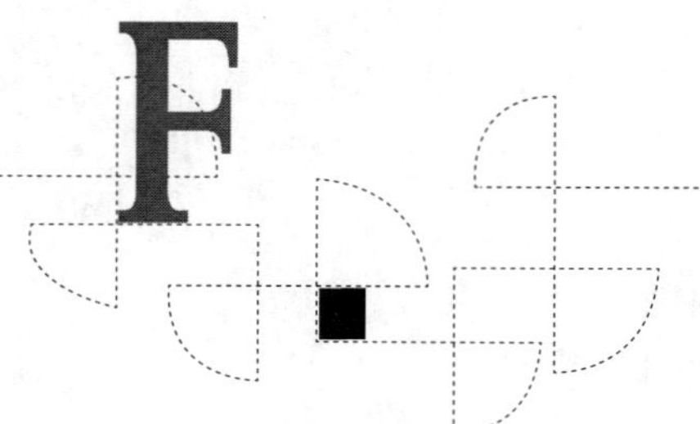

第十章 期权组合交易策略

期权投资最具吸引力之处在于投资者可以构筑起种类众多的不同损益状态的投资组合。从理论上来讲，在不同的市场环境和交易偏好作用下，交易者可以利用看涨和看跌期权的多空组合建立起任意形式的损益状态。这里将根据标的物价格的变化方向，重点介绍方向性组合策略、波动性组合策略、横盘调整组合策略和杠杆组合策略。

第一节 方向性投资组合策略

方向性投资组合主要运用于投资者对期权标的物价格在某一个变化方向上的投资，如价格将出现上涨或下跌。方向性投资组合分为买入期权策略、卖出期权策略、牛市价差组合策略和熊市价差组合策略。

一、买入期权策略

1. 运用场合

不同的投资者买进期权的动因不一样，但是总结起来大致具有四种市场环境。为方便对比分析，表10-1作了简要的总结。

表10-1 适合买入看涨期权和看跌期权的市场对比

市场情形	买入看涨期权	买入看跌期权
标的物后市	标的物后市存在大涨的可能。由于虚值期权的权利金很低，因此后市越大涨，越可以买进虚值看涨期权。这样可以获得价格急升带来的利润	标的物后市存在大跌的可能。由于虚值期权的权利金很低，因此后市越大跌，越可以买进虚值看跌期权。这样可以获得价格急跌带来的利润

续表

市场情形	买入看涨期权	买入看跌期权
市场波动幅度	市场波动幅度正在扩大。 市场波动幅度越大,期权的价格上升越多。投资者买入看涨期权后,可以等待以较高价格平仓	市场波动幅度正在扩大。 市场波动幅度越大,期权的下跌越多。投资者买入看跌期权后,可以等待以较低价格平仓
资金成本	当预期标的物价格上涨,但是不愿意付出更多的资金购买标的物时,可以购买看涨期权。例如,有些交易者不善于从事期货保证金交易,则可以在预期价格上涨时,买入看涨的期货期权	不愿意付出期货保证金
隐含波动	在牛市过程中,出现隐含波动率下降,低于历史波动率或者移动隐含波动率,可以买入看涨期权,等待橡皮圈效应带来的丰厚利润	在熊市过程中,出现隐含波动率下降

2. 买入期权的损益

买入期权与买入期货获取收益的途径不尽相同。交易者在买入期权后,获得收益的途径法有两个。

第一个途径是行权收益。对于看涨期权来说,其损益平衡点是行权价格+权利金。只要在行权时,标的物价格超过行权价格,期权买入者就会获得收益,其行权收益为标的物的市场价格-行权价格-权利金。对于看跌期权来说,其损益平衡点为行权价格-权利金。只要标的物低于行权价格,买入者就会获得收益。行权的收益是行权价格-权利金-市场价格。无论是购买看涨期权还是看跌期权,最大风险就是损失全部的权利金。在买入期权的交易中,投资者主要将注押在标的物价格的上涨或下跌上,而不用花费大量的现金和精力用于交易现货,或者购买或出售高风险和高收益的期货。这样期权交易就具有巨大的杠杆效应和简便性。也正是这个原因以及利润的不封顶,使投资者前仆后继地加入到多头行列。有时期权的买入者日渐具有一种买彩票的心理和交易特征,即忽略付出而总想能得到低概率行权而实现一日暴富。结果是,交易得越多,投资者越难以发现这种投资逻辑的明显缺陷。

期权交易者第二个收益途径是通过权利金的涨跌获益。无论买入看涨期权还是看跌期权,只要买入价格低于平仓卖出的价格,期权的买入者都会获利。在这里,期权投资的收益实际上就是权利金的卖出价与权利金的买入价的差值。然而事实上,大多数的期权买方都会发生亏损。其中的主要原因是,很多期权买入者并没有认识到,时间价值在期权的交易中所具有的极为重要的作用。图 10-1 和图 10-2 描述了买入离到期日不同时间的看涨期权损益曲线和看跌期权损益曲线。图的最下端是到期日的期权损益曲线,最上端则是离到期日时间较远的期权损益曲线。造成这些曲线之间差异的原因就是期权的时间价值。一般来说,随着期权到期日的来临,时间价值将一直下跌。如果波动幅度也下跌,则时间价值损耗将加速。如果期权在到期日失去价值,那么买方的损失将是100%。

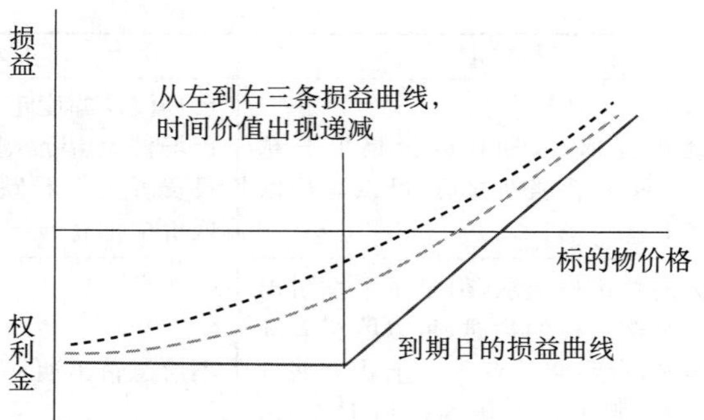

图 10-1　买入看涨期权的损益曲线

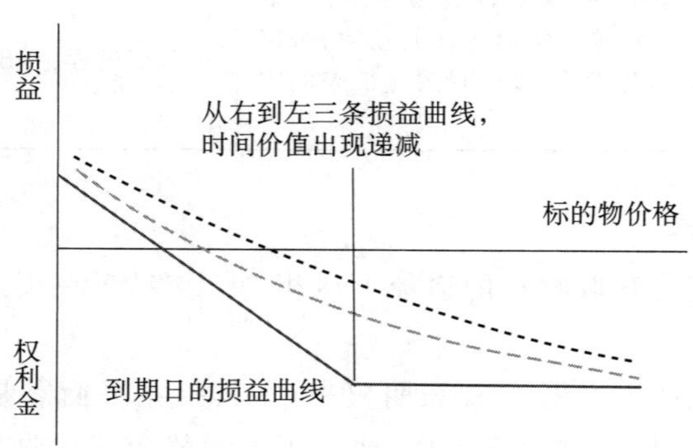

图 10-2　买入看跌期权的损益曲线

二、卖出期权策略

1. 卖出看涨期权和看跌期权的市场环境对比

不同投资者卖出看涨期权和看跌期权的动因并不一样。为方便对比分析，表 10-2 作了简要的总结。

表 10-2　适合卖出看涨期权和看跌期权的市场对比

市场情形	卖出看涨期权	卖出看跌期权
标的物后市	标的物价格波动局限于某一个狭窄的区间； 标的物价格稍微走高； 标的物价格出现下降，不管幅度如何	标的物价格波动局限于某一个狭窄的区间； 标的物价格出现上升，不管幅度如何 标的物的价格出现小幅下跌
资金成本	投资者不愿意卖空期货	投资者不愿意买入期货
隐含波动	熊市，隐含波动率高	隐含波动率高

2. 卖出期权面临的风险与收益

卖出看涨期权面临的风险体现在两个方面。一是斩仓风险，即当期权价格出现不利变动时，斩仓出局。风险损失＝较低的权利金卖出价－较高的斩仓买入价。二是履约风险，即期权被要求履约。履约风险＝行权价格－标的物平仓买入价格＋权利金。如果标的物出现持续上涨，对于卖出看涨期权的一方来说，履约风险将不断加大。

卖出看跌期权面临的风险同样也体现在两个方面。一是斩仓风险。风险损失＝较低的权利金卖出价－较高的买入平仓价。二是履约风险。履约风险＝标的物市场价格－行权价格＋权利金。

无论是对于卖出看涨期权还是对于卖出看跌期权来说，其收益都体现在两个相同的方面。第一，期权到期时，买方不行权，则卖方获得全部权利金。第二，期权的卖出者可以及早以较低价格平仓，获得平仓收益。

3. 卖出期权的时间价值和现实损益

前文学习的知识似乎告诉我们，不要做一个期权的卖出者。因为卖出期权仅能获得有限的盈利，而面临的风险则无限大。然而需要注意的是，期权交易也是零和博弈。既然期权的买方多数要亏钱，那么期权的卖方则要赢钱。对于卖方来说，在统计上他们是占优的。

从现实看，出售期权对投资者更有利，理由是：①时间是出售方的有力武器。图 10-3 和图 10-4 描绘了卖出离到期日不同时间的看涨期权损益曲线和看跌期权损益曲线。随着到期日的临近，期权价值将逐渐显现。随着期权价值向权利金的靠近，其波动率下降十分迅速，期权出售者获得利润会越来越多。②对于期权出售方来说，盈利不需要标的物价格波动朝一个特定的方向波动。只要标的物价格不出现极端走向，期权卖出者就会盈利。卖出期权实则是投资者的一个盈利的法宝。但是，对于这一点，大多数投资者都没有予以深刻的认识。

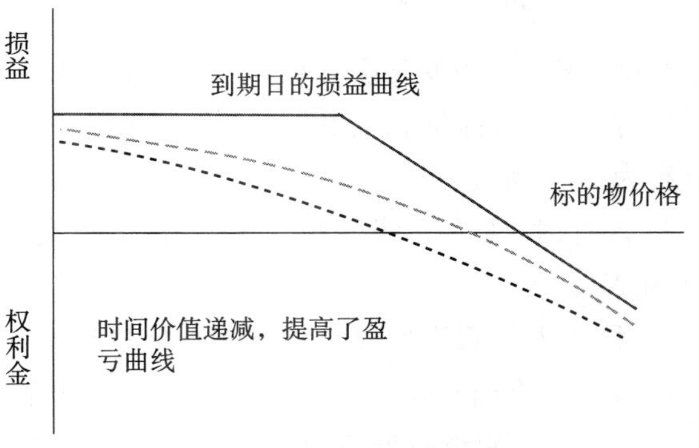

图 10-3　卖出看涨期权的损益曲线

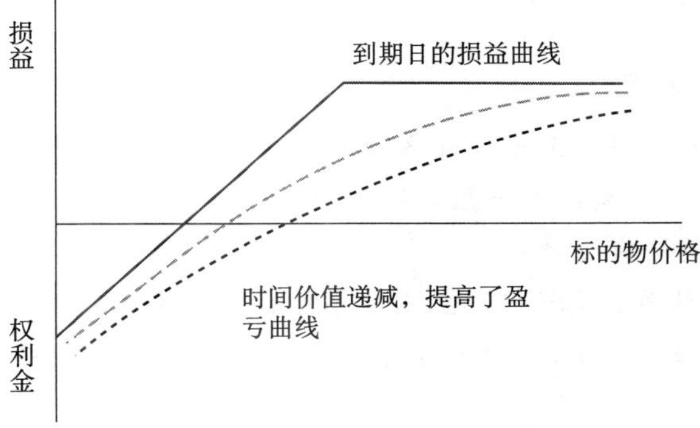

图 10-4　卖出看跌期权的损益曲线

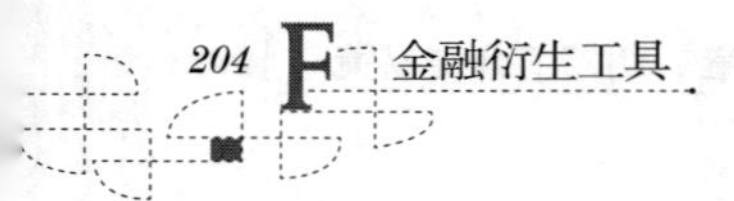

三、牛市价差组合

1. 策略原理

牛市价差组合主要基于投资者对标的物的上涨预期。其基本原理是投资者在买进一个行权价格较低的看涨期权的同时,卖出一个到期日相同但行权价格较高的看涨期权。即图 10-5 中的虚线。假定 X_1 为购入看涨期权的行权价格,X_2 为卖出看涨期权的行权价格,S_T 为期权到期日标的物价格。由于行权价格越高,看涨期权的价格越低,这样该组合中购买看涨期权的费用要多于卖出看涨期权的费用,即 $c_1>c_2$,因此牛市价差组合需要一定的初始投资(c_1-c_2)。正是因为这个原因,该组合的盈亏平衡点应是 $X_1+(c_1-c_2)$,即当标的物价格大于此值时,组合才能盈利。

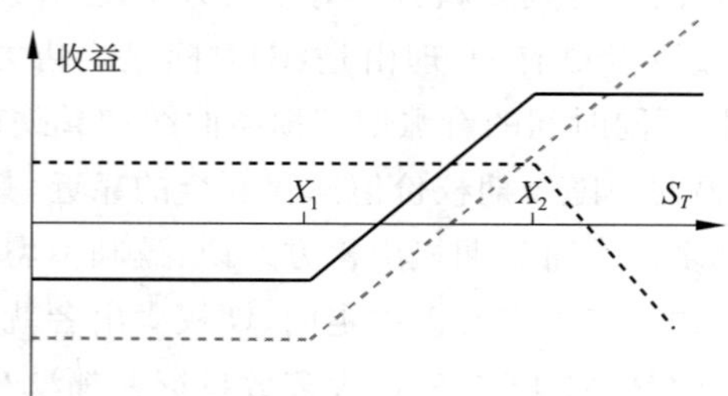

图 10-5 牛市价差组合的损益

在组合建立后,标的物价格 S_T 的变化会导致以下三种情况的发生。

情况 1:$S_T>X_2$。这时,买入看涨期权行权,获得的盈利为 S_T-X_1;卖出看涨期权盈利为 X_2-S_T。总的盈利为 X_2-X_1。

情况 2:$X_1<S_T<X_2$。这时,买入看涨期权行权,获得的盈利为 S_T-X_1;卖出看涨期权盈利为 0。总的盈利为 X_T-X_1。

情况 3:$S_T<X_1$。这时,买入的看涨期权和卖出看涨期权均不行权,盈利均为 0。

这样,我们就可以构造出这个组合的损益状态,即图 10-5 中的实线。但是,在实际计算中,应该将初始投资计算在内。假设较低行权价格期权的价格为 c_1,较高行权价格期权的价格为 c_2,那么初始投资为 c_1-c_2。例 10-1 将考虑初始投资对牛市价差组合净收益的影响。

例 10-1 牛市价差组合

一个投资者以 3 元购买一个行权价格为 30 元的看涨期权,同时以 1 元售出一个行权价格为 35 元的看涨期权。构造这个组合的初始投资为 3－1＝2 元。

该组合的净收益情况有三种。

情况 1:如果标的物价格高于 35 元,则这个组合的净收益为 35－30－2＝3 元。

情况 2:如果标的物价格大于 30 元小于 35 元,则这个组合的净收益为 $S_T-30-2=S_T-32$。

情况 3:如果标的物的价格小于 30 元,则这个组合的净损益为－2 元,即构造组合的初始投资。

需要指出的是，牛市看涨期权组合限制了资产价格向有利方向变动的盈利，同时又限制了向不利方向变化时的损失。

同样，我们可以利用看跌期权建立牛市价差的组合。其基本的方式是，买入较低行权价格的看跌期权，卖出较高行权价格的看跌期权。这里不予赘述。

2. 交易实践

组合的构筑。利用看涨期权构筑牛市价差交易策略，在选择期权时应注意四个方面的重要内容。第一，选择具有充足流动性的期权，未平仓合约数量应当较高。第二，买入的行权价格较低的看涨期权应当是平值或轻度虚值期权。第三，当卖出行权价格较高的看涨期权时，应运用在线工具寻找到期日或者到期日之前的最优收益和盈亏平衡点。第四，在交易时要选择合适的时期进行交易。从长期看，使用该策略进行交易是最安全的。如果期权有效期距离到期日还有 6 个月以上最好。

时间损耗。这种交易策略在能够获利时，时间损耗对其是有利的。但是，当遭受损失时，时间损耗对其不利。采取这种策略进行交易，投资者将承担净债务，且标的物价格必须至少上涨到盈亏平衡点。因此，投资者往往会在长期内使用这种交易策略，这样可以以足够的时间来正确操作。如果头寸持续无法获利，时间损耗将不利于交易盈利。这是因为时间越接近到期日，也就越接近于最大损失。当该头寸逐渐开始获利时，时间损耗将会有利，这是因为投资者将会更接近于在到期日获得最大收益（图 10-6）。

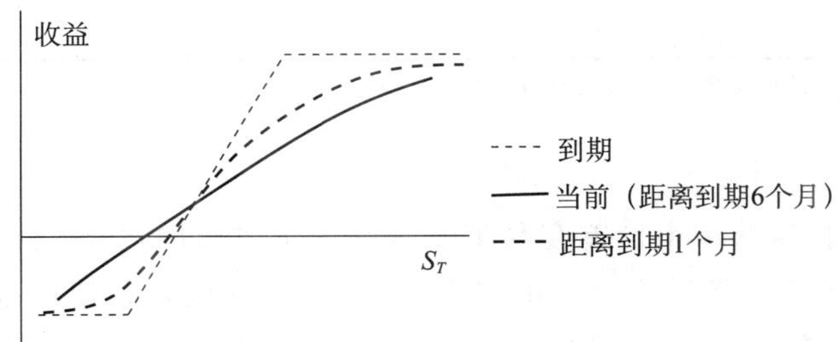

图 10-6　考虑时间的牛市价差组合损益曲线

结束交易。采用这种交易策略，可以通过回购售出的看涨期权并售出最初买入的看涨期权了结交易组合。以这种方式，交易者将会在交易到期日之前获得较少的增加性收益。为减少损失，一些有经验的交易者会选择结束价差中的部分长腿。以这种方式，他们会留下一个长腿部分以从中获利。

3. 牛市价差期权的避险参数

表 10-3 简要描述了不同到期时间的牛市价差期权的避险参数与交易原理。

表 10-3　牛市价差期权的避险参数与交易原理

Dleta	Dleta 是正值，其峰值出现在两个行权价格之间。这说明，在这些水平上的任何小幅度变化的价格将可能使牛市看涨价差期权的价值发生大幅度变化。对于该组合而言，距离到期日时间越短，Delta 的敏感性就越强	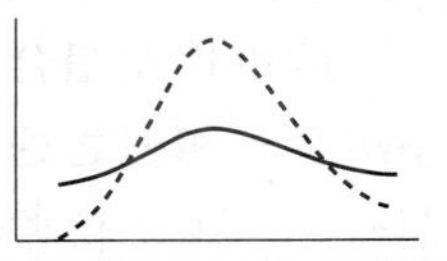

续表

Gamma	当价差期权组合是虚值期权的时候，Gamma是正数。但是当标的物上升到高于行权价格水平的时候，Gamma就是负数。 在较低的行权价格以下时，该组合的Gamma达到最高点；在较高行权价格以上时，该组合的Gamma达到最低点	
Theta	当交易头寸超过盈亏平衡点的时候，Theta是正数。这说明，当期权组合是虚值期权的时候，时间衰退是不利的。当期权组合是实值期权的时候，时间衰退是有利的。在实际交易中，一旦期权组合变成实值期权，那么随着时间的消逝，收益将会增加。其原因是这时的利润完全等于行权价格减去构筑组合的成本，不同行权价格所包含的时间价值差异也变得越来越小	
Vega	当交易头寸从下到上穿过盈亏平衡点时，Vega就会从正数变成负数。这说明当交易没有盈利的时候，波动性地增加对我们是有利的，而当交易产生盈利的时候，波动性地增加对我们则是不利的。如果期权是虚值期权，这一点则表现得就更为明显。更深入地说，尽管波动性地增加将增加获利的机会，但是对于盈利则具有并非良好的影响，可能造成盈利的减少。随着到期日的靠近，Vega的敏感性将会下降，特别是在期权到期前的最后几个月，这是因为波动性没有足够的时间来影响交易头寸	
Rho	距离期权到期时间越长，Rho的影响也就越强。当交易头寸变成深度实值期权，Rho将会上升到行权价格附近的水平上，然后下降成负数。随着到期日的临近，Rho的敏感性将会下降，因为利率的影响将会降低	

注：虚线为有效期1个月损益曲线，实线为有效期6个月损益曲线。

4. 优点和缺点

利用看涨期权构筑的牛市价差交易策略具有三个方面的优点。第一，与只是购买看涨期权策略相比，对于中期到长期的牛市交易，能够减少风险并使成本和盈亏平衡点降低。第二，向下风险有限。第三，越远离到期日，针对标的物价格迅速下跌的情况，该头寸所提供的向下风险保护措施就越好。

该组合也存在一定的缺点。第一，只有当投资者选择较高行权价格且标的物价格升至两个行权价格中较高行权价格水平时，才能获得较大的收益。第二，如果标的物价格上升，组合向上的收益也有限。第三，距离到期日越远，获得最大收益的速度就会越慢，这是为向下风险提供保护所付出的代价。

四、熊市价差组合

1. 基本原理

熊市价差组合主要基于投资者预期标的物价格下跌的情形。从原理来看，与牛市价差组合有相似之处，即购买某一行权价格看涨期权的同时再卖出另一个行权价格的看涨期权。与牛市价差又有所不同的是，在熊市价差组合中，所购买的看涨期权行权价格高于所卖出的看涨期权行权价格。见图 10-7 中的虚线。由于卖出的看涨期权价格高于购买看涨期权的价格，所以这个组合可以获得一个初始收入。假定行权价格为 X_1 和 X_2，且 $X_1 < X_2$，所以 $c_1 > c_2$，这时初始的收入是 $c_1 - c_2$。该策略的盈亏平衡点是 $X_1 + (c_1 - c_2)$，即当标的物价格低于此值时，组合才能盈利。

在组合建立后，标的物价格 S_T 的变化会导致以下三种情况的发生。

情况 1：$S_T > X_2$。这时，买入看涨期权行权，获得的盈利为 $S_T - X_2$；卖出看涨期权被行权，盈利为 $X_1 - S_T$。总的盈利为 $X_1 - X_2$。

情况 2：$X_1 < S_T < X_2$。这时，买入看涨期权不行权，获得的盈利为 0；卖出看涨期权被行权，盈利为 $X_1 - S_T$。总的盈利为 $X_1 - S_T$。

情况 3：$S_T < X_1$。这时，买入看涨期权和卖出看涨期权的盈利均为 0。

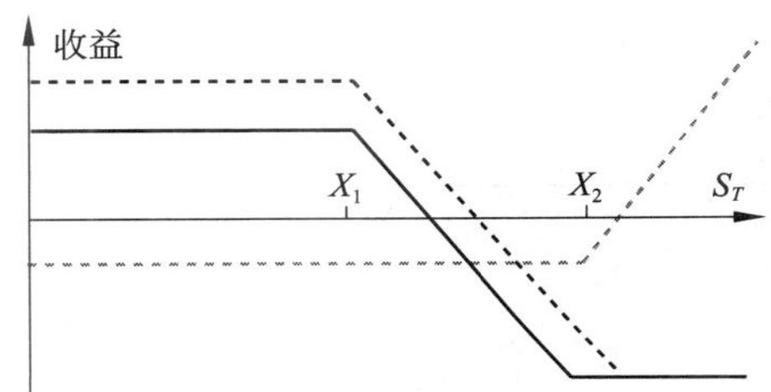

图 10-7 熊市价差组合的损益

这样，就可以构造出这个组合的损益状态，见图 10-7 中的实线。但是，在实际计算中，应该将初始投资计算在内。假设较低行权价格期权的价格为 c_1，较高行权价格期权的价格为 c_2，那么初始的现金流收入为 $c_1 - c_2$。例 10-2 将考虑初始收入对熊市价差组合净收益的影响。

例 10-2 熊市价差组合

假定投资者以 1 元购买 35 元行权价格的看涨期权，并以 3 元卖出行权价格 30 元的看涨期权。这样在构造这个组合时，投资者会得到 2 元的现金收入。可以继续分三种情况对这个组合的净收益变化进行分析。

情况 1：标的物价格下跌，低于 30 元，则净收益为初始的现金流收入，即 2 元。

情况 2：标的物价格在 30 元和 35 元之间，则净收益为 $30 - S_T + 2 = 32 - S_T$。

情况 3：标的物价格上涨，超过 35 元，则净收益为 $30 - 35 + 2 = -3$ 元。

最后需要指出的是，熊市价差组合限制了资产价格向有利方向变动的盈利，同时又限制了向不利方向变化时的损失。同样，可以利用看跌期权构造熊市价差组合策略。基本的方法是购买行权价格较高的看跌期权，并出售行权价格较低的看跌期权。请读者进行推导分析。

2. 交易实践

组合的构筑。利用看涨期权构筑熊市价差交易策略，在选择期权时应注意四个方面的重要内容。第一，应当选择未平仓合约数量较高并具有充足流动性的期权。第二，买入的行权价格较高的看涨期权应当是虚值期权。关键是要寻找合理的标的物作垫来对向下风险提供保护，同时能够保证获得合理的收益率，一般要高于10%。第三，卖出的行权价格较低的看涨期权时，应使投资有至少高于当前标的物价格10%的标的物作垫，作垫的水平应视接近相关到期日的时间而定。第四，在交易时要选择合适的时期进行交易。从实践来看，这种交易的时间应当是一个月或更短时间。对于两个长腿部分都使用相同的到期日。

时间损耗。当能够获利时，时间损耗对该头寸是有利的。当遭受损失时，对该头寸是不利的。应当记住的是，如果能够通过购买和售出虚值期权来获得净债权，保持标的物价格不变，那么就能获利。因此，很多投资者只想在短期内使用这种交易策略。如果头寸变得无利可图，则时间损耗对投资不利，因为越接近到期日，也就越接近于所面临的最大损失（图10-8）。

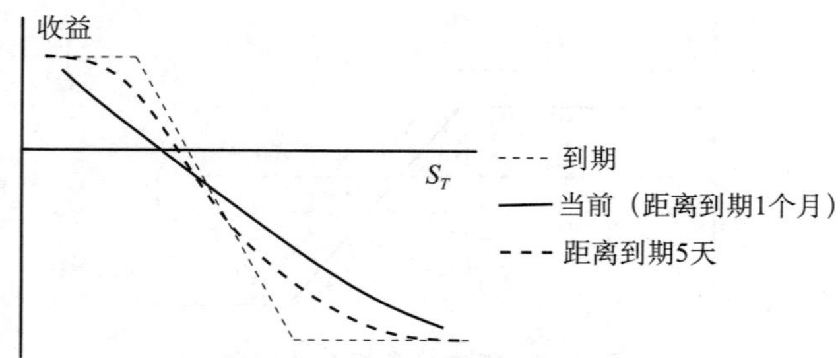

图10-8 考虑时间的熊市价差组合损益曲线

结束交易。采用这种交易策略，可以通过回购售出的看涨期权并售出最初买入的看涨期权了结交易组合。有经验的交易者为了减少损失，会选择结束部分长腿，留下一个能获利的长腿部分。

3. 熊市价差期权的避险参数

表10-4简要描述了不同到期时间的熊市价差期权的避险参数与交易原理。

表10-4 熊市市价差期权的避险参数与交易原理

Dleta	Dleta是负值。当标的物价格位于两个行权价格之间时，该速度变得最大，注意当组合的头寸是深度实值或虚值时，Delta是如何减缓速度的	
Gamma	在较高的行权价格以上，该组合头寸的Gamma值达到顶点；在较低的行权价格以下时，该头寸的Gamma值达到最低点	
Theta	当能够获利时，时间损耗对该组合头寸有利；当无法获利时，时间损耗则不利于该头寸	
Vega	当无法获利时，波动率有利于该头寸；当能够获利时，波动率则不利于该组合	

续表

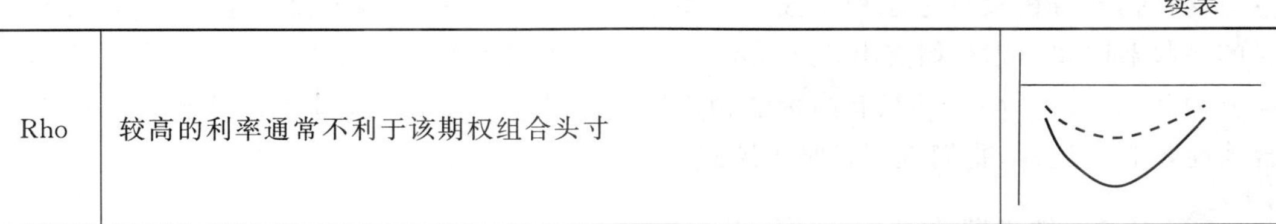

Rho	较高的利率通常不利于该期权组合头寸	

注：虚线为有效期 5 天的损益曲线，实物为有效期 1 个月的损益曲线。

4. 优点和缺点

利用看涨期权构筑的这种熊市价差交易组合具有两方面的优点。第一，这是一种短期收入策略，并不一定要求标的物价格发生变动。第二，与未担保的卖出看涨期权相比，这种组合能够为面临的向下风险提供保护，因此所承担的风险有限。

该交易组合也具有两个方面缺点：第一，尽管风险有限，但是最大的风险损失通常大于所能获得的最大收益。第二，高收益交易通常意味着更少的保护，也就意味着具有更大的风险。第三，如果标的物价格下降，所能获得的收益也是有限的。

第二节 波动性投资组合策略

当投资者不能确定标的物价格会向哪个方向变化，但又可以确定肯定会发生变化时，可以采取波动性组合策略。这种交易策略包括跨式期权组合、宽跨式期权组合、剥离式组合和捆绑式组合。通过这些交易方式，可以更好地锁定风险，获取较高收益。

一、跨式期权组合

1. 基本原理

跨式期权是非常普遍的一种期权投资组合。跨式期权组合的基本构造是：买入具有相同行权价格、相同到期日的看涨期权和看跌期权。具体的损益状态如图 10-9 中所示的实线部分。之所以形成实线部分所描绘的损益曲线，我们可以做出分析。

我们可以分析发现：当标的物价格变化大于 X 时，看涨期权的损益是 S_T-X，看跌期权的损益是 0，组合的损益是 S_T-X；当标的物价格变化小于 X 时，看涨期权的损益是 0，看跌期权的损益是 $X-S_T$，组合的损益是 $X-S_T$。

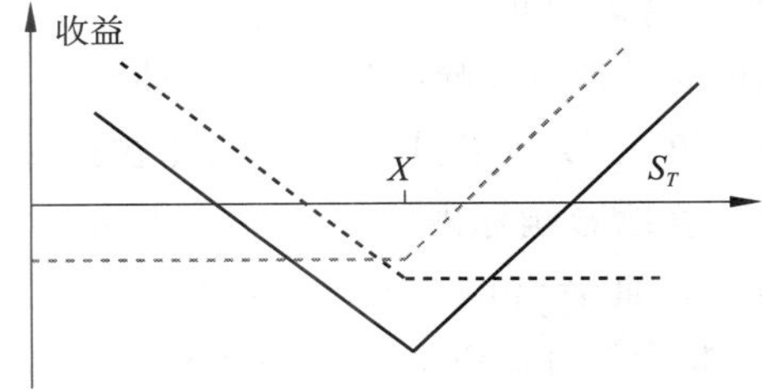

图 10-9 跨式期权损益分析

这种损益分析没有考虑初始投资。由于构筑组合分别支付了权利金，在实际分析组合的净收益时要考虑初始支出。从理论上，我们很快就能算出，两个盈亏平衡点分别为 $X+(c+p)$ 和 $X-(c+p)$。即只有当标的物价格 $S_T<X-(c+p)$，或者 $S_T>X-(c+p)$ 时组合才能盈利。这样，我们就可以画出跨式期权的真实损益曲线。

例 10-3　跨式期权组合损益分析

假定某期权的标的物价格现价为 69 元，投资者以 4 元购买行权价格为 70 元的看涨期权，以 3 元买入同一行权价格的看跌期权。表 10-5 计算了该组合的损益。

表 10-5　跨式期权组合损益分析案例

市场情况 · 期权标的物价格现价为 69 元 · 行权价格为 70 元的看涨期权价格为 4 元 · 行权价格为 70 元的看跌期权价格为 3 元
组合策略 购买一个看涨期权 购买一个同一行权价格的看跌期权
构造组合的成本 3+4=7 元 期权的价值 看涨期权为虚值期权，价值为 0，看跌期权为实值期权，价值为 1 元。
期权的损益 $S_T>70$ 元时，期权的净收益是 $S_T-70-7=S_T-77$。例如，$S_T=90$，净收益为 13 元。 $S_T<70$ 元时，期权的净收益是 $70-S_T-7=63-S_T$。例如，$S_T=50$，净收益为 13 元。 $S_T=70$ 元时，期权的净收益是 $70-70-7=-7$。例如，$S_T=90$，净收益为 -7 元。 可以推出：组合净收益要为正，则标的物价格必须高于 77 元或小于 63 元。

2. 交易实践

图 10-9 所揭示的期权组合又称为底部跨式期权组合或买入跨式期权组合。从损益图可以判断，投资者在预期标的物价格会有大幅变化，但不能确定价格会上升还是下降时，往往会采取这种组合交易方式。

组合的构筑。进入跨式交易需要把握一些原则。第一，买入的看涨期权和看跌期权均为虚值期权。第二，最理想的一种市场状态是，隐含波动率小于平均隐含波动率(3 个月至 1 年的平均隐含波动值)。第三，买入跨式期权应选择在市场盘整一段时间，并将突破时为最佳。第四，识别能够显著地影响标的物价格的未来事件。这样可以在构筑跨式期权前，较好地分析标的物是不是真会出现较大概率的价格波动，而不管未来时间是好是坏。例如，对于投资者来说，如果准确知道上市公司将有兼并收购事项，但是不知道究竟能否被批准，就可以构筑跨式期权投资。因为兼并收购不管能否成功，股票总会向某一个方向出现大的运动。这种运动是跨式期权获利的良好机会。如果在预期事件发生的时候或者之后才进行跨式期权交易，那么在没有意外时间发生的情况下，应及早退出交易。最后需要注意的是，未来时间应该距离现在30～60天甚至更长，用来构造跨式交易的期权合约在事件发生后至少还有30天才到期。第五，从理论上看，投资者应该进行到期时间超过3个月的跨式期权交易。主要的原因是期权的时间价值在到期前1个月是衰退最快的。由于购买了两个期权，因此对于跨式来说，最大的风险就是时间衰退。为了应对这种情况，跨式期权到期时间应该在2～4个月，并且至少应该在期权到期前1个月退出交易。第六，寻找价格波动不大的标的物。这意味着对标的物的买方和卖方都是公平的。在建立跨式期权头寸后，应根据交易计划的规则来处理已经持有的头寸。如果标的物价格出现上涨，则卖出看涨期权，这时可以等待标的物价格下跌再从看跌期权获利。如果标的物价格先出现下降，则卖出看跌期权，这时可以等待标的物价格上涨再从看涨期权获利。

时间损耗。时间损耗对于期权的多头不利，因此对于跨式交易也明显不利。在交易过程中，最好不要持有距离到期日仅有1个月的跨式期权组合。在这段时间内，期权的时间损耗会以指数级加速。对于跨式期权交易而言，这是所有要注意的规则中最重要的一条。

如果距离到期日只有1个月时间，那就出售手中的所有头寸。在交易中不应期待最好的收益而继续持有头寸。因为面临的风险会让你损失掉所有的投资资金(图10-10)。

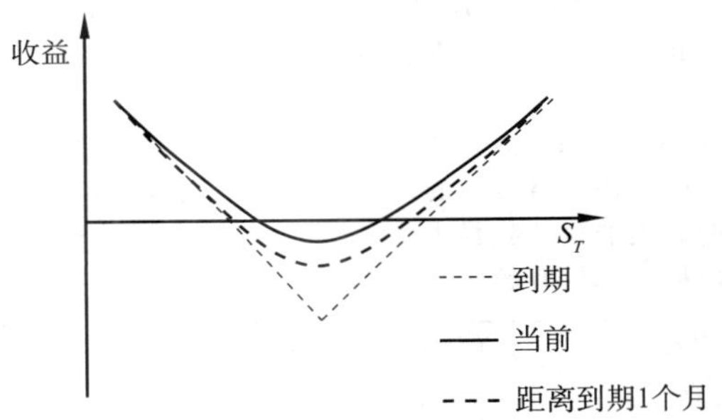

图 10-10　考虑时间的跨式期权收益曲线

结束交易。组合的退出方式与前述的原理一样。投资者在退出时还应特别掌握一些重要的退出原则。第一，在一些时候，在预期事件发生之前，最好结束跨式交易中的一份可能存在潜在风险的合约。第二，事件发生后尽快结束跨式交易。如果事件确实引起标的物价格剧烈变化，那么它就暂时为盈利的期权合约价格注入了额外的事件价值，在这些额外的时间价值损失之前，将盈利的合约销售出去。第三，在合约到期前，不要同时持有跨式交易的看涨和看跌期权合约。一般来说，如果没有发生任何事件导致标的物价格变动，那么在期权到期的3～4个星期之前，跨式交易将会损失掉大部分的价值。在期权合约到期之前的3～4个星期退出交易，目的是尽量弥补原始投资的成本。

3. 跨式期权与避险参数

表10-6简要描述了不同到期时间的跨式期权避险参数及变化特点。

表 10-6 跨式期权避险参数与变化特点

Dleta	当标的物价格靠近行权价格时，Delta 的变化会急剧增加。当标的物价格很低时，Delta 就是负数；当标的物价格接近或高于行权价格时，Delta 的变化速度就会加快变成正数。这说明，当标的物价格低于行权价格的时候，标的物价格的进一步下跌对交易是有利的；当标的物的价格高于行权价格的时候，标的物价格就要持续上升才能使跨式期权交易获利。这就是 Delta 的"S"。当标的物价格与行权价格相等时，跨式期权的价格会随着标的物价格变化而变化，但是变化的速度会减慢	
Gamma	对于跨式期权的多头而言，Gamma 一般都是正数，并且在 Delta 最陡的时候达到峰值。当标的物价格接近行权价格的时候，Gamma 值就会达到峰值，这说明在这个水平上跨式期权对标的物价格变化的敏感性是相当强的	
Theta	时间衰退对跨式期权是不利的。Theta 呈现"V"形，并且在标的物价格等于行权价格的时候会呈现负数的槽。这是因为对跨式期权多头来说，购买了两份期权，在标的物远远低于跨式期权行权价格的时候，跨式期权就会严重受到时间衰退所带来的风险。有时 Theta 也会有正值的出现	
Vega	Vega 的值永远都是正数，并且在标的物价格等于行权价格的时候形成山峰的形状。当 Vega 值在标的物价格等于行权价格达到峰值，说明波动性的微小变化都会引起跨式期权价值的显著增加	
Rho	距离期权到期时间越长，Rho 的影响就越强。和 Delta 的形状类似，Rho 的图形也是在标的物价格很低的时候形成负值的区域，然后在价格接近行权价格的时候加速达到最大值，随后在标的物价格远远高于跨式期权的行权价格的时候开始下跌	

注：虚线为有效期 1 个月的损益曲线，实线为有效期 3 个月的损益曲线。

4. 优点与缺点

跨式期权组合的优点：第一，标的物价格任何方向的变化都能使投资者从中获利。第二，面临的风险损失有限，最大损失为保证金总和，即($c+p$)。第三，价格任何方向的变动所具有的潜在收益没有上限。

该组合的缺点：第一，成本较高。因为看涨期权和看跌期权都需要支付权利金，所以总成本是 $c+p$。第二，要获得收益，标的物的价格应发生显著性的变动，超过盈亏平衡点。这对行权价格、期权价格的选择就提出了较高的要求。第三，竞买/竞卖价差对交易质量有负面影响。第四，对心理承受能力要求很高。

二、宽跨式期权组合

1. 基本原理

宽跨式组合有时又称底部垂直价差组合或勒式期权组合。这种期权组合与跨式组合具有相近损益图形，但是构造成本更低。基本原理是，投资者购买相同到期日，但行权价格不同的一个看跌期权和一个看涨期权。两个期权都是虚值期权。假设看跌期权的行权价格为 X_1，看涨期权的行权价格为 X_2，且 $X_1 < X_2$。

宽跨式期权的损益曲线可以分为三种情况予以考虑。

情况 1：$S_T > X_2$。看涨期权的损益为 $S_T - X_2$，看跌期权的损益为 0。组合收益为 $S_T - X_2$。

情况 2：$S_T < X_1$。看涨期权的损益为 0，看跌期权的损益为 $X_1 - S_T$。组合的收益为 $X_1 - S_T$。

情况 3：$X_1 < S_T < X_2$。看涨期权的损益为 0，看跌期权的损益为 0。组合的收益为 0。

同样，这里没有考虑初始投资。在实际计算净收益过程中，应考虑初始的投入，即购买看涨期权和看跌期权的初始费用。因此，我们可以绘出宽跨式期权组合的实际损益曲线图，见图 10-11 中所绘出的实线部分。

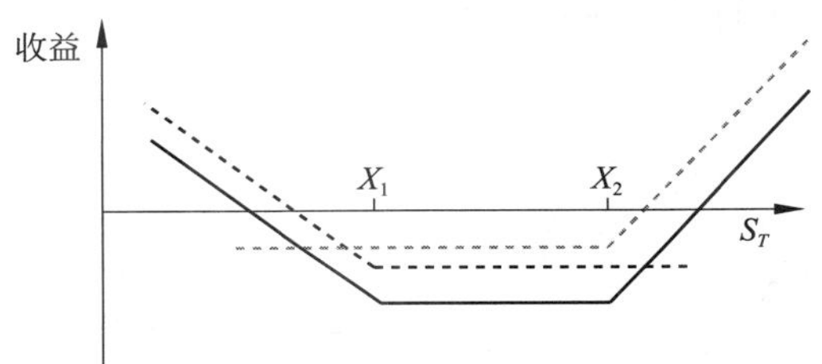

图 10-11 宽跨式期权组合的损益

与跨式组合类似，投资者在预期标的物价格会有大幅变化，但不能确定价格会上升还是下降时，才会采取这种宽跨式组合。从图 10-11 可以看出，宽跨式期权组合在标的物有较大波动时，投资者才能获利。

利用类似原理，还可以构筑起一种顶部宽跨式组合。即卖出一个较低行权价格的看跌期权，再卖出一个较高行权价格的看涨期权。如果投资者能够预测出期权价格并不会发生较大变动，就可以采取这种交易方式，以获得稳定的收益。但是，顶部宽跨式组合可能面临资产价格剧烈上升或下降所隐含的巨大风险。

2. 优点和缺点

宽跨式期权组合的优点：第一，标的物价格往任何方向的变化都能使投资者从中获利。第二，面临的风险损失有限。第三，价格任何方向的变动所具有的潜在收益没有上限。

该组合的缺点：第一，如果获得收益，标的物的价格应发生显著性的变动。而且变动的幅度也要比跨式期权大一些，即标的物价格下降到低于 $X_1-(c+p)$，或标的物价格上升超过 $X_2+(c+p)$。第二，竞买/竞卖价差对交易质量有负面影响。第三，对心理承受能力要求很高。

3. 交易实践

组合的构筑。第一，购买的期权均为虚值期权。这样成本可以要低一些。第二，必须选择具有充足流动性的期权。第三，看跌期权的行权价格要低于看涨期权的行权价格。

第四，在构筑组合时，投资者应选择自己认为合适的标的物变化范围。这个变化范围是选择看涨期权行权价格和权利金，看跌期权行权价格和权利金的基础。第五，这种组合的构筑基础是投资者对行情的展望是中性的，投资者只是希望波动性增强，但可以向任何一个方向发生大幅变化。最理想的情况是：现在隐含波动率很低，能获得较低的期权价格，但是标的物价格会很快发生大幅变化。为了寻找潜在的价格变化情况，可以主动寻找看起来像三角旗形或其他一些持续整理形态（反转突破形态在分析之列）。

后期步骤。与跨式组合类似，在建立宽跨式期权头寸后，应根据交易计划的规则来处理已经持有的头寸。如果标的物价格出现上涨，则卖出看涨期权，这时可以等待标的物价格下跌再重看跌期权获利。如果标的物价格先出现下降，则卖出看跌期权，这时可以等待标的物价格上涨再重看涨期权获利。

时间损耗。期权的选择最好是距离到期日 3 个月左右。由于宽跨式期权组合的头寸在构筑时均是多头，因此时间损耗对这种组合同样极为不利，所以不要持有到最后 1 个月（见图 10-12）。

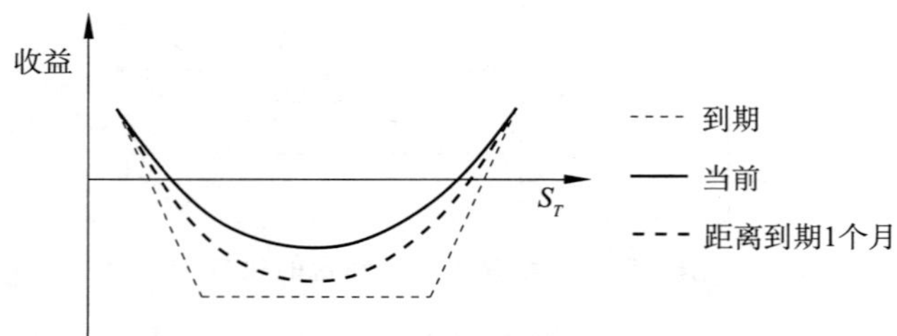

图 10-12　考虑时间的宽跨式期权的损益曲线

结束交易。在距离到期日最后 1 个月时主动退出交易。不要因期待最好的收益而持有头寸，因为这时面临的风险会让投资者损失掉所有的资金。具体的退出方式和前面讲述的跨式期权具有相同的原理。

4. 宽跨式期权和跨式期权的比较

宽跨式期权和跨式期权具有很多相似的交易属性，因此风险参数变化和投资原理也具有相似性。但是，两者之间的差异也应该予以关注。因为这些差异是选择跨式期权还是宽跨式期权的基本出发点。第一，较之于跨式期权，宽跨式期权使用了更宽的损益平衡点，需要标的物价格变化范围更大一些，因此实现起来较为困难。第二，较之于跨式期权，宽跨式期权支付的成本更低一些，风险更小一些。第三，在期权到期前的 1 个月里，宽跨式期权的预计最大风险占交易总体风险的比例更大一些。第四，这两种期权都提供了无限的最大损益，但是跨式期权的风险图要比宽跨式期权更陡一些。

三、剥离式和捆绑式组合

较之于跨式期权组合，剥离式和捆绑式组合是一种简单的修正。所谓剥离式期权组合是由具有相同行权价格和相同到期日的一个看涨期权和两个看跌期权组成。捆绑式组合是由具有相同行权价格和相同到期日的两个看涨期权和一个看跌期权多头构成。这两种投资组合的损益构成如图 10-13 所示。剥离式期权组合和捆绑式期权组合同样用于期权标的物价格可能会发生很大变化的情形。两者的主要差别在于：使用剥离式期权组合的原因是标的物下降的可能性大于上升的可能性。捆绑式期权组合的使用情形则正好相反。

剥离式和捆绑式组合的优缺点、所需注意交易原则和跨式期权组合类似。这里不再细述。

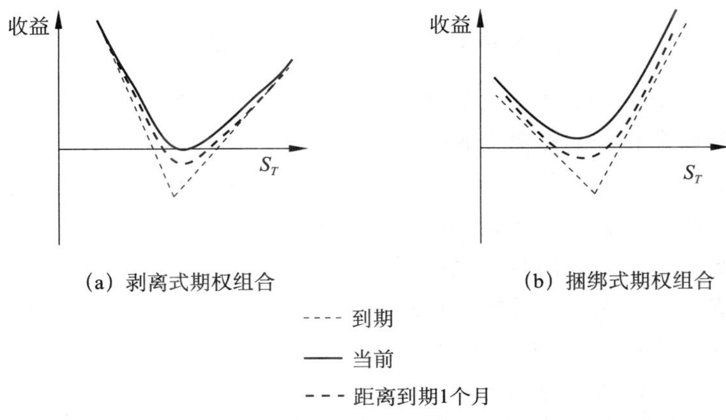

图 10-13　考虑时间的剥离式期权组合和捆绑式期权组合损益曲线

第三节　横向盘整投资组合策略

现实中，期权标的物的价格有时会出现变化速度缓慢、变化空间狭窄的情况。如果投资者预计在未来一段时间内波动性较小，并能识别价格变化区间就可以采用横向盘整组合策略进行交易。横向盘整组合主要有蝶式组合和鹰式组合。这两种组合能够在股票价格维持一定区间下，获得一定的收益。这部分收益是由构造组合所要选择的行权价格决定的。

一、蝶式价差组合

1. 基本原理

蝶式价差组合是一种非常常见的期权组合。基本的策略是：针对同一标的物，购买一个较低行权价格 X_1 的期权，购买一个较高行权价格 X_3 的期权，同时售出两个行权价格为 X_2 的期权。其中，$X_2=(X_1+X_3)/2$。这样可以确保每个行权价格之间的距离相等。该组合的具体损益如图 10-14 中实线所示。从图中可以看出，当行权时标的物价格在 X_2 附近时，则该组合具有最大的收益。下面具体分析利用看涨期权构筑的蝶式期权中，标的物价格各种变化情况下的组合损益。

情况 1：当 $S_T<X_1$，第一个看涨期权多头的盈利为 0，第二个看涨期权多头的盈利为 0，另外两个看涨期权空头的损益为 0。总的盈利为 0。

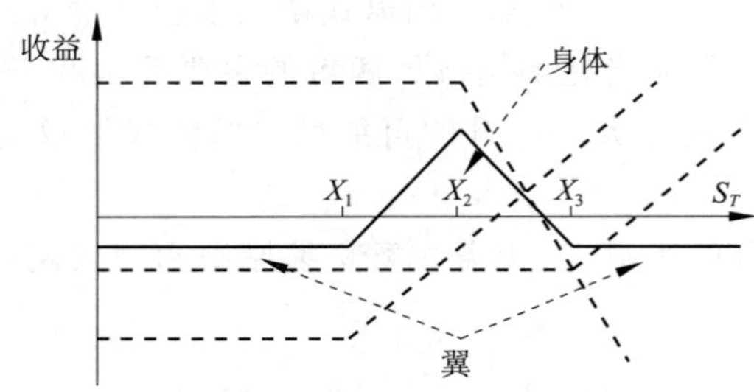

图 10-14 蝶式价差组合的损益

情况 2：当 $X_1<S_T<X_2$，第一个看涨期权多头的盈利为 S_T-X_1，第二个看涨期权多头的盈利为 0，另外两个看涨期权空头的损益为 0。总的盈利为 S_T-X_1。

情况 3：当 $X_2<S_T<X_3$，第一个看涨期权多头的盈利为 S_T-X_1，第二个看涨期权多头的盈利为 0，另外两个看涨期权空头的损益为 $2(X_2-S_T)$。总的盈利为 $2X_2-X_1-S_T$。由于 $X_2=(X_1+X_3)/2$，所以总的盈利也可用 X_3-S_T 表示。

情况 4：当 $S_T>X_3$，第一个看涨期权多头的盈利为 S_T-X_1，第二个看涨期权多头的盈利为 S_T-X_3，另外两个看涨期权空头的损益为 $2(X_2-S_T)$。总的盈利为 $2X_2-X_1-X_3$。由于 $X_2=(X_1+X_3)/2$，所以总的盈利为 0。

将这四种情况总结起来，就可以绘出图中的实际的损益曲线。

同样，以上的损益分析没有考虑初始的投资。如果将出售投资加入，我们可以得出的结论是：第一，该期权的盈亏平衡区间是(X_1＋初始投资，X_3－初始投资)；第二，最大收益则是 X_2-X_1－初始投资；第三，最大风险是初始投资额。

例 10-4 进一步解释了蝶式价差组合。

例 10-4 蝶式价差组合

假定某一标的物现价为 61 元。一个投资者认为该资产 6 个月后价格不可能发生重大变化。就可以构筑一个蝶式价差组合进行投资。具体的情况见表 10-7。

表 10-7 蝶式价差组合案例

蝶式价差组合案例
市场情况 资产现价为 61 元，6 个月不同行权价格的看涨期权的价格分别是： · 行权价格 55 元，看涨期权价格 10 元； · 行权价格 60 元，看涨期权价格 7 元； · 行权价格 65 元，看涨期权价格 5 元
组合策略 购买一个行权价格为 55 元的看涨期权； 购买一个行权价格为 65 元的看涨期权； 卖出两个行权价格为 60 元的看涨期权
构造组合的成本 10＋5－2×7＝1 元

续表

6 个月后
资产价格低于 55 元，组合净损失为 1 元。
资产价格高于 65 元，组合净损失为 1 元。
资产价格在 55 元和 65 元之间，组合的净损益为 S_T-55-1 或 $65-S_T-1$。
资产价格为 60 元时，组合获得最大盈利值 $60-55-1=4$ 元

2. 交易实践

组合的构筑。第一，选择具有充足流动性的期权。第二，较低的行权价格低于当前标的物的价格。第三，中间价位的行权价格应尽可能接近期权平价，或者投资者能判断出到期日时标的物的价格水平。第四，对于较高的行权价格来说，其高于中间价位行权价格的差额应等于中间价位行权价格高于较低行权价格的差额，在到期日以及到期日前，运用在线工具来寻找最优收益和盈亏平衡点。第五，需要注意的是，构筑组合的前提是应尽力保证价格在一定范围内变动，并确定一个明确的支持和阻力价位范围。而且应当在构造组合前，尽量保证最近没有标的物的有关消息发布。

时间损耗。在短期内使用该种策略进行交易是最安全的，最好是距离到期日 1 个月或更短的时间内操作。一般来说，当有利可图时，时间损耗对于该头寸是有利的。当遭受损失时，时间损耗对该头寸是不利的。当投资者进入交易时，通常标的物价格会保持在能够获利的范围内，时间损耗对该头寸不利。因此，应当在具体的交易过程中调整头寸。

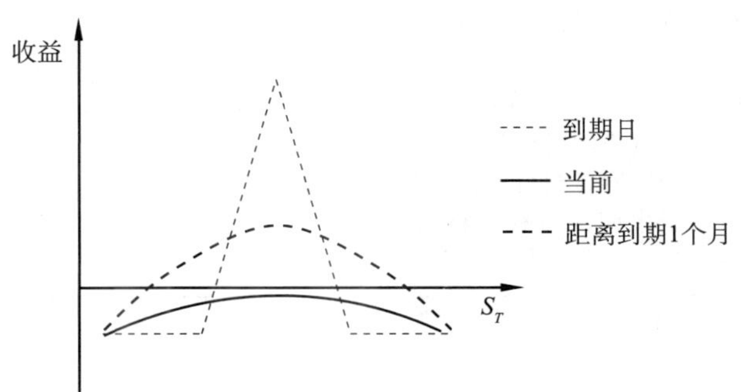

图 10-15 蝶式组合的时间损耗

结束交易。结束交易包括三个方面情况。一是组合已经到了交易日。二是需要彻底止损。在交易后期，当标的物突破止损价位，高于或者低于标的物价格时，那就结束全部头寸。三是需要减少交易损失。对于前两种情况，交易者的结束方式是通过回购售出的看涨期权并售出最初买入的看涨期权了结交易组合。有经验的交易者会随着标的物价格的浮动来决定长腿部分的取舍或仅部分结束价差。以这种方式，交易者将会在交易到期日之前获得较少的增加性收益。对于第三种情况，一些具有丰富经验的交易者为减少损失，会选择部分结束每个长腿的价差，并形成可供选择的风险状况。

3. 蝶式期权的避险参数

表 10-8 简要描述了不同到期时间的蝶式期权避险参数与变化特点。

表 10-8　蝶式期权避险参数与变化特点

Dleta	当标的物低于中间的行权价格的时候，该组合的 Delta 是正数，并且会在标的物价格等于较低的行权价格的时候达到峰值。这就意味着标的物从较低的行权价格开始向上移动对蝶式期权是有利的。 当标的物价格等于中间行权价格的时候，Delta 就是零。在这个时候，标的物价格不需要发生任何变化就可以在期权到期的时候获得最大的收益。 当标的物价格低于较高的行权价格的时候，蝶式期权的 Delta 是负数。这就意味着在这个水平上，标的物价格下跌才能给我们的蝶式期权带来收益。利用看涨期权构筑的蝶式期权的避险参数和利用看跌期权构筑的蝶式期权的避险参数是一样的	
Gamma	当标的物价格等于中间的行权价格时候，Gamma 就会形成一个槽。这说明标的物价格偏离这个区域的变化都会对蝶式期权不利。当标的物价格等于或低于较低的行权价格，以及等于或者高于较高的行权价格的时候，Gamma 就会达到峰值	
Theta	Theta 的图形就像是 Gamma 的反转，它在标的物价格等于中间行权价格的时候达到峰值，在等于或者低于较低的行权价格，以及等于或者高于较高的行权价格的时候形成槽	
Vega	Vega 的图形和 Gamma 相似，在标的物价格等于中间行权价格的时候形成一个槽，在标的物价格等于或低于较低行权价格，以及等于或者高于较高的行权价格的时候就达到顶峰	
Rho	当标的物价格低于中间行权价格的时候，Rho 是正值，并在标的物价格等于较低的行权价格的时候达到峰值。 当标的物价格等于中间行权价格的时候，Rho 等于零。 当标的物价格高于中间的行权价格的时候，Rho 是负数，并在标的物价格等于较高行权价格的时候进入槽	

注：虚线为有效期 1 个月的损益曲线，实线为有效期 3 个月的损益曲线。

4．优点和缺点

蝶式价差期权交易优点和缺点都是明显的。

优点有三个。第一，交易成本很低。第二，风险水平较低。第三，交易的最大收益体现了足够的杠杆效应。

缺点也有三个。第一，盈利对应的价格区间非常狭窄。第二，如果要实现最大收益，就必须对时间有严格的限制。一般来说，选择到期时间较远的期权合约可以降低蝶式价差期权交易的成本。第三，竞买/竞卖价差对交易质量会具有负面影响。

二、铁蝶式期权组合

1．基本原理

铁蝶式期权组合基本的策略是买入具有较低行权价格（X_1）的看跌期权，出售中间价位行权价格(X_2)的看跌期权,出售中间价位行权价格(X_2)的看涨期权,买入具有较高行权价格(X_3)的看涨期权。行权价格之间的距离相等,即 $X_2=(X_1+X_3)/2$。尽管铁蝶式期权组合和蝶式期权组合的损益图一样,但是在具体的形成原理上则存在一定差异(图 10-16)。期权组合的最大风险和最大收益均有限。当标的物价格在中间价位时,该组合能够获得最大利润。

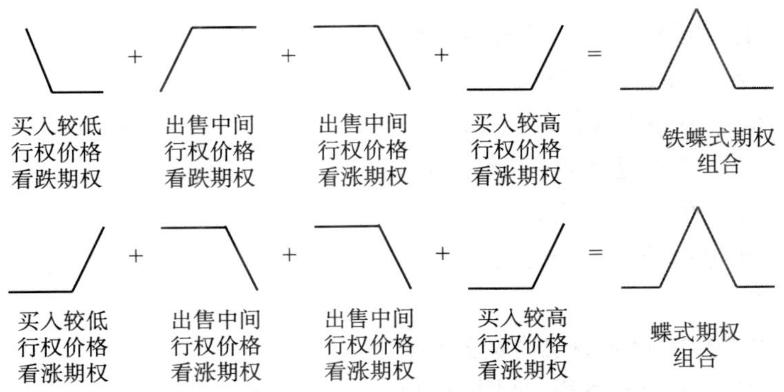

图 10-16 铁蝶式期权组合和蝶式期权组合的构筑差异

2. 交易实践

组合的构筑。第一,尽力分析出标的物价格波动范围,并确定一个明确的支撑价位和阻力价位。第二,买入的较低行权价格的看跌期权和较高行权价格的看涨期权均为虚值。出售的中间价位行权价格的看跌期权和看涨期权均为平值期权。所有期权行权价格之间的距离是相等的,所有期权都具有足够的流动性。第三,所有的期权都具有相同的到期日。由于在短期内使用该策略是最安全的,所以该策略的到期时间应为 1 个月或者更短的时间。

时间损耗。当有利可图时,时间损耗对于该组合是有利的;但遭受损失时,对该组合是不利的。当你进入该交易时,通常标的物价格会在风险情况下能够获利的范围内,因此从此观点来看,时间损耗对该寸头不利。

结束交易。结束交易应注意以下事项。第一,根据交易计划中的规则来处理持有的头寸。第二,可以在到期日前结束组合。当然,还要计算所有佣金。第三,结束该策略的具体方法是,平掉最初的仓位。第四,当具有足够的经验后,投资者可以根据标的物价格的变化逐步平掉各个仓位,以便获得最大利润。

风险参数。铁蝶式期权的风险参数变化特点与蝶式类似,这里不予赘述。

3. 优点和缺点

铁蝶式期权和蝶式期权的优缺点类似。

优点是:第一,在没有成本以及较低向下风险情况下,能从在一定变动范围内的标的物价格中获利;第二,风险较低具有上限;第三,如果标的物保持在一定的范围之内,则具有相对较高的潜在收益。

缺点是:第一,只有标的物价格变化在较小的范围内波动才能获得利润;第二,只有当接近到期日时，才会出现较高的潜在收益；第三，竞买和竞卖价差可能会对交易的质量起到负面作用。

三、鹰式价差组合

1. 基本原理

鹰式价差组合的运作原理与蝶式组合相近。其基本的策略是：针对同一标的物，购买一个较低行权价格 X_1 的看涨期权，购买一个较高行权价格 X_4 的看涨期权，同时售出一个行权价格 X_2 略低于中等行权价格 X 的看涨期权，出售另一个行权价格 X_3 略高于中等行权价格的看涨期权。在构造中必须满足以下条件：第一，期权的到期日相同。第二，中等行权价格应该等于标的物的价格，成为平价期权。当然，中等行权价格也可以是两个相邻行权价格与其差相等的价格。为方便分析，下面的鹰式组合中设定的 X_1、X_2、X_3 和 X_4 关系是 $X_1+X_4=X_2+X_3$。

表 10-9 描述了利用看涨期权构造的鹰式价差组合在不同情况下的损益。通过计算，可以画出鹰式组合的实际损益线，见图 10-17 中实线。在现实中，应注意构造组合需要花费的成本，而表 10-9 中简化了分析，并没有考虑构造组合的成本。

如果将构造成本（即初始投资）加入，我们可以得出的结论是：第一，该期权的盈亏平衡区间是（X_1＋初始投资，X_4－初始投资）；第二，最大收益则是 X_2-X_1－初始投资；第三，最大风险是初始投资额。

表 10-9　鹰式组合在不同情况下的损益

情形	行权价格为 X_1 的看涨期权损益	行权价格为 X_2 的看涨期权损益	行权价格为 X_3 的看涨期权损益	行权价格为 X_4 的看涨期权损益	总的收益
$S_T<X_1$	0	0	0	0	0
$X_1<S_T<X_2$	S_T-X_1	0	0	0	S_T-X_1
$X_2<S_T<X_3$	S_T-X_1	X_2-S_T	0	0	X_2-X_1
$X_3<S_T<X_4$	S_T-X_1	X_2-S_T	X_3-S_T	0	X_4-S_T
$S_T>X_4$	S_T-X_1	X_2-S_T	X_3-S_T	S_T-X_4	0

注：$X_3+X_2-X_1=X_4$，$X_2+X_3-X_1-X_4=0$。

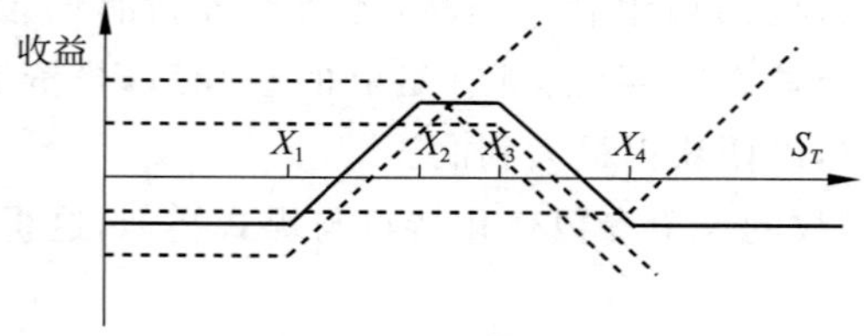

图 10-17　买入鹰式组合的损益分析

同样，我们还可以利用看涨期权构造一个卖出鹰式组合。基本的方法是卖出一个低行权价格的看涨期权，卖出一个高行权价格的看涨期权，买入一个中低行权价格的看涨期权，买入一个中高行权价格的看涨期权。这种组合的损益图正好和买入鹰式组合的损益图相反。

2. 交易实践

组合的构筑。当对行情展望是中性时可以选择这种交易组合。在具体的构筑过程中,应注意遵循以下原则。第一,选择具有充足流动性的期权。第二,对于较低的行权价格而言,最少有两个行权价格要低于标的物当前的价格。第三,对于较低的中间价位的行权价格来说,最少有一个低于标的物的当前价格。第四,对于较高的中间价位的行权价格来说,最少有一个行权价格应当高于标的物的当前价格。第五,对于较高行权价格而言,最少有两个行权价格要高于标的物的当前价格。

时间损耗。构筑该组合时应尽量选择 1 个月或到期时间更短的期权。当有利可图时,时间损耗对该组合头寸是有利的。当遭受损失时,时间损耗对该头寸是不利的(图 10-18)。

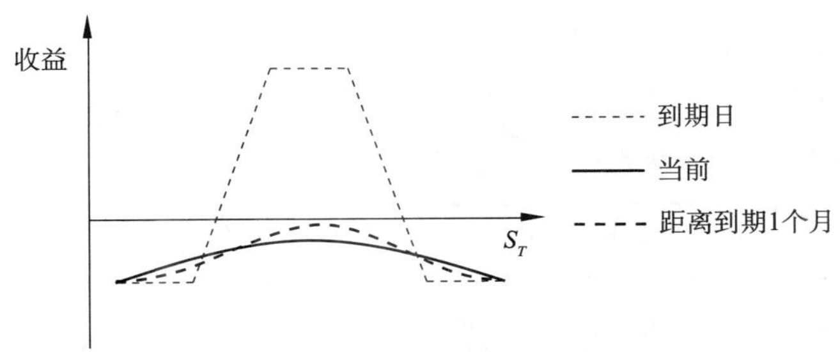

图 10-18　鹰式组合的时间损耗分析

结束交易。鹰式组合交易的结束原理和方法与蝶式组合类似。

风险参数。该组合的风险参数变化类似于蝶式组合的风险参数变化。

3. 优点和缺点

该组合的优点是:第一,以较少的成本获得较大的收益;第二,具有较低的风险水平;第三,如果标的物价格保持在一定范围之内,则具有相对较高的收益率。

缺点则是:第一,只有当期权行权价翼的范围较窄时,才能有较高的潜在收益;第二,只有接近到期日时,才会出现较高的潜在获利能力;第三,竞买/竞卖价差对交易质量会有负面影响。

4. 蝶式期权和鹰式期权的比较

鹰式期权与蝶式期权在构造方法、避险参数等方面具有相似性,二者都给投资者提供了"有限的"最大风险和最大收益。这两种投资策略的最大风险都是所需要支付的成本的全部。但是,二者也有不同之处。第一,最大盈利的概率不同。对于鹰式期权来说,由于中间行权价格的差额更大,因此获得最大盈利的概率更高。而对于蝶式期权来说,最大收益仅仅发生在标的物价格在期权到期时等于中间行权价格的时候,显然这种情况发生的概率要低得多。第二,构造成本不同。尽管鹰式期权最大盈利的概率较之于蝶式期权高一些,但是其净支出也更大一些。其原因是在一般情况下,投资者交易的第一条腿(看涨期权)或者最后一条腿(看跌期权)使用的是购买价格昂贵的深度实值期权。

四、铁鹰式期权组合

1. 基本原理

铁鹰式期权组合是铁蝶式期权组合的一个变种，其最后的损益图则和鹰式期权组合类似。铁鹰式期权组合的策略是：买入具有较低行权价格(X_1)的看跌期权，出售中间较低行权价格的看跌期权(X_2)，出售中间较高行权价格的看涨期权(X_3)，买入具有较高行权价格的看涨期权(X_4)。行权价格之间的距离相等，或者$(X_1+X_4)/2=(X_2+X_3)/2$。很明显，该组合和鹰式组合的构成内容并不一样(图 10-19)。当然从构筑的组合结果看，铁鹰式组合与鹰式组合的风险和损失均有限。

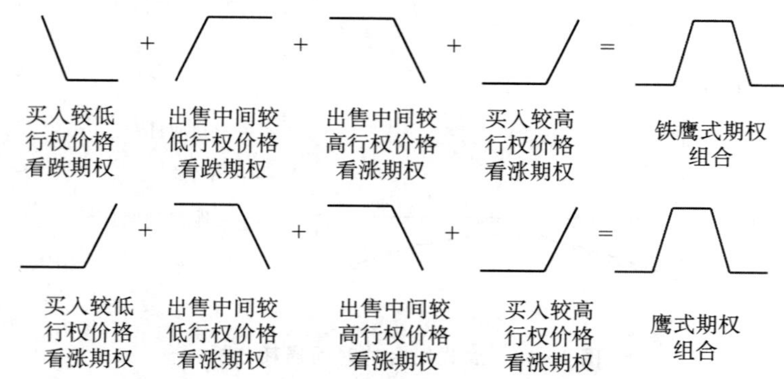

图 10-19　铁鹰式期权组合与鹰式期权组合的构筑差异

2. 交易实践

组合的构筑。第一，与铁蝶式期权组合一样，构筑铁鹰式期权组合也应尽力分析出标的物价格波动范围，并确定一个明确的支撑价位和阻力价位。第二，各个期权的行权价格之间的差额相等。第三，所有期权应均为虚值期权。第四，所有的期权都具有相同的到期日。由于在短期内使用该策略是最安全的，所以该策略的到期时间应为 1 个月或者更短的时间。第五，选择流动性好的期权。

时间损耗。当有利可图时，时间损耗对于该组合是有利的；但遭受损失时，对该组合是不利的。当你进入该交易时，通常标的物价格会在风险情况下能够获利的范围内，因此从此观点看，时间损耗对该寸头不利。

结束交易。结束交易应注意以下事项。第一，根据交易计划中的规则来处理持有的头寸。第二，可以在到期日前结束组合。当然，还要计算所有佣金。第三，结束该策略的具体方法是，平掉最初的仓位。第四，当具有足够的经验后，投资者可以根据标的物价格的变化逐步平掉各个仓位，以便获得最大利润。

3. 铁鹰式期权组合的风险参数

铁鹰式期权组合的风险参数与前述的蝶式、铁蝶式、鹰式期权组合具有相似的特征，这里不再赘述。

4. 优点和缺点

优点体现在五个方面。第一，在没有成本以及较低向下风险情况下，能从在一定变动范围内的标的物价格中获利。第二，风险较低具有上限。第三，如果标的物保持在一定的范围之内，则具有相对较高的潜在收益。第四，较之于铁蝶式期权组合面临的市场风险更小一些。第五，同样较之于铁蝶式期权组合，铁鹰式期权组合的最大收益与标的物一定的区间范围内变动相对应，而不是仅有的一个最大点。

缺点则有三个。第一，只有标的物价格变化在较小的范围内波动才能获得利润。第二，只有当接近到期日时，才会出现较高的潜在收益。第三，竞买和竞卖价差可能会对交易的质量起到负面作用。

五、顶部跨式组合

1. 基本原理

考虑到横向盘整的市场情况，我们可以将底部跨式组合倒置过来，形成新的横向盘整策略，即顶部跨式组合。顶部跨式组合具体的构造是，同时卖出两个同一行权价格和到期日的看涨期权和看跌期权。顶部跨式组合的损益曲线见图 10-20 中的实线部分。从图中可以看出，顶部跨式组合的盈利范围是 $X-(c+p)<S_T<X+(c+p)$，获得最大收益是获得的权利金 $c+p$。

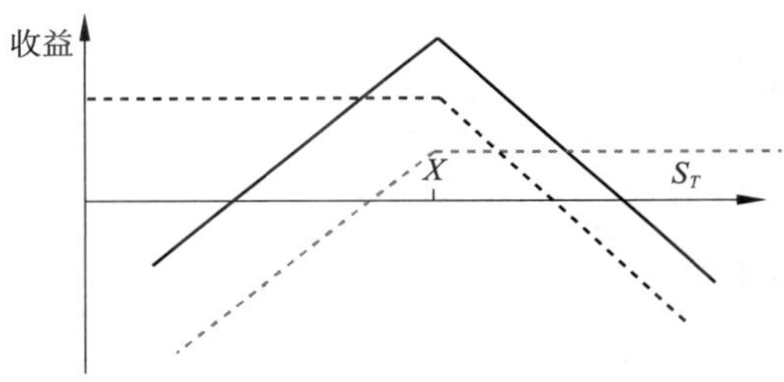

图 10-20　顶部跨式组合

2. 交易实践

组合的构筑。第一，选择具有充足流动性的期权。第二，选择的看跌期权和看涨期权均为平值期权。第三，期权的到期日最好是 1 个月或者更短时间。

时间损耗。因为投资者是在卖空期权且面对的是没有上线的向下风险，所以持有该头寸的时间越短越好。时间损耗对于卖空顶部跨式组合式有利(图 10-21)。

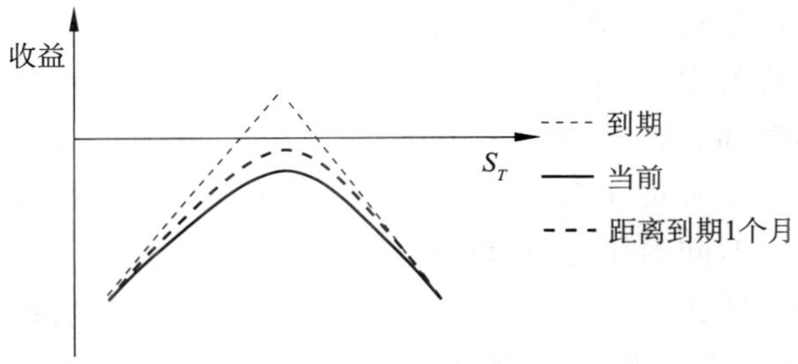

图 10-21　顶部跨式组合

交易结束。基本的方法是平掉已经买入的看涨期权和看跌期权仓位。

3. 优点和缺点

优点有两个。第一,可以从一定的标的物变化范围内收益。第二,该策略是一种相对高收益的收入策略。

缺点则有四个。第一,标的物价格在任何方向的变化都会带来巨大的风险。尽管采用这种策略可以连续获得成功,但是对于没有经验的交易者而言,一个突然的失败将使其数年的积累毁于一旦。所以如果不是很有经验,就不要进行这种交易。第二,与可能的无限风险相比,该组合所能获得的收益是有上限的。第三,在到期日基本上确定要行权。第四,竞买/竞卖价差对交易质量会有负面影响。

六、顶部宽跨式组合

1. 基本原理

顶部宽跨式组合是对顶部跨式组合策略的一种修正。其基本的原理是卖出具有较低行权价格的看跌期权,同时卖出较高行权价格并且到期日相同的看涨期权。顶部宽跨式期权组合的具体损益见图 10-22 中实线部分。很明显从图中可以看出,顶部宽跨式组合的盈亏平衡点有两个:$X_1-(c+p)$和 $X_2+(c+p)$。当 $X_1-(c+p)<S_T<X_2+(c+p)$时,该组合有盈利,其中在 $X_1<S_T<X_2$时,获得最大收益,即收益为权利金 $c+p$。

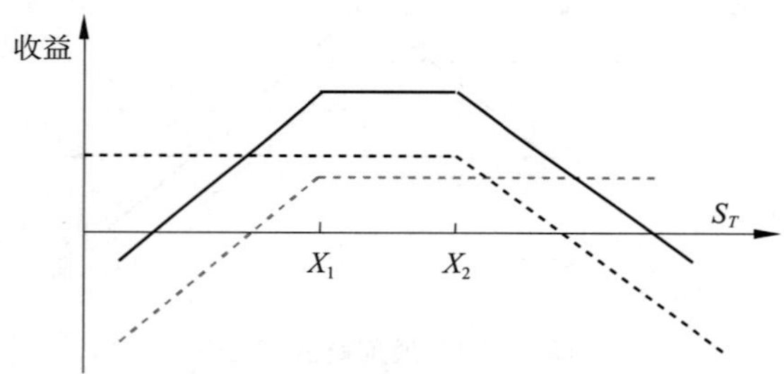

图 10-22 顶部宽跨式组合损益

2. 交易实践

组合的构筑。第一,选择具有充足流动性的期权。第二,选择的看跌期权和看涨期权均为虚值期权。即看跌期权的行权价格低于标的物的当前市场价格,看涨期权的行权价格要高于标的物的当前市场价格。这样构筑组合的成本会更低一些。第三,尽量保证标的物价格在一定范围内变化,并确定一个明确的支撑价位和阻力价位。第四,选择交易期限要尽量避开重要事件的发生。例如,顶部宽跨式股票期权组合构筑时,应避开该股票的有关经营信息的发布时间。第五,期权的到期日最好是 1 个月或者更短时间。

时间损耗。因为投资者是在卖空期权且面对的是没有上线的向下风险,所以持有该头寸的时间越短越好。时间损耗对于卖空顶部宽跨式组合式有利(见图 10-23)。

结束交易。有经验的交易者可以考虑先买入任何方向更远的虚值看涨期权和看跌期权,以形式更加保守地买入铁鹰式期权组合。这样可以减少已经出现的损失。

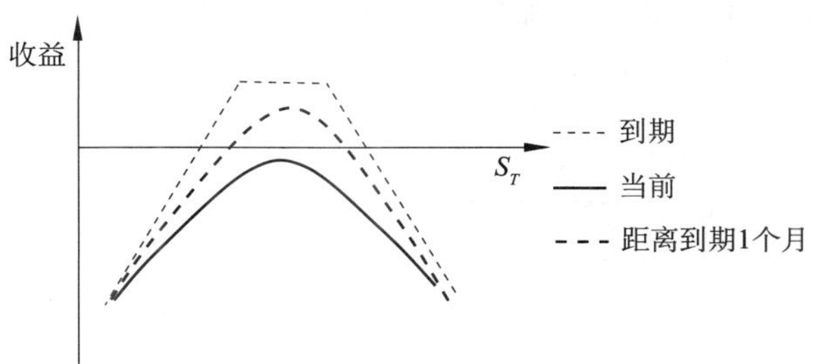

图 10-23 考虑时间的顶部宽跨式期权组合损益曲线

3. 优点和缺点

优点有两个。第一,可以从一定的标的物变化范围内收益。较之于顶部跨式组合而言,由于该组合可以应对的市场波动范围更大一些,因此风险相对小一些。第二,该策略是一种相对高收益的收入策略。

缺点有四个。第一,标的物价格在任何方向的变化都会带来巨大的风险。和顶部跨式组合一样,尽管采用这种策略可以连续获得成功,但是对于没有经验的交易者而言,一个突然的失败将使其数年的积累毁于一旦。所以如果不是很有经验,就不要进行这种交易。第二,与可能的无限风险相比,该组合所能获得的收益是有上限的。第三,在到期日基本上确定要行权。第四,竞买/竞卖价差对交易质量会有负面影响。

第四节 杠杆期权投资组合策略

杠杆期权组合投资策略主要是指比率价差期权组合和反向比率价差期权组合。在这些策略中,投资者获得的利润或者遭受的损失会不断因为在使用该策略时买入或者售出不同数量的期权而受到杠杆调节。这些策略如果能够操作成功,投资者将获得丰厚的利润。杠杆期权投资组合的策略分类与适用行情见表 10-10。

表 10-10 杠杆期权投资组合的策略分类与适用行情

投资策略	适用情况		
反向比率价差看涨期权组合	行情展望极度看涨	高波动率	标的物价格大幅上涨
反向比率价差看跌期权组合	行情展望极度看跌	高波动率	标的物价格大幅下跌
比率价差看涨期权组合	对行情的展望时熊市看跌中性	波动率下降	标的物保持在一定的范围内
比率价差看跌期权组合	对行情的展望时牛市看涨中性	波动率下降	标的物保持在一定的范围内

一、反向比率价差看涨期权组合

1. 基本原理

这种投资组合式是一种更看好波动率上升,同时标的物市价也上升的期权组合策略。具体的组合原理是,卖出一份较低行权价格的看涨期权,买入两份高行权价格的看涨期权,这样就可以形成一条新的损益曲线(图 10-24)。这里之所以称“反向”是因为卖出看涨期权的同时，买入其他行权价格的看涨期权。而所谓“比率”是指卖出和买入之比是 1∶2。其具体的风险和收益概述于表 10-11。

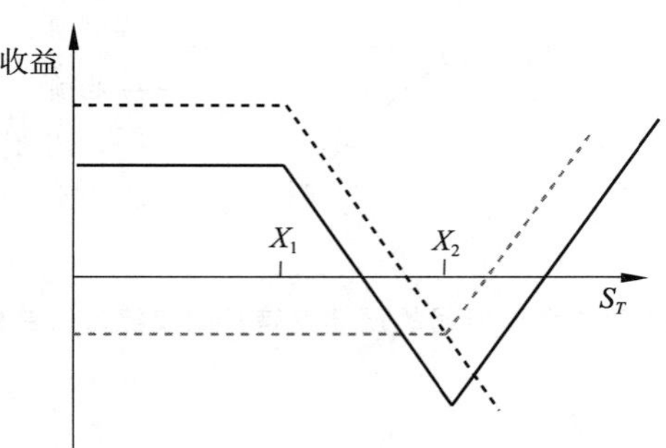

图 10-24　反向比率价差看涨期权组合

表 10-11　反向比率价差看涨期权组合的风险与收益

最大风险	行权价格的差额－构筑组合的权利金净收入(＋构筑组合的权利金净支出)。这里的权利金究竟是获得一种净收入还是一种净支出要看组合的构筑基础而定
最大收益	没有上限
向下的盈亏平衡点	较低的行权价格＋净收入
向上的盈亏平衡点	较高行权价格＋(行权价格的差额×卖空看涨期权的数量)/(买入看涨期权的数量－卖空看涨期权的数量)－获得的权利金净收入(或者＋权利金净支出)

为了更好地理解风险、收益和盈亏平衡点的关系，并对构筑组合提供有益的启示，我们这里举例予以说明。

例 10-5　2∶3 反向比率价差看涨期权组合

假设行权价格为 25.00 的看涨期权价格为 4.90，行权价格为 30.00 的看涨期权价格为 2.50。我们先构筑一个 2∶3 的反向比率价差看涨期权组合。即以 4.90 的价格卖出两份 2010 年 1 月份到期、行权价格为 25.00 的期权。以 2.50 的价格买入 3 份相同有效期，但行权价格为 30.00 的看涨期权。那么该组合的风险和收益见表 10-12。

表 10-12　2∶3 反向比率价差看涨期权组合的风险与收益

净收益	购买期权的权利金－卖出期权的权利金 9.80－7.50＝2.30
最大风险	行权价格的差额×卖空看涨期权的数量－构筑组合的权利金净收入 2×5.00－2.30＝7.70
最大收益	没有上限
向下的盈亏平衡点	较低的行权价格＋净收入 25＋2.30＝27.3
向上的盈亏平衡点	较高行权价格＋(行权价格的差额×卖空看涨期权的数量)/(买入看涨期权的数量－卖空看涨期权的数量)－获得的权利金净收入 30.00＋(5.00×2)/(3－2)－2.30＝37.70

同时，还可以利用以上数据构筑 1∶2 反向比率价差看涨期权组合，则其风险与收益

见表10-13。

表 10-13 1∶2 反向比率价差看涨期权组合的风险与收益

净支出	购买期权的权利金－卖出期权的权利金 5.00－4.90＝0.10
最大风险	行权价格的差额×卖空看涨期权的数量－构筑组合的权利金净收入 5.0＋0.10＝5.10
最大收益	没有上限
向下的盈亏平衡点	较低的行权价格＋净收入 这里没有净收入
向上的盈亏平衡点	较高行权价格＋(行权价格的差额×卖空看涨期权的数量)/(买入看涨期权的数量－卖空看涨期权的数量)－获得的权利金净收入 30.00＋(5.00×1)/(2－1)＋0.10＝35.10

通过以上数据所得两个期权组合，我们可以更好地了解期权的盈亏平衡点与风险收益情况，如果再对比一下，还能得出什么有益的启示？这就涉及期权组合构筑的具体方法了。

2. 交易实践

组合的构筑。第一，所选择的期权流动性要高。第二，出售的看涨期权行权价格较低，大致属于平值期权。购买的看涨期权行权价格则要高一些，即为虚值期权。第三，投资者还可以构筑起卖出和买入之比是2∶3的组合。但是前述案例可以看出，2∶3的组合虽然可以得到一定的初始收入，但是却将向上的盈亏平衡点推向更远的地方。因此，需要进行多次测试，以便确定最优的交易。通常最好的方法是比较每种策略的向上盈亏平衡点和最大风险。第四，在构筑组合时，应尽可能地将成本降低到零，甚至获得一定的净收入。第五，构筑组合时应尽力保证价格上升的趋势，并确定一个明确的支撑价位范围。第六，在距离到期日较长时期时使用该策略比较安全，因此最好是离到期日还有6个月以上。所有的期权都具有相同的到期日。最后需要注意的是：在实际操作中，投资者可以不断尝试利用很多实值、平值以及虚值期权来确定最优交易。通常最好的方法是比较每种策略的向上盈亏平衡点和最大风险。

时间损耗。时间损耗不利于该组合。所以需要尽可能长的时间来操作该交易(图10-25)。

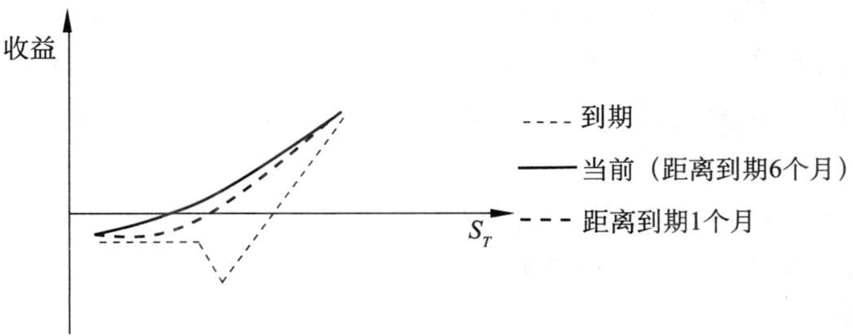

图 10-25 考虑时间的看涨期权反向比率价差组合收益曲线

结束交易。这种组合同样需要买回最初的看涨期权并卖出最初买入的期权结束自己的仓位。在经验丰富的情况下，交易者可以随着标的物价格的上下浮动来决定采取具体的次序结束组合中各个边。

3. 反向比率价差看涨期权组合与避险参数

表 10-14 简要总结和描述了不同到期时间的反向比率价差看涨期权组合避险参数及变化特点。

表 10-14 反向比率价差看涨期权组合避险参数及变化特点

Delta	标的物价格上涨越多,Delta 越将达到其最大值;标的物价格下跌越多,该头寸变化速度越慢,因此 Delta 值就会减少到零	
Gamma	在较高的行权价格附近,该头寸的 Gamma 值达到顶点,表明此时是头寸的主要转折点和变化速度最大的点	
Theta	时间损耗对该头寸非常不利,除非标的物价格大幅下跌	
Vega	波动率对该头寸具有非常重要的最有利作用	
Rho	较高的利率通常有利于该期权头寸,在标的物价格上涨的情况下更是如此	

注:虚线为有效期 1 个月的损益曲线,实线为有效期 6 个月的损益曲线。

4. 优点和缺点

优点体现在三个方面。第一,成本有限。如果组合构筑得当,初始的投资可以很低甚至还会有初始的收入。第二,风险具有上限,特别是标的物价格具有高波动率时。第三,如果标的物价格不断上涨,就能够获得没有上限的收益或者说获得高杠杆性的收益。

缺点则有两个。第一,当标的物价格不变时风险较大。第二,对于一般的交易者来说,该交易显得较为复杂,无法进行良好的运用。

二、反向比率价差看跌期权组合

1. 基本原理

反向比率价差看跌期权组合基本上是与反向比率价差看涨期权完全相反的策略。具体的组合原理是，买入两份较低行权价格的看跌期权，卖出一份较高行权价格的看跌期权。这样就可以形成一条新的损益曲线（图 10-26）。由于是看跌期权的净买入者（买入和卖出的比率是 2∶1），所以很明显收益没有上限。如果标的物价格大幅下跌，则能使我们加速获利。其具体的风险与收益见表 10-15。

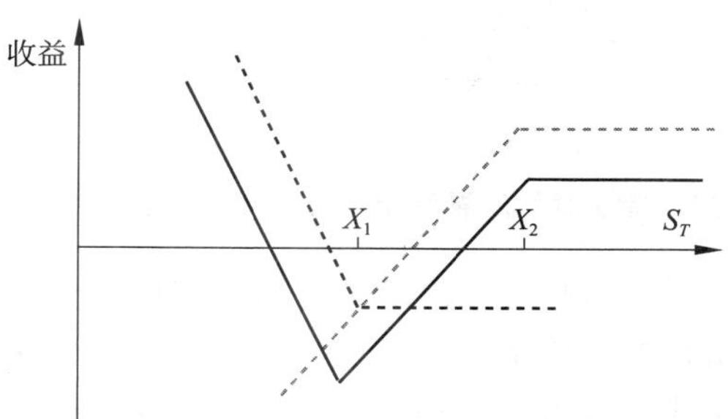

图 10-26　反向比率价差看跌期权组合

表 10-15　反向比率价差看跌期权组合的风险与收益

最大风险	行权价格的差额×卖空看跌期权的数量－构筑组合的权利金净初始收入（或者＋构筑组合的权利金净支出）
最大收益	没有上限（直到标的物价格跌至零）
向下的盈亏平衡点	较低行权价格＋（行权价格的差额×卖空看跌期权的数量）/（买入看跌期权的数量－卖空看跌期权的数量）＋获得的初始权利金净收入（或者－初始权利金净支出）
向上的盈亏平衡点	较高行权价格－净收入

由于和反向比率价差看涨期权组合的风险与收益具有相似的属性，这里不再举出具体案例。但是，读者需要细致区分看涨期权组合与看跌期权组合盈亏点之间的不同。

2. 交易实践

组合的构筑。第一，所选择的期权流动性要高。第二，出售的看跌期权应在平值附近，而购买的较低行权价格的期权应较低，即购买的期权应为虚值期权。第三，投资者还可以构筑起卖出和买入之比是 2∶3 的组合。2∶3 的组合可能将向下的盈亏平衡点推向更远的地方。因此，需要进行多次测试，以便确定最优的交易。通常最好的方法是比较每种策略的向上盈亏平衡点和最大风险。第四，在构筑组合时，应尽可能地将成本降低到零，甚至获得一定的净收入。第五，构筑组合时应尽力保证价格处于下跌的趋势，并确定一个明确的阻力价位范围。第六，在距离到期日较长时期时使用该策略比较安全，因此最好是离到期日还有 6 个月以上。所有的期权都具有相同的到期日。最后需要注意的是：在实际操作中，投资者可以不断尝试利用很多实值、平值以及虚值期权来确定最优交易。通常最好的方法是比较每种策略的向上盈亏平衡点和最大风险。

时间损耗。时间损耗不利于该组合。所以需要尽可能长的时间来操作该交易（图 10-27）。

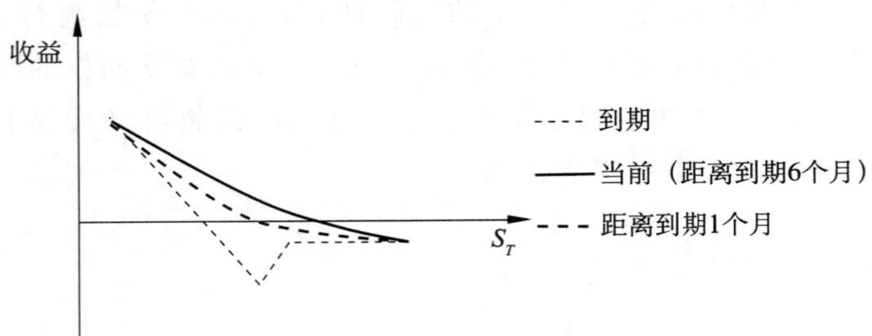

图 10-27　考虑时间的看跌期权反向比率价差组合收益曲线

交易的调整和结束。第一，根据交易计划的规则处理手中的头寸。第二，在以下两种情况结束头寸。一是如果标的物价格上升至止损价格以上就结束整个头寸。二是在距离到期日至少 1 个月前就结束掉交易。这样要么可以获得收益，要么可以控制损失。具体的结束交易方式是买回最初的看跌期权并卖出最初买入的看跌期权。如果投资经验十分丰富，交易者可以随着标的物价格的上下浮动来决定采取具体的次序结束组合中各个边。

3. 反向比率价差看跌期权组合与避险参数

表 10-16 简要描述了不同到期时间的反向比率价差看跌期权组合避险参数及变化特点。

表 10-16　反向比率价差看跌期权组合避险参数及变化特点

Dleta	标的物价格下跌越多，Delta 越将达到其最大值；标的物价格上涨越多，该头寸变化速度越慢，因此 Delta 值就会减少到零	
Gamma	在较低的行权价格附近，该头寸的 Gamma 值达到顶点，表明此时是头寸的主要转折点和变化速度最大的点	
Theta	时间损耗对该头寸非常不利，除非标的物价格大幅下跌	
Vega	波动率对该头寸具有非常重要的最有利作用	
Rho	较高的利率通常有利于该期权头寸，在标的物价格上涨的情况下更是如此	

注：虚线为有效期 1 个月的损益曲线，实线为有效期 6 个月的损益曲线。

4. 优点和缺点

优点体现在三个方面。第一，成本有限。如果组合构筑得当，初始的投资可以很低甚至还会有初始的收入。第二,风险具有上限,特别是标的物价格具有高波动率时。第三,如果标的物价格下跌,就能够获得没有上限的收益或者说获得高杠杆性的收益。

缺点有两个。第一,当标的物价格不变时风险较大。第二,对于一般的交易者来说,该交易显得较为复杂,无法发挥良好的运用。

三、比率价差看涨期权组合

1. 基本原理

比率价差看涨期权组合是反向比率价差看涨期权组合的相反策略。其基本的原理是,买入一份较低行权价格的看涨期权,卖出两份较高行权价格的看涨期权。比率是 1∶2。同样,我们还可以构筑一个 2∶3 的组合。这种组合的损益曲线如图 10-28 所示。很明显这种组合面临的风险是巨大的。其形态不如蝶式期权的获利安全性高。表 10-17 分析了更为具体的风险与收益。

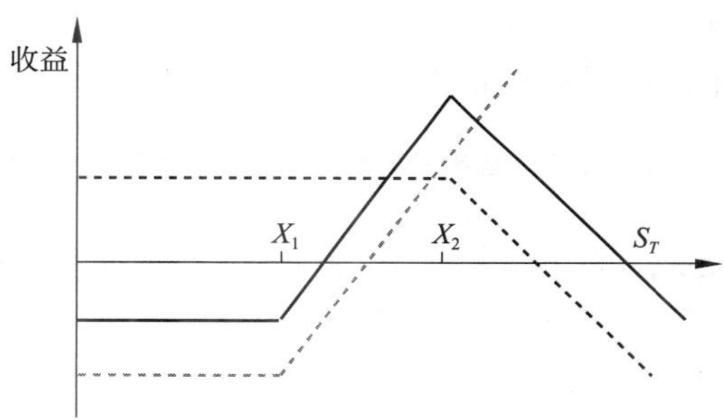

图 10-28 比率价差看涨期权组合损益曲线

表 10-17 比率价差看涨期权组合的风险与收益

最大风险	没有下限
最大收益	行权价格之差－构筑组合的权利金净支出(或者＋权利金的净收入)
向下的盈亏平衡点	较低行权价格＋净支出/买入合约的数量
向上的盈亏平衡点	较高行权价格＋行权价格的差额×卖出期权合约的数量/(卖出期权合约的数量－买入期权合约的数量)＋获得的权利金净收入(或者－净成本)

2. 交易实践

组合的构筑。第一,构筑时首先应尽力确认标的物价格是下跌的趋势,并确定一个明确的阻力范围。这样是为了降低价格上涨造成的巨大损失。第二,选择流动性高的期权。第三,买入的较低行权价格的看涨期权应为实值期权或平值期权,卖出的较高行权价格的看涨期权被行权的可能性要低一些,即应将上方的盈亏平衡点和阻力价位联系起来。第四,在构筑组合时,应尽可能地将成本降低到零,甚至获得一定的净收入。第五,由于存在巨大风险,构筑组合的到期时间应当尽可能短,最好是 1 个月或更短的时间。

时间损耗。由于这个组合是净卖出,所以时间损耗更有利。特别是组合时间进入最后 30 天后,时间价值的损耗急速变化(图 10-29)。

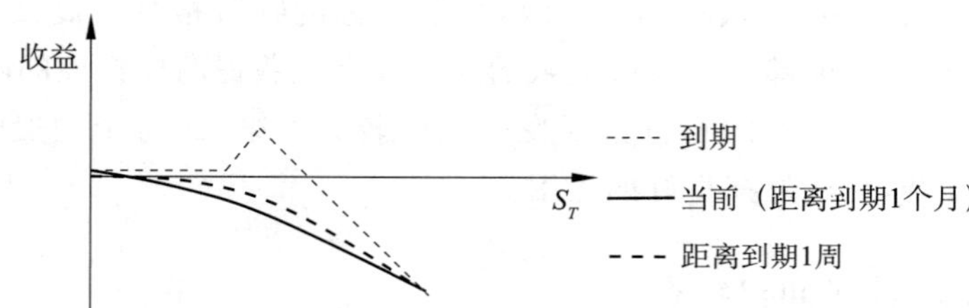

图 10-29　考虑时间的比率价差看涨期权组合收益曲线

交易的调整和结束。在组合构筑起来之后，应根据交易计划的规则来处理头寸。交易者可以根据具体情况调整长腿部分。有时可以平掉多余的看涨期权空头头寸，这样可以形成一个较为稳健的牛市看涨价差期权组合。

在以下情况应当平掉整个头寸。第一，标的物价格突破阻力位，并得到确认，就平掉组合的左右头寸。第二，合约到期平掉头寸。

3. 比率价差看涨期权组合与避险参数

表 10-18 简要描述了不同到期时间的比率价差看涨期权组合避险参数及变化特点。

表 10-18　比率价差看涨期权组合避险参数及变化特点

Dleta	标的物价格上涨越多，Delta 值越将达到其最大值，标的物价格下跌越多，该头寸变化速度越慢，因此 Delta 值会减少到零	
Gamma	在较高的行权价格附近，该头寸的 Gamma 值达到最低点，表明此时是头寸的主要转折点和变化速度最大的点	
Theta	除非标的物价格出现大幅度下跌，时间损耗对该头寸非常有利	
Vega	波动率对该头寸非常不利	
Rho	较高的利率通常对该期权头寸没有作用，当标的物价格出现上涨时更是如此	

注：虚线为有效期 1 周的损益曲线，实线为有效期 1 个月的损益曲线。

4. 优点和缺点

优点有两个。第一，通过构造组合可能增加净收入。第二，标的物价格不出现大范围上升，则可能获得一定的收益。

缺点有两个。第一，标的物价格出现大范围上升，则损失巨大。第二，该策略较为复杂，对于一般的投资者来说，不具有强大的吸引力。

四、比率价差看跌期权组合

1. 基本原理

比率价差看跌期权组合是反向比率价差看跌期权组合的相反策略。其基本的原理是，买入一份较高行权价格的看跌期权，卖出两份较低行权价格的看跌期权。比率是 1∶2。同样，我们还可以构筑一个 2∶3 的组合。这种组合的损益曲线如图 10-30 所示。很明显，这种组合面临的风险也是巨大的，最大的风险是标的物价格跌至零。表 10-19 分析了更为具体的风险与收益。

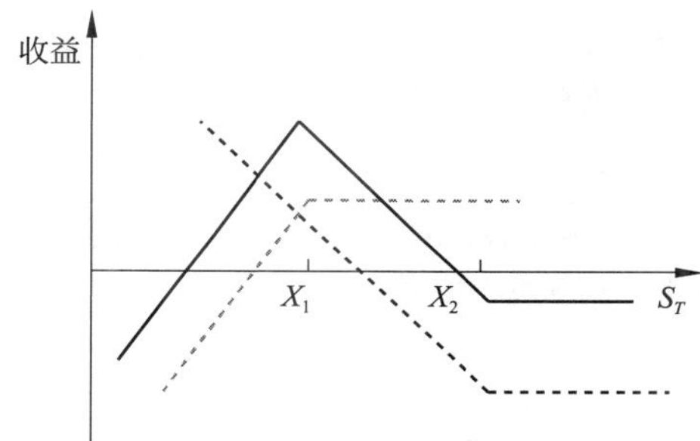

图 10-30 比率价差看跌期权组合损益曲线

表 10-19 比率价差看跌期权组合的风险与收益

最大风险	没有下限
最大收益	行权价格之差－构筑组合的权利金净支出(或者＋权利金的净收入)
向下的盈亏平衡点	较低行权价格－行权价格的差额×卖出期权合约的数量/(卖出期权合约的数量－买入期权合约的数量)－获得的权利金净收入(或者＋净成本)
向上的盈亏平衡点	较高行权价格－净成本/买入合约的数量

2. 交易实践

组合的构筑。第一，构筑时首先应尽力确认标的物价格是上升的趋势，并确定一个明确的支撑范围。这样是为了降低价格下跌造成的巨大损失。第二，选择流动性高的期权。第三，卖出的较高行权价格的看跌期权应为实值期权，即应将下方的盈亏平衡点和支撑价位联系起来。第四，在构筑组合时，应尽可能地将成本降低到零，甚至获得一定的净收入。第五，由于存在巨大风险，构筑组合的到期时间应当尽可能短，最好是 1 个月或更短的时间。

时间损耗。由于这个组合是净卖出，所以时间损耗更有利。特别是组合时间进入最后 30 天后，时间价值的损耗急速变化(图 10-31)。

交易的调整和结束。在组合构筑起来之后，应根据交易计划的规则来处理头寸。交易者可以根据具体情况调整长腿部分。有时可以平掉多余的看跌期权空头头寸。在以下情况应当，平掉整个头寸。第一，标的物价格突破阻力位，并得到确认，就平掉组合的左右头寸。第二，合约到期平掉头寸。

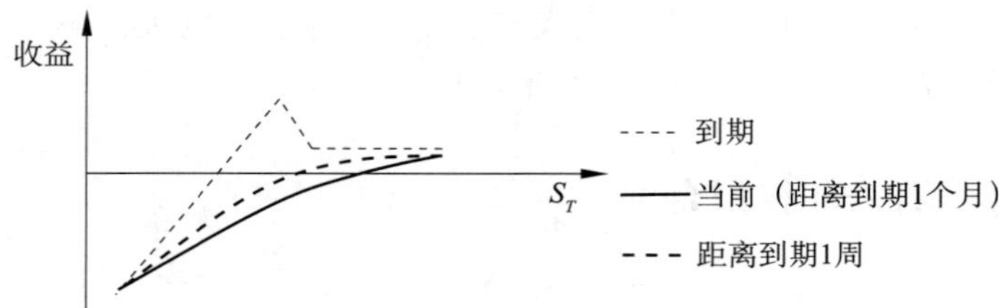

图 10-31　考虑时间的比率价差看跌期权组合收益曲线

3. 比率价差看跌期权组合与避险参数

表 10-20 简要描述了不同到期时间的比率价差看跌期权组合避险参数及变化特点。

表 10-20　比率价差看跌期权组合避险参数及变化特点

Dleta	标的物价格下跌越多，Delta 值越将达到其最大值，标的物价格上涨越多，该头寸变化速度越慢，因此 Delta 值会减少到零	
Gamma	在较低的行权价格附近，该头寸的 Gamma 值达到最低点，表明此时是头寸的主要转折点和变化速度最大的点	
Theta	除非标的物价格出现大幅度上涨，时间损耗对该头寸非常有利	
Vega	波动率对该头寸非常不利	
Rho	较高的利率通常对该期权头寸是有利的，当标的物价格出现下跌时更是如此	

注：虚线为有效期 1 月的损益曲线，实线为有效期 1 年的损益曲线。

4. 优点和缺点

该策略的优点是：第一，通过构造组合可能增加净收入；第二，标的物价格不出现大范围下降，则可能获得一定的收益。

缺点则是：第一，标的物价格出现大范围上升，则损失巨大。第二，对于一般的投资者来说，该策略较为复杂。

1. 在预期标的资产看涨的情况下，比较买入看涨期权和卖出看跌期权两种不同策略的适用范围和损益情况。

2. 在预期标的资产看跌的情况下，比较买入看跌期权和卖出看涨期权两种不同策略的适用范围和损益情况。

3. 为什么出售期权对投资者更有利?

4. 如何利用看跌期权构筑牛市价差策略和熊市价差策略。

5. 比较分析牛市价差组合策略和熊市价差组合策略的优缺点。

6. 有如下四种证券组合，请画图说明投资者收益和损失随股票价格变化的情况。

(1) 一份股票和一份看涨期权空头。

(2) 两份股票和一份看涨期权空头。

(3) 一份股票和两份看涨期权空头。

(4) 一份股票和四份看涨期权空头。

在以上每种情况下，均假设看涨期权的执行价格等于当前股票价格。

7. 当前市场数据见表 10-21。

表 10-21 当前市场数据

期权	期权价格
4 月 30 看涨期权	4
4 月 35 看涨期权	1.1
4 月 40 看涨期权	0.4

你想卖出表 10-21 中相应的看涨期权。请在表 10-22 中填写策略分析。

表 10-22 看涨期权策略分析

损益	4 月 30 看涨期权	4 月 35 看涨期权	4 月 40 看涨期权
潜在盈利			
损益平衡			
潜在亏损			

8. 假定行权价格分别为 30 元和 35 元的股票看跌期权价格分别为 4 元和 7 元。如何利用这些期权构造一个牛市价差组合和熊市价差组合策略? 说明两种策略的盈利和收益。

9. 分别画出空头跨式期权组合和空头宽跨式期权组合的损益图，并分析其损益平衡点和盈亏。

10. 分别绘出空头蝶式期权组合和空头鹰式期权组合损益图，并分析各自的损益平衡点和盈亏来源。

11. 利用期权平价关系来说明欧式看跌期权所构成的蝶式策略费用等于欧式看涨期权所构成的蝶式策略的费用。

12. 投资者认为股票价格大幅上涨的可能性高于大幅下跌的可能性，那么该采取何种期权组合策略?

13. 投资者认为股票价格将会出现大幅度变化，但是不知道会往哪一个方向变动，该采取何种期权组合策略?

14. 投资者认为股票价格可能在一定时期内不会发生大的变化，那么该采取何种期权

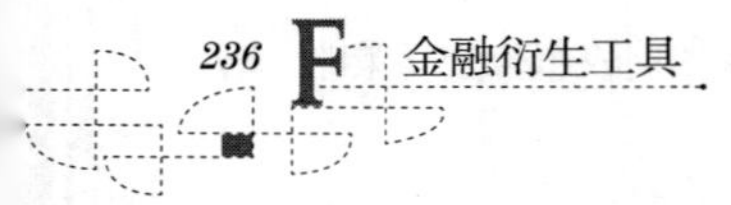

组合策略？

15. 投资者卖出一个蝶式期权组合。该组合的构成和收支是：卖出一个执行价格为260元的看涨期权，权利金收入是25元；买入两个执行价格为270元的看涨期权，权利金支出是18美元；卖出一个执行价格280元的看涨期权，权利金收入为17美元。则该组合的最大收益和风险各为多少？

16. 假设投资者持有的期权组合头寸见表10-23，组合构建目标的标的资产价格为100，所有期权在1个月后到期。

(1) 请绘出该期权组合的盈亏结构图。

(2) 根据盈亏结构图，找出该期权组合在到期日的最大盈利、最大亏损和盈亏平衡点。

(3) 分析期权组合在什么样的情况下能获得正收益。

表10-23 投资者持有的期权组合头寸

序号	期权类型	行权价格	期权费	头寸方向
1	Call	95	10	多
2	Call	100	5	空
3	Call	100	5	空
4	Call	110	2	多

17. 某投资者预期一段时间内沪深300指数会维持窄幅震荡，于是构造飞鹰式组合如下，买入IO1402-C-2200、IO1402-C-2350，卖出IO1402-C-2250、IO1402-C-2300，支付净权利金20.3元，则到期时其最大获利为多少？

18. 投资者构造空头飞鹰式期权组合如下，卖出1份行权价为2 500点的看涨期权，收入权利金160点。买入两个行权价分别为2 600点和2 700点的看涨期权，付出权利金90点和40点。再卖出一个行权价2 800点的看涨期权，权利金为20点。则该组合的最大收益为多少？

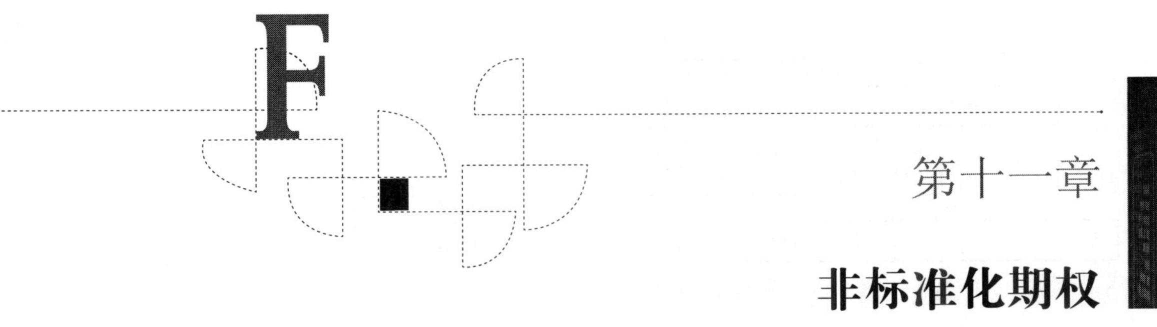

第十一章 非标准化期权

20 世纪 80 年代，场外各类非标准期权的重要性和市场规模不断上升。场外期权最大的特点是可以量身订立期权合约，如灵活选择执行日、行权价格、合约大小。由于场外期权种类繁多，本章简要介绍奇异期权、多期期权和复合期权。

第一节 奇异期权

奇异期权(exotic options)是传统期权的变种。这种期权大致产生于 20 世纪 80 年代末，但是种类和数量发展迅速。现在，奇异期权已经被广为理解和接受，也不再显得新颖奇异。按照性质划分，奇异期权主要包括路径依赖期权、多因素期权、时间依赖期权、单支出期权等。这些期权大多在场外交易，但是也有部分品种被交易所开发进行场内交易。例如，1994 年纽约商品交易所上市了一种彩虹价差期权。这些美式期权的支付结构是由原油价格和成品油价格之间的价差来确定的。在学习之前需要了解的是，奇异期权确实是无法尽述的，它的丰富多变是金融工程的核心和魅力的体现。所以，这里仅介绍一些常见的奇异期权种类、性质与风险对冲问题。

一、奇异期权的种类

1. 路径依赖期权(path-dependent options)

一个标准的路径依赖期权的最终价值只取决于标的物在到期日时的价格。而价格是如何到达这个价位的对于欧式期权价值并没有影响。路径依赖期权的价值主要取决于标的物在期权存续期内所走过的路径。路径依赖期权包括均值依赖期权和极值依赖期权。均值依赖期权以期权存续期内某个时段上的平均价格而非到期日时的现货价格来确定最后的支付。极值依赖期权则取决于标的物在上升或下降过程中所产生的极值。其中的具

体种类划分如图 11-1 所示。

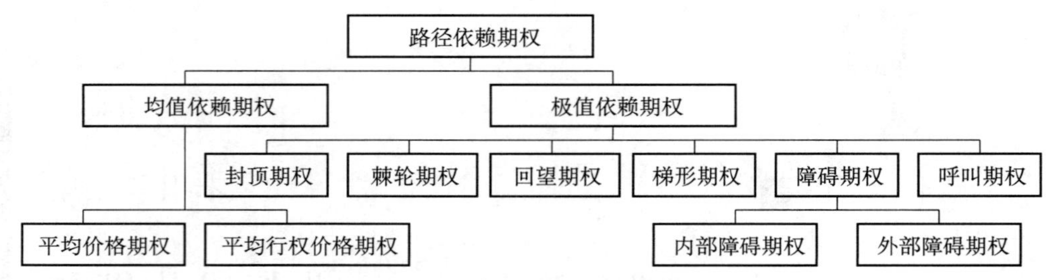

图 11-1　路径依赖期权的划分

(1) 平均价格期权和平均行权价格期权。平均价格期权(average rate/price option)又称亚式期权(Asian option),是金融衍生品市场交易最活跃、适用范围最广泛的均值依赖期权。其行权价格已经确定,而到期计算收益的价格则是一段时期内标的物的平均价格。期权购买者的收益就是行权价格与平均价格的差异。其中,标的物的现货平均价格需要根据具体的要求进行测算。在平均的过程中需要注意三个方面的内容。第一,用月平均、周平均、日平均或任何一个预先确定的时间周期平均。第二,平均周期可以是期权的整个有效期,也可以是有效期内的时间段。第三,平均的方法可以采用算术平均,也可以采用几何平均。算术平均的一种形式可以表示为

$$I=\frac{1}{n}(S_1+S_2+\cdots+S_n)$$

而几何平均一般可以用 $I=(S_1S_2S_3\cdots S_n)^{\frac{1}{n}}$,或者 $\ln I=\frac{1}{n}(\ln S_1+\ln S_2+\ln S_3+\cdots+\ln S_n)$来表示。除此之外,还有一种广泛使用的方法是指数加权平均,也就是说它不像算术平均或几何平均那样给予每个价格以等权重,而是最近价格的权重大于以前价格的权重。总的来看,算术平均易于理解和计算,但是算术平均期权的估价要比几何平均期权困难得多。

究竟采用哪种方法取决于使用者的风险程度。例如,一家公司在 6 个月内,每月的最后一天从外国供货商买入固定数额的货物。采用一种 6 个月平均汇率期权可以提供最佳的风险防范。这里以每月最后一天上午 11 点的即期汇率来计算月算术平均汇率。平均价格期权比标准的期权更便宜,因为标的物价格在一段时期内的平均值变动比特定日价格的变动程度要小,这就减少了期权的风险从而降低了其时间价值。平均价格期权图解如图 11-2 所示。

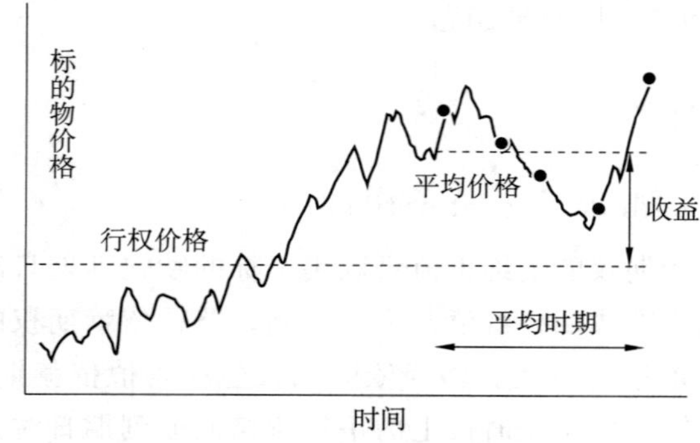

图 11-2　平均价格期权图解

平均行权价格期权(average strike option)与平均价格期权原理相似,不同之处是其现货价格是到期日即期价格,而行权价格则是一个确定时期内所观察到的现货价格的平均值。平均行权价格期权如图 11-3 所示。

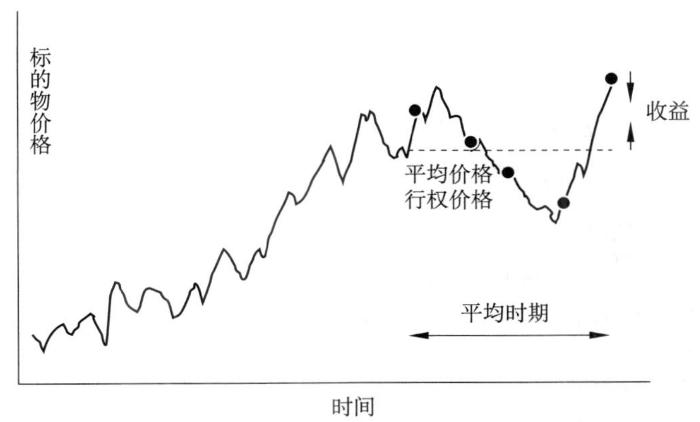

图 11-3 平均行权价格期权图解

平均价格期权的回报和价值都受到到期前标的物价格变化路径的影响。其之所以广受欢迎,是因为平均值减少了波动,使其比一个类似的常规期权更便宜。另外,在许多情况下,在市场上寻求套期保值的公司往往需要为他们未来在一段时间内连续平稳的可观测现金流进行保值,这时持有一个合适的平均价格期权可以对冲平均价格的风险,因此平均价格期权在对冲那些不断进行的小额交易风险时特别有用。有时,亚式期权所使用的是一段特定时期内的平均价格,这样可以满足交易者的特殊需求。例如,平均价格可以是期权到期前一段时间内的标的物平均值。这种期权称为尾部亚式期权(Asian tail)。这类期权对于到期时有固定现金流出的交易者如养老金账户很有意义,因为其可以避免到期前标的物突然波动带来的风险。

(2) 回望期权(look-back option)。回望期权与平均行权价格期权有一定的类似之处。回望期权的行权价格也是到期日决定的。然而,其行权价格并不是标的物平均价格。期权持有者可以回顾标的物的价格变动,在期权有效期内选择最佳的价格作为行权价格。对于回望看涨期权,行权价格就是期权有效期内的最低现货价格,对于回望看跌期权,行权价格就是有效期内的最高现货价格。

在美式期权操作下采用回望期权非常有利,因为期权持有者不必担心会错过行权的最佳时间。回望期权总会在最佳价格下行权。另外,回望期权到期时不可能是虚值期权。需要注意的是,由于回望期权收益总比标准期权高,因此回望期权的价格非常昂贵。事实上,价格过于昂贵了,在实际中也很少发生能与回望期权收益相匹配的风险。

(3) 梯形期权(ladder option)。梯形期权与棘轮期权差不多,不过梯形期权预先设定一系列价格水平,当载体资产价格达到下一个价格水平时,行权价格要重新确定。相比之下,棘轮期权的行权价格的重定在某一天,而不论当时市场价格为多少。假设 X 是最初的行权价格,L_i 是达到的第 i 层梯,则看涨期权的到期损益为 $\max[0,(S-X),\max\{(L_i-$

X),0}]。梯形看涨期权的损益分析如图 11-4 所示。

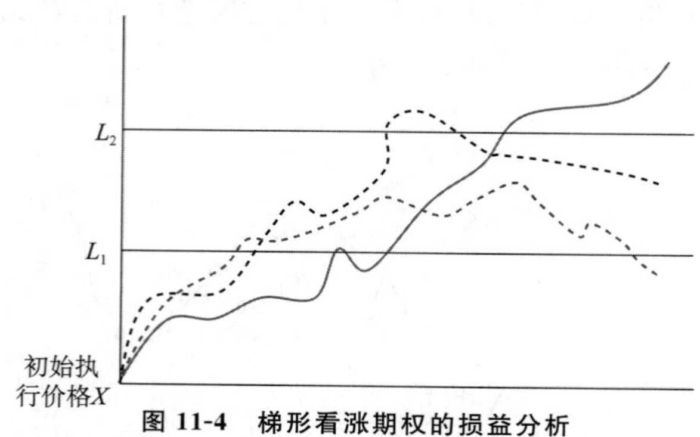

图 11-4 梯形看涨期权的损益分析

注:不同曲线代表了标的物在期权有效期内可能出现的三种变化

(4) 棘轮期权(cliquet option/ratchet option)。这种期权首先应用在法国巴黎证券交易所 40 种股票指数上,后来被推广开来。棘轮期权的行权价格一开始就确定了,然而在一系列预先定好的日子可以以当时资产价格来重新确定行权价格。一旦行权价格重新确定就可以锁定内在价值。对于一个看涨的棘轮期权来说,假设行权价格的设定日为 0,τ,2τ,…时间 0 时,行权价格为 K。如果在时间 τ 时,标的物价格为 $S\tau$,则行权价格重新设定为 $S\tau$。期权的收益为 $\max\{0,(S\tau-K)\}$。如果在时间 2τ 时,标的物价格为 $S2\tau$,则行权价格设为 $S2\tau$,期权的收益为 $\max\{0,(S2\tau-S1\tau)\}$。以此类推。例如,如果起初行权价格为 100,在第一个重定日价格上升到 110,则交割价格可以重新定位 110,同时获得收入为 10。假定下一个重定日价格突然降至 95,交割价格将会再次重定,但没有收入了。若再下一个重定日价格升至 103,将会收入 8。

(5) 呼叫期权(shout option)。呼叫期权与棘轮期权和梯形期权有近似之处。对于呼叫期权,行权价格并非预先定好的,而是由期权购买人进行判断,在其认为最有利的时候通过“呼叫”来重定。初始行权价格为 100,如果买者喊为 114,则获得 14 的收入,行权价格重定为 114。因而买者的收益至少为 14,期权到期时还可获得其内在价值。

呼叫看涨期权的损益:$\max[0,S-X,\text{shout}-X]$;

呼叫看跌期权的损益:$\max[0,X-S,X-\text{shout}]$。

呼叫期权、回望期权及梯形期权的损益比较如图 11-5 所示。

(6) 障碍期权(barrier option)。障碍期权有多种形式。最为普遍的障碍期权在最初时就确定两个价格水平,一个是行权价格,另一个是障碍价格(barrier price)或触发价格(trigger price)。最基本的障碍期权包括“触销”型期权和“触发”型期权。“触销”型期权一开始和标准期权一样,但当障碍价格水平被突破时就会消失。由于存在消失的可能性,因此,触销期权的费用要小于标准期权的费用。对于“触发”型期权来说,在当价格达到障碍水平时就会被激活。障碍期权如果被触销或未能触发,期权的卖出者有时会给予购买者预先确定的折扣。可见,标的物价格达到或超过障碍价格时,期权可能“被‘触发’”

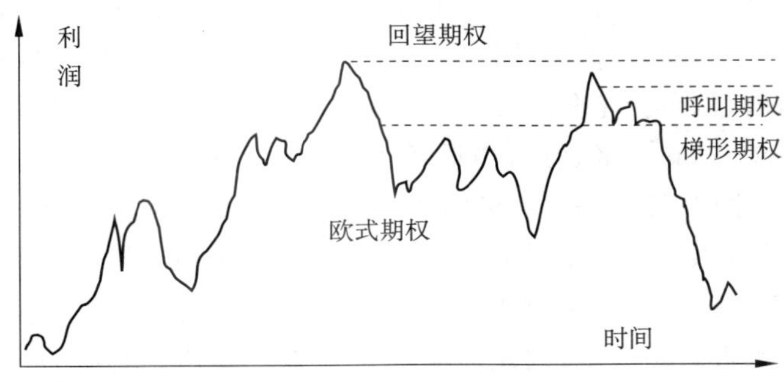

图 11-5 呼叫期权、回望期权及梯形期权的损益比较

(knocked in),也可能"被'触销'"(knocked out)。究竟会发生什么情况,往往取决于障碍期权的类型。

障碍看跌期权的障碍价格通常比行权价格和当前现货价格都要高,这种期权包括"向上触销"型看跌期权和"向上触发"型看跌期权。与之相反,障碍看涨期权的障碍价格通常比行权价格和当前现货价格都要低,这种期权主要包括"向下触销"型看涨期权和"向下触发"型看涨期权。图 11-6 描绘了障碍看涨期权的基本特征。对于"向下触销"型看涨期权而言,假如现货市场价格在时间 t 触及并击破障碍价格,这时"向下触销"型看涨期权消失,购买者没有任何收益。而对于"向下触发"型看涨期权而言,当现货市场价格触及障碍价格时,期权激活。随后,现货价格上升超过行权价格,在时间 T,"向下触发"型看涨期权成为实值期权。

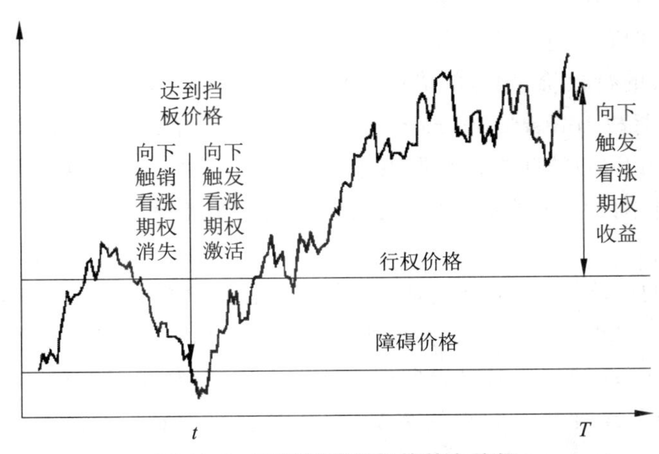

图 11-6 障碍看涨期权的基本特征

障碍期权创造出来的最初时期,交易量并不大,很少有人能很熟练地为其进行合理定价。但现在,障碍期权的市场容量急剧扩大,人们还根据市场需求对它们作了复杂多样的变形。现在,也许只有那些在以上这些基本的障碍期权之上增加了许多新的特殊交易条款的期权才能被叫作作异期权了。这些条款包括:

① 障碍水平的时间依赖性,即随时间不同障碍水平将发生变化,如障碍水平从某一个位置开始,逐渐上升。通常来说,障碍水平会是一个时间的分段常数函数(即在一段时间

之内维持一个固定的水平,之后发生变化再维持一个水平)。其中的极端例子是被保护或是部分障碍期权(protected or partial barrier options)。在这类期权中,障碍是间歇性的,在一段特定的时间内,障碍会完全消失。其中又可以分为两种,一种是在障碍有效的时间内,只要资产价格处于障碍水平之外,障碍条件就被引发;另一种则是只有资产价格在有效时间内越过障碍,才被引发,如果价格已经位于障碍水平之外则不会引发。

② 双重障碍(double barrier):期权条款中包含一个障碍上限和障碍下限。上限高于现价,而下限则低于现价。在一个双重敲出期权中,如果任何一个障碍水平被触及,期权就作废。在一个双重敲入期权中,规定时间内价格至少要达到其中一个障碍水平期权才可有效。我们还可以想象其他的情况:一个障碍水平是敲入,而另一个则是敲出。到期时,这个合约可能是一个敲入或是敲出期权的回报。

③ 多次触及障碍水平(repeated hitting of the barrier):双重障碍期权可以进一步变得更复杂:有一类期权要求在障碍条件被引发之前,两重障碍水平都要被触及。实际上当其中一个障碍水平第一次被触及,这个合约就变成了一个常规的障碍期权,因此,这种期权可以看成一个在较低的障碍水平上的向上期权和一个在较高水平上的向下期权之和。

④ 障碍水平的重新设定:这种期权叫作重设障碍期权(reset barrier)。当触及障碍水平的时候,合约变成另一个不同障碍水平的障碍期权。如果在规定时间之内障碍被触及的话,我们就会得到一个新的障碍期权,而如果在规定时间之后被触及,则仍然是常规期权,在此意义上,这类合约可以看作是依赖于时间的。

和这类合约相关的一类期权是上卷期权(roll-up)和下卷期权(roll-down)。这类期权开始时是常规期权,但如果资产价格达到某一事先确定的水平,就变为一个障碍期权。比如,一个上卷看跌期权,如果上卷水平达到,合约就变成一个向上敲出看跌期权,上卷价格就是障碍看跌期权的行权价,相应的障碍水平则是事先确定好的。

⑤ 外部障碍期权(outside barrier options)。外部障碍期权或称为彩虹障碍期权(rainbow barrier option)的回报特征取决于第二种标的物。这样这个期权中的障碍水平可能被一个资产价格的变动触发,而期权的回报则取决于另一种资产价格。这类产品显然属于多因素合约。

⑥ 提前行权的可能性:除了以上对障碍的多种创新之外,还可以在障碍期权中加入美式提前行权的条款,这时合约中一定要列明如果合约提前行权的话,期权回报将如何。

⑦ 部分折扣(rebate)。有时障碍期权合约中会规定,如果触及障碍水平,可以部分退款(折扣)。这常常发生在敲出期权的情况下,这时这部分退款可以看作对失去的回报部分的缓冲。这部分退款可以在障碍被引发时或是到期时才支付。

2. 多因素期权(multifactor option)

在标准期权和路径依赖期权中,期权的价值是由一项标的物的价格行为所确定的。多因素期权则与其不同,其价值是由两个甚至更多的金融价格行为以及这些金融资产价格之间的相关关系所确定的。多因素期权主要包括彩虹期权、双币期权以及篮式期权。

(1) 彩虹期权(rainbow option)。彩虹期权的价值是由两种或多种标的物的表现所确定的。彩虹期权有多种不同的支付结构,以下介绍比好/比差期权和超表现期权。

比好/比差期权。比好期权被广泛运用于股票市场上,它使投资者得到和某些表现良好的股票指数相连的回报率。例如,一个投资者可能需要在德国股票指数(DAX)上还是英国金融时报股票指数(FTSE)上持有头寸做出决策。这个投资者可以购买一份比好期权,这份期权将根据 DAX 和 FTSE 指数哪个表现更好进行支付。如果在到期日 FTSE 指数增加了 13%,DAX 减少了 16%,那么彩虹期权的持有者会以 FTSE 指数所增加的 13% 为基础得到回报率。如果彩虹期权同时下降,那么期权的持有者就会支付在价值上降低幅度较小的指数资产。

虽然比好期权主要涉及来自同资产种类的资产,但是其依然可以涉及来自不同资产种类的资产。20 世纪 90 年代早期,一个很流行的组合就是以一个股票市场指数和一个债券市场指数的表现为基础的比好期权。期权在有效期内,具有一个由股票和债券相对更好表现所确定的支付结构。如果到期时,股票市场上涨 10%而债券市场上涨 5%,那么比好期权持有者所得到的报酬就会以股票指数 10%的绩效为基础。

超表现期权。彩虹期权的支付形式也可以用两种资产表现的差异为基础。例如,一个在 DAX 上持有头寸的投资者可以对 DAX 指数表现差于 FTSE 指数表现的部分进行保护。方法就是购买一份根据两个指数汇报差异进行支付的彩虹超表现期权,但是期权的支付只在 FTSE 指数表现好于 DAX 指数表现的时候才会发生。如果 FTSE 指数上涨 13%,DAX 下跌 6%,那么超表现期权的持有者就可以得到以两个回报之间 19%差异为基础的回报。但是,如果 FTSE 指数表现差于 DAX 指数,那么期权的支付就为零。当超表现期权用 DAX 指数中的现货头寸加以持有时,那么投资者最终得到的就是 DAX 指数相对 FTSE 指数在总回报率上的超表现头寸。

(2) 双币期权(quanto option)。投资者在购买其他货币计值的资产时往往会遇到外汇风险。双币期权的产生主要是为了消除这种风险。假设一个美国的投资者购买一份欧式期权,这份期权赋予其购买一项以欧元计值的资产(如 DAX 指数)的权利。到期的时候,期权的美元价值就取决于在期权到期日即期美元/欧元的汇率 FX_T 以及欧元计值的资产价值 S_{DM}:

$$\mathrm{FX}_T \cdot \max(0, S_{DM} - X)$$

或者用另一种办法,美国的投资者可能希望得到一份能够消除外汇风险的期权。通过在购买期权的时候固定汇率 FX_0,就可以实现目标。在到期的时候,这样一份期权的价值是

$$\mathrm{FX}_0 \cdot \max(0, S_{DM} - X)$$

投资者使用双币期权不会从欧元升值中获取收益,在贬值时遭到损失。但是,期权的卖方会面临以一种在标准欧元计值的看涨期权中不会出现的新风险敞口:期权的出售者会承担不确定数量欧元的风险敞口,即

$$\max(0, S_{DM} - X)$$

(3) 篮式期权(basket option)。篮式期权是根据确定的一篮子金融资产的总价值进行支付的。只要构成篮子的金融资产不是完全正相关,那么购买篮子期权就不会比篮子里每种资产的单个权利金加起来更贵。在到期日,篮式看涨期权的价值应为

$$\max\left(0,\ \sum \alpha_i S_i - X_{\text{basket}}\right)$$

其中，α_i 为资产 i 在篮子中的百分比；S_i 为第 i 种资产的价格；X_{basket} 则是以篮子总价值定义的行权价格。

篮式期权通常被用于外汇中，当然也用于其他金融资产中。例如，一家美国企业出口货物到英国和日本，希望能够低于美元相对英镑和日元的升值。其可以分别购买在英镑和日元上的看跌期权，也可以购买包括日元和英镑的篮式期权。由于英镑和日元不是完全正相关，因此购买篮式期权要比分别购买两种货币的期权更便宜。

3. 时间依赖期权(time-dependent option)

(1) 可选择期权(chooser option)。这种期权又称现付后选期权。期权的持有者在未来一个确定的日期具有选择一份标准看涨期权或一份标准看跌期权的权利。

(2) 前行期权(forword option)。一份前行期权的购买者在今天对一份在未来开始的期权支付权利金，期权的行权价格设定为标的物在所约定开始日期内的现货价格。在利率市场上，这样的期权表现为“周期利率上限和下限”。在一份标准的利率上限中，每份“利率上限协议”的行权利率在合约开始就要确定。而在一份周期性利率上限中，每份“利率上限协议”的行权利率根据当时通行的 Libor 价差确定。

4. 单支出期权(single-payout option)

(1) 二元期权(binary option)。对于二元期权而言，如果达到了行权价格，期权卖出者就会向购买者支付固定数额的收益。这个固定的数额并不和标的金融资产的价格高于或低于行权价格的幅度有关。二元期权可以是看涨期权也可以是看跌期权。如果标的金融资产的价格超过了某个水平，二元看涨期权会支付一个事先确定的数额。如果标的金融资产价格低于某个水平，一份二元看跌期权则会支付一个事先确定的数额。例如，在 XYZ 股票价值上的二元看涨期权的支付额度为 5 美元，而行权价格为 80 美元，这就意味着这份期权使 XYZ 股票在到期日达到 80 美元的时候支付 5 美元。如果 XYZ 股票的价格在到期日低于 80 美元，那么期权持有者就得不到任何收益(图 11-7)。

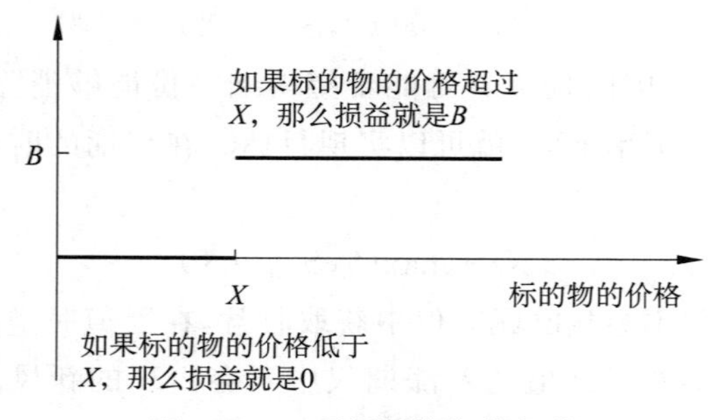

图 11-7　二元看涨期权的损益

(2) 或有权利金期权(contigent premium option)。这种期权中，权利金是在期权合约订立日确定的，但是只有当期权到期时处于实值状态才会支付。如果期权到期时，处于虚值状态，那么期权卖出者就不会得到任何东西。由于期权出售者有可能得不到任何东西，所以或有权利金期权的费用要高于标准期权。

图 11-8 比较了或有权利金看涨期权和标准看涨期权的损益。在到期日，如果标的物价格低于行权价格，那么或有权利金期权的购买者不需要支付权利金。如果标的物价格等于或高于行权价格，那么或有权利金看涨期权就会自动行权。同时，期权持有者得到现货和行权价格之间的价差减去较大权利金后的差额。很明显，要收回或有权利金，指数就需要有更大的波动，但是好处是不需要支付前端费用。

目前，在股票、外汇和利率市场上，或有权利金期权已经作为一种“灾害保险”的形式在金融资产价格出现高度波动的时期得到使用。例如，20 世纪 90 年代早期汇率调节机制中，交叉汇率中出现的不确定性让那些希望对大幅度波动提供保护的基金经理使用或有权利金看跌期权来提供“灾害保险”。而如果没有出现不利的价格波动，就不需要有任何的费用支出。

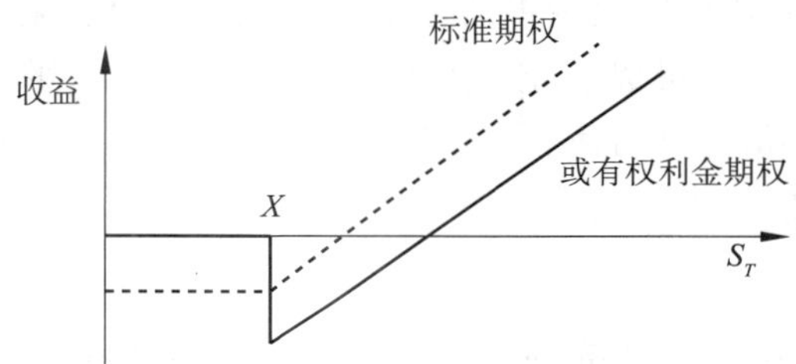

图 11-8 或有权利金看涨期权和标准看涨期权的损益

二、奇异期权的性质

为更好地了解奇异期权，这里将其性质和类型进行大致的介绍。

1. 分拆与组合

最基本的奇异期权是对常规期权和其他一些金融资产的分拆和组合，从而得到我们所需要的回报。这一方法是金融工程的核心之一。分拆和组合的思想还可以用在为奇异期权定价上。通过对奇异期权到期时回报的数学整理，常常可以把期权分成常规期权、简单期权和其他金融资产的组合，从而大大简化期权定价过程。

2. 路径依赖与时间依赖

所谓的路径依赖(path dependence)性质是指期权的价值会受到标的变量所遵循路径的影响，它又可以分为弱式路径依赖(weak path dependence)和强式路径依赖(strong path dependence)两种。如果期权价值会受到路径变量的影响，但是在期权定价的偏微分方程中并不需要比与之类似的常规欧式期权增加新的独立路径依赖变量，就属于弱式路径依赖性质的期权。

美式期权(或者更一般地说，具有提早行权特征的期权)就是弱式路径依赖型的期权。当期权到期时，期权持有者是否仍持有期权要看他是否已经执行了期权，或者说要看标的物价格遵循的路径，但是在定价模型中，我们并不需要增加独立的状态变量，因此美式期权路径依赖的特征是比较弱的。

导致弱式路径依赖的第二个最常见的原因是障碍(barrier)。当标的物价格在事先确定的时间内触及某个预先确定的障碍水平时，障碍期权（敲入或敲出期权）就可能被敲出（作废）或是敲入（开始生效）。这种期权显然是路径依赖的，但是因为我们仍然只需要解一个以资产价格和时间为变量的偏微分方程，它仍然只是弱式路径依赖的。

与弱式路径依赖对应的强式路径依赖，在奇异期权中也相当常见。这些期权的损益除了取决于标的物的目前价格和时间之外，还取决于资产价格路径的一些特征，也就是说不能将期权价格简单写作 $f(S,t)$，我们还需要获得资产价格路径的更多信息。期权价值是原先的期权价格、时间和至少再多一个独立变量的函数，相应地，在期权价值偏微分方程中也将增加期权价值对这些独立变量的导数。在现实生活中存在许多这样的期权合约，亚式期权是其中的典型范例，其损益要受到标的物在一定时间内价格平均值的影响。

奇异期权的一种变化形式是在以上特征中加入时间依赖（time dependence）。比如说美式期权只能在特定的一段时间之内提前行权，如百慕大期权；敲出期权的障碍位置也可以随着时间而不同，每个月都可以设定一个比上个月更高的水平。或者我们可以想象一个敲出期权，其障碍只在每个月的最后一星期有效。这些变化使得期权合约更加丰富，也更符合客户和市场的特殊需求。

3. 维数

维数（dimensions）指的是基本的独立变量的个数。常规期权有两个独立变量 S 和 t，因此是二维的。弱式路径依赖期权合约和那些除了不是路径依赖之外其他条件都与之完全相同的期权合约的维数相同，比如一个障碍期权和与之相应的常规期权都只有两个变量，都是二维的。对于这些合约来说，资产价格这个变量的作用和时间变量的作用是彼此不同的，因为在布莱克-舒尔斯方程中，包含了对资产价格的二阶偏导，而对时间只有一阶偏导。

在两种情况下，会出现三维甚至多维。

第一种情况出现在我们有其他随机源的时候，如期权中有多个标的物。假设有一个期权，要取两种股票价格的最大值。这两种标的物都是随机的，每种都有自己的波动率，它们之间还有相关关系。在布莱克-舒尔斯方程中，我们将会出现对每种资产价格的二阶偏导，我们把这叫作存在 S_1 和 S_2 的扩散过程，这就出现了三维问题。

第二种情况出现在强式路径依赖的合约中。如一种新的独立变量是路径依赖量（如亚式期权中的价格平均数）的一个衡量，期权价值是依赖于这个量的。这样，期权价格方程中需要再增加新的变量，但这时期权价格对这个新变量的导数只是一阶的。这样这个新的变量看起来更像是一个与时间一样的变量，这与多标的物的情况显然是不同的。

4. 期权的阶数

奇异期权最后的一个分类特征是期权的阶数，但这不仅是一种分类特征，还引入了建模的问题。

常规期权是一阶的，其损益仅直接取决于标的物价格，其他的如路径依赖期权，如果路径变量直接影响期权价格的话，它也是一阶的。高阶指的是那些期权损益和价值取决于另一个（些）期权的价值。最典型的二阶期权的例子是复合期权。比如一个看涨期权给予持有者购买一个看跌期权的权利。复合期权在 t_1 时刻到期，而作为其自变量的那个标的期权则在更迟的一个时刻 t_2 到期。

从实际的角度来看，高阶期权的存在提出了一些重要的建模问题：复合期权的损益取决于标的期权的市场价值而非理论价值。但是我们对两阶期权都要使用理论模型，这时高阶期权对模型正确与否就非常敏感，需要很小心地处理。

三、奇异期权的风险对冲问题

对于交易奇异期权的机构来说，需要对承担的风险进行有效的对冲。应当说，奇异期权的复杂价格增加了风险对冲的复杂度。例如障碍期权的风险对冲。当标的物价格未触及障碍水平时，期权的风险参数性质与普通期权完全相同。而一旦资产价格触及障碍水平，障碍期权的价值立即为 0。因此，障碍期权的 Delta 函数是一个非连续函数，在障碍水平处存在断点。但是，大部分奇异期权的风险管理过程的复杂性并不意味着所有奇异期权的风险对冲总是比传统期权更复杂。例如取平均值的亚式期权，其平均周期是期权的整个有效期。随着时间的流逝，可以设想已经观察到足够多的标的物价格，此时平均价格已经十分稳定。尤其是期权快到期时，即使某一天的价格出现了较大波动，但对平均价格影响也不大。所以，对于平均值亚式期权，随着到期日的不断临近，该期权的 Delta 值通常接近为 0，价值很稳定。

这里介绍两种风险对冲方法：动态期权复制法和静态期权复制法。对于一个期权头寸的风险对冲可以通过复制标的物的方式来保持 Delta 中性，这就是所谓的动态期权复制。很明显，这种方法的缺点是需要风险管理者频繁地调整被复制标的物的头寸数量，交易成本很高。相比之下，如果不是十分频繁地调整被复制标的物头寸的期权管理方法就是静态期权复制方法。这种静态期权复制方法可以用于奇异期权的风险管理。我们这里以障碍期权为例说明如何使用静态期权复制法。

考虑一个 9 个月期的不支付红利的向上敲出看涨期权，标的股票的现价为 50，行权价格为 50，障碍水平为 60，无风险利率为 10%，波动率为 30%。该方法的基本思路是，要求在障碍期权到期时以及障碍水平触发时，复制头寸的价值与障碍期权的价值相等。障碍期权的自然边界条件为

$$c(S,0.75)=\max(s-50,0)(S<60)$$

$$c(60,t)=0(S>60)$$

第二节 多期期权

之前我们了解的期权都是单期期权。这种期权合约只有一个持续期，到期日或被行权，或被放弃。多期期权则不同，其虽然也是期权合约，但是却有连续并相继生效的多个持续期。在第一个期权到期时，期权买方可视情况行权或放弃，但在接踵而来的下一个时期中，买方又具有了相同的权利，直到最后一个时期结束，期权买方的权利才随之终结。多期期权适合于对存在多期风险的金融交易进行保值。例如，当一个公司进行 5 年期的浮动利率融资时，如果半年付息一次，那么该公司一共面临 10 次不确定的利息支付。尽

管可以缔结 10 个期限为半年的期权合约来规避风险，但这种做法常常只在理论上可行。实际上，多签订合约意味着要付出大量的交易成本。更重要的是，通常只有在较近的时间段内，期权成交才是顺畅的，较远的期权成交则比较困难。因此，想用多个单期期权管理风险存在很多现实困难，有效解决这个问题往往需要多期期权。主要的多期期权有利率上限、利率下限、利率双限、混合利率期权。

一、利率上限、下限和双限

上限、下限和双限期权是 OTC 市场上常见的多期期权。签订合约的双方分为让与方和持有方，分别相当于期权合约的做空方和做多方。持有方必须向让与方支付一定的权利金，从而获得特定的权利。

1. 上限期权

利率上限期权(cap option)是在银行同业市场上进行交易的利率期权。它通过在未来特定时间内限定带有可变动利率或浮动利率的最高限额，从而确定利息成本的上限。如果市场利率比约定最高利率高，则期权出售者将差额支付给购买者。按照期权交易方式，期权出售者因对购买者作出一个保证而收入权利金，权利金的高低取决于市场利率和约定的最高利率。因为约定的最高利率与现行市场利率之间差价较大，所以平价平值利率上限期权出售者所收到的权利金比实值期权出售者要求的高(图 11-9)。

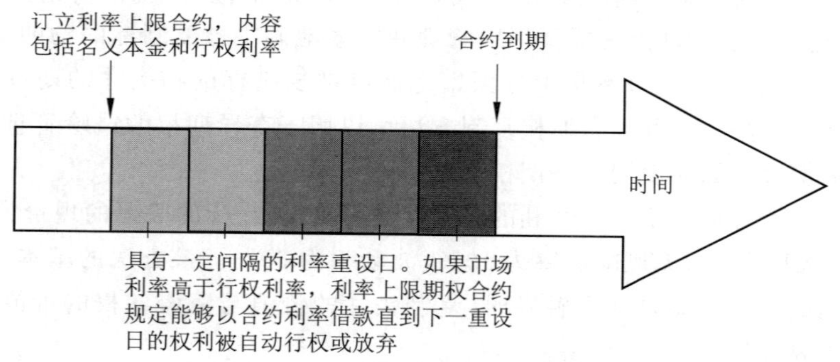

图 11-9 利率上限:期权行权日

利率上限期权的期限最常见的是 2～5 年，借款人买入利率上限期权，可以取得利率上升时的收入补偿(图 11-10)，同时又能保留利率下降时的利益，可以在市场利率高于上限时享受固定利率，在市场利率低于上限时仍享受浮动利率。因而，利率上限期权是一种灵活的保值工具。

例 11-1 利率上限期权与买方结算

假定某公司一年从某家银行取得 2 000 万美元的浮动利率贷款，期限为 3 年。利率调整以 6 个月伦敦银行同业拆借利率(Libor)为基准。该公司觉得从今年起利率要上升，为了防范利率上升所带来的风险，该公司决定购买一笔期限为 2 年、数额为 2 000 万美元的利率上限，行权利率为 7%，参考利率为 6 个月 Libor，权利金为 1.4%。第一次结算在 6 个月后进行，第二次结算在12个月后进行，第三次结算在18个月后进行(包括权利金在内的三次结算利率)。表11-1模拟了一个利率上限的买者的支付状况。

表11-1 利率上限期权的结算——对买者而言

利率	第一次结算	第二次结算	第三次结算	平均值
Libor	9%	8%	6.5%	7.8%
行权利率	7%	7%	7%	
权利金率	0.9%	0.9%	0.9%	
总利率支出	7.9%	7.9%	7.4%	7.7%

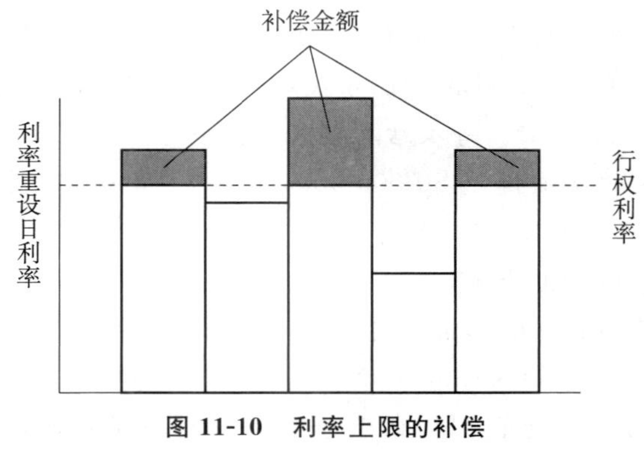

图11-10 利率上限的补偿

对利率上限期权的卖者，只要市场利率不升到固定利率加权利金之和以上就会有收益，否则就有亏损，市场利率越高，亏损越多。

例 11-2 利率上限期权与卖方结算

某公司3年前，购买外国政府发行的债券，总值为4 000万美元，期限为5年，以6个月Libor为标准，浮动计息。到今年残留期限仅2年，该公司觉得从今年起，Libor要下降，为弥补利率下降所带来的损失，其决定卖一笔期限为2年、数额为4 000万美元的利率上限，行权利率为10%，权利金为0.5%，一次收完。参照利率为6个月Libor，第一次结算在6个月后进行，第二次结算在12个月后进行，第三次结算在18个月后进行。表11-2模拟了一个利率上限的卖者的收益情况。

表11-2 利率上限的结算——对卖者而言 (%)

利率	第一次结算	第二次结算	第三次结算	平均值
市场利率	9.5	9.3	10.5	9.77
行权利率	10	10	10	
权利金率	0.3	0.3	0.3	0.3
付款率	—	—	−0.5	−0.2
实际收益率	9.8	9.6	10.2	9.9

2. 下限期权

利率下限期权(floor option)通过固定一个最低利率来回避利率降低的风险。利率下

限期权出售者保证购买者可以在一定时期内获得一个最低利率，购买者支付权利金。如果在结算日参考利率低于期权合约中最低利率，则期权出售者将利差付给购买者。此时购买者获得一个选择权，可以在利率上升中得益，又可以防止利率低于期权合约中最低利率所产生的风险。

对利率下限期权的买者来说，在支付了一定权利金后，不管市场利率如何下降，都能以行权利率获得利息，消除利率大幅度下跌的风险；对利率下限期权的卖者来说，可以收取一定的权利金，只要市场利率不跌到行权利率减权利金之差以下，就有利可图。

例 11-3　利率下限的结算

假定某公司从现在起存款 5 000 万美元，期限 2 年，以 6 个月伦敦银行同业拆借利率(Libor)为标准，浮动计算。该公司担心在存款期内利率下降，决定购买利率下限期权，行权利率为 8%，权利金率为 0.6%，每次结算期限为 6 个月。

购买保底期权支付的总权利金：50 000 000×0.6%=300 000 美元

年权利金率：0.6%×12/18=0.4%

保底期权在有效期内变化情况如下：

6 个月后，6 个月 Libor 为 6%，低于行权利率，该公司收到款额为

(8%−6%)×180/360×50 000 000=500 000 美元

12 个月后，6 个月 Libor 为 6.5%，低于行权利率，该公司收到款额为

(8%−6.5%)×180/360×50 000 000=375 000 美元

18 个月后，6 个月 Libor 为 7%，低于行权利率，该公司收款额为

(8%−7%)×180/360×50 000 000=250 000 美元

3. 双限期权

利率上限期权和利率下限期权的一个不利之处是构成期权的成本较高。而利率双限期权则有效地解决了这一问题。利率双限期权又称领子期权(collar option)，实际上是利率上限期权和利率下限期权的结合。利率双限期权的购买者可以通过购买一个特定的行权利率的利率上限期权，同时又以较低行权利率卖出一个利率下限期权来缩小利率的波动范围。利率双限期权的实质是借款人买进一个看涨期权，同时卖出一个看跌期权，目的是以收入的看跌期权的权利金抵销一部分付出的看涨期权的权利金。利率双限期权适合于对稳定性有较强要求的市场参与者。

初学者首先应了解利率双限期权的优缺点。优点很明显，就是利用这种期权结构可以锁定浮动利率借款的最小成本，保证浮动利率贷款或投资的最小利息收益。缺点则是当利率出现有利于期权持有者的变化时，其收益会受到限制。即如果一家公司选择购买利率双限期权以锁定最大借款成本时，其无法获得利率低于利率下限的好处；如果一家公司出售利率双限期权时以保证获得投资收益时，却不能获得利率高于上限时的收益。

例 11-4　双限期权的基本原理

一家公司有 20 000 000 英镑的浮动利率负债，每隔 3 个月有一个贷款展期日，利息为

Libor+50个基点,3个月Libor的当前水平是7%,但利率的变动较大,并且可以预测,未来利率水平还会有较大的变动,该公司希望在随后两年内,借款成本不要超过8.5%。由于行权利率为8%的利率上限期权费高于公司愿意支付的水平,因此公司与一家银行进行一笔利率双限期权的交易,将Libor锁定为5%~8%的范围,双方协商后的净期权费定位120个基点,即出售行权利率为5%的利率下限期权所获得期权费,减去购买行权利率为8%的利率上限期权所支付的成本后得到的结果。实际上,该公司就是买入了一份行权利率为8%的利率上限期权,确保借款的最高成本8%+50个基点,同时卖出一份利率下限期权,保证其在5%+50个基点上履约。

假设3个月Libor在前四个利率重设日分别为6%、4.5%、7.5%和9%。则补偿金额发生如下:

利率重设日的Libor为6%时,因为利率处于5%~8%,没有期权被行权,交易双方都不必支付补偿金额;

利率重设日的Libor为4.5%时,出售利率双限期权的银行将行权利率下限期权,将利率锁定在5%。利率期权的购买方向银行支付一笔补偿资金;

利率重设日的Libor为7.5%时,没有期权被行权;

利率重设日的Libor为9%时,利率高于利率上限期权的行权利率,利率双限的上限期权购买者将行权以限定借款成本。银行将向购买者支付一笔补偿资金。

下一步是了解补偿资金如何计算和支付。假设每个季度为91天,具体的计算方式如下:

在第二个利率重设日,利率双限期权持有者有义务向出售方支付一笔资金,并将延期一个季度,在第三个利率重设日支付。补偿金额为

$$[(5-4.5)\times91\times20\ 000\ 000]/(365\times100)=24\ 932\text{ 英镑}$$

这笔补偿资金将加入以利率5%(4.5%加50个基点)计算的当期利息,使借款的总成本按5.5%(5%+50个基点)的有效利率计算利息。

在第四个利率重设日,银行有义务向利率双限期权的持有者支付一笔补偿资金,并延期一个季度,在第五个利率重设日支付。补偿金额为

$$[(9-8)\times91\times20\ 000\ 000]/(365\times100)=49\ 863\text{ 英镑}$$

公司的有效借款成本见表11-3。

表11-3 有效借款成本模拟

单位:%

起始日	到期日	贷款利率 Libor+0.5	补偿金额	总成本
期权合约起始日	重设日1	7.5		7.5
重设日1	重设日2	6.5		6.5
重设日2	重设日3	5.0	0.5	5.5
重设日3	重设日4	8.0		8.0
重设日4	重设日5	9.5	−1.0	8.5

当然,如果公司不愿意支付任何期权费,则可以协商交易一笔零成本利率双限期权。即购买的利率上限期权的费用和出售的利率下限期权的收入相等。很明显,要得到这种

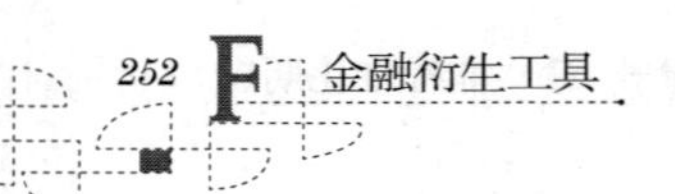

利率双限期权，两个行权利率将十分接近，这相当于完全固定了未来的融资利率。

4. 分享上限与回廊

所谓分享上限实际上就是一方面购买一个利率上限对利率进行封顶，同时又将利率低于上限时的好处与交易商进行分享。其实质就是以同样的行权利率买入上限和出售下限。

回廊一般是通过买入一定行权利率的上限，同时出售一个更高行权价格的上限来组成。例如，买进一个5%的5年期上限，并卖出一个6%的5年期上限，其结果可降低111个基点的期权费支出。这笔节约的期权费大概占行权利率为5%的上限费用的40%。只有当利率大幅上涨时，借款方才不得不履约6%的上限。但是即便如此，在5%上限的收入也可使实际借款成本减少1%。

二、场外利率上、下限期权市场的运行框架

在国际上，在进行场外的利率双限期权交易及其他期权交易时，交易双方主要以签订主协议的方式来确认双方的权利义务。交易者通过数据提供商获取市场信息后，根据自身的需要通过电话、电子邮件或者电子平台进行沟通协商达成交易，随后通过电传、SWIFT或者电子平台进行交易确认。场外利率期权的结算主要根据双方协商的方式进行，包括现金交割和实物交割两种方式。

1. 主协议

目前，场外利率期权交易主要是通过交易双方签订主协议的方式来确认双方的权利义务，以便利交易、降低各类风险。场外利率期权的主协议主要有ISDA主协议和债券市场协会的场外期权交易主协议，其中使用最多、影响最大的是ISDA主协议。ISDA主协议适用的场外利率期权产品包括利率上限期权、利率下限期权、利率双限期权以及这些产品的组合产品。

2. 数据提供商

场外利率期权交易的价格由交易双方议定，不像交易所价格那样连续透明，所以市场上有很多数据提供商，如超级衍生品(super derivatives)等，提供场外利率期权交易的参考数据以及市场分析，为交易者交易提供定价准则。其中，超级衍生品的利率期权信息平台SD-IRTM是完全基于网页界面的，24小时不间断地提供各种场外利率期权产品的相关数据，包括利率互换期权、利率上限期权、利率下限期权以及奇异期权等，涵盖了利率期权市场的相关利率和波动性的全部历史数据与实时数据。

3. 交易

传统的场外利率期权市场往往由一个或多个做市商向交易商提供双向报价，做市商与交易商之间、多个交易商之间通常通过电话进行议价。由于双方往往有直接的电信线路相连，因此即时通信的自动化程度和效率很高，而这个电话报价和议价也仅限于交易双方，并不为第三方所知。虽然目前通过电子交易系统进行的场外利率期权交易在整个场外利率期权市场中所占的比还不高，如美国场外利率期权市场，但是许多机构都开始着手

开发场外利率期权电子交易平台，以便利市场交易者进行交易，并通过结算平台相连，实现交易的直通式处理。

单一交易商提供的电子交易平台。许多从事场外利率期权交易的主要交易商开始依据已有的电子交易系统，开发了自己的利率期权交易平台。2007 年 1 月，JP 摩根通过彭博的多交易商交易平台提供场外利率期权交易服务，客户可以通过点击成交或者询价的方式来实现交易。

交易商间经纪商提供的电子平台。许多实力雄厚的交易商间经纪商(inter-dealer brokers)在提供场外衍生产品声讯服务的同时辅以电子交易平台，并与结算平台相连实现直通式处理。国利货币经纪公司(Tullett Prebon)和 GFI 提供的场外利率期权交易平台很有代表性。GFI 的电子交易平台主要立足于场外衍生产品和相关证券的交易，其利率期权产品包括互换期权、债券期权和利率奇异期权。GFI 不同的分部提供不同的利率期权交易，例如纽约分部提供新兴市场债券期权的交易，悉尼分部提供日本政府债券期权的交易。

非市场交易者提供的电子交易平台。随着场外利率期权的发展，一些中立机构(非交易参与方)也开始推出包含场外利率期权的场外衍生品交易平台，如 360 国库系统(360 Treasury Systems AG)等。360 国库系统成立于 2000 年，总部设在德国法兰克福，专注于提供电子交易和场外金融产品管理的整合服务。该公司推出的多交易商交易系统 TEX (360T's TEX multidealer trading system)是一个基于 Web(ASP)的多银行、多产品的场外交易平台，为用户提供 24×7 小时的交易服务。这一平台主要交易的利率期权产品包括利率上限期权、利率下限期权和互换期权。

4. 交易后处理

在场外利率期权市场上，传统的交易后确认是通过电传、电子邮件、SWIFT 或者电子平台等方式进行的。其中，SWIFT 是交易商市场上场外利率期权成交确认的一条重要途径，SWAPSWIRE 则是场外利率期权交易后电子确认平台的代表，由 21 个主要的衍生产品交易商共同持股所有，为全球 30 多个衍生产品交易商提供服务。在 SWAPSWIRE 上进行结算的衍生品都是基于 ISDA 主协议的，主要的利率期权产品包括利率互换期权、利率上限期权和利率下限期权。经纪商/交易商(broker-dealers)、买方客户(buy-side-clients)、经纪商和主要经纪商(prime brokers)都可以通过 SWAP SWIRE 直接进行交易确认，极大降低了复核率，减少了风险，缩短了操作时滞。场外利率期权的结算主要根据双方协商的方式进行，一般来说，互换期权和债券期权的结算实行实物交割，除非在报价时交易双方就同意采用现金交割；利率上限期权和利率下限期权采用现金交割结算方式。

三、场外利率期权的使用

1. 利率期权的购买

利率期权的购买方主要是银行、金融机构、政府部门或地方权力机构、投资公司、大型非金融公司以及其他投资者。为了抵御利率风险，将要购买期权的公司与银行(期权出售者)通常通过电话或者其他交易系统，确认合约细节。购买者通常购买的是处于虚值状态

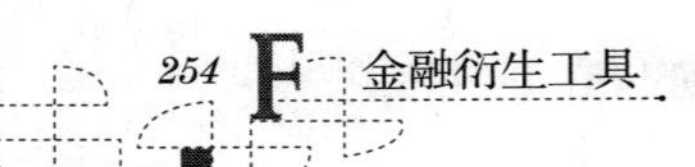

的期权,这意味着到期之前,利率只有发生较大幅度的不利变化,才有可能行权。虚值状态的期权的最大优势是相对较低的期权费。

例 11-5 利率期权的使用(1)

A公司打算1个月后融资借款4亿英镑,与一家银行协商的利率为Libor+50个基点,期限为1年。借款条款规定,每3个月有一个贷款展期日,A公司有权在任何一个贷款展期日偿还全部贷款。如果A公司直到合约开始12个月后才偿还贷款,此贷款将在每一个展期日延期。

为抵御风险,A公司将买入一系列的利率上限期权,名义本金额为4亿英镑,每一份期权的期限均为3个月,以便与借款的利率重设日匹配。实际上,符合要求的利率上限分别是

(1)一份标的为1×4远期利率协议(也就是名义本金为4亿英镑、期限为3个月、1个月后开始的)的买方期权。

(2)一份标的为4×7远期利率协议(也就是名义本金为4亿英镑、期限为3个月、4个月后开始的)的买方期权。

(3)一份标的为7×10远期利率协议(也就是名义本金为4亿英镑、期限为3个月、7个月后开始的)的买方期权。

(4)一份标的为10×13远期利率协议(也就是名义本金为4亿英镑、期限为3个月、10个月后开始的)的买方期权。

例 11-6 利率期权的使用(2)

B公司是一家贸易公司,其现金流是季度性的,一年当中有两个季度为现金净流入,其余两个季度是现金净流出。当现金净流出时,他需要对外借款,以便弥补现金赤字。而每当公司借债时,利率总是偏高;公司有现金盈余时,利率总是偏低。该公司可以与银行讨论这个问题,并提议采取措施使未来3年内的利息成本不超过8%的水平,投资收益不低于4%的水平。

公司未来3年可预见的现金流如下:

1月1日至3月31日	现金盈余	2 000万美元
4月1日至6月30日	借款需求	6 000万美元
7月1日至9月30日	现金盈余	3 000万美元
10月1日至12月3日	借款需求	4 000万美元

为了防范借款利息超过8%,可以买入一系列期限为1个季度的利率上限期权。为保障最低收益不低于4%,买入一系列的利率下限期权。但是很明显,利率上限和利率下限的缺点是期权费太高,为了解决这个问题,可以安排一系列期限为一个季度的利率双限期权,这样可以使成本较小甚至可能为零。具体如下:

1月1日至3月31日	买入利率下限期权,卖出利率上限期权
4月1日至6月30日	买入利率上限期权,卖出利率下限期权
7月1日至9月30日	买入利率下限期权,卖出利率上限期权

10月1日至12月3日　　　　买入利率上限期权，卖出利率下限期权

2. 平仓

当期权合约被行权或过期失效时，持有者的头寸自动轧平。但有些情况下(如未来贷款计划被提前取消)，在到期之前，利率期权的持有者认为不再需要持有期权头寸，则需要设法平仓。由于这里的利率期权都是场外期权，无法将其在二级市场交易，因此必须寻找合理的方式进行平仓。主要的方法有：

其一，要求银行中止合约，并写上在中止日市场利率水平基础上退还一部分期权费。此时，除非银行认为期权合约还有价值，否则一般不愿意中止。

其二，出售一份与原先交易方向相反的期权，并以期权费的形式实现其价值。

第三节 复合期权

一、复合期权的基本原理

复合期权是奇异期权中多因素期权的一个种类。复合期权(compound option)给予持有者在某一约定日期以某一行权价格买入或卖出一份期权的权利。投资者行使复合期权后，便会持有或卖出一份标准的期权。复合期权最早出现在外汇市场，现在被用于利率和股票市场。复合期权的基本种类有看涨期权的看涨期权、看跌期权的看涨期权、看涨期权的看跌期权以及看跌期权的看跌期权。很明显，这些期权是以期权为标的金融工具的期权。

看涨期权的看涨期权(a call on a call)是以看涨期权为标的物的看涨期权。该复合期权到期时，买方有权以行权价格 X_c 买入标的看涨期权。对于看涨期权的看涨期权来说，到期日的价值可表示为 $CC_{Tc}=\max(0, c_{Tc}-X_c)$。$c_{Tc}$ 表示标的看涨期权在到期 T_c 时刻的价值。

看跌期权的看涨期权(a call on a put)是以看跌期权为标的物的看涨期权。该复合期权到期时，买方有权以行权价格 X_c 买入标的看跌期权。因此，该复合期权在到期日的价值为 $CP_{Tc}=\max(0, p_{Tc}-X_c)$。$p_{Tc}$ 表示标的看跌期权在到期 T_c 时刻的价值。

看涨期权的看跌期权(a put on a call)是以看涨期权为标的物的看跌期权。该复合期权到期时，买方有权以行权价格 X_c 卖出标的看涨期权。因此，该复合期权在到期日的价值为 $PC_{Tc}=\max(0, X_c-c_{Tc})$。

看跌期权的看跌期权(a put on a put)是以看跌期权为标的物的看跌期权。该复合期权到期时，买方有权以行权价格 X_c 卖出标的看跌期权。因此，该复合期权在到期日的价值为 $PP_{Tc}=\max(0, X_c-p_{Tc})$。

投资者之所以买入复合期权，主要原因有两个：在不能确定是否需要防范风险的情况下提供风险防范的方法；复合期权是比直接购买期权更便宜的风险保护措施。与第二个原因相近的是，复合期权可以作为高杠杆工具进行投机，即投机者只需较少的资金便可买入复合期权，随后再看是否投入更多的资金来买进复合期权的标的期权，最后再决定是否

花钱买进最终的标的物。

最后需要注意的是，复合期权有两个行权价格和两个到期日。由于受两个到期日的影响，一个是复合期权的到期日，一个是标的商品期权到期日，所以期权价值的判断非常复杂。因此，无论是进行风险管理还是期权投机都需要能正确理解和把握复合期权的价格。

二、复合期权的应用

复合期权在企业财务决策中具有十分重要的应用价值。较为经典的利率复合期权是上限期权的看涨期权(caption)和下限期权的看涨期权(floption)。例如，以利率上限和下限构造的复合期权可以使企业从事利率风险管理的手段变得更有弹性。

假定一家公司计划善意收购另一家公司，为筹措购买目标公司股份所需要的资金，必须借入一定数量的资金。不过由于该项兼并计划能否得到政府的批准还是未知数，借款之事只有等到政府做出正式裁决后才能确定。因此，企业面临两难的问题。一方面，企业担心在这段等待的时间内，市场利率会有所上升。如果这样，届时签订上限协定显然对作为持有方的企业不利。另一方面，由于是否需要借款还是个未知数，现在签订上限协议还为时过早。为避免因上述双重不确定性所产生的风险，企业可以马上从某金融机构买入一个看涨期权。今后，如果兼并被批准，企业就行使权利，让上限协定生效；如果兼并没有被批准，借款则无必要，企业可以放弃权利。可见，看涨期权起到了双重保险的作用。

三、复合期权的定价

1. 看涨期权的看涨期权定价

看涨期权的看涨期权立权人有权买入一份行权价格为 X、到期时间为 T 的看涨期权。标的资产的固定收益率为 i。看涨期权的看涨期权行权价格为 c^*，到期时间为 t，其价值用符号 $c_{看涨期权}$ 表示。在风险中性假设条件下，则

$$c_{看涨期权}(c^*,t)=\mathrm{e}^{-rt}E(\tilde{c}_t)。$$

其中，c_t 为基础资产看涨期权在时刻 t 的价值。

$$c_{看涨期权}(c^*,0)=\begin{cases}c(S_t,T-t,X)(c_t>c^*)\\0(c_t\leqslant c^*)\end{cases}$$

$$c(S_t,T-t,X)=S\mathrm{e}^{-i(T-t)}N_1(d_1)-X\mathrm{e}^{-r(T-t)}N_1(d_2)$$

$$d_1=\frac{\ln(S_t\mathrm{e}^{-i(T-t)}/X\mathrm{e}^{-r(T-t)}+0.5\sigma^2(T-t))}{\sigma\sqrt{T-t}},d_2=d_1-\sigma\sqrt{T-t}$$

对看涨期权的看涨期权定价，第一步是确定时刻 t 你愿意执行复合期权的临界资产价格，该价格 $S_t{}^*$ 可通过反复试错的办法找到，最终应使作为基础资产的看涨期权的价值等于复合期权的行权价格，即

$$c(S_t^*,T-t,X)=c^*$$

在求出 $S_t{}^*$ 后，欧式看涨期权的看涨期权价值为

$$c_{看涨期权}(c^*,t)=Se^{-iT}N_2(a_1,b_1;\rho)-Xe^{-rT}N_2(a_2,b_2;\rho)-e^{-rt}c^*N_1(b_2)$$

其中，$a_1=\dfrac{\ln(S_te^{-iT}/Xe^{-rT})+0.5\sigma^2T}{\sigma\sqrt{T}}$，$a_2=a_1-\sigma\sqrt{T}$

$$b_1=\frac{\ln(S_te^{-iT}/S_t^*Xe^{-rT})+0.5\sigma^2t}{\sigma\sqrt{t}},b_2=b_1-\sigma\sqrt{t}$$

$$\rho=\sqrt{\frac{t}{T}}$$

$N_1(b_2)$是复合期权行权价格的现值乘以时刻 t 资产价格大于临界资产价格的风险中性概率，也就是时刻 t 复合期权盈利时行权的预期成本。$N_2(a_2,-b_2;-\rho)$是资产价格在时刻大于 $S_t{}^*$ 并在时刻 T 大于行权价格 X 的概率。时刻 T 期权要盈利，资产价格必须跨过这两个界限。

2. 看涨期权的看跌期权定价

看涨期权的看跌期权立权人有权卖出一份行权价格为 X、到期时间为 T 的看涨期权。看涨期权的看跌期权行权价格为 c^*，到期时间为 t。我们可以通过第三章第二节介绍的看涨期权和看跌期权的平价关系(即看涨期权的价格减去看跌期权的价格等于资产价格减去行权价格的现值)，推导看涨期权的看跌期权定价公式为

$$p_{看涨期权}(c^*,t)=Xe^{-rT}N_2(a_2,-b_2;-\rho)-Se^{-iT}N_2(a_1,-b_1;-\rho)+e^{-rt}c^*N_1(-b_2)$$

式中，所有符号如前定义。$N_1(-b_2)$为资产价格在时刻 t 小于临界资产价格 $S_T{}^*$ 的风险中心概率，此时复合期权将被行权；$N_2(a_2,-b_2;-\rho)$为资产价格在时刻 t 小于 S^* 并在时刻 T 大于行权价格 X 的风险中心联合概率。

3. 看跌期权的看跌期权定价

假设基础看跌期权的行权价格为 X，到期时间是 T，复合看跌期权的行权价格为 p^*，到期时间为 t。在风险中性假设下，看跌期权的看跌期权价值为

$$p_{看跌期权}(p^*,t)=e^{-rt}E(\tilde{p}_t)$$

其中，p_t 为基础资产看跌期权在时刻 t 的价值。

$$p_{看涨期权}(p^*,0)=\begin{cases}p(S_t,T-t,X)(p_t>p^*)\\0(p_t\leqslant p^*)\end{cases}$$

$$p(S_t,T-t,X)=Xe^{-r(T-t)}N_1(-d_2)-Se^{-i(T-t)}N_1(-d_1)$$

$$d_1=\frac{\ln(S_te^{-i(T-t)}/Xe^{-r(T-t)})+0.5\sigma^2(T-t)}{\sigma\sqrt{T-t}},d_2=d_1-\sigma\sqrt{T-t}$$

对看跌期权的看跌期权进行定价的第一步就是确定时刻 t 可以行权，卖出标的看跌期权的资产价格的临界值。该值 $S_t{}^*$ 可以通过反复试错的方法求得，直到满足

$$p(S_t^*,T-t,X)=p^*$$

知道 $S_t{}^*$ 后，欧式看跌期权的看跌期权价值为

$$p_{看跌期权}(p^*,t)=Se^{-iT}N_2(-a_1,b_1;-\rho)-Xe^{-rT}N_2(-a_2,b_2;-\rho)-e^{-rt}p^*N_1(b_2)$$

式中的符号定义一如前述。

4. 看跌期权的看涨期权定价

假设看跌期权的看涨期权的行权价格为 p^*，到期时间为 t，根据期权平价关系，可以推出看跌期权的看涨期权的定价公式为

$$c_{看涨期权}(p^*,t)=Xe^{-rT}N_2(-a_2,-b_2;\rho)-Se^{-iT}N_2(-a_1,-b_1;\rho)-e^{-rt}p^*N_1(-b_2)$$

思考与习题

1. 绘出呼叫期权、回望期权及梯形期权的损益图，并用文字表述出来。

2. 试绘出一个棘轮期权的损益图。

3. 将具有同样期限的一个回望看涨期权和一个回望看跌期权组合起来，会得到何种损益?

4. 查阅中信泰富累计期权亏损案例，分析其所交易的期权产品存在的问题。

5. 查阅资料分析一下二元期权交易平台的赌博性质和主要原因。

6. 对于复合期权的买方来说，在复合期权行权时会获得何种、何方向的标的资产? 请分类总结分析。

7. 如果投资者担心标的资产价格上涨，可采用期权规避风险。试比较采用期权和复合期权两种不同期权规避风险的具体方法、成本与收益。

8. 如何理解奇异期权的几个基本性质?

9. 尝试画出一个双限期权的损益图。

10. 一家外贸企业之前购买了1个3个月期限的行权利率为7%的利率下限期权，后来为了节约成本决定不利用双限期权避险，那么该企业该如何操作。

11. 公司A发行了5年期的浮动利率债券，规模为10 000 000元人民币，利率为Shibor+50bp，为避免未来利率上升造成的借款成本增加，决定购入行权利率为6.0%的利率上限，期权费为0.5%。试模拟未来5年内1年期Shibor利率分别为4.0%、5.0%、6.0%、7.0%、8.0%情况下的风险规避效果。

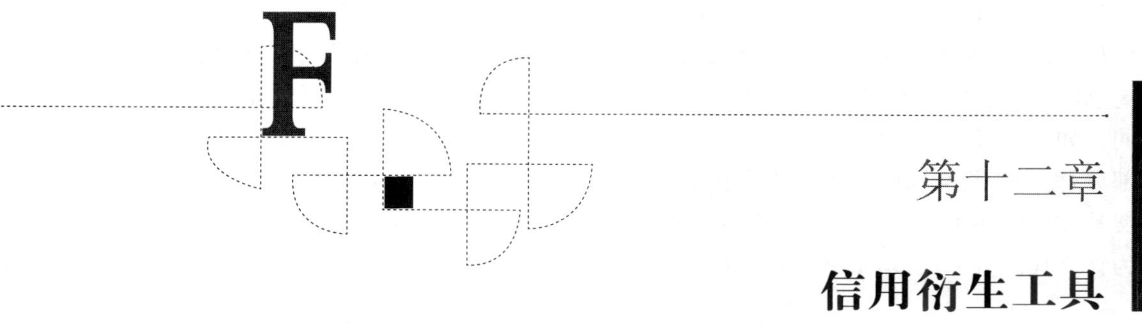

第十二章
信用衍生工具

信用衍生工具产生自20世纪80—90年代，是用来分离和转移信用风险的各种工具和技术的总称。信用衍生工具种类十分繁多，包含信用远期、信用期权、信用违约互换以及合成CDO等。其中，信用违约互换是构造其他信用衍生工具的基石。信用衍生工具被各类金融机构用于管理信用风险，同时也具备套利、增加金融机构杠杆、投机等功能。2008年美国爆发金融危机后，信用衍生工具被更多的人所关注和研究。

第一节 信用衍生互换

信用衍生互换与金融互换在原理上具有一致性，所不同的是信用违约互换主要针对的是信用风险问题，而金融互换则主要用于对金融资产市场价格波动风险的投机或风险对冲。信用衍生互换及其运用不仅是金融或金融工程理论的重要内容，同时也是资本市场和金融创新的焦点，具有独特的结构特点和发展趋势。

一、信用衍生互换的基本种类

1. 总收益互换

总收益互换(total rate of return swaps)是指信用保护的买方在协议期间将参照资产的总收益转移给信用保护的卖方，总收益可以包括本金、利息、预付费用以及因资产价格的有利变化带来的资本利得；作为交换，保障卖方则承诺向对方交付协议资产增值的特定比例，通常是无风险利率(如Libor)加一个差额，以及因资产价格不利变化带来的资本亏损。总收益互换是按照特定的固定利率或浮动利率互换支付利率的义务。在总收益互换中，信用保护买方或总收益支付方将从信贷资产或“参照信用资产”处获得的收益全部转移给交易对手，即信用保护卖方或总收益接受方，而得到一个事先约定的利率回报，该利

率可以是浮动利率或者固定利率(图 12-1)。

关于总收益互换需要注意两点。第一,总收益互换可基于单一名称资产或者基于多个名称资产,以及可与参考资产具有相同或更短的存续期。第二,选择名义本金额是为了决定总收益互换的实际现金流,而名义本金额与参考资产组合的面值可以相同也可以不相同。如果名义本金额低于参考组合的面值,这就等同于人工合成地卖出了基础组合的一部分,而大于组合面值的名义本金额就相当于人为的杠杆。在合约开始时,总收益互换的交易文件将明确规定参考组合市场价值的常规确定方法。这可由参与互换的双方之一作为计算代理方来完成,或者通过合约约定的第三方,或通过参考某种指数来完成。

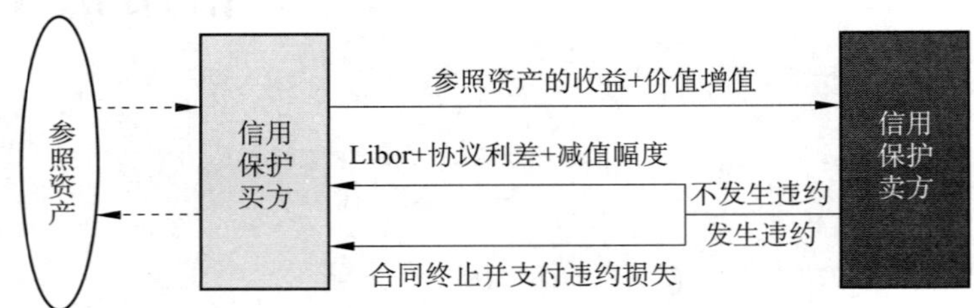

图 12-1　总收益互换的基本原理

例 12-1　总收益互换解析

一家银行以利率 12%贷款给某企业 20 亿美元,期限为 5 年。如果在贷款期限内,该企业信用风险加大,银行将承担贷款市场价值下降的风险。银行为转移这类风险而购买总收益互换,按该合约规定(以一年为支付期),银行向信用保护卖方支付以固定利率为基础的收益。该支付流等于固定利率加上贷款市场价值的变化。同时,信用保护卖方向银行支付浮动利率的现金流。合约规定固定利率为 15%,浮动利率为 13%,若在支付期内贷款市场价值下降 10%,那么银行向交易对方支付的现金流的利率为 15%－10%＝5%,从交易对手处获现金流的利率为 13%。交换现金流后这笔收入可以用来冲销该银行在信贷市场上的损失。但是,总收益互换存在利率风险,如果浮动利率大幅度下降,那么互换后的现金流会受到极大影响。

从以上例子也可以发现,总收益互换不仅可以把信用风险转移出去,而且也将其他风险,如利率风险、汇率风险等转移了。如果由于信用事件而使参照信用资产的市场价值下降,那么信用保险买方就会因信贷资产市场价值的下降而遭受损失。但它在互换合约中所获得的利率收入就有可能大于其支付的总收益,于是两者的差额便可以被用于冲销它在信贷市场上的损失。

2. 信用违约互换

一家机构持有某种资产如债券时,往往会担心发行债券的公司出现违约风险。为了防止这种风险对自己产生不利影响,其持有债券后可与其他投资者签订一个信用违约互换(credit default swap,CDS)的风险转移协议。简单地说,信用违约互换有些像购买保险。该协议通常规定,在一定期限内,买入方定期向卖出者支付一定的费用,如果在合约有效期内参考实体出现违约，造成信用违约互换的买入方所持有的资产亏损，买入方可以选择终止合约规定的定期费用支付，并有权利将这些债券以债券面值卖给信用违约互换的卖出方(图 12-2)。如果参考实体没有出现违约或没有信用事件发生，则买入方不会得到任何收益。

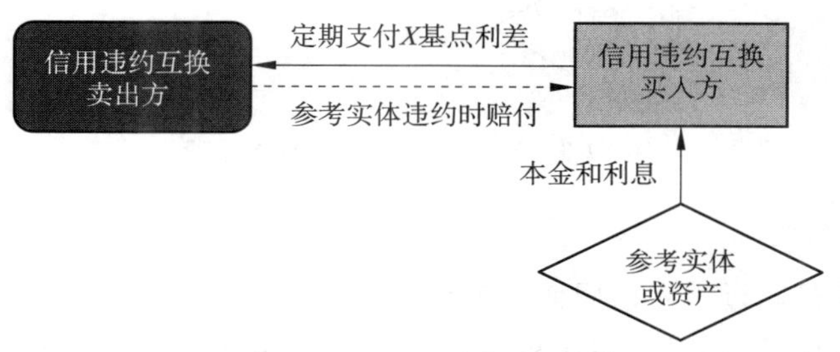

图 12-2 信用违约互换的基本机制与结算方式

在信用违约互换中有以下术语。

买入方和卖出方。买入方是指寻求规避风险的一方，如债券的投资者担心债券出现违约，就会购买信用违约互换。卖出方是指愿意承担信用风险的投资者。卖出方的收益是买入方支付的类似保费的费用，支出方向是未来可能需要购买信用降低的资产。

参考实体和参考资产。参考实体是指债务工具的发行人，有时又称标的发行人。参考实体可以指一家公司或一个主权政府部门。参考资产是指正在寻求实施信用保护的特定资产，有时又称参考标的。

违约。如破产、无偿付能力、不能履行到期支付义务等。

支付时间。信用违约互换协议定期付款时间是每季度末、每半年末或每年末。

结算方式。在信用事件发生时，信用违约互换要进行结算。具体的方式可以为实物支付或者现金支付。实物支付是参考资产出现违约风险时，买方把参照资产按照合约确定的面值出售给卖方。现金支付则是卖方将面值和市值的差价以现金的方式向买方支付。

面值。信用违约互换的面值就是信用资产的面值。

合约期限。信用违约互换的合约持续期限有几个月、1 年、3 年、5 年和 10 年。其中，5 年是最为常见的期限。

3. 资产违约互换

资产违约互换是一种单一名称信用违约互换，其不是一家参考企业实体或公司证券，而是证券化产品。图 12-3 显示了资产违约互换的基本原理。在交易中，固定利率参考资产或组合上的固定现金流，定期支付给互换交易商，以换得基于 Libor 的浮动利率支付。资产违约互换常常用于将债券的固定息票支付转化为浮动的 Libor 利率的等价产品。除了将固定风险转换为浮动风险外，资产违约互换也可改变原始资产所有人现金流的时机，例如将固定的半年收入流转换为浮动的每季收入流。在图 12-3 中，利差 X 是指资产互换利率。目前，大多数资产违约互换均基于资产支持证券。到目前为止，资产违约互换交易量仍比较低，其主要吸引力是在类似于单层合成抵押债务等结构中的运用。

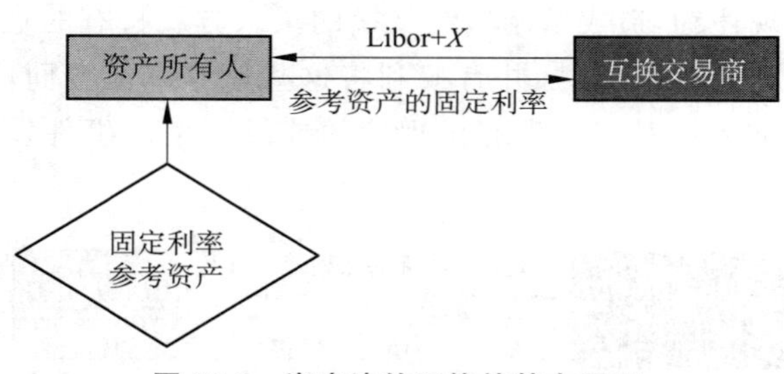

图 12-3 资产违约互换的基本原理

4. 股本违约互换

股本违约互换是新近进入信用衍生工具系列的产品。股本违约互换允许保护购买人获得对参考资产的保护，这里要保护的资产是股票。由于普通股没有所谓的信用违约事件，股本违约互换实际上类似于市场风险及价格保护工具。尤其当人们考虑股本违约互换中的触发事件不是不能支付、降级或类似的情况，而是预先确定的参考股票价格的下跌幅度(通常下跌 70%)时，这一点十分明显，因此称为股本事件，而不是信用事件。股本违约互换实际上是一种深处于虚值状态的股本卖出期权。

除了定义股本事件和基础参考股本之外，还要遵照股本违约互换的文件——通常为 ISDA 主协议，从而股本违约互换与可比的信用违约互换相符合——也将明确其他交易条款，像存续期(通常大约为 5 年)、名义本金以及股本事件发生时应当具有的支付责任等。某些股本违约互换要求保护出售人在股本事件发生之后，向保护购买人按与基础股票价格成比例地支付赔付款。在其他例子中，股本违约互换中的保护出售人必须在股本事件发生之后支付固定的款项，通常其数额等于股本违约互换的名义本金额乘以(100－X%)，这里 X%是预先指定的回收率。一旦发生了股本事件且款项得以支付，股本违约互换则终止。但在违约事件发生之前，股本保护购买人需要周期性(如每个季度)地向保护出售人支付费用。基本股本违约互换的一般结构如图 12-4 所示。

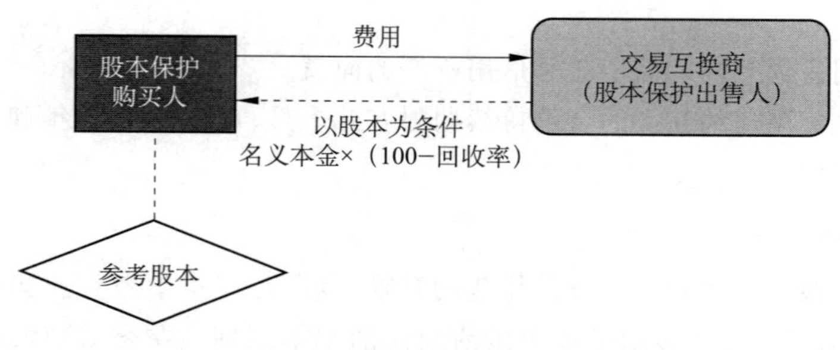

图 12-4 基本股本违约互换的一般结构

例如，假设投资者 ABC 与互换交易商 XYZ 达成两年期的股本违约互换，其中 XYZ 是保护出售商，而 ABC 是保护购买人。参考资产是一家公司的普通股，在股本违约互换交易日时的每股交易价为 100 欧元。假设股本事件定义为股本违约互换交易日时每股收盘价的 75%，回收额为 40%，以及名义本金为 1 000 万欧元。如果在接下来的两年中的任何时候，该公司的股票收盘价下跌到低于每股 75 欧元(即是开始每股 100 欧元股票价格的

75%)，保护出售商 XYZ 将向保护购买人 ABC 支付固定数额的现金 600 万欧元，即 1 000 万欧元×(100%－40%)，同时股本违约互换终止。

与信用违约互换一样，股本违约互换中的保护购买人不必有可保利益，即保护购买人不必实际拥有购买保护时所基于的股票。

5. 其他信用违约互换

或有违约互换。这种互换指只有当标准信用事件和额外信用事件都违约时，合约卖方才向买方支付补偿。额外信用事件可以是其他证券的违约，因此，或有违约互换比标准违约互换合约便宜(除非违约事件的相关性为 1)。合约买方的目的(除了保护费率低以外)主要是寻求一种弱保护，即只有当两个基础资产都违约时才获得保护。

杠杆违约互换。杠杆违约互换指在违约发生时卖方的支付额是损失额的一定倍数。此合约中规定违约发生时卖方的支付额通常是标准违约互换支付额加上资产名义总量的一定比例。因此，杠杆违约互换比标准违约互换贵。合约买方有出于投机的目的，也有出于管理简化的目的。有些资产管理者为了避免对不同资产都要对冲违约风险的麻烦，就采用单一的杠杆违约互换，它可以对冲大部分名义资产违约风险。但如果杠杆违约互换合约中基础资产与买方的资产组合中真正的风险暴露不相匹配，买方将暴露于风险中：资产组合中某合约违约，而杠杆违约互换中并没有对此资产进行保护。

二、组合信用违约互换

组合信用违约互换可以使购买人有权在多个名称和(或)多项资产组成的参考中出现一个或多个违约事件时获得赔付。与单一名称的信用违约互换交易地域不同，组合信用违约互换在全球并不活跃，而是更多地集中在北美地区进行交易。

1. 一篮子信用违约互换

一篮子信用违约互换是多名称保护产品。信用违约互换所保护的参考债务是由互换中指定的所有参考名称发行的所有债务或特别指定的部分债务。理论上，一篮子信用违约互换可以覆盖所有参考名称的所有可能的违约，因此，它是类似于单一名称信用违约互换的组合。由于这种产品极其昂贵，因此，更为常见的是只补偿参考资产组合中的一项违约事件(或特别指定的违约事件组)引起的损失，然后终止。

2. 第 N 次违约信用违约互换

这种互换的基本原理是当参考资产组合出现第 N 次违约时，信用违约互换就会清偿第 N 次违约的损失。例如，考虑一个由 100 家不同的公司或参考名称发行的公开交易债券组成的参考组合。当参考组合中出现第一次违约时，首次违约信用违约互换就加以清偿。只要是参考名称之一的责任，何种资产或哪家企业首先出现违约并不关键。清偿了首次违约之后，该信用违约互换即告终止。

对比来看，第二次违约信用违约互换将清偿参考组合发生的第二次违约。该信用违约互换对首次违约不承担什么赔付责任，且在清偿了第二次违约之后，该信用违约互换即告终止。

对于那些能较好地了解资产组合违约的频率，但不太掌握实际引起违约的名称或违约名称出现顺序的机构而言，第 N 次违约信用违约互换深受欢迎。假如一家银行向不同的公司发放了100项贷款并预期有10%的贷款将违约。该银行将设置贷款损失准备金，以覆盖前10次违约损失。如果银行希望多一点额外的保护，则它可以达成一项第11次违约信用违约互换。参考组合为这100项贷款资产，而当贷款组合中第11次违约出现时，信用违约互换卖方将向银行赔偿损失。以这种方式，该银行可保护自己不受其贷款组合的11%引起损失的影响。银行已经为前10次违约建立了准备金，并且针对第11次违约取得了信用保险，从而不必为第11次贷款违约预留损失准备金而绑定全部资本金。

3. 高级及次级一篮子信用违约互换

一篮子信用违约互换可在违约触发事件以及由信用保护出售人给信用保护购买人的赔付中包括不止一种资产。常见的此类信用违约互换类型是高级一篮子信用违约互换和次级一篮子信用违约互换。

例如，考虑一个10个名称的参考组合，其每个名称的基础信用额为100万美元。假设前6次违约与参考一篮子的次级债务有关，而后4次违约则包括高级债务。次级一篮子信用违约互换要赔付前6次违约中的任何一次或所有的违约，而高级一篮子信用违约互换仅赔付第7次到第10次的违约。

4. 一篮子信用违约互换限额和起赔点

与保险业的同类产品相似，一篮子信用违约互换常常包括免赔额和特定的起赔点。在以前的例子中，我们描述的组合实际上有两层信用风险：次级的为\$6 XS \$0层，高级的为\$4 XS \$6层。\$A XS \$Y 是指起赔点下线为 Y 美元，而起赔点上线为 $A+Y$ 美元。

此外，限额或次限额在第 N 次违约和高级或次级一篮子信用违约互换中十分常见。由于这些合约由违约出现的顺序而不是由违约的规模来触发，因此，这些信用违约互换可很好地限制任何确定的违约事件上的赔付(一种次限额)或者限制包括所有违约事件在内的总赔付额度。例如，前面的例子中，参考组合有10次信用贷款，每次100万美元，由前6次损失中的任意一次所触发的次级一篮子互换仍可以确定最大赔付额，如说100万美元。

另外，高级一篮子互换可仅以起赔点的条件来定义。这时，我们不说该产品覆盖了10个名称组合中的后4次违约，而是见到了一个高级一篮子信用违约互换，特别标明覆盖了\$4 XS \$6的风险层，同时具有200万美元的免赔额。这类可能组合的范围几乎是无限的，而且还紧密对应于保险市场上的相同类型的结构。

5. 一篮子信用违约互换的相关性作用

一篮子信用违约互换产品通常是关于参考组合内违约事件相关性风险的。例如，如果不同名称之间的违约事件互不相关，则一年期的第 N 次违约信用违约互换的赔付很难达到或者超过3次以上直到 N 次。换而言之，特别是对投资级信用产品的组合而言，一年中多于3次的互不相关的违约事件通常认为是极为罕见的。但如果参考名称的违约不是完全无关，而是完全相关，则第 N 次违约信用违约互换与首次违约信用违约互换完全没有差别。由此，在定价、对冲及使用一篮子信用违约互换时，许多时间和精力就投入到了模拟及实证分析基础参考组合的相关性风险方面。

三、信用违约互换与期权、金融保险的比较

1. 信用违约互换与金融保险的比较

金融保险与信用违约互换之间在经济意义上的相似性也是相当明显的。但是,信用违约互换与金融保险也有重要差别,不能混为一谈。

参考资产和触发事件。保险在涉及能够触发违约事件的参考资产或参考名称时往往会更加具体。信用违约互换对违约事件的定义往往是相当广泛的。这将使信用违约互换与可比较保险产品之间表现出显著差别。例如,信用违约互换通常只能由已向大众公开披露的违约事件所触发。保险产品与之不同,可由未公开披露的违约事件所触发。

持续的保障。当信用违约互换的违约事件出现时,信用违约互换通常就终止了。而保险产品只要财务担保的保单限额还未达到,就仍然有效。即使达到,选择性的复效条款也允许投保人支付额外保费后恢复部分或全部原始保单的限额,即使保单限额已由之前的索赔消耗殆尽。

税收与会计。金融保险是保险合约,因而会受到保险的会计和税收准则的约束。相反,信用违约互换是一种衍生工具合约,因而与保险不同,其会计上必须按市值记账。

提前解约。当信用保护出售人想避免现有义务时,信用保护是以信用违约互换的方式出售还是以保险的方式出售,出售人可选择的解约方式是不同的。在信用违约互换的方式中,只要信用保护购买人同意,交易总是可以解约的。信用保护出售人也可将信用违约互换让与新的保护出售人。保险则较难逃脱责任。

2. 信用违约互换与期权的比较

CDS 的支出与期权的相似,收取保费的保护出售人承担在特定事件发生后进行支付的风险。但是,虽然 CDS 与期权有某些相似的特征,但不应将它们与真的信用期权相混淆,也就是不能与债券或贷款这类信用风险工具期权或信用利差期权相混淆。

在 CDS 中出售保护与持有一项债券多头头寸在信用风险上是相当的。在 CDS 中使用互换而不是期权这一术语正是源于这种相似性。这主要是要表达一个事实,即 CDS 实际上是互换双方在信用风险资产中的头寸,而不是购买和提供这种资产头寸的期权。正如其他期权中意外事件是市场价格的变化而不是遥远的信用事件一样,真的信用期权价值来自意料外的未来价值和市场价格的波动。如果一家机构能够在贷款或债券中定价头寸,它也能定价 CDS。但是,为了定价信用期权,往往需要关于波动性和隐含的期货信用利差的额外信息。

四、信用违约互换定价和应用

1. 影响信用违约互换溢价的主要因素

信用违约互换的卖出方之所以愿意承担参考实体的风险主要是因为购买方支付的费用。在信用违约互换中,购买方所付给卖出方本金一定比例的费用称为信用违约互换

溢价。

信用违约互换溢价的多少往往取决于交易的期限、参考实体违约可能性、互换提供者的信用评级、参考实体与互换出售者的关系以及预期的残值。合约的时间越长，银行的风险越大，溢价也就越高。参考实体违约的可能性越大，则需要支付的溢价越高。互换提供者的信用级别越高，违约的风险越小，因此也就需要支付越多的购买费用。但是，最重要的应当是合约出售者和参考实体之间的关系。信用违约互换的购买者必须关注合约售出者和信用参考实体的关系。如果两者不相关，则需要支付正常的费用，两者关系越紧密，则溢价越低，购买者甚至需要放弃签订合约。当参考实体违约时，可能的残值大小直接影响到溢价高低。残值越小，互换卖出方的或有付款越大，因此溢价越高。

2. 信用违约互换溢价与债券的收益率的关系

信用违约互换可以用来对企业债券风险进行对冲。假定某投资者买入了一个 5 年期的企业债券，债券收益率为每年 7%，同时投资者又买入一个 5 年期信用违约互换，在信用违约互换中投资者买入了对自己持有债券发行人违约的保护。假定信用违约互换溢价为每年 2%，这里信用违约互换的作用是将企业债券转换为无风险债券（至少在近似意义上）。如果债券发行人不违约，投资者收益率为每年 5%（企业债券收益率减去信用违约互换溢价），投资者在违约发生前的收益率为 5%。如果债券发行人违约，信用违约互换合约可以保证投资者用债券换回债券的本金。投资者在收到本金后可以将资金以无风险利率进行投资。

n 年期信用违约互换溢价应该大约等于 n 年的企业债券的收益率与 n 年无风险债券收益率的差价。如果信用违约互换溢价远小于企业债券收益率与无风险债券收益率的差价，那么投资者通过买入企业债券和信用保护而得出的收益率（近似于无风险）会大于无风险利率；如果信用违约互换溢价远大于企业债券收益率与无风险债券收益率的差价，投资者通过卖空企业债券和信用保护而得到的借款利率会小于无风险利率。以上说明的套利只是接近完美。这些套利机会使得信用违约互换溢价不会远离企业债券收益率与无风险债券收益率的差价。

3. CDS 的定价方法

根据资产定价理论，任何金融产品的市场价值都等于一系列未来现金流的折现价值。一份 CDS 合约通常面临两种现金流，一种是固定的保费支出，另一种是可能发生的赔偿收入。CDS 的定价实质上是设定 CDS 的溢价（保费费率）。溢价设定的标准是保费支出的现值等于赔偿收入的现值，即 CDS 交易的净现值应该等于零。

第一步，计算保费支出的现值。首先考虑 CDS 在到期日违约。假定每年保费支出为 S，支付频率的倒数为 Q，则每次支付的保费为 SQ。假定在 t 时刻没有违约的概率为 $P(t)$，每个支付日的折现率为 $\delta(t_i)$，则第 i 次支付保费的现值则为 $\delta(t_i)P(t_i)SQ$。对各期支付的保费求和，就可以得到固定现金流支出的现值为

$$\sum_{i=1}^{n}[\delta(t_i)P(t_i)SQ]$$

其中，n 为合约覆盖的期间范围。

在此基础上，我们考虑 CDS 在两个到期日之间违约的情况。假定参考实体在时刻 $t_{(i-1)}$ 没有违约而在时刻 t_i 违约，则发生违约的概率为 $P(t_{i-1})-P(t_i)$，并假设违约只会发生在两个到期日中间的那一天，则支付的保费为 $\frac{SQ}{2}\{P(t_{i-1})-P(t_i)\}$。对各期支付的保费求和，就可以得到固定现金流支出的现值为

$$\sum_{i=1}^{n}\frac{SQ}{2}\{P(t_{i-1})-P(t_i)\}\delta(t_i)$$

综合考虑到期日违约和两个到期日之间违约的情况，则保费支出的总现值为

$$\sum_{i=1}^{n}\delta(t_i)P(t_i)SQ+\sum_{i=1}^{n}\frac{SQ}{2}\{P(t_{i-1})-P(t_i)\}\delta(t_i)$$

第二步，计算赔偿收入的现值。假定违约时间发生在 t_{i-1} 和 t_i 之间，R 为偿付率，则 CDS 合约买方可以得到的偿付比率为 $(1-R)$，现值为 $(1-R)\delta(t_i)\{P(t_{i-1})-P(t_i)\}$。对各期进行求和就可以得到或有现金流的现值之和：

$$(1-R)\sum_{i=1}^{n}\delta(t_i)\{P(t_{i-1})-P(t_i)\}$$

第三步，令保费支出的现值与赔偿收入的现值相等，则可以得出 CDS 的溢价为

$$S=\frac{(1-R)\sum_{i=1}^{n}\delta(t_i)\{P(t_{i-1})-P(t_i)\}}{\sum_{i=1}^{n}\delta(t_i)P(t_i)Q+\sum_{i=1}^{n}\frac{Q}{2}\{P(t_{i-1})-P(t_i)\}\delta(t_i)}$$

4. 信用违约互换指数

信用违约互换指数是一种信用衍生工具指数，可以用于跟踪信用违约互换的溢价。投资者运用信用违约互换指数可以获得或对冲一篮子信用风险。和单个的信用风险互换不同，信用违约互换指数是完全标准化的信用衍生证券，所以拥有较高的流动性及较小的买卖价差。这就意味着如果投资者要为一个含有不同种类的债券的组合进行保值，用指数要比用很多单个的 CDS 来得方便与经济。

世界上有两种具有影响力的信用违约互换指数。一种是 CDX 指数，该指数涉及北美及新兴市场的公司管理。另一种是 iTraxx 指数，该指数涉及欧洲、日本及亚洲其他地区。iTraxx 指数体系中，交易最广泛的指数是 iTraxx Europe。该指数用于跟踪欧洲 125 家投资级公司信用违约互换溢价。这两种指数的发布公司每隔 6 个月就会发行一只新的指数。这样及时更新指数成分中的 CDS，是为了保证不会由于成分 CDS 的到期或者流动性降低而影响指数。

这些信用违约互换指数产品不仅是公开发布的指数，同时也给市场参与者提供了买入或卖出信用违约互换组合的途径。例如，某投资银行作为市场的做市商对 5 年指数报出的买入价为 65 个基点，卖出价为 66 个基点。某个投资者可以从投资银行总共买入 125 个公司的、每个面值都为 800 000 美元、5 年的信用保护。投资者的费用为每年 660 000 美元。同时投资者也可以卖给投资银行总共 125 个公司的、每个面值为 800 000 美元、5 年的信用保护，投资者的收入为每年 650 000 美元。当某个公司违约时，信用保护的付款费用减少 660 000/125＝5 280 美元。

五、利用信用违约互换进行风险管理、投机和套利

CDS的最初目的是管理信贷风险。但是，随着市场的发展，越来越多的投资者开始利用CDS进行投机与套利。

1. 风险管理

CDS的最初功能是被债权人用于进行信贷风险管理。简单而言，通过购买以债务人为参考实体的CDS，债权人可以降低风险损失。如果债务人最终违约，则在CDS上获得的赔付可以抵消债权损失。

例如，养老基金A购买了价值100万美元的B公司5年期债券。为预防B公司违约，A基金向保险公司C购买了价值100万美元的CDS。CDS的溢价为200个基点。A基金每年要向保险公司C支付的CDS保费为100×2%＝2万美元。如果按季支付，则A基金需要每季支付5 000美元。表12-1模拟了在参考实体不违约与违约两种情景下，A基金实现的风险管理效果。

表12-1 CDS的风险管理效果分析

情景	投资者支付费用	风险管理效果
B公司没有发生违约	100 000美元	虽然CDS支出减少了A基金的投资收益，但却预防了B公司违约风险
B公司在第三年年底违约	60 000美元	A公司获得C公司足额赔付，完全覆盖了B公司违约给资产组合造成的损失

2. 利用CDS投机

随着宏观基本面的变化，金融市场对参考实体的评价也在不断变化。当市场预期参考实体的违约概率上升时，CDS溢价将相应上升，反之亦然。当投资者预期参考实体违约概率上升时，他可以购买CDS；当投资者预期参考实体违约概率下降时，他可以出售CDS。如果预期准确，则投资者将获得投机收益。

例12-2 利用CDS投机

投机者A预期B公司在未来两年内违约概率较高，因此决定向保险公司C购买2年期资产价值为100万美元的CDS。信用违约互换溢价为500个基点。假设违约后B公司债券的偿付率为零。

表12-2模拟了四种情景下，投机者A获得的相应投机收益。

第一种情形：A支付的CDS费用为100万美元×5%＝5万美元。这时，获得CDS卖方即保险公司的赔付为100万美元(因为债券违约后，B公司偿付率为零)。投机者可以获得95万美元的投机利润。

第二种情形：CDS签订后，B公司没有违约。这样A两年内需要支付的CDS费用为10万美元。即投机亏损10万美元。

第三种情形：B公司在第一年内没有违约，而投机者A决定在第二年初轧平CDS头

寸，锁定收益与风险。我们分两个子情形进行分析。在第一种子情景下，B公司违约风险上升，CDS溢价由5%涨到15%。投机者出售1年期价值100万美元的CDS，这时可以获得100×15%=15万美元保费。投机者A购买的两年期价值100万美元CDS需要支付100×5%×2=10万美元保费。两者相抵后，投机者A可获得投机收益5万元。在第二种子情景下，C公司违约风险下降，CDS溢价变为2.5%。投机者A决定出售1年期价值100万美元CDS，这时可获得100×2.5%=2.5万美元保费。而投机者A购买的两年期价值100万美元CDS需要支付10万美元保费。两者相抵投机者A将遭受投机损失7.5万美元。通过轧平CDS头寸，投机者减少了2.5万美元的亏损。

表 12-2　CDS 的投机分析　　美元

<table>
<tr><th colspan="2">情　　景</th><th>支付费用</th><th>获得偿付</th><th>投机收益</th></tr>
<tr><td colspan="2">B公司在第一年年底违约</td><td>50 000</td><td>1 000 000</td><td>950 000</td></tr>
<tr><td colspan="2">B公司在两年内没有违约</td><td>100 000</td><td>0</td><td>−100 000</td></tr>
<tr><td rowspan="2">B公司在第一年没有违约，投机者A在第二年年初决定轧平持有的CDS</td><td>C公司违约风险上升，CDS溢价从500基点提高到1 500基点</td><td>100 000</td><td>0</td><td>50 000</td></tr>
<tr><td>C公司违约风险下降，CDS溢价从500基点下降至250基点</td><td>100 000</td><td>0</td><td>−750 00</td></tr>
</table>

3. 利用CDS套利

CDS的套利功能建立在特定公司股价与该公司CDS溢价之间的负相关关系基础上。当公司股价上涨时，其CDS溢价降低，反之亦然。当股价变动与CDS溢价变动的时间不一致时，套利机会由之产生。这种利用同一家公司资本结构不同部分的相对市场无效性的套利被称为资本结构套利。

例 12-3　CDS 套利

A公司股价受不利消息影响下跌了25%，以A公司为参考实体的CDS溢价没有及时调整，仍为500个基点。投资者B判断未来A公司CDS溢价的上升幅度将会超过A公司股价上升幅度。于是他购入为期两年的价值100万美元的A公司CDS，同时卖空100万美元A公司股票(假定没有保证金交易)。表12-3模拟了三种情景下投资者B获得的相应收益。

在第一种情景下，投资者B在一年后通过出售为期一年的价值100万美元的A公司CDS可以获得100×15%=15万美元保费，投资者B购买为期两年的价值100万美元的A公司CDS将支付100×5%×2=10万美元保费，投资者B通过做空A公司股票可以获得100×5%=5万美元收益。三者相抵投资者B可以获得10万美元综合收益。

在第二种情景下，投资者B轧平CDS合约可获得5万美元保费收入(同情景一)，做空A公司股票将遭受100×5%=5万美元亏损，相抵之后综合损益为零。

在第三种情境下，投资者B轧平CDS合约的保费收支相抵，做空A公司股票将遭受100×10%=10万美元亏损，最终遭受10万美元综合损失。

表 12-3 CDS 的套利分析

情　　景	CDS 损益	股票损益	综合收益
一年后 A 公司 CDS 溢价上升至 1 500 个基点,A 公司股价下跌 5%	50 000	50 000	100 000
一年后 A 公司 CDS 溢价上升至 1 500 个基点,A 公司股价上升 5%	50 000	－50 000	0
一年后 A 公司 CDS 溢价上升至 1 000 个基点,A 公司股价上升 10%	0	－100 000	－100 000

六、我国信用衍生工具市场的发展

为满足资本市场的风险管理需求,防范信用风险聚集,中国银行间交易商协会(NAFMII)于 2010 年 10 月发布了《银行间市场信用风险缓释工具试点业务指引》及相关文件,着手正式推出我国的信用衍生工具:信用风险缓释合约(CRMA)和信用风险缓释凭证(CRMW)。其中,CRMA 是典型的场外衍生工具,即信用保护的买方支付保费,卖方针对特定具体债务向买方提供信用保护。CRMW 则是由合格第三方创设机构创设的向持有人提供信用保护的可流通有价凭证,是标准化的信用衍生品,实行集中登记、托管和清算。这两项产品在推出当年表现稍显活跃,在此之后的交易十分清淡(表 12-4)。2016 年,NAFMII 修订发布《银行间市场信用风险缓释工具试点业务规则》,同步推出 CRMA、CRMW、CDS、CLN 业务指引。总体上来看,交易商的参与积极性低,缺乏金融创新是我国信用风险缓释工具市场面临的主要问题。未来我国发展信用衍生品一方面需要解决交易者结构失衡、监管不协调、产品设计单一无法满足风险管理的需要等一系列问题,另一方面也需要防范该市场走向投机,避免积累大规模的市场风险。

表 12-4 我国的信用风险缓释工具交易

品种	交易情况	2010 年	2011 年	2012 年	2013—2015 年	总计
CRMA	新增交易量(笔)	23	10	13	0	46
	新增交易额(百万元)	1 990	610	1 340	0	2 940
CRMW	新增创设数(笔)	8	1	0	0	9
	新增创设本金额(百万元)	690	50	0	0	740

资料来源:NAFMII。

第二节 信用期权

一、信用利差期权

1. 信用利差与期权

在金融市场上往往存在不同评级结果的债券品种。由于信用等级不同,这些债券的风险和收益各不相同。这就产生了一个基于不同信用水平的利率或收益率的差异。这个差异就是信用利差。准确地说,信用利差是指具有某一个特定有效期的信用敏感性债券组(如AA级公司)的收益率与具有相同有效期的另一无信用风险债券组(通常为国库券)收益率之间的差额。在这两组债券中一个具有较高的信用等级,风险较低、收益稳定,一个具有较低信用等级,风险较大,收益不稳。在一定时期内,由于债券等级或质量方面的差异,信用利差会发生一定的波动。

信用利差期权主要针对这种波动而设计。按照期权行权和结算方式划分,信用利差期权有两大类。一类是在行权时以信用敏感债券交付为主要特点的期权。另一类是在行权时以信用利差确定结算资金的期权,这类期权不涉及买卖双方对信用敏感债券的转移,而仅是在期权行权时由立权人向持有人对信用利差变化提供一种补偿。这两类信用利差期权在行权时具有显著的差异。

2. 以信用敏感债券交付为主要特点的期权

在债券领域,债券的票面价格(F)、市场价格(P)、票面利率(r)和到期收益率(y)是最关键的四个变量。债券收益率反映的是债券收益与其初始投资之间的关系。四个变量的关系是

$$P=\sum_{i=1}^{n}\frac{C}{(1+y)^{i}}+\frac{F}{(1+y)^{n}}$$

其中,C为由票面利率和票面价格确定的利息;利率r为年利率。

如果,半年支付一次利息,则上式变为

$$P=\sum_{i=1}^{2n}\frac{C/2}{(1+y)^{i}}+\frac{F}{(1+y)^{2n}}$$

从以上公式可以看出,当债券价格越低时,购买债券的收益率越高。这样,对于一个已经持有债券的投资者来说,如果市场上的债券收益率不断上升,就意味着其持有的债券价格出现下跌。为了规避那些具有信用敏感问题的债券投资隐含的价格下跌风险,投资者可以考虑利用信用利差期权进行避险。

例如,以信用良好的参考债券(如国库券)为基础,和期权的卖出方签订一个信用利差看跌期权合约。合约中确定信用敏感性债券和参考债券的一个行权利差。在行权期,每个债券的具体收益率都对应着一个市场价格。当利差扩大时,市场交易上的信用敏感性债券的到期收益率会较高,而债券价格会较低。这时,如果信用敏感性债券的市场价格低于参考债券的市场价格,该看跌期权的购买者有权以参考债券的市场价格将信用敏感性债券出售给期权的卖出者。

例 12-4 信用利差看跌期权

在最初的市场条件是:信用敏感性债券的票面价格为100元,利率为8%,收益率为8%,债券时间为10年;参考债券国库券的票面价格为100元,利率为8%,收益率为6%,债券时间为10年。两种债券的利息均为半年支付一次。

信用利差看跌期权合约内容:

(1) 合约有效期为半年;

(2) 合约确定信用利差为300个基点(即3%);

(3) 期权的购买者有权以行权日国债的市场面值出售信用敏感性债券。

半年后期权到期时的市场状况是：九年半的信用敏感性债券的市场价格跌到 82.59 元，收益率则为 11%。九年半的国库券的市场价格变为 90.75 元，收益率为 6.5%。这时，信用利差扩大，变为 11%－6.5%＝4.5%。

这时，信用利差看跌期权的购买者有权以 90.75 元的价格向期权的售出者卖出市场价格跌至 82.59 元的信用风险债券。很明显，期权购买者减少了 8.16 元的损失。

从以上例子可以看出，这里的信用利差看跌期权中“跌”的意思是债券市场价格的相对下跌，而不是收益率的下跌。这类期权的基本特征体现在表 12-5 中。

表 12-5　以信用敏感债券交付为主要特点的信用利差期权基本特征

期权类型	市场价格	到期时获得有利的偿付
看跌期权	相对下跌	市场信用利差＞行权信用利差
看涨期权	相对上涨	市场信用利差＜行权信用利差

但是，这种以信用敏感债券交付为主要操作机制的信用利差期权也存在一定的问题需要投资者注意。在这类期权机制中，尽管期权到期日行权是以债券的价格变化为偿付特点，但是具体的偿付还要受到利率水平和信用利差变化的共同影响。在例 12-4 中九年半国库券在行权期的利率不是 6.5%，而是下降为 4.5%，并且信用利差上升 450 个基点。这时，九年半的信用敏感债券的市场价格变为 93.70 元，而期权的行权价格则为 90.75 元。由此可见，由于国库券利率出现下降足以抵消信用利差的上升，所以这时的看跌期权没有对信用利差风险起到有效的规避。

3. 以信用利差确定结算资金的期权

这种信用利差期权也包括看涨期权和看跌期权。

看涨期权主要针对利差扩大而产生，当利差扩大时，看涨期权的购买者有权要求立权人偿付其损失。

看涨期权的偿付＝(期权行权时的市场信用利差－合约确定的信用利差)×名义本金金额×风险因子

看跌期权的偿付＝(合约确定的信用利差－期权行权时的市场信用利差)×名义本金金额×风险因子

其中的风险因子的计算方法是：风险因子＝10 000×信用敏感性债券利率中 1 个基点的变化所引起的价格变化百分比。通过引入风险因子，可以克服偿付同时取决于利率水平变化和信用利差变化的缺点。

为了举例说明这类期权的偿付问题，假设信用利差看涨期权目前的信用利差为 300 个基点，投资者希望能够避免利差扩大到 350 个基点以上的风险。相应地，假设期权合约中信用利差设定为 350 个基点，风险因子为 5，名义本金为 1 000 万元，那么期权的偿付就变为(期权行权时的市场信用利差－0.035)×10 000 000×5。

假如行权日市场利差为 450 基点，那么期权的偿付就为 500 000 元。

4. 信用利差期权的价值

假设到期不发生信用事件的信用利差服从正态分布，那么就可以利用布莱克-斯科尔斯-莫顿模型计算信用利差期权的价值。在计算出期权价值后，再乘上期权有效期内没有违约发生的概率，就可以得到最后的期权价值。

例 12-5 信用利差期权的价值计算

计算行权价格为12%，风险因子为5，名义本金为1 000万元，期限3个月的欧式信用利差看跌期权的价值。假设当前的信用利差为11%，波动率为40%，期权有效期内公司违约的概率为0.1，3个月的无风险利率为5%。

利用B-S期权定价公式，可以计算看跌期权的价值，即

$$p=0.12\,\mathrm{e}^{-0.05\times 0.25}N(-d_2)-0.11N(-d_1)=0.014$$

式中，$d_1=\dfrac{\ln(0.11/0.12)+(0.05+0.5(0.4)^2)0.25}{0.4\sqrt{0.25}}$，$d_2=d_1-0.40\sqrt{0.25}$

该看跌期权的假设风险因子是1，本金为1。

接下来，我们可以以此为基础，测算风险因子为5、名义本金为1 000万元的看跌期权的价值，即

$$0.014\times 5\times 10\ 000\ 000=700\ 000\text{ 元}$$

如果违约了，看跌期权将过期失效，调整了违约/不违约的概率后，看跌期权的价值将为

$$700\ 000\times 0.9=630\ 000\text{ 元}$$

二、信用违约互换期权

信用违约互换是最重要也是发展最快的信用衍生工具，也许基于这个原因，市场发展出了信用违约互换期权。简单地说，信用违约互换期权有点像购买保险。信用违约互换的卖出方之所以愿意承担参考实体的风险主要源于购买方支付的费用。在信用违约互换中，购买方所付给卖出方本金一定比例的费用称为信用违约互换溢价。从当前来看，信用违约互换溢价的未来水平也是难以预测的。为了防范未来的信用违约互换溢价风险，交易商自然而然地发展出信用违约互换期权。

一个信用违约互换期权就是在将来时刻 T 买入或卖出某参考实体信用保护的一种权利。如一个投资人在交易商那里买入信用违约互换看涨期权。该期权合约规定，投资人在1年后，可以以每年200基点，买入一个5年期的某债券信用违约互换。如果1年后信用违约互换溢价高于200基点，则投资人有权以200基点购买信用违约互换，如果低于200基点则可以不行权。同样，投资人也可以买入一份信用违约互换的看跌期权，以便对下跌的信用违约互换溢价进行保护。还有一个特点需要注意，即如果期权到期前参考实体违约，那么信用违约互换期权合约自动解除。

信用违约互换期权有时可以是一篮子参考实体的看涨期权。例如，在期权到期时，篮子中有 n 个参考实体没有违约，期权持有者就有权利以 $n\cdot X$ 基点的价格买入 n 个未违约实体的信用违约互换交易组合。这里的 X 是行权价格。另外，在信用违约互换合约有效期内，如果有任何一家参考实体违约，期权持有人会收到类似信用违约互换中的违约回报。

三、信用期权

期权类的信用衍生工具还有信用期权。前述的信用利差期权主要适用于固定利率的票据或债券,信用期权则主要适用于浮动利率的票据或债券。信用期权也分看涨期权和看跌期权。信用看涨期权主要赋予期权购买者在特定的时间,以事先敲定的价格买进信用敏感性资产的权利。信用看跌期权主要赋予期权购买者在特定的时间,以事先敲定的价格卖出信用敏感性资产的权利。例如,投资者对持有的某种债券信用等级表示担心,投资者可以买入信用看跌期权。如果债券信用评级出现下降,投资者就可以通过行权避免持有债券的损失。

最后需要指出的是,信用类期权也有奇异期权形态,如数字价差期权、零费用领式期权等。

第三节 其他信用衍生工具与综合证券

一、信用联结票据

信用联结票据(credit-linked notes,CLN)是一种内嵌信用衍生工具的风险转移工具。如同保险一样,在违约事件发生时,它表示为信用保护出售人向信用保护购买人进行支付或履行责任的承诺。但是,用来支付此赔付的资金却未事先准备好。尽管与信用违约互换类似,但资本市场将事先融资的方式称为信用联结票据。

1. 基本结构

信用联结票据的价值与第三方参考实体或参考债务的信誉挂钩,结构通常比较简单和灵活。CLN 中的违约可能性可以基于多种基础债务,包括特定的公司贷款或债券、一组贷款或债券、主权债务工具或新兴市场指标。CLN 也以第一违约 CDS 篮子或信用利差期权为基础。如果发生信用事件,票据一般会到期,同时投资者承受基于参考债务损失的损失。实际上,投资者出售参考债务的保护,并以诱人的收益形式收取保费。反过来,票据发行人购买参考债务的违约保护。

在最简单的信用联结票据结构中,购买某种参考资产组合上的信用保护的机构向投资者发行一种票据或债券,其现金流与参考组合上规定的损失具有反向关系。只要参考组合未遭受特定的违约事件,发行人定期就要向投资者支付预定的本金和利息。当参考组合上出现了违约事件时,发行人可不支付利息,而且如有必要,也可不支付部分或全部本金用来弥补所规定的与违约有关的损失。作为承担这种风险的回报,在参考资产上任何违约事件真正实现之前,投资者可以享有高于市场利率的利息收入。

从发行人的角度来看,信用联结票据是一种比较经济的工具,等同于发行一次常规的票据加上通过信用违约互换从债券投资者那里购买的信用保护。票据的票面价值等于信用违约互换上最大可能的赔付,因此,在最坏的情况下损失亦可以将预先支付的资金完全覆盖,但投资者确信发行人不会有进一步的现金要求。投资者所赚取的高于市场利率的利息等于债券的正常利息加信用违约互换利差。尽管具有基于基础抵押资产和信用违约互换的现金流，票据仍然是一种追索权工具，也就是说，投资者承受发行人的信用风险。

信用联结票据可以像传统债券加单一名称信用违约互换一样直观，或者可代表更为复杂的一篮子结构。例如，首次违约票据在经济上等同于债券加首次违约一篮子信用违约互换。而且，信用联结票据的发行人不必拥有参考组合中的资产，或者作为参考组合中的资产的债权人。

图 12-5 表示这种简单信用联结票据结构的运行机制。简而言之，投资者预先为信用联结票据支付等于其面值的款项。倘若无违约事件发生，投资者收取某种基础利率（如国债或回购协议利率）加利差（反映所购买的信用保护的价值，即信用违约互换利差）。最终，本金也会返还给信用联结票据的投资者，同样地，假设没有违约事件出现。当参考资产违约事件的确发生时，参考资产的面值减去预期的回收率的资金并从信用联结票据持有人手中转移到发行人手中。

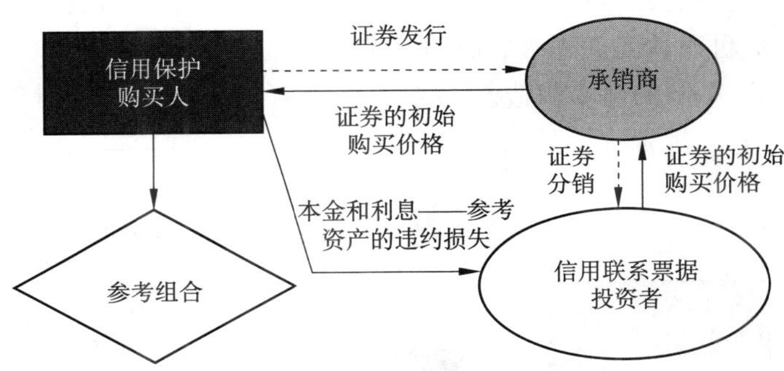

图 12-5 信用联结票据结构的运行机制

例 12-6 信用联结票据的结构

某信用卡公司为筹集资金而发行债券。为降低公司业务的信用风险，公司可以采取一年期信用联结票据的形式。此票据承诺，当全国的信用卡平均欺诈率指标低于 5%时，偿还投资者本金并给付 8%的利息（高于一般同类债券利率）；该指标超过 5%时，则给付本金并给付 4%的利息。这样，信用卡公司就利用信用联结票据减少了信用风险。若信用卡平均欺诈率低于 5%，则公司业务收益就有保障，公司有能力给付 8%的利息；而当信用卡平均欺诈率高于 5%时，则公司业务收益很可能降低，公司则可付较少的利息，某种程度上等于是从投资者那里购买了信用保险。投资者购买这种信用联结票据是因为有可能获得高于一般同类债券的利率。

2. 信用联结票据与信用违约互换的区别

信用联结票据与信用违约互换之间的主要差别是，资金是否事先提出以弥补损失。非融资的信用违约互换将信用保护购买人暴露于信用保护出售人的信用风险之中，而信用联结票据则不存在这一问题。同时，信用联结票据实际上是一种债券，因而很可能上市交易并分销于投资者。如果投资者要求与许多企业债券发行的普遍特点相联系——如外部评级——这会使结构更复杂一些。虽然这是可解决的问题，但有可能提高获得信用保护的成本。

二、CDO 与合成 CDO

1. CDO 的构造

债务抵押债券(collateralized debt obligation,CDO)产生于 1988 年,是由债券组合派生出来具有不同风险特性的金融产品。CDO 的资产组合十分分散,是一个包括了 ABS、MBS 等结构性产品、垃圾债券、新兴市场债券、银行贷款等高风险固定收益资产的分散组合。

CDO 结构的关键之处是基础抵押品组合的证券化。其与 CLN 的差别在于,CLN 通常由经营性公司发行,而 CDO 总是由 SPV 发行[①]。CDO 结构包含向 SPV 转移一组债券、贷款或其他资产;SPV 出售由所转移组合的现金流支持的债务证券(CDO);以及向转移者支付 CDO 销售的收入。我们可以将所有 CDO 看成是重新打包和分配信用风险的途径。在 CDO 结构中,持有抵押组合的 SPV 出售不同种类或层的证券,每种含有不同的风险或回报框架,其根据应付账款的优先级和时间确定。

图 12-6 显示了 CDO 的基本构造。

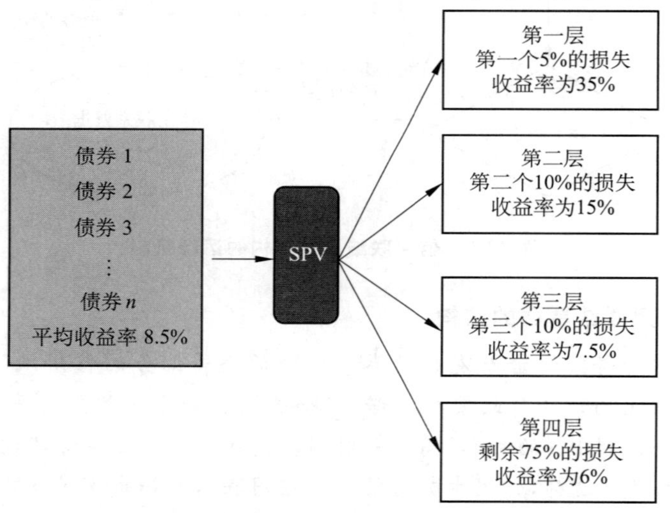

图 12-6 债务抵押债券(CDO)的基本构造

在这个例子中,包括 n 种债券的债券组合共派生出 4 个层级的债券。第一层的面值占整体债券的 5%,用于承受在 CDO 期限内交易组合里最先的 5%损失。第二层的面值占整体债券的 10%,用于承担 CDO 期限内 5%～15%范围内损失。第三层的面值占整体债券的 10%,用于承担 15%～25%范围内的损失。第四层占整体债券的 75%,用于承担剩余的 75%损失。这四个层的债权利率分别为 35%、15%、7.5%和 6%,其与债券组合的平

① SPV(special purpose vehicle)即特殊目的实体机构,也称 SPE(special purpose entities)。SPV 是一种依据信托法律程序设立的独立于发起人(尽管可能是发起人设立)的专业单一实体,其职能是接受发起人的资产组合,并包装证券化资产和以此为基础发行资产化证券。在一般情况下,SPV 的资产都会进行登记、公告并有特定的保管措施,能够较好地保障资产稳定性和归属性,因此能够最大限度地降低发起人的破产风险对资产证券化的影响。

均收益率的关系是

$$35\%\times5\%+15\%\times10\%+7.5\%\times10.0\%+6\%\times75\%=8.5\%$$

图 12-6 构造的 CDO 中，第一层收益率最高，但是承担着最初的债券违约风险。第四层收益率最低，但是承担的债券违约风险也最小，这部分债券的信用级别通常被定为 AAA 级。可见，CDO 的层不仅影响信用风险的重新分配，也影响信用风险的重组。

2. 合成 CDO 的构造

CDO 产生后，市场规模一直不大。主要原因是，尽管其在概念上比较易于理解，但设立复杂，而且管理起来昂贵。例如，下面这些事项的费用都很高：查看贷款或债券是否符合合格性标准、向贷款转移法定权利以及维护借款人的秘密（特别是在有此要求的辖区内）等。为了避免向 SPV 转移贷款或高收益债券的成本以及法律和管理问题，银行和其他发起人已经将 CDO 的证券化结构和非融资的信用衍生工具结合起来，形成合成 CDO（SCDO）。合成 CDO 产生于 1995 年。

典型的合成 CDO 会运用证券化技术，由发起机构（通常是银行）和 SPV 进行资产组合的信用违约互换。图 12-7 简单描述了合成 CDO 的基本机制和完整市场结构。我们可以从两个角度进行剖析。

第一，发起过程。发起银行卖出参考名义资产为 10 亿元的 CDS，获得信用保护溢价。在获得信用保护溢价后，发起银行以购买 CDS 的形式，将信用保护溢价转移给不同的投资者，对冲或降低风险。这里的发起银行用 1 亿元的参考资产购买信用 CDS。其中，10%的信用保护由 SPV 予以提供。为此，SPV 发行不同信用等级的债券，如优级债、中间级债和股权级债。收入用于购买高质量资产，如政府证券等。SPV 把抵押品的利息收入和发起人支付的互换费支付给分层债务票据的购买人。如果参考债务发生违约或损失，SPV 补偿发起人。

第二，CDO 的收入与赔偿机制。CDO 实际上是从寻求信用违约保护的对手方获得周期性的保护溢价。作为保护溢价的回报，在参考资产违约时，CDO 将向保护买方支付相应的损失。

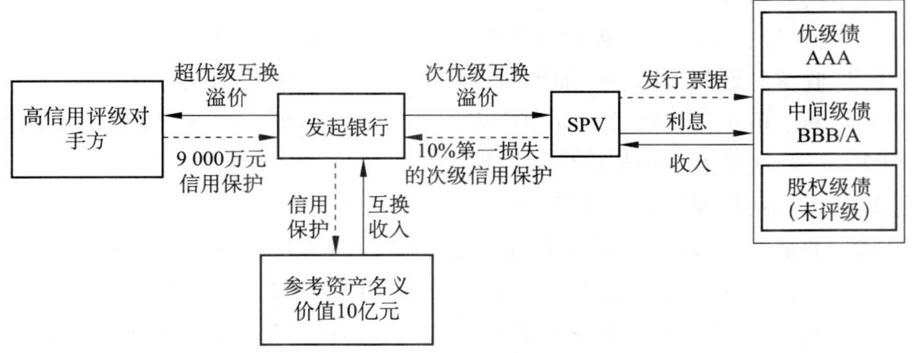

图 12-7 合成 CDO 的基本机制和完整资本结构

合成 CDO 可供不同投资者进行选择。表 12-6 是对合成 CDO 的主要领域和不同投资者的投资倾向进行的归纳。

表 12-6 合成 CDO 的主要领域和投资者投资倾向

客户	分层类型	投资逻辑
银行、保险商	中间层	获取投资级收益
实际货币账户	中间层、股权层	获取收益、管理费、资产管理
杠杆交易账户	股权层、中间层	相对价值套利、相关性交易
再保险商	中间层(超级优先层)	获得尾部风险的低溢价

三、综合证券的发展趋势和特点

各类信用衍生工具特别是信用违约互换为合成信用产品市场发展提供了重要的工具。随着定价理论和金融技术的不断提升,发达资本市场上的信用联结票据、合成 CDO 规模都在以飞快的速度增长。这些综合证券的爆炸性和持续的增长性反映了一些清晰的市场趋势:

(1) 全球监管者逐渐承认衍生工具市场的增长和需要解决的问题。在美国,联邦储备委员会和货币监理署都发布了对信用衍生工具的说明性指引,允许金融机构在某些条件满足的情况下,从降低监管资本要求中受益。

(2) 初级证券供应不足,投资者越来越熟悉结构性信用产品,投资者对综合证券的需求越来越大。

(3) 金融机构向投资者提供利用套利机会的意图来自不同资产类别间的相似信用风险定价的无效率。综合产品允许投资者以专门的信用框架进行交易,并且通过分解收益的信用风险来利用市场上可得到的信用利差。

(4) 投资者对管理信用风险的需求不断增长:信用衍生工具允许一家公司主动承担或转移债券、贷款或固定收入工具组合的所有经济风险和收益,而不必真正购买和持有相应的资产。

(5) 投资者有意通过以流动的和高度透明的方式使用指标联结产品,从而暴露于新的或多种现有市场的风险之中。

实际上,这种增长已经造成多种基础资产和债务的全面增加。市场现在参考银行贷款、公司债、应收贸易账款、新兴市场债、可转换证券、项目融资贷款、住房抵押、杠杆贷款、指标产品和从其他衍生工具联结活动中产生的信用风险。典型的合成结构包括使用公司结构或 SPV 结构(这两种结构都将信用保护出售人置于与债券所有人完全一样的位置)的信用联结票据以及指标联结综合证券(该证券复制了基础资产组合的风险特征)。

需要认识的是,综合证券可通过结构性融资转移风险,结构性融资与提供可确定的一组资产或实体的证券的支付相联结。综合证券允许保护出售人承担与参考债务或指标相关的信用或其他风险,而不用直接获得或被要求持有这种由指标表示的债务或资产。

1. 什么是信用违约互换,其和期权、保险的区别与相似性在哪里?

2. 思考如何构筑一个 CDS 远期合约和 CDS 期权？

3. 在信用违约互换中是否存在信息不对称问题？为什么？

4. 什么是信用违约互换的现金结算和实物结算？查阅资料看是否还有其他结算方式？

5. 比较信用违约互换与金融保险、期权的差异。

6. 影响信用违约互换溢价的主要因素有哪些？这些因素如何体现在 CDS 定价中？

7. 信用违约互换溢价与债券的收益率之间有何关系？

8. 查阅资料分析信用违约互换在美国金融危机中发挥了何种作用？如何客观地认识这种作用？

9. 世界上具有影响力的信用违约互换指数有哪些？能否查阅资料对其构成和功能进行进一步的了解？

10. 什么是信用利差期权？

11. 总收益互换的基本原理和潜在问题在哪里？

12. 请阐述信用联结票据的基本构造原理。

13. 请说明 CDO 与合成 CDO 的构造原理。

14. 查阅相关资料思考为什么要对 CDS 加强监管。

15. 中国是否有必要发展 CDS 市场？为什么？查阅资料，分析一下我国的信用衍生工具市场的发展过程与主要问题。

16. 银行以 10%的固定利率向企业发放贷款 1 亿元，同时与投资者签订一份总收益互换。该互换规定，银行承诺支付该贷款的利息和贷款市场价值的变动部分之和，获得相当于 Shibor+50bp 的收益。若当前 Shibor 为 9%，且一年后贷款的价值下跌至 9 500 万元。则投资者需支付银行多少元？

17. 假定 5 年期国债的收益率是 7%，5 年期公司债的收益率是 9.5%，1 个针对该公司债券提供保护的 5 年期 CDS 溢价是每年 150 个基点。请思考：

（1）是否存在理论上的套利机会？

（2）当 CDS 溢价由 150 个基点变为 300 个基点，理论上的套利机会又如何？

（3）这种理论上的套利机会是否会存在？为什么？

参考文献

[1] Robert I. Webb. 关于亚太地区衍生品市场的最新研究与研究方向[J]. 衍生品评论,2016(12):11—16.

[2] 安德鲁·卡萨皮斯. 精通信用衍生品[M]. 北京:北京邮电大学出版社,2012.

[3] 安毅. 期货市场学[M]. 北京:清华大学出版社,2015.

[4] 安毅. 期权市场与投资策略[M]. 北京:经济科学出版社,2014.

[5] 常清. 期货、期权与金融衍生品概论[M]. 北京:教育科学出版社,2009.

[6] 彼得·纽曼,默里·米尔盖特,[英]约翰·伊特韦尔. 新帕尔格雷夫货币金融大辞典(第一、二、三卷)[M]. 北京:经济科学出版社,2000.

[7] 布莱恩·科伊尔. 利率风险管理(上)[M]. 北京:中信出版社,2003.

[8] 布莱恩·科伊尔. 利率风险管理(下)[M]. 北京:中信出版社,2003.

[9] 布莱恩·科伊尔. 货币利率风险管理(上)[M]. 北京:中信出版社,2003.

[10] 布莱恩·科伊尔. 货币利率风险管理(下)[M]. 北京:中信出版社,2003.

[11] 查尔斯·W. 史密斯. 管理金融风险——衍生产品、金融工程和价值最大化管理[M]. 北京:中国人民大学出版社,2003.

[12] 陈蓉,郑振龙. 期货价格能够预测未来的现货价格[J]. 国际金融研究,2007(9):70—74.

[13] 陈雨露,汪昌云. 金融学文献通论原创论文卷[M]. 北京:中国人民大学出版社,2006.

[14] 方世圣. 股指期货套保与套利[M]. 上海:上海远东出版社,2010.

[15] 弗兰克·J. 法博兹. 债券市场分析和策略[M]. 北京:北京大学出版社,2007.

[16] 弗兰克·J. 法博兹,弗朗哥·莫迪利亚尼. 资本市场机构与工具[M]. 4 版. 北京:中国人民大学出版社,2011.

[17] 盖伊·科恩. 简易期权[M]. 北京:机械工业出版社,2007.

[18] 盖伊·科恩. 期权策略[M]. 北京:机械工业出版社,2008.

[19] 戈登·F. 皮尔瑞. 改革后的金融衍生品和期货指南[M]. 北京:化学工业出版社,2016.

[20] 巩勋洲,张明. 透视 CDS:功能、定价、市场与危机[W]. Nov. 29,2008.

[21] 哈佛·阿贝尔. 期权的电子交易[M]. 深圳:海天出版社,2003.

[22] 胡俞越. 期货期权[M]. 北京:中央广播电视大学出版社,2006.

[23] 黄河. 互换交易[M]. 武汉:武汉大学出版社,2005.

[24] 杰夫·欧金. 期权交易策略[M]. 北京:中国经济出版社,2013.

[25] 科尼特·D. 史密斯. 期权策略[M]. 上海:百家出版社,2003.

[26] 克里斯托弗·L. 卡尔普. 管理资本和风险的艺术——结构性金融与保险[M]. 北京:中国金融出版社,2008.

[27] 劳伦斯·G. 麦克米伦. 期权投资策略[M]. 北京:机械工业出版社,2009.

[28] 刘海龙,吴冲锋. 期权定价方法综述[J]. 管理科学学报,2002(4):67—73.

[29] 刘俊奇. 国际金融衍生市场[M]. 北京:经济科学出版社,2002.

[30] 刘振亚. 美国期权市场[M]. 北京:经济科学出版社,2001.

[31] 路透．金融衍生工具导论[M]．北京：北京大学出版社，2001.
[32] 罗伯特·E. 惠利．衍生工具[M]．北京：机械工业出版社，2010.
[33] 洛伦兹·格里茨．金融工程学[M]．北京：经济科学出版社，1998.
[34] 罗斯·米勒．实验经济学——如何构建完美的金融市场[M]．北京：中国人民大学出版社，2006.
[35] 罗素·罗兹．期权价差交易[M]．上海：上海财经大学出版社，2013.
[36] 迈克斯·安斯拜切．新型期权市场[M]．北京：中信出版社，2002.
[37] 买建国．外汇理论与实务[M]．上海：立信会计出版社，2008.
[38] 茅宁．期权分析——理论与应用[M]．南京：南京大学出版社，2000.
[39] 沙石．金融衍生品微观交易的宏观内涵[OL]．衍生品研究网，2016.
[40] 施兵超．金融衍生产品[M]．上海：复旦大学出版社，2008.
[41] 宋逢明．金融工程原理[M]．北京：清华大学出版社，1999.
[42] 魏振祥．期权投资[M]．北京：中国财政经济出版社，2003.
[43] 伊斯雷尔·尼尔肯．实用信用衍生品[M]．北京：机械工业出版社，2002.
[44] 约翰·道恩斯，乔丹·艾略特·古特曼．金融与投资词典[M]．上海：上海财经大学出版社，2008.
[45] 约翰·赫尔．风险管理与金融机构[M]．北京：机械工业出版社，2013.
[46] 约翰·赫尔．期权与期货市场基本原理[M]．北京：机械工业出版社，2008.
[47] 约翰·赫尔．期货期权入门[M]．北京：中国人民大学出版社，2001.
[48] 约翰·赫尔．期权、期货与其他衍生产品[M]. 9 版．北京：机械工业出版社，2015.
[49] 约翰·赫尔．期权、期货与其他衍生产品习题集[M]. 7 版．北京：机械工业出版社，2012.
[50] 约翰·F. 马歇尔．金融工程词典[M]．北京：机械工业出版社，2003.
[51] 约翰·F. 盛玛，乔纳森·W. 罗保．期货期权[M]．上海：上海财经大学出版社．
[52] 郑振龙．中国期权市场发展的理论与政策建议[J]．衍生品评论，2016(12)：11－16.
[53] 中国金融期货交易所国债期货开发小组．国债期货产品制度设计及应用策略[M]．北京：中国财政经济出版社，2013.
[54] 中国金融期货交易所外汇交易部．外汇期货国际经验与国内市场设计[M]．北京：中国财政经济出版社，2015.
[55] 中国期货业协会．国债期货[M]．北京：中国财政经济出版社，2013.
[56] 中国期货业协会．金融期权[M]．北京：中国财政经济出版社，2013.
[57] 中国期货业协会．期货市场教程[M]．北京：中国财政经济出版社，2007.
[58] 中国期货业协会．场外衍生品[M]．北京：中国财政经济出版社，2013.
[59] 中国期货业协会．金融衍生品习题集[M]．北京：中国财政经济出版社，2013.
[60] 朱国华，毛小云．金融互换交易[M]．上海：上海财经大学出版社，2006.
[61] 朱玉辰．沪深 300 股指期货交易手册[M]．上海：上海远东出版社，2010.

教学支持说明

任课教师扫描二维码
可获取配套教学课件

尊敬的老师：

您好！为方便教学，我们为采用本书作为教材的老师提供教学辅助资源。鉴于部分资源仅提供给授课教师使用，请您填写如下信息，发电子邮件给我们，或直接手机扫描上方二维码实时申请教学资源。

（本表电子版下载地址：http://www.tup.com.cn/subpress/3/jsfk.doc）

课程信息

书　　名			
作　　者		书号（ISBN）	
开设课程1		开设课程2	
学生类型	□本科　□研究生　□MBA/EMBA　□在职培训		
本书作为	□主要教材　□参考教材	学生人数	
对本教材建议			
有何出版计划			

您的信息

学　　校			
学　　院		系/专业	
姓　　名		职称/职务	
电　　话		电子邮件	
通信地址			

清华大学出版社教师客户服务：

电子邮件：tupfuwu@163.com
电话：010-62770175-4506/4903
地址：北京市海淀区双清路学研大厦 B 座 509 室
邮编：100084

清华大学出版社投稿服务：

投稿邮箱：tsinghuapress@126.com
投稿咨询电话：010-62770175-4339